Niklas Luhmann

Einführung in die Theorie der Gesellschaft

社会理論入門

ニクラス・ルーマン講義録【2】

ディルク・ベッカー［編］／土方 透［監訳］

新泉社

社会理論入門

目次

装幀　勝木雄二

編者まえがき

ニクラス・ルーマンは、基本的に他者の著作や講義に感銘を受ける学者ではなかった。読んだものであれ、聴いたものであれ、ルーマンは、うまくいった定式化を評価することを意識し、またそれらの定式化のいくつかを彼のカード・ボックスに好んで保存することはあったが、それらを別にするならば、どの問題がいかように提示され解決されるか、という問いをつねに立ててきた。ルーマンは、文献や講義のどの観点であれ、定式化が成功したかどうか、構想を練ることだけではなくそれを貫徹すること、また研究者が、いかに時間をかけ、あるいは時間をかけずに、自身の課題を片付けるかという点にしか興味を示さなかった。

ルーマンのこうした姿勢に言及するのは、ルーマン自身が、彼の著作の読者および講義の聴衆に対して、同様な態度をとることを望んでいたからである。すなわち、ルーマンが望んでいたのは、何を問題にし、それをどう解決するか、読まれることであった。その際ルーマンが念頭に置いていたのは、個々の問題提起についてただそれを解決することだけではなく、十分な吟味を経ずに提起された不明瞭な問題を考察から除外することでもあった。それゆえ、この主張に耳を傾けるのであれば、ルーマンの構想をフォローする際、彼の発言だけではなく、彼がもはや発言する必要のないとしたものについても注意すべきである。ルーマンの出発点は、人がコミュニケーションを行うのは、まだ事情に通じていないときであるというものであった。それからすると、ルーマンの行ったコミュニケーションは、講演や講義を含め辛うじて見通すことのできる全著作を通じて、ルーマンをよく理解し、また同時に、余分なコミュニケーションをせずにすませることに役立ったのではないか。興味深いことに、言われないことを通じてコミュニケーションが補完されるということに対する反論は、一度たりともなされなかった。むしろそのことにより、よく知らない別のものとコミュニケートするための時間を獲得していくこととなったのである。

それゆえ、ここに提示されたルーマンの最後の講義、つまり一九九二年から一九九三年にかけての冬学期、およそ一五〇人の学生を前に行われた講義に対して、ことのほか二つの接近方法が推奨されよう。一つは、ルーマンがどのような問題設定を追いかけ、かつそれをどのように扱ったのかを問うものである。もう一つは、この講義のなかで採り上げた問題が多少なりとも解明された場合、そこでルーマンは何についてのコミュニケーションを行っていたかを問うものである。

ルーマンの問題設定は、彼自身により、はっきりと示されている。ルーマンは、この講義において社会理論への導入を扱っている。それは、これまで社会の類型と形式との洞察の前に立ちはだかってきた認識上の障壁を克服することに成功した。つまりルーマンは、社会が人間から成るという想定、それが本質的に世界社会ではなく地域社会とされているという想定をいかにしたら退けることができるか、さらに、社会内部で主体と客体との——前者が過重に、また後者は距離をとって扱われているという——対置をいかにして乗り越えることができるか、を問うている。システム、意味、コミュニケーション、形式とメディアという概念をめぐって旋回するルーマンの理論が求めているものは、この問いに応じうる解答を展開することに成功したかどうかということにより、その成果が計られることである。ルーマンは、社会のなかでの方向づけが問題になるとき、ともかくマスメディアが、より速く、かつより印象深くコミュニケーションを行えることを知っていた。一方、彼独自の理論に着手する際に用いた高度の柔軟さと変更の受け入れが、学校や大学での勉学の目的には、とりたててすぐさま必要とされるようなものではないということも意識していた。このことをふまえ、ルーマンはマスメディア並のスピードでコミュニケーションを行うことにしたのだった。すなわち、彼は考えを変更することはめったになかったが、視点をやりとりすることに躊躇はなかった。

もし社会理論の問題が解明されたとするならば、ルーマンはつぎに何について考察し、記述し、また何を語っただろうか。もしこのように余りにも早い死が訪れることがなければ、偉大な完結的な著書の後、『社会の社会』(ズーアカンプ社、一九九七年)を経て、ルーマンはさらに何を予想しえたであろうか。彼の最後の講義は、そのことについても扉を開いている。彼はおおかた個人化と時間化について考察した。これら二つの問題提起のもと、彼が感嘆するヨーロッパの秩序と意味論《ゼマンティク》、その存在論と目的論、自然の不動点に照準を合わせたその存在理解は、一二回目の講義のなかで繰り返し述べられているように、もはや崩壊している。人間は個人として発見された。その際、社会は、いかなる理性を、またいかなる流行への視線をもってしても、人間——それは、ただちに個人として、つまり制御不能なかたちで問われるものではないが——に好都合な条件を与えてはこなかった。社会の発展は、時制(tempus)と永遠(aeternitas)という古い区別の保持、過ぎ去るものと恒常性との相互の保持をなしえてきたが、この発展は、過去、現在および未来という、現在を未知の未来とのリスクある対決点としてのみ理解することを可能にする新しい区別によって、その問題点を今日まで覆い隠してきた。このようにして、近代は、誰も未来に関していかように要求を立てられるかわからないということから秩序を獲得し、その一方でわれわれは、個人を独立したものとしうる近代と関わってきたのである。

ルーマンの理論を理解することで、近代のこうした事態を適切に把握することが可能となる。われわれは、この講義において、みずからの理論に十分なもっともらしさを与えるために、ルーマンが具体的な経験上の問題提起において、どの後ろ盾を探すことにしたかを学ぶことができよう。かつてルーマンに、彼自身の生活をどの規則に合わせているか訊ねたとき、ルーマンは、彼に適切な行為を薦めた母親のことを引き合いに出したものだった。もし、われわれが本講義を、問題がうまく設定され適切に解決されたかどうかという視点から吟味することができるのであれば、ルーマンは喜ぶに違いない。

今回も、一九九一年から一九九二年の冬学期に行われたルーマンの最後から二番目の講義『システム理論入門ニクラス・ルーマン講義録〈1〉』（原著初版二〇〇二年、邦訳は新泉社二〇〇七年）の編集の場合と同様に、口頭で行われた講義を書き写すことに努めた。このテキストは、たしかに今回の場合も、ルーマンが熟考を重ねた文書に対して要求する水準を満たすものではない。しかしながら、彼の熟考へ到達するのに十分に適したテキストである。ときおり未完成に終わる定式化は、どのような問題をいかなる形式で提起するかということを、それだけにより一層印象深く示している。逆に、完成したテキストは、こうした問題を往々にして無難な答えというかたちで提示するにすぎない。

すべての注および本文の括弧に収められたいくつかの説明は、編者によるものである。したがって、それらを個々に明記することはしなかった。また、どのような事項が、ルーマンが著わした作品のどこにおいて、この講義よりも詳しく取り扱われているかを、そのつど提示することも行わなかった。一般には、特別な関心があるところを『社会の社会』における索引を用いて参照することが推奨されよう。編集にあたっては、口頭による荒けずりな定式化を公開するに資するものとし、各事項についてさまざまな考察を加えた。

二〇〇四年八月　ベルリンにて

ディルク・ベッカー

I 社会システムとしての社会

〈第1講義〉

この講義の目的を定式化することは簡単です。でも、それを完遂することは困難です。わたしが考えているのは、近代の社会(訳注)についての理論をもたなければならないということ、そしてまた、この講義はそれを進行させる試みである、ということです。さらにわたしは、結びつけられるべき二つの異なった視座方向をもって考えています。その一つは歴史的な視座です。わたしたちは、この社会をしばしば近代と記述していますが、このことは、この社会が以前の社会とは異なっているということを前提としています。しかし、もしたんに「近代的」と「伝統的」とを区別するだけであれば、どこにこの区別があるのか、またこの社会をかつての貴族の通俗的な社会、旧い世界の都市文化などと比較するならば、近代社会の特殊性とは何であるか、とうてい知ることはできません。したがってわたしは一方で、講義のなかのさまざまな箇所において、以前の社会に適宜言及することを試みます。それは、より詳しくいえば、以前の社会の構造的な記述だけではなく、古い社会の思考方法や構造へ眼を向けることで、近代社会をさらにその形式のなかで比較しようという試みです。

その理由はつぎのことにもあります。すなわち、わたしたちは意味論《ゼマンティク》ないしは文化、考え方、理念のなかで、伝統的なコンセプトに覆い被さっているものと関わらざるをえず、それを制御することはできないということです。というのは、わたしたちはそれらに、つまりたとえば主観概念、自然概念のようなものに、慣れ親しんでいるからです。今日、どちらかといえば近代的な概念である「倫理」あるいは「文化」について語る場合も、また同様です。わたしたちにほとんど意識されることなく作り上げられてきたこれらの概念がまだ使用可能かどうか、いかにして吟味できるのでしょうか。このことは、わたしたちがそれらを歴史的に位置づけることによってのみ、可能となるでしょう。またそれには、伝統的な社会と近代社会とを比較することが必要です。それゆえ、歴史的なパースペクティヴと一種の距離意識がつねにつきまといます。まずはじめに、つぎのことをいっておきたいと思います。それは、これをもって旧来の思考形式を低く評価することであると考えるべきではない、ということです。つまり、それは今や克服されており、われわれはもはやこのことを必要としない、またわれわれにとってはすでにたいした問題ではない、あるいは原始的である等々というように、考えるべきではありません。むしろわたしは、世界についての、また宗教的世界《コスモス》、社会、その連関と整合性の内にある人間についての古いヨーロッパ的表象の完結性を、総じて感嘆すべきものだと思っています。そしてさらには、わたしたちが欲したとしても、いずれにせよ、そのようなものを一時的にであれ再び手に入れることはないであろうし、また困難であると考えています。

この歴史的要素は、この講義の二つの視座の一つとなります。これは、つねに比較という視点をもたなければならず、それゆえしばしば難しさをもたらします。すべての言明が、歴史的内容というものをもっており、それは繰り返されることはないからです。

第二の視座は、きわめて抽象的な理論基盤でもって作業することであり、もはや社会学には馴染みがなく、むしろ学際的な学問領域をもつ考え方を導入するように試みることです。これは、大まかに「システム理論」という見出し語のもとで行われることとなります。他の概念をあげることもできるかもしれませんが、この講義の流れにおいては、こう呼ぶことが当を得ているでしょう。いずれにせよ、社会学を学ぶ者が大学での基礎課程で「社会学史」として教わること、また社会学の古典研究として知っていることとは、あまり関係していないか、あるいは無関係のものです。もしそのように表現することが許されるなら、思考の源泉や概念の経験は、むしろまったく異なった仕方の研究に、特に生物学、またサイバネティクスあるいはコミュニケーション理論や情報理論に由来しています。多くのことがそうです。たとえばプログラムという概念は、コンピュータの発展からも影響を受けました。わたしはこの学問領域を緊密に連携させ、できることなら、近代社会の理論と呼ぶに相応しいものに仕上げていきたいと考えています。

とはいっても、講義をフォローすることは困難です。というのは、みなさんが知ることのない、またそのすべての背景を十分には説明されることのない文献が、繰り返し用いられるからです。わたしは前の学期で一般システム理論についての講義を詳細に行いました(1)。ここでは、それを繰り返すことはしません。

この二つの抽象的なパースペクティヴ、すなわち歴史的パースペクティヴ、および概念の対比というパースペクティヴは、相互に補完されます。というのは、わたしの印象では、歴史的素材を出来事の流れのなかで再構成するだけでなく、また過去においてみてとれるものを記述的ないしは原資料に基づいて精査するだけでないならば、そこには抽象理論というものが必要とされるからです。古い社会をそれ自体があったままに把握するには、十分な複雑性をもった抽象理論が必要です。このことから、理論的抽象性と歴史的パースペクティヴが相互に要求されます。これは、歴史家がきわめて多くの貴重な史料を用いて提示しうる事柄とこの講義との違いです。わたしが試みようとしているのは、近代社会と歴史上の社会の比較にとって興味を引きうるであろうものを歴史的資料から引き出すために、理論根拠を利用することです。

以上が背景であり、思考を進めていくうえでのガイドです。この叙述形式に対して並行して成り立つようなレクチャーはありません。また、みなさんを納得させる読むべき本のような何か理解しやすいかたちのものを、ここに示すことはできません。たしかにイタリアで出版された『社会の理論（*Teoria della Società*）』[2]という本があります。その本は、構成上また多くの点でこの講義に依拠しており、というよりも逆に、この講義がこの本に拠っています。しかし、これはイタリアの大学で使うために考えられたものでした。それも、もともとは経費削減により秘書が突然いなくなり、もはや正確には覚えていませんが七カ月か九カ月経ってはじめて別の秘書が来たので、現行の規則に縛られずにことを進めるのが容易であったという理由からイタリアに飛んだことに由来しています。このようにして、この本はできあがりました。この本は図書館にはありますが、みなさんにはほとんど利用されていないでしょう。もしイタリア語ができる人がいたならば、覗いてみるかもしれませんが[3]。

加えて、文章によるコミュニケーションにも、口頭によるコミュニケーションにも、非常に面倒な性質があることが想起されなければなりません。すなわち、語られたこと、あるいは書かれたことは、実際にそれについて考えることが必要です。この、つねに同時に考えていくというやり方は、抽象的な理論を用いる講義や書物の場合、往々にして、そしてまさに疲弊させられるものであり、とても難しい作業です。それに対し、別のやり方として書きとるというものがあります。その際は考えるということをしないですみますし、いうまでもなくたいていの場合、そのときに頭に入らなかったことをあとから読み返すことができます。少なくともそうしようとします。本を読むという作業は、さらに困難です。わたしは、わたしの著作が耐えられない抽象度を有しているとの多くの反応を受けとっています。そこで口頭では、ある程度意識して、柔らかく話そうと思います。それでも展開する思考の流れに組み入れられることを望むのであれば、ともに熟考することへの何らかの要求を拒んだり、省いたりすることはできません。このことはテレビの場合とは別です。テレビでは人びとがいつも同時に画像を眺めています。またディレクターは、視聴者を楽しませるために二分おきに映像の設定を変えなければならないと考えています。その場合、内容はあまり重要ではありません。この講義は、いわばテレビと本の中間のようなものです。みなさんは、わたしがどのように話をするかみることができ、またそれが続けばすぐさま退屈になるでしょう。

さらに問題となるのは、直線的な叙述を避けがたいということです。一つのものが別のものへと続きます。このことは本来、理論の範型とは見なされません。というのは、わたしが思い描いているのは、ヘーゲルの言葉でいうところの理論ではないからです。おそらくヘーゲルのように、つまり決定されていないものから決定されたものへと展開する、またはそれ自身決定するものが展開する理論、あるいは公理的ないし抽象的な基礎から具体的な適用へと進展する理論ではありません。そうではなく、より抽象的な諸概念を、あるいはむしろ新しい区別を、絶えず導入しなければならないネットワークを問題にしています。たとえるならば全体はむしろ一つの脳のようなものです。そこには一定の周波あるいは作用経路が通っており、他のものは局限されています。その場合、叙述の順序はあまり問題になりません。このような理論は——これはコミュニケーション上は実現されえませんが——、もしそれが一つの理念的な形式をとるならば、それ自体として、完全に民主的な作業による共同決定の産物であるにはちがいありません。そこでは、誰もがどこかで始めることができ、どこかで止めることができ、また人が思いついたことを理解することができます。その際、他人がどのようにするかは関係ありません。しかしこのことは、まさにコミュニケーション上は実現されません。したがって——わたしはこのことを図式的に説明しようとしているのですが——、人びとがさまざまな視点で別様に行いうるであろうという、一連の考察へ至ります。また、つけ加えるならば、講義のはじめを概念の検討で飾り立てることは、控えたいと思います。むしろ、必要に応じてあとから補足するようにします。「社会」という対象に実際に到達するまで時間をかけないようにするためです。本を書く場合は、ある意味でより簡単です。索引を作成することができるからです。その場合、本を用いようとする人は誰でも、もはや読むことなく、ただ参照すればすみます。もしある概念を探そうとするならば、それ相応の場所を探し、またあとでどこかを読み、いわば素材に任意にアプローチできます。その際、一頁から六〇〇頁まで読まなければならない、などということはありません。しかしながら、こうしたことは講義では不可能です。講義では、なんらかの線形的構造が考え出されなければなりません。こうした基礎づけが、もっともよい解決であるかどうかは、いつも疑問です。かつてわたしは、まったく別の流れで講義をしたことがありますが、あまりよいものではありませんでした。以上の説明で、概略が理解いただけたでしょうか。

社会の理論*

Ⅰ　社会システムとしての社会

Ⅱ　コミュニケーション・メディア

Ⅲ　進化

Ⅳ　分化

Ⅴ　自己記述

*講義は変更されうる。

わたしは第Ⅰ章で、社会を一つのシステムとして、すなわち社会的なシステム（社会システム）として考えた場合、何が問題となるかを詳しく述べてみたいと思います。明らかにされなければならない点は、どのような利点がシステム理論と結びついているのかということです。それは、一部はシステム理論の他の応用領域との学際的な接触に、したがって、いうまでもなく生物学、また心理学あるいは人工知能におけるものです。また、締め出してしまうもの、つまりシステム理論を採用すると決めたことでみることのできないもの、あるいは第一の理論の席を譲ることのできないものを、はっきりとさせなければなりません。その場合、一方では人間が、また他方では規範的予期が、すなわちいかにしたら社会がよりよくあることが可能であろうかというような観念が、問題になります。たしかにこれらのことすべては、あとから再び扱われうるものですが、これをシステム理論的に行うならば、理論構築に際して、重きをなす理念ではありません。このことは、ユルゲン・ハーバーマスが努力するところとの違いの一つです。ハーバーマスにあっては、規範的に表出可能な合理性のイメージが視点であり、そこへ向けて彼はすべての努力を結集しました。そして、そこで経験的研究において発見したことから出発し、とりわけシステム理論の言表に対して批判的になります。近代社会において、このような規範的合理性の理念は発見されるのでしょうか。またこれを発見しようとするならば、どのようにすればよいのでしょうか。わたしには、このことがあたかも、存在しないものの理念化を問題にしているように思えます。人びとが現実に立ち至るやいなや、それらすべてはいっそう混濁し、もはや規範的に確信できるものではなくなるのではないでしょうか。またわたしは、システム理論を使って、同様な展開を生み出すことができるとは思っていません。つまり社会が、本来どのようにあるべきか、ということを確定する結果に到達することはないということです。というのは、わたしたちが、この社会を、人間の社会をどのようにしたいか、あるいはそれがどうであれそうしたいという結論に至るために、ただ単純に願望のリストを並べ立て、好ましからぬ体験をなくしていく必要がある、などと述べることは、あまりに安直なことだからです。

まず第一にシステム理論は、理想を描く理念、ないしは規範的な理念を追求するものではありません。それには、むしろ批判的です。システム理論は、観察されたもの、記述されたものが、本来そのようにあらなければならないのか、あるいはどうしてそうあるのか、そして場合によっては、どこまでなら変更可能なのか、ということを考えさせようとします。わたしたちは、異なったやり方で、より正確に把握する機会を入手するようになります。問題は、批判的か肯定的かという問いのうちにあるのではありません。それはフランクフルト学派の表現方法です。わたしがいおうとしているのは、いかなる考え方も、またどのような熟考された古典的区別も、再び批判に曝されるということです。ユートピア的な、ないしは原理に根ざして導き出された表現方法よりも、むしろもろもろの可能性を、より強固に現実のなかに繋ぎとめなくてはなりません。

それゆえ第I章で試みられるのは、もし社会が——それがそもそも何であるのか、ということはさておき——システムであるというならば、何よりもまず、そもそも何が、あるいはどの表現方法が選択されたか、という問いを熟知することです。

つぎに、「コミュニケーション」と名づけたパートとなります。第II章をこのようにしたということが、システム理論そのものと関わっています。というのは、ここで考えられているのは、作動を通して産出し、再産出するシステムであり、ただ単純に関係のなかで相互に生ずる諸要素、場合によっては環境との関係内部で緊密に生ずる諸要素というだけではありません。システム形成を導き、システムと環境との区別を可能にするという、この決定的な流れが、システムの作動によるものなのです。このことは、特に生物学また最近の生化学の理論のなかで、明らかになってきました。しかしアクチュアルな注意を再生産するために、わたしたちによってつねに実行される作動が何であるかを——知覚において、思考において、空想において、夢において、どこであれわたしたちが注意を引き起こすところで——考察するとき、わたしは以上のことが意識の理論に対しても明らかにされると考えています。そこで生ずる作動は、どのように記述されるのでしょうか。この問いへの答えをもって、意識のシステム理論へ至ることになるでしょう。[4] わたしは社会的なるものの領域では、コミュニケーションがこの作動であると考えています。コミュニケーション概念に関する決定も、また同様にコミュニケーションをあらゆる社会的なものの生産的な基本事象と理解する選択によって排除されるものに関する決定も、ここに存します。コミュニケーションという場合、それはたとえば「行為」のことをいっているのではありません。また「注意の過程」でも、さらにはたとえば「生命」のことでもありません。このことには、わたしが社会理論を進展させていくうえで必要な、精密化の効果というものがあります。

第三のパートでは、進化を取り扱います。ここでは、何はともあれ、さしあたりダーウィンの名によって導かれうる、ある考え方が要求されます。それは、原理的に複雑な秩序を構築する前提としてのデザイン、計画、モデル形成というものとは逆の考え方であり、その代わりに偶然の要素を組み入れるものです。おそらく、みなさんは、ダーウィンの場合に選択、変異、保持、すなわち固定性（Stabilität）が問題となっていることを知るでしょう。その際、まさに神の創造のなかに存する文言や計画には、基礎がおかれていません。

進化理論はどちらかというとシステム理論とは別のものとして紹介されていますが、最近の考察では、両者の連携はより強調されているようです。進化理論をゲーム理論と結びつける並列理論というものがありますが、両者が一定の前提で仕上げられる場合、ゲーム理論が実際にシステム理論から区別されるのかどうかは目下のところ、それほど明確に把握できるものではありません。というのは、ゲームにも限界があるからです。ゲームは、それ自身の作動に関わる構造をも有しています。この概念を広く理解することによって、システム理論の考察に明らかな並列関係が存在することになります。とりあえず、進化理論によって複雑な構造の構築を解明ないし記述する仕方が、この講義――それは、システム理論がシステムを生産し、また再生産するという作動を記述するにせよ、システム理論から直接引き出すことはできないものなのですが――に導入されるということを、みなさんが理解することが重要です。わたしには、システムのはじまりにおいて、あるいはシステムの本質的形式において、みずから展開し、形成し、さらにより複雑に発展していく、そのような内在的傾向をシステムに帰属させることができるとは思いません。少なくとも現在の知的状況のなかでは、そうは思えません。そうではなくて、進化理論の道具立てを利用するようにしなければならないと考えます。こうすることではじめて、理論は豊かなものとなります。なぜならば、何が本質的であるか、何が進化するか、どんなシテスムでも進化するといえるかどうかを考えなければならないからです。ビーレフェルト大学の進化はあるのでしょうか。あるいはシーメンス－コンツェルンの進化は。わたしたちが愛するビーレフェルトのどこかの街角の小学校は。このように考えていった場合、どこまで進化理論を適用することに意味があるのでしょうか。ちょっと先回りしましたが、これでだいたいの内容を理解されたのではないでしょうか。

つぎのパートは、「分化」です。これは古くからある社会学のテーマです。古典的研究者、なかでもエミール・デュルケムはそうですが、明確に分化に狙いを定め、広く近代社会の構造的分化を分業の観点から考察しました。しかし、たとえばマックス・ヴェーバーのように、明確なかたちで分化理論を展開しなかった学者は、むしろさまざまな構造という分野で、重点的に考察を行っていました。「生活秩序」あるいは「価値関係」というものです。それらの研究者は、近代社会をまさに高度に分化した部分現象の総体とみています。その限りで、古典的なテーマを扱うことになります。そして、ここでも問題となるのは、たとえば役割を基礎に広範に行われた分業に関する学説をシステム理論によって解明する場合、つまり、ただたんに役割の細分化としてではなく、社会分化がシステム分化として、あるいは社会内部のシステムと環境との間の区別の再生産として記述されるときに、付加的に得られたものを理解することです。

ここにおいて、つぎのような史的考察が興味を引くこととなります。それは、近代社会はどのような分化のタイプとして示され、過去の高度文化はそれがどのような分化のタイプであることが明らかにされたのか、あるいはいかにして部族的な社会、もしくは社会のさらに古い形式が分化されたのか、ということです。そこでもまた、進化理論との複雑な連関があります。すなわち、いかなる歴史の論理も、発展の論理も、弁証法的傾向も終わったというのではなく、ただ単純に、あるタイプから別のタイプへの急激な飛躍や突然の非連続があるという場合、どのようにしてある分化形式から別の分化形式が生ずるのか、という問題です。その限りにおいてですが、「進化」のパートと「分化」のパートとは相互に連関しています。そこには、歴史を取り入れ、別の分化形式から明確に区別することを通して、近代社会を特徴づけるという意図があります。おそらくユーゴスラビアを除けば、近代社会には、もはや貴族社会や部族社会は存在しません。

講義の最後のパートである「自己記述」では、いうなれば歴史的社会と近代社会の意味論《ゼマンティク》もしくは理念世界が採り入れられます。社会は、事実としてコミュニケートされることによって作動するだけではなく、コミュニケーションが持続するに足る形式を作り出すことをもします。定評を得たもの、考え方、理念、意欲の表象など、何であろうとも、それらは引き合いに出されます。特に社会には――必ずしもすべての社会というわけではないですが――、文書があるかぎり、いわば一つの宗教的コンテクストと呼べるような、自分自身に釈明を課すという傾向があります。意味は神話学、創造論、宇宙論的な親近性等々についてのコンテクストのなかで記述を行いますが、人間の生活に重要であるもの、恒常的なるものの、つまり自然の恒常性のようなものの在り処、あるいは、そのことはそうであり別様ではない、という神の意志が表現される場所を差し示します。このレベルで、社会のなかで作り上げられる社会の記述が存在します。ここでわたしたちは、社会構造上の資料と関わらなくてはなりません。すなわち、ここでわたしが野心的に示したいことは、社会が世界を記述し、社会自体と人間を記述するそうした意味論《ゼマンティク》、また運命や不幸、受難、不正等々を理解しうるものにすることを試みる意味論《ゼマンティク》が、決して任意に定式化されるものではない、ということです。それは、哲学者あるいは司祭また知識人たちによる人工的産物ではありません。むしろそこで生ずる連関は、つねに納得のいくようにされうるもの、および明白なものと、社会の諸構造、特に分化の諸形式との間に成立します。またここで、コミュニケーションはいつも口頭を通じて行われるのか、あるいは――そもそも最初から、または重要性の観点から――文書の形式をとるのか、したがって保存可能であるのか、加えて印刷によって容易に普及されうるのか、という問いが重要となります。そして、今や情報を保存するコンピュータによる形式でもって、たとえば知識をコミュニケーションにおいて利用するうえでの限界を突き破りはじめるかどうかが問題となってきます。このことはまだはっきりしてはいませんが、こうした見通しはもたれなければならないでしょうし、また当然、社会の自己記述に影響を及ぼすでしょう。

結論として重要なことは、わたしたちは社会学に、さらに講義そのもののなかに「組み込まれて」いるということです。このことは、いっておかなければならないでしょう。なぜなら、わたしたちがここで行っていることもまた、たしかに社会だからです。わたしたちがある社会理論に関わるとき、わたしたちは社会の自己記述に寄与しているのです。そこでは、知的な議論が存在し、社会学という学問が存在し、システム理論が存在し、わたしたちの講義が存在する、ということが理解されます。さらに、わたしたちがここに、つまり教室にいること、隣では何か別のことが、また街ではさらに別のことが起きているということ、そしてどこかで人びとは自殺し、あるいは株取引に莫大な金額をつぎ込んでいることが、わかります。これらすべてのことが、同時に起きています。このように理解すると、わたしたちは、ここでいったい何をするのか、という気持ちになります。たった一日で一〇兆ドルもが為替投機に投入されながらも、時同じくしてわたしたちには、いわば努力の報酬としてそこから少しばかりのものすら手に入れるチャンスがない場合、わたしたちはどのようにこのことを行うのでしょうか。いかにして社会の理解に携わるのでしょうか。即座に理解されることは、社会学は非常に規模が限定されたものであるということであり、また独自の機能、独自の野心、独自の自負心とおそらくは独自の能力をもって、みずからがそこに立つことができ、そこにおいて自己自身を吟味する基準と関わっているということです。社会を、そのなかで多くのことが同時に生じ、つねにただ生じていることだけが生ずる作動システムと理解するならば、わたしたちは、一種の小さな光学装置を手に入れることになります。ちょうど顕微鏡のなかで、自分自身をもう一度観察することができるようになるのです。

これが講義の計画です。これでもって、みなさんは、この講義がどのように進むのかを、だいたい理解されたことでしょう。これは一種の導入であり序文です。ただ、ここで講義の対象を、社会学の通常の勉学との関係、みなさんが別の講義で示されるテーマとの関係、またみなさんがこれまで理解し学んできたこととの関係で、少し精密に描いておきたいと思います。社会理論は、こうしたものすべてに対して、何か特別なものなのでしょうか。古典的学者の見解について、大都市の学校の問題について、亡命者の保護について、あるいは従来の見解を変更しようとしている政党の諸困難について起こっていることが同時に示されるとき、どこに社会理論の特殊性があるのでしょうか。社会学者には、思うがままに選ぶことができるほどの多くの対象があります。わたしは、この社会理論を数ある対象の一つと見なしています。相互作用、組織、経営、社会運動などといった、声高に叫ばれる抽象的な社会学的知識の反復としてではありません。わたしが考えているのは、社会を何よりも社会学的研究の対象として概念的に精密に記述しなければならないということです。みなさんが社会理論に関するこの講義を聴き、あとから勉強し、それを受け入れるにせよ受け入れないにせよ知識を得たとしても、それほど社会学を学んだことにはなりません。社会理論は、数あるなかで一つの特殊な企画であり、またそれは包括的な社会システムの理論であるにもかかわらず、そうなのです。これは、注目すべき重要なことです。つまり、包括的なシステムの理論は、まだ全部がそろった社会学理論というものではありません。そのためには、システム理論のなかで抽象状態が乗り越えられ、いわば社会システムの理論そのものが定式化されなければならないでしょう。わたしは、こうした書物『社会システム――一般理論要綱』(5)を約一〇年前に刊行しました。そこでは社会を扱っていますが、議論は相互作用や組織をも問題にしており、ただ社会理論だけを追求したものではありません。またわたしたちは、相互作用理論や社会現象学の成果を用いて研究をすること、また純粋に経験的研究から出発するということもできます。経験的研究に従事する場合、どのような相関関係を保持させるのかみることができます。しかしこれらすべてが、すぐさま社会理論を遡及するということではありません。

ついでにいうと、この問題は遅くとも、すでにアリストテレスにおいて明らかにされている非常に古くからある課題です。みなさんがアリストテレスの『政治学』の導入部分を読むならば、きっと「すべて人間は、その実現を試みる善を獲得しようと努める」という言葉に出会うでしょう。人間はこのことを一つの共同体というもののなかで、すなわち相互の依存性のなかで行います。それについての表現はコイノニア(koinonia)――これを場合によっては「社会システム」と訳すことができるかもしれません――というものです。しかし、なおシステムが、すなわち政治的社会、市民社会、市民《ビュルガー》の社会、あるいは市民《ビュルガー》社会が存在します。ここで再びいうのであれば、もっとも包括的なもの、もっともすばらしいもの（Herrlichste）は、言葉通りにはギリシア語のkoinonía kyriotáte――であり、またキュロス（kyros）は「主人（Herr）」です。もっともすばらしいものとは、いうまでもなく主人に相応しいことであり、主人を満足させることであり、その徳と能力を形成することです。この社会は包括的なものであり、それはすべて他のもの、邸宅、家族、取引等を、そのなかに含みます。しかしそれは同時に、コイノニア（koinonía）そのものというよりも、むしろコイノニア・ポリティケ（koinonía politike）です。そこは人びとが沈思黙考できるようなところかもしれません。でも、もしアリストテレスが包括的な社会を、つまり都市文化や市民社会の完成を、他のものをもすべて含む包括的なものと記し、にもかかわらずそれに関してなお形容詞を必要とする概念をもっていたのであれば、その場合はアリストテレスが考えていたようにはならないと思います。このようにもっとも抽象的な概念は、即座に包括的な社会記述ということではありません。アリストテレスの考えには、さまざまな箇所で立ち返りましょう。というのは、それは一八世紀に至るまで伝統を形作ってきた思想でありますし、また今日においても「市民社会」あるいは「市民社会《ビュルガー》」について、きわめて多くのことが論ぜられているからです。たしかに、その歴史的アウトラインははっきりとしたものではありません。しかしその言い回しは、特にアメリカで完全に「入り込んで」います。以前、このコンテクストで女性は何の役割も演じていなかったのですが、今日では「女性を特別に顧慮した市民社会」というものを語らなければならない、というようにです。

この市民社会とは、この講義において包括的な社会システムの理論として提示されるものとの関係でいうと何でしょうか。この講義の眼目は、あらゆる社会的なコミュニケーションを包摂し、しかし他のことをすべて締め出す、そうしたシステムの問題です。わたしたちが社会運動、労働組合、工場労働等々の特殊理論をもくろむのでなければ、理論の遂行あるいは理論の要求は他のものを締め出す効果をもつようになります。コミュニケーションが問題の場合は、何が考えられていないのでしょうか。言い換えれば、この包括的なシステムは、コミュニケーションを使うことで、他のすべてからどの点で区別されるのでしょうか。先取りしていえば、この点にこそエコロジーの問題が入り込んできます。わたしたちがコミュニケーションの形式のなかで入手することのない別のものとは何でしょうか。それは、場合によってはコミュニケーションを通じて影響を与えることができ、あるいは将来におけるコミュニケーションのチャンスを減じ、もしくはまったくなくしてしまうことができるものです。それは、何でしょうか。この説明の仕方において、システムの環境とは何なのでしょうか。わたしがあとで言及しようと思っている別の考え方によれば、具体的な人間は、決してコミュニケーションから成り立つのではなく、生きている細胞、意識、脳、ホルモンシステムおよび、今日わたしたちが比較的よく知っている、さまざまなものからできていることになります。もちろん人間がコミュニケーションから構成されているということはできません。すなわち、人間は社会の部分ではないのです。

したがって社会理論は、重要な観点を提示しています。それは、たんに社会の内的構造を、つまりそこに現れるすべてを、またそれがどのように説明されるのかということを、記述するだけではありません。まさに、このことが環境に対し――この環境のなかでは、多くのもの、特に特殊な人間生活、意識、エコロジー的なものさえもコミュニケーション上のコントロールに付されることはありませんが――、どのように対処できるかということをも記述する観点です。これは、二〇世紀の終わりにいるわたしたちが至る所で関わっている問題です。わたしたちの重要なことがらについても――たとえば一方では、わたしたち自身にとって、つまり個人にとって、またわたしたちのエコロジーの問題にとって重要なことがらについても――、明らかに何の責任も、あるいはまた何の権限をももたない社会というものが、いかにして可能なのでしょうか。この包括的なシステムの課題をシステム理論的に考察するならば、システムと環境との区別が入手され、またかかるシステムの安定性がどのようにしてシステムから環境を締め出すことの効果に依存しているか、古典的な社会学の方法をもってみるよりも、いっそう明確に理解されます。さらに、こうしたシステムそのものが危機に瀕しているという事態がみてとれます。

人びとは、もはや安穏とはしていられません。システムと環境との間は、地球と宇宙の間の成層圏のように、入り乱れ、混乱しています。システムから環境を締め出すことの効果は、それについて語ることではコントロールできません。かといって、社会はそうする他はありえません。わたしが考えているのは、このシステムと環境との間の切れ目を照射する理論というものが、その交線と差異とを指摘することによって社会が作動のうえで実際に行うことを主題化し、またそれとともに環境のなかの諸結果および環境から社会に打ち返されるさらなる社会的再生産の諸条件等をも主題化するということです。もっとも、このことは理論として修正されるかもしれず、ことによると手段が間違っており、別のやり方で行われなければならないかもしれませんが。

みなさんが、伝統的な社会理論や、そうした社会学的な理論をみるならば、社会はつねに、いうなれば一つの対象のように、ある特質を有した内成的問題として記述されているということがわかるでしょう。同時に、締め出されたものには関心が示されません。このことはカール・マルクス流の階級理論、あるいは総じて社会を分配の問題として理解する階級理論に当てはまります。またこのことはマックス・ヴェーバーの合理性概念、つまりわたしたちが合理性のどのような形式を実現し、さらには、それでもって何を入手するのかという問題にも当てはまります。そこでは、またもや社会の内側のみがみられていますし、そのことに対して何ら社会概念が必要とされなかったということには、無関心でいられません。(6) このことはデュルケムの場合にもみられます。つまり社会が、あるモラルの統一という概念、モラル的あるいは宗教的統合という視点のもとで観察されるならば、またもや社会そのものは視野に入れられはしますが、しかし別の面でそこに存在するもの、つまり他の世界をみることはできないということです。わたしはシステム理論の分析の助けを借りて、さらにそこで何が現れようと、今や社会を差異であるとする、そうした突破口を獲得するということを考えています。社会は差異です。社会は、一定の性質をもった対象というだけではありません。社会は一つの差異であり、その差異は、ある面における差異の内側で、つまり社会が何を行い、どのように作動し、いかに観察し、どうコミュニケートするのかをみることの傍らで、社会自身を生み出します。ただし、別の面にはまた別のものがあります。問題は、このことがどのようにして起こるか。あるいは最後のパートとの関係でいえば、この締め出し効果が、つまり境界の反対側が、社会の自己記述のなかにいかにして現れるのか、ということです。わたしたちは、このことを社会のなかに立ち戻ってコピーすることができるのでしょうか。たとえばわたしたちは、社会のなかでコミュニケーション的手段をもって、人間に、個人に、また環境に対し配慮することができるのでしょうか。

つぎは、社会理論としての社会学のなかに、この求めるところの多い点に関して、実際これまでで何が提供されてきたのか、という問題です。この問題を考えれば考えるほど、わたしはつぎの判断に至るようになります。結局、何もなかったと。非常に多くの良質で有用な研究があります。知性と資金が投入され、成果豊かな研究もあります。しかし、この講義で念頭においている問題、つまり社会的なものすべてを包含し、かつ他のものを締め出す理論、包括的なシステムというものの理論が占める場所はありません。このことを、特に一方で、アリストテレス的な意味での政治的社会間の区別へ、つまり支配者と被支配者によって組織化された政治的統一体である都市間の、さらには王国間の区別へ、また他方では家屋、家事、家族関係の間の区別へ、立ち返ることができるでしょう。しかしそこでもまた、社会は必ずしも全体ということではありませんでした。文献に目をやるならば、政治に関する論考のなかで、わたしたちからみて政治とはまったく関係のない驚くほど多くのことを見出すにもかかわらず、そうです。たとえば、わたしが思い出すのは、母親が子どもに期待をするならば、できるだけ大事に扱い、くしゃみをしてはならない。なぜならば、子どもは驚くであろうし、またもし母親が激しく鼻をかんでいるようならば、完全な人間というものは生まれない、という箇所です。それは、政治に関する論考や教育についての文脈のなかにあり、いかにして人間は本来的な自然的完成を達成できるのか、というものです。これは完全に別の話であり、「政治」というパースペクティヴが、すべてを把握するわけではないということです。このことは、一九世紀において国家と社会とを区別し、あるいは資本主義社会について論じる場合、まさに当てはまります——この点について、ここでは先取りしていますが、終わりのところでまた扱います。この国家と社会という呼び方によって、またもや二分割の考えに至ることになります。つまり、統一に対する概念を欠くことになるのです。包括的なシステムというテーマを立てるとき、伝統からは、何ら学ぶべきものはありません。したがって、その問題には、異なったやり方で、アプローチしていかなくてはなりません。

さしあたっては、みなさんが社会学を学んでいくなかで、社会理論に関して社会学の伝統がいかなる位置も占めていない、ということを明らかにしていくことが重要でしょう。一九〇〇年頃の古典的社会学者のもとでは、社会とはむしろ禁句でした。ヴェーバーは、それを避けようとしましたし、デュルケムは用いましたが、しかし非常に特殊な意味においてでした。そこには、イデオロギー上の負担というイメージがあります。すなわち、社会について論ずる場合、一九世紀の資本主義／社会主義‐論争に陥るか、あるいはまた社会の国家的統制か純粋なレッセ・フェールないしはせいぜい人がみずから身を委ねる市場というものかとの選択に陥るかです。何か未成熟な理念が、絶えず「社会」というタイトルのもとに流れていました。そのため、むしろ社会学の初期の段階では、このイデオロギー上の負担から、人びとはこの表現を好んで回避しようとしてきましたし、むしろ関係の理論、社会的形式の理論等々に関わってきました。そしてわたしは、社会システムの理論として表現するものに着手してきたのです。しかし包括的な全体への問いは、手つかずのままでした。このイデオロギー的な要素は、広く二〇世紀において延々と続きます。たとえば六〇年代の終わり、七〇年代のはじめに『社会理論か、あるいは社会テクノロジーか？』(7) というタイトルで出版された、わたしとユルゲン・ハーバーマスとの討論があります。そのタイトルをめぐっては、ハーバーマスがそれを選び、わたしはそのことにはたいした意味がないと考え、そのままにしておいたといういきさつがあります。社会理論というものは、一定のイデオロギー的刻印をもってイメージされていました。それは、技術的なもの、システム的なるもの等々は、すべて排除されるべきである、というものでした。これは、自己自身を反省することのない偏見です。そこにあるイデオロギー上の障害は、一定の人間的要件が考えられた場合には社会理論に対して肯定的に働き、あるいはより国家、秩序の権力、社会統制等々の側に位置した場合には社会理論に対して否定的に働く、のどちらかというものでした。社会学を社会理論として提示するこの試みに対しては、テュービンゲン大学の社会学者テンブルックによる批判的な論評がありました。その批判は、このようにすると、制御できない偏見に落ち込むというものでした。(8) この講義では、これを論駁し、すでに示され、かつ批判能力を有し、制御された事前見解あるいは制御された概念決定を用いた社会理論への真剣な取り組みを示したいと思います。

さらに続く論点は、経験的研究方法や典型的なプロジェクト形成的研究が、この問題に対して十分なものではない、ということです。このことのために、経験的研究に対し経験的研究として発言するものは何もありません。また、そこにおいて適切でない認識ないしは興味深い洞察が獲得されることも、あるいはまた、こうした事態を社会理論へ簡単に移行できるということも、ありません。というのは、とにかくすべて不健全であり、人為的で、狭量で、あるいは何であれ六〇年代の運動の表現でいえば「ハエの脚を数える（重箱の隅を突く）」状態だからです。わたしが徹頭徹尾考えているのは、視界には入っていないが経験的研究のなかで発見される浅瀬や岩礁へ社会理論という大きな船を乗り上げさせないために、そこで確立されるものをたえず観察しなければならないということです。人びとは社会理論という船でもって、この問題をめぐって航海できなければなりません。不必要な抵抗に身をさらす必要はありません。しかし、海は広く、経験的研究はこれまでのところ、この海の一部分を水先案内したにすぎません。経験的研究は原理的に、わたしたちに社会理論を提供できる状態にはないでしょう。この隔たりは、ことによるとわたしが間違っているかもしれませんが、かなり大きいのではないでしょうか。さらに多くの労力と資金をもってしても、社会理論というものに立ち至ることはできないでしょう。それにはさまざまな理由があります。たとえば、複雑性の問いです。すなわち、統計上の分析であれ小集団による実験であれ、もはやそれらは素材の非常に大きな相違を処理できない一様なデータを大量に必要とするか、あるいは、制御可能なきわめて少ない変数を用いて処理を行わなくてはならないかのどちらかです。これらに対して、ここ五〇年の間、構造化された複雑性の問題が異議を唱えているということ、つまりこの方法によるやり方では把握できないということが、知られています。(9) もはや四〇年代のようなかたちでは提起されない問題が、多く生じているのです。わたしは、経験的研究では複雑性の問題を把握できないと考えています。いずれにせよ、ちょっと考えただけでも、この時間に至る所で起きていることすべてを、またみることのできない多くの空想上の出来事のうち現実的であるものを、あるいは将来の可能な行動に遡及する諸状態を決定するものを、いかにそれがわたしたちにとって必要であれ、把握することはできません。ですから、わたしたちは、社会そのものにとって把握不可能な複雑性を出発点とすることにします。このことは、まだ方法論上の批判を目的とするものではありませんが、経験的研究の方法論に関連づけたとき、社会理論の成果に対する現実的な評価へと至ります。その際、たとえば経験的研究のコスト、小型化、個人的な準備‐と‐さらなる研究活動という面も問題となります。職を失う人が現れ、したがってプロジェクトを立ち上げなければならず、それも三年は続くであろうが、それ以上は承認されない等々。人は組織上の窮屈さを感じ、また研究はわたしたちがみる以上に、もろもろに条件づけられています。このことは、動物にほとんど関わらない生物学に、非常にセンセーショナルに当てはまります。心理学に対してもそうです。

結局、社会学における社会理論のこの連関でいえば、みてきたように、社会学という学問領域に寄せられる公の期待および学問的期待は、社会学が手引きとなり、また診断を下してくれることへの願望——これらは、これまでの形式では満たされることのなかったものですが——を通じて確定されるということが、今いちど語られます。そもそも社会学が社会的なるものを取り扱うならば、その際に何が起きてくるかを知りたいことでしょう。わたしたちは四〇年代および五〇年代に、開発社会学や政治の忠告において、また計画社会学、組織社会学および産業社会学において、社会的活動の大きな部分が知識によって裏打ちされるという仮定のなかで、たとえば機能的分析や近代化の研究のようなものによる、きわめて楽観的な評価を手にしました。少し遅れて（一九六九年）、まさにビーレフェルト大学社会学部が創設されました。すべてがきわめて有用であると考えられたことから人材豊かな陣容を構えられたのは、この時代のお陰です。七〇年代は、一部ではマルクス主義の批判を経て——この批判は問題をこのようには設定しませんでしたが——、また一部ではこの任務を提供した人たちの失意を経て、実用的で役に立つ社会学という楽観的な気分は、著しく衰退しました。その他の点については、たとえば政治的企画の領域に果たして社会学の有意味な利用というものがあるのかどうかという問いについては、何も語られませんでした。しかしわたしは、これこそ経験的研究の主たる領域であるとみています。政治家に対し、政治そのものから生まれてくる文献において必ずしも読み取ることのできない一連のデータが突きつけられます。たとえば、法律の効力の発生方法が問題となっているとき、亡命者の保護の問題が論じられます。まさに膨大な量を知っていなくてはならないでしょう。また、公的機関の改革が問題になる場合、たしかに驚くほど多くのことを知らなくてはなりません。[10] 教育に対するマスメディアの効果を問題にするならば、学校は今までよりも多くテレビを使用するのかどうか、またそこで番組が作成されなければならないかどうか、つまり、このこと自体がいかなる効果を生むであろうかということを、問わなければならないでしょう。そもそも学生たちは、なお本を読むのでしょうか。そのどれからであれ、方法のうえで、また構想のうえで、行いうることよりも、はるかにわずかなことしか得られません。

可能性を否定的に評価する理由はありません。ただその期待が社会との関係において非常に大きかったので、それゆえ十分に満たされたというまでには至りませんでした。これは、特に学際的な文脈に対し、つまり他の学問領域による社会学の評価に対しても当てはまります。他の学問領域で社会学的知識を受容しようとする準備は、以前も、そして現在も大変なものでした。たとえば法律学の領域では、法形式は社会的効果をともなう形式として理解することができましたし、またそう理解しようとしていました。法律的な問題を別にして、さまざまな条件を生む契約、さまざまな状況のもとで解消されうる契約とは何でしょうか。契約というものの意味、行政に適った処分や行政行為等の意味とは何でしょうか。非常に多くの社会諸形式を法律学の領域で探求し——アメリカにはいくつか特別のものがありましたが——、以前よりはるかによい分析がなしえられたことでしょう。しかし法律学は、アメリカで社会工学に傾注してきたものも含めて、撤退してしまいました。それらは、いまや新《ネオ》構造主義、さらにはオートポイエーシスやデリダ、脱構築、また一部では完全に無意味な諸表象とも関わっています。それらは、ロースクールでみることができますが、一定のテーマに対する一種の知的な過剰負担であり、本来ロースクールで進められるべき標準化された学習プログラムとは別のものです。

同様なことが多くの領域で、また歴史学でも見出されます。歴史学に関しては、ちょうどここビーレフェルトで、社会学者との共同作業が退行していっています。それは、まさに社会科学的な方法による独自の史料分析にもとづいていますが、いかなる理論移入に対しても異常なほど懐疑的です。たしかに、歴史家として注目に値すると考えられる多くの資料がつねに見出されています。しかし社会学者には、彼らがなぜそれらを必要としているか、わかりません。わたしはかつて、一七世紀のイタリアの書物を引用したということについて、ある歴史学の雑誌の書評欄で咎められたことがあります。ただ引用しただけです。それは、その本では著者が以前に向けられた批判への返答を行っていたのに、わたしがそれを見落としているというものです。そこでわたしは、逆に問い返しました。ならば、この本が以前なされた批判への返答であるということの確証をもって、わたしがどの理論を証明できたのだろうかと。歴史家は、非常に具体的な、社会関係に対しても開かれている知識をはっきりと思い浮かべています。しかし、それは社会学的な理論を払いのけます。等々、他の学問分野をあげることもできるでしょう。たとえば、文学史もそうですが、これもまた同様です。

一般に社会学的研究をも心に留めおく準備というものが、他の学問分野では極端に逆方向に展開している、という印象がもたれています。またその間、社会学のなかでもこの嘆きがはっきりしてきました。わたしたちは、二週間前にニューヨークでユルゲン・ハーバーマスと議論をしました。彼は夕方に、New School for Social Research の大学院の長アラン・ウォルフから紹介され、社会学に対して非常に懐疑的な陳述内容の講演を社会学者として行いました。すなわち、もはや誰も社会学には関心をもたず、誰も社会学の文献を読まず、誰も社会学者の存在に気づかない、というものです。しかし、ハーバーマスは、わたしたち社会学者の存在を知っています。そのことをもって、希望があるということもできるでしょう。つまり、それでもなお社会学を本来あるべき場所に、すなわち可能なあらゆる学際的研究のコンテクストに大いに働きかける場所に、再び引き入れる理論的な衝撃をみることへの希望があるといえます。この懐疑、すなわち他の学問領域において社会学に対する関心が後退していったということは、わたしたちのテーマに多少なりとも関係があると思います。またこの後退は、期待が社会理論へ向いているということにも関係があります。学問的に信頼のおける近代社会の記述が求められているのです。そして、社会学は、いまだにこれに対して応えられていないということも確信されています。一般に、期待は診断に関わっています。したがってデュッセルドルフでの社会学会の評論のなかで、社会学が青少年の運動やエコロジー運動も、またフェミニズムや社会主義の崩壊も、何も予見しなかったことについて、どのように理解されるべきだったか、簡潔に報告されています。社会学にとっては、すべてが驚きとして現れます。その驚きは、明らかに社会学の方法論、データ分析、絶えず更新されるその理論史のなかに織り込まれています。古典的社会学者の文書が再発見され、それにより彼らが記述したことが新たな光のもとにおかれます。それについて論文が公刊され、それらが再び批判されます。というのは、他の文書では逆のことが書いてあるからです。こうしたことはすべて、骨についている最後の肉を削ぎ落とすようなものです。現実はその間さっさと進んでいきます。

たとえば社会学では——部分的には経済的な連関を把握する能力がないということによるものですが——、経済的な合理性がどの程度国際金融市場に左右されるか、ということについて誰もわかりません。この市場へアクセスできず、さらなる信用を付与する準備をも保証できない場合、通常の経済的な生産投資の合理性水準は確保されません。その場合、すべては政治に依存し、そのことにより問題をはらんだ途を進むことになります。それゆえ、社会学は何かを確言するべきであったということでしょう。実際、七〇年代にサイバネティクスは、国際的な金融市場から切り離すことができるような経済秩序は存在せず、それはうまくいかないだろうと、主張していました。――これらは、賢さをひけらかすサイバネティクス論者から発せられた、狭小で、またそれ以上証明されることのないコメントの枠内でのものです。社会学者は、まさにこのことをみなければならなかったのでしょう。しかしながら、たとえば政治との関係における経済的活動の理論を、つまり社会理論というものをもち合わせていません。

もっともわたしは、この講義で、能力を超えた予測は示さないようにしようと思います。それは困難なことですし、来たるべき世紀に何が起こるのかを予見できるなどという野心は、まったくもち合わせていません。しかしながら、事態を知覚したときに、説得力を有した諸概念とかなり透明度の高い意味連関に出会うことで、描写をより精緻にすることができるでしょう。このことは、たとえば近代国家を没落の局面でどのように判断するか、という問題に当てはまります。ヨーロッパでは、より大きな統一の構築が試みられます。他のところでは、とにかく政治的であり、しかしながら何よりもまず経済的に生活できる状態にない民族において、国家が崩壊していきます。同時に、さまざまな国際機関が、指令、命令的要請、報告を国家宛に、ますます発するようになります。それ以外に、誰に向けるというのでしょうか。近代社会において、いかにして国家という組織形態は、政治と関わるのでしょうか。このような問題は、世界社会論的なパースペクティヴを前提としているでしょう。そうした前提を立ててはじめて、ソ連の周辺領域、ユーゴスラビア、ブラック・アフリカあるいはその他の場所で人びとが実際に体験していることに驚かされるということが理解されます。したがって、わたしにとって問題なのは、予測に対する要求よりも、むしろ複雑な諸概念の記述形式であり、政治的経験や発展に反応できる相互依存です。

そしてそれゆえに、何かを予見しなかった場合、それを理解することができ、何か新しいことが起きたとき、その記述ができることです。このことによって、予測が原理的に排除されるべきではありませんが、しかし予測の問題とは、一定の状況下において影響を及ぼす諸パラメーターの限定の問題なのです。

このことは、この講義の意図を比較的緩やかに表現したものです。すこし時間があるようなので、さらなる分析を提示したいと思います。といっても、その分析は、わたしたちを妨げているもの、社会学的な社会理論を提案することを困難にしているものを問うことです。そのために、ガストン・バシュラールというフランスの科学理論家、科学史家、あるいは科学哲学者といった方がよいかもしれませんが、彼が展開した考えを基礎におくことにしたいと思います。それは認識論的障害（obstacles épistémologiques）という考え方です[12]。すなわち、歴史的な認識遮断があるということです。問題提起は、いずれは適切でないと思われるようになります。つまり、それは研究を通して、知らぬ間に従来の考えに紛れ込む、あるいは紛れ込むことができるレベルで、それまでの認識の成果を積み重ねていくのです。一つの例は、化学です。かつて化学においては、金のような高価な素材は、鉄のような廉価なものとは別の性質をもつと信じられて、そのイメージから離れるのに大変な時間と労力を要しました。今日、化学がそのようなことにかかずらっているとは、誰も考えていません。素材のもつ価値を、化学的に表現することはできません。多くの意味連関において鉄より金を好んでもつということで理解できるその価値がどれほど関心を引く重大事であれ、それはできないのです。このことに対して、化学に何ももたらしません。このような事例をもって、認識論的障害という考えが導かれます。この考えは、かつての諸成果、ないしは前科学的な、しかしまた科学的でもある性質をもつ旧来の知識というものを表しています。ユークリッド幾何学が、もう一つの例です。今日、わたしたちは非ユークリッド幾何学を知っています。さまざまな目的のためにそれを用い、もはやユークリッドは使いません。しかし、学校のなかではユークリッドがなければ、何も始まらないでしょう。人びとは絶えず知識を受容し、それを学習します。またあとになって、こんどは破棄し、さらに忘れ、あるいは相対化しなければならないことを表すために、それを用います。この認識論的障害という考えによって、社会学的な社会理論へ至ることの困難さが、わたしがここで最初に行ったものより、より注意深い仕方で、また慎重に選ばれたレベルで、しかもより適切に定式化できると思います。

つぎの三つに集約して述べたいと思います。第一は、社会は人間からなっているという前提です。あらゆる伝統は、たしかにそのように考えてきました。人間はもっとも小さい要素であり、それゆえ人間の間の関係、男と女、父と子、主人と使用人という単純な関係があり、つぎに家族あるいは家庭へとまとめられていきます。家庭は一つの市区に、市区は都市地域に、都市地域は一つの王国（regnum）に、場合によっては、さらに一つの帝国（imperium）に、国家《ライヒ》に、あるいは教会（ecclesia）に、厳格な境界のイメージをもつことなく包括的な組織としてまとめられます。しかし、人間はシステムの要素です。人間についての知識、人間の本性についての知識が、社会秩序のなかで効果を現します。わたしは、社会の自己記述の歴史のなかで、つぎの問題に立ち返りたいと思います。それは、わたしたちは長い伝統を――これをわたしは古いヨーロッパの伝統と呼びます――をもっているということ、そして、その伝統とは、社会や社会的なるものが人間から成り立ち、人間の生活は、ある仕方で社会秩序に対する必要の源であり、また社会秩序の正当性の源泉であるということから出発している、というものです。とりあえずこのことを理解しておくことが重要です。これは、今日もはや原則として貫徹されていません。すでに、心理学が、また生物学までもが、そのようにして説明される作動を社会的作動として記述することを排除しています。有機体のある細胞がなくなってしまい別のものがそれにとって代わるという場合、そのことはわたしたちの理解では、何ら社会的事象ではありません。一方で、生物学や心理学が詳細に研究を進めれば進めるほど、社会的な事態が影響を及ぼすことが確認されています。それはまさに現代の神経生理学が、シャーマン現象から、瞑想、メスカリン、LSDおよびその誘導体にまで至るサイコリティック（psycholytische）(13)の研究にとって重要であるということからもわかります。生物学の事象をより正確に認識するならば、社会的影響が生物学的事実に書き込まれる可能性を失うことはないということが理解されます。むしろ逆に、それ相応の可能性が得られるのです。まさに神経生理学の最近一〇年間の研究は、医学ならびに心理療法的アプローチが、生物学からいかに多くを入手できたかを示しています。しかしながら他方で、この理論のなかに、細胞のなかでの巨大分子の交換として生ずることや、有機体のなかでの細胞の交換として生ずることなど、すべてを取り入れなければならないとしても、そもそも何らかの社会的なるものの理論を仕上げることにはならないでしょう。わたしたちは、この生化学的‐生物学的意味における生命と社会性との間の境界がどこに引かれるかということを考えなければなりません。またこのことは、いうなれば社会が実質的に人間から構成されている、ということを排除します。

社会学は長い間、この考えの存在を認めはしてきましたが、とはいえ留保しつづけてきました。最終的に人間を手放したくはなかったのでしょう。また少なくとも二つ以上の考えをもって、再び人間を採り入れようと試みてきました。というのは、社会学という専門領域の構成にとって主導的な関心の一つは、社会と個人との関係であったからです。しかしながら、この問題を立てるとき個人とは何でしょうか。個人と社会との関係はどのように秩序づけられ、また秩序づけるべきなのでしょうか。このコンテクストには、それらが歩みよる少なくとも二つのイメージがあります。一つは、四〇年代、五〇年代、タルコット・パーソンズにとって重要であった役割の概念です。社会理論ないしは社会的なるものの理論の、また役割の概念に関する行為理論の重要な部分は、そのイメージのなかで定式化されていました。役割は、個人と社会とを繋ぐ蝶番でした。人格は人格として、個人は個人として、生命として行為に対し、何かを寄与します。もしそこに人間がいなければ、誰も行為できないでしょう。また他方で、同じく役割構成について理解されるフィルター・メカニズムが存在します。すなわち人間は、認められ、共鳴を見出すために、一致であろうと逸脱であろうと、社会秩序に寄与することが予期されうる行為範型である役割を満たしているというものです。一致と逸脱の両方が、役割概念によってフィルターをかけられています。

これは、個人と社会との関係を社会学的な概念装置で解明する偉大な営みの一つでした。それは単純に個人を排除したものではなく、むしろ一種の選択メカニズムを、この問題を顧慮した予期のある種の制度化を、記述したものでした。今日、これはどちらかといえば弱まりつつありますが、行為理論は依然として同僚や社会学者が拠り所とする観点です。彼らは、人間をあるがままに単純に放棄しようとはしませんでした。彼らが主張しているのは、行為がなされるのであれば、それを行う誰かがそこにいなくてはならない、ということです。社会の秩序というものが人間なくして成立するなどとは、まったく考えられていません。人間が顧慮されている場所は、行為の概念に関し定義されています。これは、行動有機体、パーソナリティ、社会秩序および文化がそこにあるならば行為が成り立つと想定しているパーソンズの理論にも呼応することでしょう。このことをもって、ある壮大な仕方で、もう一度それらすべての構成要素をまとめて導入することが試みられます。行為が成立するには、それらのうち何一つ欠けることが許されません。

今やこれは、システム理論のなかで、システムと環境との区別によって解決されるひな型です。そこでは、心的なものと生命的なもの、生化学、神経生理学等々は社会の環境に当たる部分である、といわれています。その場合、環境なくしてシステムは存在しないということは明らかです。システムと環境はコンセプト上の統一体であり、それは差異として記述されます。意識がなければコミュニケーションは成り立たず、人間なくして行為は成立しません。他も同様です。ただこれらは、つぎのようなレベルでなされているものです。すなわち、それ相応の良質な空気がなければ、いかなる人間も生きていくことはできなかった、あるいは地球の引力が一〇倍になるか四分の一に減じたならば、わたしたちの筋肉では、もはや如何ともしがたかった、ということを主張するレベルです。いくつかのことが、ごちゃまぜに組み合わさっていわれたのかもしれません。わたしたちは、社会秩序あるいは総じて生命を維持しようと努めた。わたしたちが通常の磁性をもっていないとしたら骨折しただろうし、もはや二度と治らなかった、等々です。この依存連鎖は、物理学に至るまで当てはまります。もし原子が相対的に安定していなければ、たしかにいかなる社会秩序ももつことはできなかったでしょう。しかしたんなる依存性は、社会秩序の条件に何ももたらしません。それこそ、人間を個人として受け入れたとき、またいつであれ人間について語るとき、まさにそうなのです。「住所を教えろ?、歳はいくつか?、男性か女性か?、どこに住んでいるか?」等々。事実は満たされるでしょう。しかし、その事実は、もはや社会秩序にはめ込まれるものではありません。

「人間がどこにいるか?」という問いは、社会システム理論に向けられる主要な反論です。それはこの講義の最初の部分の課題であり、それについてはよりいっそう詳しいことが述べられます。

まだ二つの別の「認識論的障害（obstacles épistémologiques）」があります。もはやこの時間に、それらを扱うことはできませんが、その一つはつぎのイメージです。すなわち、社会は地域的な境界をもっていて、ブラジルはアルゼンチンとは別の社会であり、タイはウルグアイとは別であり、統一前のドイツは明らかにその後のドイツとは異なり、オーストリアは一時ドイツ社会の一部であったがもはやそのようなことはない、というものです。すなわち、社会の地域化は、どのように考えられるべきか、というものです。やはり、このイメージから離れる試みに対しては、相当の抵抗があります。みなさんは、社会という言葉を、あたかも多くの社会が存在する、そうした複数のなかにみているでしょう。その場合、複数の社会という多数性が、いかにしてまさに一つのものとして、つまり単数の社会として理解されるかは、はっきりと表現されていません。

そこには、認識論上の問題があります。社会学者として普通に考えることは、社会は研究されうる対象であり、人びとは、それ自身として対象の外側に位置している、ということです。人びとは主体として、おそらくは研究集団として、対象を理解し、そこで何が行われているかを認識しようとしています。しかしながら、このことは、わたしがすでに差し出してある論点です。それは、コミュニケーションを経由してすべての認識が構築され、そしてただコミュニケーションを経由してのみ社会的共鳴がある、というものです。認識するということは、自己意識の無垢のおぼろげな状態ではありません。それは、むしろコミュニケーションという手段であり、それは認識を精密化し、定式化し、また受諾と棄却とを提示するものです。主体を社会の認識から引き離すことはできません。もし教会について研究する場合ならば、わたしたちは教会の会員でないがゆえに、ある独立した立場にあるということができます。わたしたちが宗教的でなければ、それだけにいっそう宗教について研究することができるでしょう。わたしたちが労働組合運動の参加者でなければ、もっと労働組合の意外な点について気づくことでしょう。しかし社会の場合には、このことは成り立ちません。わたしたちが、何らかの社会の動きに参加せず、それゆえに社会を認識するようになる、などということはありえません。古典的な主観／客観‐差異は、崩壊します。このことを理解するのは難しいかもしれませんが、ここでは、これをただつぎの時間の先取りとしておくことにしましょう。

〈第2講義〉

みなさん、わたしはガストン・バシュラールの概念を用いて、社会的なものに関する観念の伝統の蓄積のなかにある認識論的障害（obstacles épistémologiques）に立ち返ろうと思います。それは、これまで社会学が社会という概念を見直すことを妨げてきたものです。第一の認識論的障害は、社会が人間から成り立っているというイメージです。社会学は、このイメージを切り離したくないので、生物学、心理学、生化学、神経生理学の知見と一線を画すのではなく、むしろ人間という概念を自由に使うために社会学のなかにこれらの知見を取り込もうとします。いずれにせよ、人間がある役割を果たすというのは行為理論という概念形式においてです。行為概念は、行為者を前提とします。そのことをもって、理論のなかに人間が存在します。しかし、つぎの問題はこのとき何がこの行為かということです。ここでわたしが講義をするとき、何かがなくては、しっかり立つことができないというとき、わたしの両足は行為に関わっているのでしょうか。どのようにして人間に交線を引けるのでしょうか。人は社会学的に有意味なものを抜粋することができるのでしょうか、そして、生物学者や心理学者のみが関心をもっているようなことを排除することができるのでしょうか。まさに、経験的なものとして、実在的なものとして理解されうる事態を念頭におくとき、つねにその経験的な質を誇りにする行為理論は、この問題の明確なイメージを与えるには不適切であるように思われます。今、わたしはこの問題のみを取り扱います。そして、後の講義のなかで、この問題をある別の概念を用いることによって検討することができるかどうかをおみせしましょう。

二番目の点は、通常、社会ということで想定されているのは地域社会であるということです。あまり深く考えられていない文献のなかでは、つねにそのように扱われています。そこでは複数形で社会が話題にされています。アメリカ社会、アメリカ合衆国の社会というものが存在します。カナダがそこに属しているのか、いないのかわかりません。しかし、メキシコはそこには属していないでしょう。かといって、いかにして地域社会を境界づけることができるのか、あるいは、いかにして明確な輪郭を定める概念を形成することができるかもしれないかということは理解されません。一般的な情報なるものが、国家について発せられます。しかし、これはまったく無意味です。なぜならば、パラグアイとウルグアイは異なった社会だからです。あるいは、文化に対しても発せられます。しかし、文化を境界づけることも不可能です。少なくともテレビが登場して以来、明確に互いを境界づけるような文化的な孤島を発見することは、困難となりました。それ以外に情報は存在しません。これらの考え方の典型的な言い分は、地球上の生活状況は、具体的なものを見失うことなくすべてを一つの社会というもののなかにもち込むことができないほどに、それぞれ異なっているというものです。一つの社会というものが存在してはじめて、数多くの異質なものが一緒に詰め込まれることでしょう。このことは、マンハッタンを知っている人にも当てはまります。五番街のA、B、C、D通りは区別されなければなりませんし、そして、おそらく、五番街のなかにもまた社会の境界づけをしなければなりません。たとえば二一番通り、そして、さらにその上側の通りに、というようにです。生活の状況は、町の内部でも、また通常、社会と見なされるものの内部でも異なっています。それが非常に異なっているので、さまざまな生活条件が存在することの説明を構成するために、社会学には、まとまった世界のように考えられる社会概念の形成が要求されるに違いありません。このことは最初のテーマと関連があります。なぜならば、わたしたちが人間を考慮に入れるとき、その人の生活様式、生活習慣、境遇、扶養の仕方やされ方があるからです。もちろん、社会学のなかに、そして社会学に接近した領域に、このイメージがあります。生活状況の類似性が、社会という概念の一つの契機となるでしょう。しかし、また、人はそれによってどのような状態になるのかをもみます。このことは、認識論的障害にとって典型的なものです。つまり、人は一方で、限界をみますが、他方で、その代わりにできることをみることができません。

最後に第三は、認識論的なケースです。科学の領域のなかに——そのなかには、すでに物理学、化学、心理学、さまざまな種類の自然科学、国民経済学など、数多くの学問が存在しますが——、社会学を科学として確立することを試みたとき、そしてそのとき社会学を独立した学問分野として定式化したならば、当然、科学性に重点がおかれます。社会学は一つの科学にならねばならないでしょう。そして、このことは可能なかぎりアングロサクソンのなかで用いられるサイエンスという厳密な意味において、そうあらねばなりません。社会学が経験的な研究に、少なくとも事実の調査に関連づけられなければならないということは、もはや哲学的な構成が許されず、ある規範的な出発点に制限されるということです。このようなイメージをもつことができてはじめて、社会学は科学となるでしょう——わたしは、社会学が科学であるということを、まったく疑っていません。しかし同時に、古典的な考え方の構造のなかで、いわば科学はその対象の外側に存在するであろうというイメージをもたれています。おそらく別様に定義することも可能でしょうが、ベーコンの（自然支配の）計画以来、経験的なものと見なされ、またデカルト以来、理論的なものと見なされる近代の学問運動において、認識する者はその対象の外部にいるというイメージがもたれています。そして、これは客観性の条件とされます。どの認識者にとっても同様な、客観性の条件ということです。なぜならば、認識者の特性、特別な見方、先入見、解釈学の意味における先行理解、固有の選好、固有の規範的先入見を対象自身に投げかけてしまうと、すべての認識者にとって一様である客観的世界というものがなくなるからです。このときは、もはや、いわゆる間主観的な意見の一致が存在しないというのではなく、おのおのがその対象を構成することになります。つまり、人は、どういう構成者を、つまり観察を行うどんなシステムを意図するかによって、異なった対象に関わることになるのです。このことは、科学の古典的な考え方を破壊します。これは、論理学にまで至る帰結です。なぜならば、たとえば論理学の基本的公理として同一律を考えるとき、ある対象はすべての認識者にとっては同一であるときのみ同一なのです。ある者にとってはそうであり、別の者にとっては他である場合は同一ではありません。もちろん古典的な考え方は、ある調整的な仕組みをもっています。それは誤謬という考え方です。人は対象を見誤ることがある。しかし、それは諸主観の下で調整され、自分が思い違いをしたということを他者に納得させようとするというのです。そして、真／偽‐対話、正／誤‐対話を経て、対象の統一性はつねに擬似的に実現されるということになります。

さしあたり、主観と客観の分離を阻止する、多くの認識論的考察が存在します。昨晩のゼミナールのなかで、わたしたちはそれについて議論しました。ある対象の把握は、認識者にさかのぼった推論を許します。たとえば、生物学者として生命について研究する人は、自分自身も生きているということに気づきます。対象の性質は、研究者に入り込みます。典型的なやり方で巻き入れる、まさに巻き入れるのです。つまり、研究者が彼の特性を対象に投影するのではなく、対象が研究者自身を包含する特性をもっているということです。このことは、たとえば、言語にも、論理学にも通用します。論理学は自身を前提にした学問です。論理学において、たとえばゲーデル的な問題、すなわち決定しえない命題に直面したとき、その論理学を創り出している者に対しても当てはまります。言語学において、完結することができない、あるいは複数のレベルの構造を見出さなければならないとき、このことは、それらのことについて話すということに対しても当てはまります。それは、自然言語や日常言語というレベル、日常語あるいは日用語というレベル、そしてメタ言語のレベルというものが、不十分であるというのではなく、誰かがそのように定式化したものが、すでにあるメタレベル上で動いているということです。これが、認識者の位置に対する帰結です。

以上のことは、よりいっそう社会学に当てはまることになります。なぜならば、社会のなかに社会学というものが定式化されるということ、わたしたちがコミュニケーション、言語、確立された論証の方法を用いるということ、そして、わたしたちがさまざまな制度に依存しているということに異議を唱えることは、おそらく無理だからです。わたしたちは印刷されたテキストを読むことができます。その際、通常わたしたちは社会のなかに存在する、ある種の規則に従います。たとえば出版社が存在しなければなりません。そして、この出版社は利潤を得ることができなければならないなど。社会学は、社会学がその対象領域において実行するような分析から、免れることはできません。しかし、わたしたちがこれを受け入れるとき、きわめて困難な状況におかれます。なぜならば、わたしたちは、これらの諸問題を解決するだけの力がある方法論も認識論も手中にしていないからです。このことはしばしば言及されていますが、おそらく二値論理学ではうまくやっていけないでしょう。わたしたちは、同一性の命題を断念しなければならないでしょう。おそらくわたしたちは、矛盾の命題をともなった問題を被ることになるでしょう。社会学の外部にもたらされた近年の議論において、この問題が浮上しています。たとえば、人は認識者と対象との対称的関係を仮定することができるのかどうか、そしてその際、むしろ循環的な状況は問題とならないのかどうかというものです。人はその人固有の構成を認識します。定義と関わるためには、人は前もって、対象として観察するであろうことを定義しなければなりません。人は、適切な認識を創り出す客観性と特性とを有しているということをつねに仮定するような、いわば因果の客観性の位置に循環性を据えます。その代わりに、わたしたちは構成主義的な関係、循環的な関係と関わります。そして、問題はいまや、いかにして決定されるのか、いかにして循環が解消され、非対称化され、あるいは「展開」されるのか、どのように論理学者は語るのかということです。[14]この問いには、実際に説得力のある解答は存在しません。この問題が議論されるのをみます。しかし、また旧い古典的な認識論、すなわち誤謬の絶え間ない訂正によってやがて客観的な認識にたどり着くであろうという考えをもつとき、かつてわたしたちが語った技術的困難に陥るのをみるのです。

わたしは、三つの観点――個別性すなわち人間のいる場所、地域性、そして主観／客観‐関係――のもとで社会理論を求める際の、事実内容の根拠、あるいはある形式のなかで処理しなければならない困難の限界について考えたいと思います。この問題を無視することはできないでしょう。しかしまた、何の障害もなく、この問題を解決できる手短な処方箋をもっていません。引き続いて行われるこの講義のなかで、わたしは、少なくともいくつかの一般的な概念の考察を紹介し、そこで絶えず意見を求められてきた問題に立ち返ろうと思います。このことをシステム理論的道具主義（systemtheoretischen Instrumentariums）の助けを借りて行いたいと考えています。今ここで、なぜシステム理論がこの領域で説得力をもつのか、なぜシステム理論が認識論の障害を解決する手がかりとなるのか、あるいは、少なくとも、人が利用することができるある形式を供与する手がかりなのか、詳しく説明することはしません。なぜならば、このことは、システム理論に関する講義に属することだからです。そこで、この後に取り組んでいくこの手がかりを理解してもらうために、いくつかの一般的な議論を前もって述べておく必要があるでしょう。

まず、意味概念から始めるのがもっともよいと考えます。このことはまた、一方で伝統や一般的な言語使用に関係し、他方である種の抽象化能力を要求します。さしあたり、日常語において否定をもたらすカテゴリーとして、意味が取り扱われているということから始めましょう。あるものは無意味であることができます。その一方で否定は、否定されるものが同一であることを前提としていることが知られています。人は、ある出来事を否定します。たとえば、グラスには水が入ってない。そこには水がない。そのようにいうとき、グラスとは水とは、そこにあったときにそこにあったように、同様に存在しなければなりません。水を無視したり、あるいはないことに気づいたりするとき、ある別の対象をもち込んでは意味がありません。否定はつねに同一性を要求します。

このことはまた、古典的な論理学にも関わることになります。何ごとかを無意味なものと呼ぶとき、問題は何が同一性を担保させるのかということです。意味がある、意味がないというとき、意味という概念で何が述べられているのでしょうか。あるいは、別の言い方をすれば、何ごとかに意味があるとも意味がないともいえるとき、意味が同じであることとはいったい何でしょうか。この問いに、真っ先に答えなければならないでしょう。こうしてはじめて、「意味がある」／「意味がない」という概念を、どのように使用できるかが考察されなければなりません。

わたしの提案は、一つの否定されえないカテゴリーとして、すなわち何も排除できない何ごとかとして、意味を導入することです。このことは、理論枠組の構築において、注目すべき一つの考え方です。意味とは、否定されえない一つのカテゴリーであり、まさに、わたしが必要とする唯一の否定されえないカテゴリーです。このとき、世界概念は、同様の特性をもっています。しかし、これは世界に意味直属させるからです。否定されえないカテゴリーなのです。これは、わたしたちが何ごとかを否定するとき、まさにそのことによって、それに意味を付与するということです。別の言い方をすれば、否定そのものは、意味ある、あるいは意味を有している一つの作動です。否定は、意味を必要としています。しかし、意味の外側に何もないとき、いかにして意味概念を境界づけるのかという問題に遭遇します。わたしたちはわたしたちをイメージするということ、意味はつねにシステムに言及するということ、ここに一つの可能性があります——さしあたり、まだそれをしてはいませんが、これはすでにシステム理論への導入です。意識は意味を、その作動をもたらす形式として必要としているといえるでしょう。石にはそのような特性が欠けています。石はその環境に意味を投影しません。しかし、わたしたちがこのことを語るとき、そのことは、わたしたちが語る内容を、つまり意味をもつことになります。つまり、石には意味をもった作動が欠けていると考えられます。けれども、石には意味をもった作動が欠けていると語ることには意味があるのです。わたしたちは繰り返し、同じ循環のなかに、わたしたちを捉えます。問うべきは、外部との境界づけを行うことなしに、意味内部の区別から、これらの問題が明るみに出るかどうかということです。それは、あたかも、意味が球のような性質をもち、球の向こう側にまだ意味をもたない別の何事かがあるのかどうかという問題です。わたしたちは内部の区別を通して利用することができる一般的なメディアとして意味をみています。そして、これに関しては、さまざまな出発点があります。

わたしがはじめに感銘を受けたのは現象学の試みでした。それはエドムント・フッサールの比較的初期の作品に見出されますが、彼が生涯固執したものです[15]。現象学によれば、意識によって把握される志向的なあらゆるものは、他の可能性を指し示す地平をもつとされます。利用可能なものを、傍らにあるものを、あるいは他のあるものとの境界を指し示すことのない孤立したものは存在しません。接触することなく、どこかを飛び回る原子のような意味要素が存在するのではなく、何事かを同定するとき、コンテクスト、そこから始めることができるもの、あるいは性質や種類、さらには対象を分解することなしには変化させることができない一定の指標等々を考慮して同定します。フッサールは、これを地平というメタファーで表現しました。それによれば、つねにそのつぎの、そしてそのつぎの地平が存在します。個々の対象から別のあるものへ移行することができます。それはどのようになされてもいいというものではありません。フッサールにとって世界とは、規定可能なものです。最終的な規定が可能であるというのではなく、たとえ、どのような対象、どのようなシンボル、どのような言葉によって始めようとも、つねに再び規定可能な何ごとかへの指し示しが存在するということです。その場合、まったく脈絡のないことが結びつけられることでしょう。どのようにこの大学へ行くのかをじっくり考え、どこに自動車を停めるのか、タンクにガソリンはあるのか、警察は速度規制をしているのか、警官はどのように配置され、どれくらい速度規制を取り締まる装置があるのか等々を考えます。論理的でもなく、また二度と繰り返すことのできないような連鎖をつくることもします。にもかかわらず、無内容の状態に至るのではなく、つねにつぎの作動の出発点となる何ごとかを得ます。フッサールによれば、これは、記述の水準で進行するということになります。それゆえ、彼は現象について語っているのです。わたしたちの意識によって与えられているものを分析するとき、「意味」という現象に突き当たります。フッサールにおいて「現象」という概念は、超越論的な理論に引き戻されました。現象とは、まずもって理論的な形而上学に方向を定めて解明されなければならないといわれるような一過性のものではありません。それは、所与のものであり、そうしたものとして分析されうるものです。

さらにこのことを抽象化するとき、現実性と可能性との差異、現実性と潜在性（Potentialität）ないしは仮想性との差異、つまり表現されることとの差異に関わらねばならないといえるでしょう。現実に意図し、想像し、あるいはコミュニケーションに関して現実に言及するようなあらゆることによって、別の事柄に対する可能な出発点として、さらに使用が可能なコンテクストをもつのです。フッサールの考えにきわめて近いところにある差異は、現実性と潜在性の差異です。フッサールによれば、それは意識に対する時間の意味、すなわち、時間性（Temporalität）の意味に関わらねばならないということになります。人はある種の体験に固執するのではなく、つねに別のものに移行しなければなりません。わたしたちが言及することができる意識とは内的に不安定なものです。人は直接、知覚したり思考したりすることを保持するのではなく、つねにどこかへ進まなければなりません。それによって、この意味分析は、意味を扱うシステムの——今わたしが意識している——時間的な理解のなかに埋め込まれます。この現実性と可能性の差異は、明らかに時間を考慮して描かれたものです。変更を考慮し、つぎの作動を考慮したものなのです。

この始点は、恒常的な関係や本質的なものなどからではなく、作動から出発するシステム理論にふさわしいものです。わたしは、システム理論が相対的に納得できるものにすることができる一つの考え方であると信じています。現象学的証明は、通常「別の様に体験するか」と聞かれるというやり方で行われます。別様に体験した人は、それを告げに来なければなりません。さしあたり、わたしたちは、まず自分と同じように他者もそうであるということを仮定します、すなわち、開かれているけれども、しかし底なしのところへ導かれるのではなく、また加えていうならば神のところへ導かれるのでもなく、つねに何かあるものによって定められたものによって帰着するような指し示しによって、現世（temporal）を作るということを仮定します。論証は、まったく単純です。すなわち「君の場合、こうではないのか」というものです。このことに疑いをもつ人は、それを告げに来なければなりませんし、またその場合は、その人が問題をまったく掌握していないこと、現象学的分析の手ほどきをまったく受けていないことがわかります。

一方で、うまくいかないかどうかをみるために、そして、そのことによって分析をさらに進めるために、どの問いに対してはどれがより適しているのかをそのときどきによって取り上げ、またみるために、まったく別の区別を選択することができます。ここでは、メディアと形式の区別を考えます。この理念史に関するものや、学問史に関するものを取り上げるならば、その際完全に別の出発点と関わらねばなりません。この考察の源は、まったく目を向けられることなく、ほとんど知られないままでした。そして、今になってようやく認められつつあります。オーストリアの社会心理学者で、後にアメリカへ移住したフリッツ・ハイダーのきわめて早い時期の論文が重要です。このメディアと物についての論文は、アメリカへ移住する前に執筆されました。(16) 彼の考察は、まず知覚心理学に関係しており、重要なことは、知覚の二重構造という性質が述べられていることです。一方で、知覚のメディアが与えられねばなりません。人は何かをみるとき、光のような何かがそこに存在しなければならず、人が何かを聞くとき、任意に音の輸送が行われなければなりません。他方で、この後はじめて妥当な形式をつくることができます。そもそも光があるからこそ、ある境界によって物がみえます。もし光がなかったならば、何もみることはできないでしょう。ハイダーによれば、メディアとは、一つの緩やかに結びつけられたものであり、絶え間ない要素の再結合の集合です。このことが物理学といかにして正確に折り合いをつけることができるのかという問題が残っていますが、それは重要ではありません。なぜならば、光はそもそも物理学の概念ではないからです。なるほど、わたしたちが後に光として、照明として、明るさとして知っている現象は、物理学的に説明されます。しかし、このことは、その論拠として重要ではありません。なぜならば、みえるということは、身体のなかの知覚システムにおいて行われるからです。同じことが音響現象に対してもいえます。ある種の形式のタイトなカップリングに対するルースに結びつけられた前提として、メディア間の差異を得ます。ある種の色彩、ある種の輪郭、ある種の対象の境界をみることをし、ある種の物音が聞くことをします。しかし、そのメディア自体をみることができません。明るさをみるのではなく、対象をみるのです。また空気の振動を聞くのでもありません。吹く風を聞くとき、その場合も聞いているのは対象です。そのとき、風が吹いて、何かが聞こえるというのです。つまり対象である、言い換えれば、一般的に聞き取れる範囲内での物音である、ということです。

これらのことは、さしあたり、知覚に対しての定式化です。わたしは、人は意味のレベルで一般化を行うことができると考えます。意味とは一つのメディアです。しかし、それは未規定であり、観察できず、そのときどきにおいて確たる結合を把握することはできますが、結合可能性の集合を把握することはできません。不十分ではありますが、しかし広く使える最初のステップとして、この考えを言語に当てはめることができます。すなわち、数多くの言葉が存在しており、結合した言葉の数は実際には使い切れません。しかし、こともあろうに無限ではないというとき、あるいは、おおよそ無限であるというとき、言葉の結合可能性が意味を成立させるのにもかかわらず、それだけでは意味をもたらしません。文章がつくられなければなりません。コミュニケーションにとって重要なのは、強固な形式をつくること、さまざまな言葉を互いに結びつけることです。そうしてはじめて、意味はもたらされます。

この概念形成の仕方は、現象学的な伝統とは異なって、現実性と可能性の差異にではなく、ルースなカップリングとタイトなカップリングとの差異、純粋な可能性である任意の合意とあれかこれかのつねなる選択との差異に焦点を合わせています。これに対応して、別の場所のあるものに時間の問題が生じます。そして、そもそも起こったことをもう一度一般化しようと思うとき、このことは重要です。すなわち、そのメディア自体は不変であるといえるかもしれません。メディアが存在しないならば、メディアのなかに形づくられた形式も存在しないでしょう。しかし、あらゆる形式は、たんなる出来事にすぎません。たとえば、文は話されたとき、それはすでに過ぎ去ってしまい、その後、つぎの文がやってきます。あるいは、文を文字によって固定するとき、すなわち文章に書き留めるとき、文は書かれ、読まれ、そして、その後に別のものが読まれます。メディアは、ルースなカップリングの抽象性において時間不変的です。形式は、タイトなカップリングの凝縮性のなかで暫定的かつ直線的です。わたしたちが、その場所で明確な時間概念をもたなくとも、時間は入り込んできます。わたしたちは、区別そのものが時間を包含しているということをみるにすぎません。

時間を前／後、速い／遅い、未来／過去、可変／不変などによって記述できるかどうかに関係なく、あるいは、年代順に記述できるかどうかに関係なく、意味概念のなかに時間次元がおかれます。このことは、どの考え方を選択するかには関係ありません。すなわち、現実性と潜在性、あるいは、メディアと形式というどちらの概念を選択するかとは無関係です。わたしは、メディア／形式‐区別を用いたいと思います。コミュニケーションに、すなわち言語や他のコミュニケーション・メディアに言及するときには、これを用いることにしています。このことはこの講義の第II章で行います。さしあたり、わたしにとっては、まず論拠を示すのではなく、導入されるこの表現の前提を解明することが重要です。意味のように言い表しがたい概念の証明は、もっぱら証明自身のなかに含まれています。すなわち、人はそれによって何を始めることができるのか、どのような意味の表現の仕方が、どの学問的連関のなかで証明されるのかという問いのなかにあるのです。

第二のステップは、意味と関わろうとする際、また意味の内部に区別をもち込もうとする際、観察者の導入のなかに、すなわち担当部局や関与者あるいは活動方針の導入のなかにあります。その場合には、新たな概念が、観察者が、区別が必要とされます。このことはこの講義の後半でもう一度取り上げます。ここでは簡単に触れておくだけにしておきます。潜在性、地平あるいはメディアそのものを現実化するのではなく、メディアにおいてある事柄を現実化するとき、わたしたちは意味を扱うことができます。観察者は、何事かを特徴づける区別を利用する必要性から定義されます。これは、いかにして観察者がそれを行うのか、どのような現実の作動が基礎になっているのかを明らかにする、形式の定義です。このことは、意識における知覚、社会システムにおけるコミュニケーション、あるいはある種の病因を同定しそれに反応する、すなわち病因を識別し病因とそうでないものを区別する免疫システムに対しても同様です。わたしたちは、つぎの作動への起点をもつために、区別を導入する形式的な構造をつねに考えることができます。またこれは、意味を扱うとき、すなわち意味があるシステムの作動におけるメディアになるとき、どのような問題が浮かび上がってくるかを明確にする一つの方法です。観察は、区別と観察者が具体的に定めていることの表示として導入されます。このことは、対象を存在可能なものとするでしょう。しかしまた対象は、区別によってのみ現実的に把握可能となり、観察可能となり、言及力のある指し示しが可能となるのです。

他方、これらの専門用語は、別の学問史上に根源をもちます。わたしが、異質な出発形態をある理論枠組に関係づけること、すなわち、さまざまなものをほとんど同じものとして証明していることがおわかりでしょうか。「観察者」、「区別」、「指し示し」はサイバネティクスに由来する専門用語の概念であり、そして、セカンド・オーダーのサイバネティクスの観点で頻繁に提唱されたものです。それがハインツ・フォン・フェルスターの議論です(17)。あるいは、数学においてはジョージ・スペンサー＝ブラウンです(18)。この両名が出発点です。人は、そうする以外に途はないのですが、何事かを区別し、何事かを観察し、記述し、あるいは指し示さねばなりません。そして区別するということは、他方の側を定義せず指し示さないということ、マークされていない空間として残すこと、を意味します。世界そのものを指し示すことは不可能です。世界を指し示すとき、何かによって世界が区別されうるということを前提にすることでしょう。このとき、別のものを前提にすることができなければなりません。たとえば、世界を創造の帰結とみるならば、神が存在することになるでしょう。他の側の指し示しを断念するとき、世界とその他のあらゆるものの区別によって指し示される世界は消えます。その場合、何も掌握することはできません。観察することができない出発点、すなわち、ジョージ・スペンサー＝ブラウンの用語でいう、マークされていない空間が前提とされなければなりません。

みなさんは、おそらく客観的に与えられた世界、数多くの客体、事象の総体、事象の世界（universitas rerum）という古典的なイメージが取り除かれ、そして、不可視であり、つねに前提とされ、あらゆる指し示しを包蔵した世界の必要性が主張される場面をみることでしょう。この指し示しと区別とは、世界をこちらとあちらの何かに分割します。「こちら」と「あちら」の差異の統一は、もはや形式化することはできません。差異の統一を観察しようとするならば、その統一を他の何かによって再び区別しなければならないでしょう。この考え方は、ある学問上の状況から生じ、説明することができます。その状況とは事象の総体、あるいは徐々に知ったり探ったりすることができる指し示し可能な事柄の総体としてあるような、世界のイメージを断念させる別の根拠を要求するものです。このことは、たとえば厳密に主観と客観の区別をすることは不可能であるとわたしが述べてきたことと関わってきます。

とりあえず、このことはここで終了したいと思います。わたしは意味概念に対して、区別の必然性を手に入れようとしてきました。その一方で、意味を通して考えることは、意味内の区別によってのみ説明可能となります。すなわち現実性／潜在性、あるいはメディア／形式という区別によってです。他方で、意味ある作動の前提として区別の概念を用いるとき、意味は作動を可能とさせます。このことはまた、作動は観察できないものを産出するということを表します。そして、古典的な形而上学にこの研究を照らし合わせるとき、わたしたちは世界との関連のなかで、原理に、出発点に、あるいは確固たる法則に関わるのではありません、そうではなく、わたしたちが記述し、指し示し、観察するあらゆること、そして、わたしたちが意思の疎通を行うこと、コミュニケートすることが、観察できない地平を絶えず産出するということを表すのです。結局、世界について述べることができるあらゆることは、パラドクスに陥ります。すなわち、区別はつねに二つの側面をもたらしますが、しかしながら双方の側面の統一を自由に扱うことはできず、それを指し示すこともできないというパラドクスに陥るのです。

現実性と潜在性とが同一であるということはできません。これは一つの区別です。もし、それが同一であるならば、現象はなくなるでしょう。メディアと形式も同様に、同一ではありません。これも一つの区別です。わたしたちは、そのつど、区別によるどの側面が指し示されているのかを知らなければなりません。しかし、それも一つの区別なのです。パラドクスがある種のフランス人的な軽妙さによって生じ、そしてある意味で流行であり、またある意味でパラドクスに関する古いレトリック願望の復活であるとき、現在においてパラドクスを繰り返し話題にする理由を考えなければならないでしょう。しかし、またそれは、つまるところ何が究極の統一体なのか、何が世界なのかという問いを考慮していては先に進めないという確認を通して、行われてきたことです。もちろん、わたしたちは、意味がつねに区別を通して分割されるにちがいないであろうということを理解します。わたしたちは、何事かを指し示し、それと同時に別の何事かを未規定にしておきます。このことは意味の明瞭化にとって重要です。そして古典的な論拠のイメージは解消され、場合によっては指し示されること、語られること、認識されること、伝えられること、獲得されること、そのようなあらゆるものが最終的にはパラドクスの上に構築され、パラドクスの展開として記述されるような理論を思いつくのです。異なったものが同様であるというパラドクスが生じているところで、一方をまさに明らかにする区別、あるいは実際に機能する区別が行われます。すなわち、政府と野党、善と悪、男性と女性、あるコンテクストにおいてつねに用いることができるような区別です。これはある種の明快な能力ですが、それはけっして最終的な論拠を提供するものではありません。なぜ、ある区別を提案し、それを用いるのかということの最終的な論拠が問うたとき、肩をすくめる姿をみせられ、つぎのようにいわれることでしょう。すなわち、「君がわたしにこの区別を使えなくするならば、君はパラドクスを生じさせることになる。それは君にとってもパラドクスである。なぜなら、君は何を区別するというのだろうか」と。

これらの背景は重要です。それというのも、わたしはシステムと環境の区別を意図的に導入したいと思うからです。わたしはシステムと環境の区別を社会理論の基礎においています。そしてわたしには、これがパラドクスの恣意的な、あるいは創造的な展開であるということは明らかです。これが、目下の正しい理論であることを誰かに納得させられるものであるという確証は存在しません。しかし、副次的な論拠は存在します。たとえばシステム理論は、現在の学問のコンテクストにおいて、もっとも柔軟で、もっとも汎用性のある道具であるといわれます。この道具は数多く用いられており、すでに広く知られています。その結果、至るところで、すでにできあがったイメージを問い直すことができ、これらを抽象化し、統合しなければならないことでしょう。したがって、すでに用いられているパラダイムが問題なのです。そして、今やシステム理論は、特定の客体の理論として理解することはできません。なぜならば、客体はシステムではないからです。それこそ、リンゴや言葉のような多くの事物が存在しますが、それらがシステムではないのと同様です。そうではなくて、システム理論で問題となるのは、つねにシステムと環境の区別です。絶えずこの区別を用いなければなりません。理論のアイデンティティは、システムと環境の差異にあります。それゆえに「システム理論」とは、実際は誤った名称なのです。理論のアイデンティティは、技術的、論理的、経営管理的あるいは組織的に、システムとして指し示される特定の客体に存するのではありません。これらの理論的な姿勢のなかで、システム理論とは、ある種の区別の提案なのです。つまり、システムと環境によって世界を分割する区別の提案です。システムと環境をあわせて完全な世界になります。システムではないあらゆるものは、システムからは環境と見なされます。そのようなことから、普遍的な理論、普遍的な概念提起、またいうまでもなく一定の帰結をともなった普遍的な区別が問題なのです。

もっとも重要な帰結は、おそらく、どのシステムを指し示し、どのシステムに関係し、しかるべき分析の基礎にどのシステム準拠をおくのか、そして、何がその結果として環境となるのかということを絶えず語らねばならないということでしょう。なぜならば、あるシステムの環境のなかに、起点として扱うことができる別のシステムが存在するからです。もはや、「どこに人間がいるのか」というわたしたちが扱った問題も、この方法でほぼ解決されることを理解されるのではないでしょうか。なぜならばこれは、まず「何がそのシステム以外のものを環境とするところのシステムであるか」という問題だからです。このとき、人間がどこにいるのかをみることができるでしょう。システム理論は、その出発点を人間としても問題はありません。たとえば、わたしです。その際、わたし以外のすべてものは環境となります。そこでは、わたしはある特性をもった一つのシステムです。このことは、わたしが環境について把握できることを、またできないことを明らかにします。つまり、わたしたちは、みなさんを把握します。みなさんや有名な政治家の誰かを、あるいはアインシュタインを、あるいはある芸術家を把握します。けれども、それはつねに具体的なシステムでなければなりません。というのは、「その」人間が話題にされるとき、システム理論的に考えた場合に意図されることがまったく認識されないからです。人類学者や哲学者は、人間についてイメージを与えてくれるかもしれません。しかし、わたしたちは絶えず、「彼の住所を教えてくれ。彼は何歳か。彼はまだ生きているか」などと尋ねなければなりません。そのようにしてはじめて、その準拠以外のものを環境とする準拠を手に入れることができるのではないでしょうか。みなさんは、パラドクスの展開に対する、あるいはいろいろな状況のなかで世界の分割に対するある種の区別が、比較的単純な概念アプローチによって提案されるのをみることでしょう。すでに人は、受け入れることも拒否することもできますが、ある種の帰結をもっている道を歩んでいます。その道は、さまざまなシステムを出発点にできるにもかかわらず、そして、さまざまなシステムに対する選択が必ずしも等しく有効ではなく、また等しく重要でないにもかかわらず、だからといって決してどれでもよいというものではありません。近代の世界について何かを知ろうとするとき、人間を出発点にすることは適切ではありません。たとえば、詩人の世界をみるために詩人を出発点にすることは適切とはいえません。このことをもって、たしかにわたしたちは、どのようなものであれ作り上げることができるものをもつことができるかもしれませんが、しかし、それについて距離をとったりすることも容易にできます。たとえば、詩というものはあるイメージをもち、その文章は形式的規則に制約されているなどということも簡単です。詩人には、任意に文章を綴ることができません。たとえば具体的な詩文、すなわちステファヌ・マラルメの「賽の一振りはけっして偶然を排さないだろう（Un coup de dés jamais n'abolira le hasard）」など、その手のものを含めて考えても、任意に行うことが制限されていることはわかるでしょう。したがって、そもそも関心をもつ必要のないようなさまざまな世界理解にも関わらなくてはなりません。他方、わたしたちが関心をもつであろうことを問題にするとき、そして、わたしたちが生きている世界のイメージをつくろうと望むとき、社会をシステムとして考えることは、ほとんど必然的な出発点となります。それは、みなさんが始めるにあたり、システム理論およびシステムと環境との分割、ある差異における意味世界の構造化というものを有益なアプローチとして受け入れるという前提のかぎりでの出発点です。

　このように考えるとき、どのようなシステムをもって始めるかということに無関心ではいられません。どのシステムに準拠するかを選択することは、諸々の結果をともないます。社会学は、学問として自覚をもって以来、今日まで、自身を中心に据えるべく、あるいはまた学問の中心に据えるべく動いてきたようにわたしには思えます。そして同時に、社会を社会学の環境として、あるいは一連の社会的事実（faits sociales）として、一連の研究をするための対象として理解してきたようにも思えます。そのとき、社会学は、社会学そのものが社会学の研究対象たる社会的事実の一部であるという問題に突き当たります。社会学を、そしてそれと同時に体系化された自己意識の一種を扱うとき、このことに最後まで固執することはできないと当初から予見しているレールの上を歩いているのです。なぜならば、学問と環境の関係の循環性を、あるいは学問というシステムと社会というシステムの関係の循環性を、やがて痛感させられるからです。社会学の内部では、ともかく出発点として、方法論や認識論を用いようとする強い傾向が存在するがゆえに、このことは明確にいわねばなりません。わたしたちが大学で社会学の研究を計画するとき、社会学者は――これについては後にテキストにしますが――研究を始める前に、まず学問とは何かを知る前に、ひとりの学生であらねばならず、まず方法論や認識論を身につけなければならないといわれています。したがって、社会学が行うことを知るために、この学問論のなかで勉強しなければなりません。学者は道具を学ぶことができなければならないということでしょう。もちろん、マルクス主義の一派は、つねにこのことがうまくいかないといってきました。しかし、彼らは、当初の状況にあったようには、この領域で世間に認めてもらうことはできませんでした。要するに初学者の学習法のなかに、学問的に体系化された意識が植えつけられてきたのです。

しかしわたしは、社会学にとって、このことはあまり適当でなかったと考えています。いずれにせよ、わたしはつねにそうしてきたのですが、社会を取り扱うということを前面に出すべきでしょう。そのとき、いかにして社会の内部で、学問を自立した特殊領域へと分化させることが可能かということを熟考することです。すなわち、社会が学問の分化を完遂し、道徳的、宗教的、政治的な干渉を受けることなく学問が生み出した認識を受け入れるということはいかにして可能か、ということを熟考することです。わたしたちが学問をこのやり方において推し進めることができるということは、ともかく一つの社会的事実であり、それ自身から理解されることのない一つの人為的な産物だからです。まさにこうして、おそらくみなさんが知っているように、倫理的な理由で何かあるものを禁ずることで、まさに倫理という釣り竿によって学問を取り扱い、そして、危険な断崖から離れようとします。学問の自律性のスタート地点の問題、研究の始点としての学問システムの問題が、社会的に創り出されたものであることは明らかです。学問は社会の部分システムとして構成されます。そして、このことは社会から始めるとき、すなわち社会がある研究の起点となるシステムであるとき、ただちに獲得されます。

これはあらためて、純粋にプラグマティックな決定ですが、一つの論拠にもとづいた決定でもあります。もし、みなさんがこのことを求めないならば、何か別のことをしなければなりません。パラドクスや意味世界はあれやこれやに分解することができますし、あるシステム・パラダイムを、とりわけシステム理論を選択することを、またシステム理論の内部である種のシステム準拠の選択を要求するような論理は存在しません。けれども、わたしが講義で紹介してきた現在の社会学の状況では、「システムとしての社会」という選択には確かな利点があるように思えます。

つぎの問題点は、システムとしての社会から出発するとき、そして、システムの環境をそのシステム以外の人間をも含むすべてであると見なすというとき、わたしたちが関わることです。わたしたちはどこにいるのでしょうか。そのようにするとき、わたしたちに何が起こるのでしょうか。このことは、思考の伝統に関して、社会に対するある種の本質仮定（Wesensannahmen）を前提にするのが妥当でないということを明らかにすることを試みる場合、有効となります。社会とはさまざまであり、さまざまな事情から生じていると仮定するのは妥当ではありません。なぜならば、それについては、ただちに論争に陥ってしまうでしょう。このことは、社会だけではなく、学問、法、そして政治にも当てはまります。本質的なものを想定すると、主体を取り出したり、客観性を想定したり、一方を本質、その他すべてを付随的なものや偶然的なものと記述することが必要になる領域につねに入り込んでしまいます。主観は客観の外部に存在しなければなりません。そして、対話、コミュニケーションなどを通して間主観性が担保されなければなりません。したがって、わたしたちが社会ということから始めるならば、主観はわたしたちに何も明らかにしてくれませんし、何も与えてくれません。地域化の考え方を話題にしたとき、ある方法で、わたしはこの問題点に触れました。地域的な統一体、空間的に制約された統一体、言語共同体、文化、あるいは民族のアイデンティティが社会的なものの中心点であるというとき、みなさんには全体の議論が不明確であるように思えたならよいのですが。アンソニー・ギデンズは、「国民国家」というイメージをもっていました。(19) これは、そもそも社会が実現するためには政治的な秩序が不可欠であるという古典的な考え方に思えます。これはヨーロッパの哲学の古い根拠です。しかし、ギデンズは、テレビについて、学問について、観光客などについて、なんというのでしょうか。彼は国際的な金融投機についてなんというのでしょうか。実際、これがすべてであり、このことでますます国家は窮地に陥ったのです。もっとも、これらは社会的なものではないというのであれば別ですが……。いったい、この領域で何が重要なのでしょうか。教育なしには学問的な何ごとかを学べないという理由から、学問より教育が重要なのでしょうか。あるいは、金銭がすべての解答なのでしょうか。あるいは、情報、現在ならばひょっとするとコンピュータについてでしょうか。要点は、本質仮定に関する論争の際、本質仮定に関する他の何か別のものを生じさせる議論を、わたしは信じないということです。さらにいえば、社会は資本主義的ですし、別様にいえば、科学と技術——これらはもともとはシステムを表すものですが——とが存在する技術万能主義的なものです。わたしたちは、このようなある部分から全体を代表させるような社会理論の伝統をもっています。「資本主義」は、きわめてよく知られた見出し語です。しかし、また、わたしたちは「情報化社会」や「リスク社会」を口にします。「家族社会」は話題にされてこなかったように思いますが、もはや親密な関係、家族、あるいは家族的な繋がりをもたないというならば、わたしたちは当然どこにいるのかと問われることでしょう。つまりこの状況は、本質的な定義に対する、あるいは本質の視座と非本質の視座との区別に対する、それぞれの観点を物語っているのです。

そのようにしないとしたら、何が得られるでしょうか。わたしの問題は、社会を産出するものが社会であるということをオートポイエーシスの概念をもって説明することです。社会は社会それ自身を産出します。そのとき生じるもの、それがまさに社会です。わたしたちはまず、すでに知られている、そしていわば容易に表現されるトートロジーに遭遇します。別のところでも見出されるこのトートロジー的な——法とは法が語ることであり法であるところのもの、政治とは政治が生じさせるもの——定式化の背後には、さしあたり、本質仮定を排除し、それに代えて内容のないものを産出する沈静化作用があります。社会というものが知られていたとしても、社会がこうであると社会が語ることはほとんど知られていません。また、社会が自身を産出するということも知られていません。したがって、つぎの一歩は社会が自身を産出する作動を記述することにかかっています。そして、それによって、わたしたちはさらに基礎を固めるのです。わたしたちは社会が何であるかを知りません――何であるか、という問いは疑問の多いものです――が、わたしたちは、社会であるところのものは社会であるということを現実化する手がかりをもっています。すなわち、「何であるか」という問いではなく、「いかにして」という問いに答えるのです。いかにして社会は自身を作り出すでしょうか。

　このことによって再び、わたしたちが決定を下さなければならない理論構築のある段階に至ります。すなわち、何が社会を作り出すのでしょうか。わたしたちは、伝えること、すなわちコミュニケーション以外、別の選択の可能性をもっていないとわたしは思っています。もちろん別のアイデアがあれば、それは阻まれるべきではありません。このことは、この連関において何をコミュニケーションと呼ぶかという点で、前もっての概念を練り上げることが必要です。しかし、さしあたりこのテーゼは、社会自身がコミュニケーションを通して産出されるということ、あるいは、社会はコミュニケーションを通してコミュニケーションを産出するということ、そして、これがシステムであるということを、より明確に、より先鋭化して定式化します。さらなる仮定には、歴史的な研究や比較が必要です。このことは少なくとも生物学においては、オートポイエーシスの概念によって定式化されています。細胞はある種の生化学的な作動によって自身を産出し、細胞は細胞を構成している要素を通して、細胞を構成している要素を産出します。これは一つの自己再生産的なやり方です。

　このオートポイエーシスという概念の議論は、比較的広く行きわたっているものです。目下のところ、生物学においても、また社会学においても、その議論によって何も明らかにならないということを理解することが重要です。というのも、社会がコミュニケーションを通して作り出されると表現されるとき、このことは、コミュニケーションのネットワークのなかでつぎのコミュニケーションを作り出すコミュニケーションがつぎのコミュニケーションを作り出すための可能性を作り出す振る舞いであるということです。そして、まさにこのことが重要です。さらにこのことは、アメリカ発見以前のインディアンに対しても、あるいは、おそらくまったく発見されていない人びとにとっても重要です。近現代の世界と同様に貴族社会に対しても重要です。コミュニケーションを基礎にしたオートポイエーシスが動き出すとき、どのような構造が発生するかは明らかではありません。これは重要な点です。なぜならば、理論はしばしば名称によってイメージされるからです。これが一つのオートポイエティックな理論であるというとき、それによって重要なことが明らかになるのだと思います。実際、限定作用あるいは排除作用の重要性は、それによって本質仮定が排除され、そして正確に記述されなければならない作動のタイプを定めるということです。たとえば、コミュニケーションの作動です。

とともに学問的な議論において、基礎概念としての行為は排除されます。コミュニケーションはそれはそれで、行為という構成要素を受け入れることができます。誰かが何事かを伝えます。そして、これを行為と見なすことができます。しかし、みなさんが本を読むとき、みなさんが読書の際に思い浮かべる行為がなされていると単純にはいうことはできません。そのとき、みなさんは書物をもっています。そして、みなさんは書物が天から降ってきたものではないということ、できない場合もあるかもしれませんが、その書物を誰かが作ったものであるということをいうことができます。また、誤りが見つかり、間違ったことが広まった場合、必要ならばそれを確かめることができるでしょう。場合によっては、法律的に確認することができます。けれども、ひとたびコミュニケーションを出発点とし、そして文字情報をもそれに含めるならば、行為という構成要素は背後に後退します。そして、行為という構成要素を必要とするかどうか、あるいはそれをアクティブにするかどうか、繰り返し問うのかどうかということは、あらためてコミュニケーションのテーマとなります。コミュニケーションにおいてどの行為の動機が働いているのか、そしてそもそも、いつ問題が生じるのか、あるいは反対に生じないのかということを解明しようとするとき、コミュニケーションが必要とされます。通常――ユルゲン・ハーバーマスの場合は明らかですが——コミュニケーション的行為から出発します。このとき、あらゆることがコミュニケーション的行為のそれぞれ別の効果となります。このことはハーバーマスが規範理論を探求しているということに関連があります。その規範理論は、規範に従うあるいは規範に従わない担い手、真のハーバーマスの意味でのコミュニケーション的行為を行う担い手を必要としています。すなわち、支配から解放された、つまり支配されていない担い手、たとえば戦略的ではない担い手です。規範理論を必要とするならば、それこそコミュニケーションのレベルに位置するならば、そして根こそぎ考え直すことをしないならば、この理論の規範志向はコミュニケーション行為として証明することを要求するでしょう。なぜならば、そうすることで規範によって躾を行うことができる、あるいは自身の理性にもとづいて、結局は合意を保証する手続きのやりくりを期待できる担い手を用意することができるからです。しかし、規範にとらわれないコミュニケーション理論を必要とするとき、さしあたりは、いかにしてシステムが自身の生産および再生産を実現するのかを記述しようとするとき、人はより現実的になることができますし、より適切に文字情報を扱うことができます。そして、伝達される情報と同様に、コミュニケーションがもたらす理解の構成要素をコミュニケーションに取り入れることができるのです。このことは、情報が行為でないにもかかわらず、また理解自身がつぎの段階で、おそらく行為になり、行為を引き起こすにもかかわらずに、そうです。けれども、それはまず、またもや行為としてではなく理解として見なされますが……。このことについてはコミュニケーションに関する章の冒頭で若干お話ししましょう。目下のところ、コミュニケーションを再生産し、コミュニケーションのみから生じる、一つのシステム理論としての社会理論を議論しようという決定が重要なのです。

おそらく、なおもいくつかの追加的な解明がなされるでしょう。その一つが、オートポイエーシスや産出という概念、産出に不可欠なあらゆる要因がシステム自身のなかに存在するということ、およびその要因を自由にできるということを決して意味しないということです。ある局面から別の局面へ至るシステムのオートポイエーシスや作動上の再生は、因果的な説明ではありません。それは、他のあらゆるものと自身のコミュニケーションとを区別すること、およびその区別を学習することによって、いかにしてあるシステムが境界を産出するかということについての、一つの説明にすぎません。これは、産出概念の一般的な指標です。そして、おそらくみなさんがこのことをきわめて単純な例で明らかにできるということが重要です。エッフェル塔の写真を撮った場合、みなさんはそれを送ることも、自分で届けたりすることもできるでしょう。いろいろなカメラを用い、さまざまなフィルムを使って、あちこちの街角で写真を撮ることができます。エッフェル塔の写真を撮るとき、いろいろなことが自由にできます。しかし当然のことながら、まずエッフェル塔自身がそこに存在していなければなりません。だれかに写真を送ろうとしてエッフェル塔の写真を成立させるためには、そもそもエッフェル塔がそこに存在するということ、いつでもそこに存在するということがもっとも重要な原因となります。エッフェル塔が写真という産物の本質的な原因であったとしても、普通「エッフェル塔が写真を生じさせる」とはいいません。これはオートポイエーシスを示す事態ではまったくありませんが、しかしこのことによって、産出概念が原因のコントロールに対して相対的に中立であるということを明らかにすることはできます。もっとも重要な原因は、任意に拡大することができる産出システムの完全な外部にあるのではないでしょうか。わたしたちが物質を、あるいは比較的安定した原子などをもっていなかったならば、何も機能しないでしょう。本質に関する発言をしたり、させたりすることができますが、いまみなさんがみてきたように、わたしにとってそれはあまり重要ではありません。このことは、産出概念自身において何ら役割を果たさないというのではなく、たんに原因の一部を自由に処理し、同時に他の場合がどうでありうるか比較して差異を産出する役割を果たすだけです。産出が行われていない場合と比べるならば、産出とは、ある差異の、ある区別の、ある状態の創出です。そのためには、いわば世界をポケットのなかに、つまり因果的に関わるすべての原因を手中に収める必要はなく、コントロールすることができるいくつかの原因があれば十分なのです。その結果、原因を用いあるいは用いずに、差異を産出します。

このことは、オートポイエーシスの概念にとっては重要であり、この概念を創り出したとき、ウンベルト・R・マトゥラーナは、これらの事態をある程度意識していました。[20] 彼はポイエーシス（制作（poiḗsis））とプラクシス（実践（práxis））を区別していました。彼は細胞とは、それ自身の行為、それ自身の結果であり、たんなる単純な作動でも、たんなる円環の移動でもない。細胞は、一つの産物であり、古い意味での再生産という言葉を用いるならば、それ自身の産出による産物であるといっていました。にもかかわらず、このことは、おおよそアリストテレスの理解における産出することの意味、そしてポイエーシスの意味、行為がなされたということの意味を示しています。そうでなければ、おそらく進化理論は手に入れられないでしょう。なぜならば、何か新しいものの産出に必要とされているすべての原因が、いわば生産者の手のなかで意のままにされなければならないとしたら、何事も起こらないからです。実現させられないからです。完全なる神のひな型である神の創造物という考えを追求するということ、すなわちあらゆる動機は神の言葉を自由に使えるというならば別ですが。しかし、進化理論をつくるのであれば、わたしたちは差異が産出されることを理解しなければならないでしょう。あるときから、ときおり動物が相互に警告するような、あるいは互いに関係を導くようなたんなる合図の使用の代わりに、それを型どおりに行ったり、あるいは、言語の使用をさまざまな状況に対して当たり前のように行ったりする可能性が存在します。人間には、このことがどのように生じるのかはわかりません。そして、このことはまた進化の考察です。しかし、技術革新の導入を記述しようとする進化理論は、最小限の差異を産出する端緒の状態を上手に処理しなければなりません。新しいもののすべての原因として世界自身を想像することはできません。これはシステム理論やオートポイエティックな再生産の考え方ときわめてよく調和します。

　今日はここまでにしますが、このことはわたしたちが認識論的障害という領域において困難であると考えられた固有の視点に対して、比較的明快な解決策をもっていることを意味しています。一方で、きわめて明確な社会の境界が存在します。すなわち、コミュニケーション／非コミュニケーションという境界です。わたしたちにとって、ウルグアイとパラグアイの境界が与えられたとき、その境界が社会を境界づけるかどうか、あるいは境界を越えてしまったとき、それが何を意味するのかということは問題ではありません。その代わり、何がコミュニケーションであり、あるいは、コミュニケーションではないかということは、明らかに問題です。人は譲歩することもできるでしょうし、ときおり誰かが何ごとかを伝えようとしているかどうか、あるいは、それをまったく意図していないかどうかを正確に知ることはできないということもできます。理解せずに間接的に注意を促すような表現法があります。誰かに話しかけることを妨げるような振る舞い方があります。つまり、何がコミュニケーションなのか、あるいは、たんに慌てているのか、たんなる反応かという、慌てているだけの、反応しているだけのコミュニケーションという境界地帯があります。しかし、何ごとかがコミュニケーションであるかどうかを明らかにしようとするとき、コミュニケーションを用いなければなりません。そして、コミュニケーションを用いないならば、つぎの瞬間、関心は払われません。作動は自身の不明な点を反省的に利用します。あるいは、システムはその不明な点を無視し、滞ることなく作動します。そして、いずれにせよつぎの瞬間、システムは別のものになります。本質仮定と比較すると、あるいは国民、文化、言語、また国家というイメージと比較すると、わたしたちには明確な境界概念をもっているという利点があります。このことは、つぎの時間、あるいはそのつぎの時間に取り上げる世界社会の考え方を導きます。さしあたり、この考え方には、さしたる困難はないことが強調されます。わたしたちは、何がシステムとしての社会の境界なのか、何がシステムに属し、何が環境に属するのかという問いに答えることができるでしょう。

つぎの問題です。わたしたちが差異を考慮するとき、つまり人間が社会の環境に属しているというとき、それは悲劇ではありません。同時に、人間が存在するということも、社会にとって人間が重要でないということにも異論は唱えられません。ただいえることは、ある特定の社会に対して人間は意味があるというためには、コミュニケーションを表面化しなければならないということです。人は人について語る、あるいは自身を語ります。人は、コミュニケーションに組み入れられるか、あるいは組み入れられないかです。これらはみな二次的な問題です。しかし、コミュニケーションとして実現されないことは、社会として実現されません。このことは、人間の個体性には直接関わりがありません。ただ人間には、社会の部分として説明される必要はないという利点があるということです。このことを注意深く考えるならば、みなさんは、社会の内部よりも、社会の外部にいると感じられるのではないでしょうか。みなさんが、コミュニケーションという機械のなかで一つの小さな歯車になっているとするならば、そして、つねにイエスあるいはノーといわなければならないとするならば、みなさんは、おそらくとても不満でしょうし、みなさんの身体を、つまりみなさん自身のアイデンティティを境界づけるものを理解することすらできないでしょう。しかしわたしたちは、この提案によって、認識論の障害のなかで展開が妨げてきたその困難から脱却する局面を入手するのです。この時間を終わりましょう。そしておそらく、この全般にわたる構想を終わりまでもっていくためには、なおもう一時限必要となるでしょう。

〈第3講義〉

引き続いて講義を行いましょう。わたしたちは、まだ第一段階にいます。いくつかの基礎が説明されたにすぎません。この前の時間、わたしは社会システム、特に包括システムである「社会」を生産し、再生産し、それによって分化を完遂する作動に関わる概念として、コミュニケーション概念に焦点をあわせてきました。また、作動的なシステム理論というこの方式を採るならば、作動それ自身のなかに見出せないものはすべて環境に割り当てなければならないと述べてきました。特にこのことは、一目で、個人と社会の問題の明快な解決を与えるように思われます。個人は社会の外部にあります。同時に、システム理論は特殊な対象についての理論ではなく、システムと環境の差異の理論です。そこで「外部にある」ということが意味するのは、「問題にならない」あるいは「関係がない」というのではなく、理論内のある状態を指しているということです。環境は排除されるのではなく、少なくとも理論のなかには包含されます。つぎの問題は、システムはいかにして環境を考慮するのか、たとえば、いかにして社会は個人を考慮するのかということです。これは、さしあたり比較的はっきりした立場であり、わたしたちが繰り返し出会うこととなる帰結をともないます。しかし、それを論証するときには、コミュニケーション概念の変更をみてとらねばなりません。ここで、わたしたちは、再び選択に関わることとなります。わたしたちは何ごとかに対して決定することができるのです。

コミュニケーション概念は意識を前提にしています。また、身体をも前提にしています。身体が生きつづけるために必要としている、あらゆることを前提にしているのです。誰かがそこに居ること、ともに活動すること、生活すること、というようなことがなく、コミュニケーションが進行するということを考えたり、それに言及したりすることはできません。問題は、この共働を社会理論の理論内部で、またコミュニケーション理論の内部で、いかに考慮するのかということです。おそらくコミュニケーションを、人から人へ、組織から組織へというような、ある所から別の所への情報の移送として扱うといった伝統的なコミュニケーション概念では、もはや十分ではないとわたしは考えます[21]。この移送というメタファーを用いるとき、何らかのやり方で、そして必ずしも明確ではないやり方で、個人はコミュニケーション自身に含まれます。この概念では、意識に対して、また個人という事実に対して中立であることができません。したがって、この選択がまったくの誤りであると示されるのでなければ、コミュニケーション概念を、もはや情報の移送として規定するのではなく、個別の記述を必要とする独自の方式をもつ作動として規定するのがよいようにわたしには思えます。このことは文学のなかでは、決して新しいことではありません[22]。しかし、それは明らかに少数派です。問題に組織だって関わらない人びとに尋ねた場合、彼らはつねにコミュニケーションをニュースや情報の移送として考えています。このことは周知の理解です。このような理解を取り除き、現実に環境へ移送過程の拠り所を追いやろうとするならば、別のコミュニケーション概念を提案しなければなりません。このことについて、わたしは一般システム理論の講義のなかでいくらか詳しく取り扱いました。

今のところ、ここで別のコミュニケーション概念を提案することができるのではないでしょうか。その可能性は、わたしたちが話題にしてきた意味概念にもとづいたコミュニケーションにあります。それは、有意味な内容をもったものとして、コミュニケーション内部で構成されるさまざまな選択を理解するための統合《ジンテーゼ》です。一方で、情報の選択があります。すなわち、別のものでもありうる何ごとかが伝えられます。しかし、そのときは「その通りです」、「わたしはこうしたい」、「そのようにわたしには思えます」、あるいは「これをわたしはあなたに望んでいます」と言われることになります。ある選択が情報として伝えられるのです。その場合、たんに情報が発信されるということでは不十分です。情報は伝達されなければなりません。つまり第二に、コミュニケーションを行う代理人ないし決定機関の選択が存在し、その選択はコミュニケーションを展開させ、またその選択に行為が従属させられる、ということです。したがって、コミュニケーティヴに再び選択として把握されるようなコミュニケーションの内部に、表現や伝達に関する活動性が存在します。情報は一つの選択であり、伝達も一つの選択です。少なくとも通常、情報はコミュニケーションの環境であり、照会先です。コミュニケーションはコミュニケーションでないものを引き合いに出します。伝達はコミュニケーションの自己言及です。伝達は、それ自身であるところのものを引き合いに出し、そのとき、何ごとかを語る動機、関心、理由の背景を呼び起こします。各コミュニケーションにおいて、動機や理由が遡って推測されます。情報をまったく問わずして、なぜ、ここで、あることがテーマになるのかと問うことができるのです。最後に三番目の構成要素である理解が存在します。理解を行う者が――そして、これが結局、全プロセスの端緒です――、伝達と情報の差異がどこかで生じていることを認めるとき、はじめてコミュニケーションが生じます。このことが、コミュニケーションとたんなる行動の知覚とを区別します。誰かが歩いていくのをみても、それはまだコミュニケーションではありません。その人が挨拶をしたとき、このことは別の何ごとかになります。また、その人は挨拶なしにそばを通り過ぎることもできるでしょうし、ほとんど気づかれないような挨拶をすることもできるでしょう。このとき、重点をなす伝達、あるいは重点をなす情報がみられ、その後、はじめて理解するということが関係してきます。こうしてコミユニケーション・システムは、理解することを続けます。挨拶によって会話がうまくいくかどうかを判別し、それにふさわしい反応をするのです。

三つの選択——情報、伝達、理解——における統合《ジンテーゼ》という考え方に関わるものによって、コミュニケーション過程はある種の基層から取り出され、一つの形式を受け入れます。コミュニケーション過程は、先行する同じタイプの作動に接続し、つぎの同じタイプの作動を可能にする作動であるというように記述することができます。

わたしは、選択ということを不十分な表現のままにしておきます。この表現によって、作動が理論デザインのなかで再度明らかにされます。個人がその経験的なるもの一般において、また身体的、心理的過程において、コミュニケーション・システムの部分として観察されることはありません。また個人は、コミュニケーション概念に内包されるのではなく、他のものと同様に、個人も環境のなかで前提とされなければなりません。たとえば、情報によって計測できるような世界が存在するということ、あるいは意外なことが存在するということ、死んではいないが再び動くことのない停止しているものの存在が環境のなかで前提とされなければならないのと同様です。情報は、それがシステム内で産出されるならば、対応して複雑かつ予想外に環境が生じるときに限って、環境との関係をもちます。

この観点は、認識論的障害へ投げかけた視線のなかにあります。それは、わたしがこのようにして個人と社会という考え方が新たな形式を獲得するということを論じてきたものです。もちろん、純粋な概念的論証は、まだ盤石なものではありません。その結果がどうなるのか、そして、続く理論の経過のなかでそれをどう扱うのかを考えてみなければなりません。しかし、さしあたり近代の個人主義や近代の個々人の身体性の強調に関して、個体であるということの経験的側面に十分算入されうる理論を獲得することが重要であるように思えます。しかしながら、あたかも社会自身のなかで個人が再生産されるということのように、この側面をある社会のなかに性急にはめ込むことはできません。

今や、つぎの地点にたどり着きました。それは、通常の言語表現でいう地域社会ということから出発することが、わたしたちを正しい道に導くかどうかを問う地点です。まずもってわたしは、このことをも認識論的障害と特徴づけました。事実、わたしはつぎのように思うのです。地域社会から出発するとき、たとえばわたしたちは、ある社会としてドイツを考え、別の社会としてブルガリアを考えます。しかし、ブルガリアは、一つの社会としては不可能な状態にあります。つまり、社会という概念枠組で関係づけることは不可能なのです。なぜならば、きわめて多くの社会過程が個々の地域を互いに結びつけていることが明らかだからです。領土的な境界で考えるとき、どの概念によって、ある社会理論がその理論固有の統一性やその対象の統一性を構成するのかは、まったく不明です。それゆえ、世界社会という概念は、さしあたり、地域社会のイメージに対する代替物であり、また反対概念です。わたしたちは、マスメディアや通常のものの見方では、依然としてフランス社会やアメリカ社会が話題にされているということを知っていますし、また多くの社会学者が、そのことについて体系的に考えないとき、社会概念の地域的関係に固執しているということも知っています。しかし、このことは理論的な袋小路に陥っているのではないでしょうか。

「世界社会」を話題にするとき、社会から出発し、社会を含めたあらゆる周辺地域の構成として世界概念を現象学的に定めることができるか、あるいは、いわば客観的に地球に関連させ、世界社会というものをコミュニケーション的なシステム形成を包含している地球全体であるということができるか、に応じて二つの異なった概念に区別することができます。今とても省略していいましたが、現象学的に論証するならば、それぞれの社会は世界社会です。また部族社会は、山、川、背後の世界、神々、霊魂などに関して、独自の観念をもっています。それは、もっぱらみずからのみを問題とする社会がないというのではなく、それに属さないものがつねに一定の役割を担っているということです。この概念を採るならば、地球上で同時に存在する多くの社会的な諸システムのなかで、それぞれの社会は世界社会であり、包括的で宇宙論志向の世界関係を産出するような高度な文化をもっているということになります。これは、統一体のすべてを見出す、いわば地球の周りを一周することのできるような、何らかの方法で瞬時にヨーロッパからあらゆるものを身近にみることができるような高度な文化の時代に該当します。現象学的な概念をしっかり把握することがきわめて重要です。なぜならばわたしたちは、社会理論の内部から、あるいは社会の進化理論の内部から、あらゆる社会をみることができるからです。ここでは後期の古代社会が想定できるでしょう。それは、たとえば軍事的な攻撃や自己防衛する攻撃、あるいは貿易の際の固有の境界を越えるようなコミュニケーションに関わっています。石器時代初期において、個々の社会が利用するような大規模な通商路が存在しました。しかし、売買をする人びと、商人、そして外国の人びとは、固有の社会に属するものと見なされませんでした。

　そこからコミュニケーション理論における反論が導かれます。このような場合、社会はコミュニケーションを通して構造を与えられたり、コミュニケーションを通して構成されたりするのではなく、何か別のものを通して、わたしたちがいう民族や宗教の原理を通してもたらされる、というようにです。このことは社会の自己記述にとって、たしかに間違っていません。しかし、興味深い問題の一つに、自身を境界づける社会や境界を越えたコミュニケーションをどのように知覚するのか、またどのように自己を能動的に産出するのか、どのように環境との関係を知覚するのかというものがあります。この関連において、わたしには、領域の形成、大きな統一体形成の傾向が、基礎にあることが想定されます。コミュニケーションを環境に放し、あるいは環境から受け取り、特にこのコミュニケーションと予測不能性、危険性、リスクの可能性に関わるその程度に応じて、社会は拡大する傾向にあることが理解されます。法的‐道徳的な規範の集まりは、そのままということではないにせよ、外部のものに対して使用することができます。たとえば、中国の港に停泊する権利、ローマ地域における万民法（ius gentium）、国際法、市民ではなく人間として人間に付随している大昔の自然法等の諸制度は、ローマ、アテネ、あるいはバビロニアのような固有のアイデンティティが定義された社会の自己認識の間の緊張を緩和するために、また別の人間、別の民族等が存在するという状況を考慮するために用いられました。一〇世紀以降、おそらくまたもっと前から、明らかに多くの民族が存在していました。エジプトでは海洋民族のような別の民族が記述されていました。人間の住んでいる世界の多民族構造は、そのようにいってもよいならば、文学における常套句《トポス》です。しかも、それに対して、この数多くあるものを再び統一するような概念が与えられることはありません。この傾向は、むしろ、中心／周辺‐分化へ切り替えられていきます。すなわち、一つの都市が中心にあり、それ以外のさまざまな民族、諸都市、戦争問題、放浪者などがつねに周辺に属する一つの領域が表現されます。その場合、自国の境界の管理や拡大の問題、あるいは、そこから問題が起きないようにするための、奴隷を確保するための、あるいは資源を輸入するための領土外の軍事行動という問題があります。一般的傾向として、支配圏《ライヒ》、あるいは中心社会が存在するような長い移行期が存在します。それらは、世界のなかで中心／周辺‐図式の助けを借りて自身の位置を確認し、そこから、自身の問題として、その環境の制御という長期の問題を抱えるのです。中国において、部分的にはインドにおいて、脅威や資源獲得に関してたえず境界を越えて行われるコントロールを、社会の中心的な業務の内部で行おうとすることがいかに不可能であるか、よく見てとることができます。世界観の現象学は、実際の制御の可能性をはるかに超え出ており、まさにそういってよければ、それはこの歴史的に特徴的な時期における世界社会の問題なのです。

わたしが、今日の状況において世界社会を話題にするとき、社会はその特有の世界を構成するということ、その特有の構造に適した世界の意味論《ゼマンティク》を、たとえば近代科学に対応した世界の意味論《ゼマンティク》を産出するということを前提にしています。わたしたちは、その学問をもって誰もが関心をもつという理由から、数億光年以上離れた宇宙をなおも記録しつづけ、莫大な数の星をさらに発見すべく、学者を投入しています。この近代の世界視野は、もちろんフィードバックされ、ある種の構造、たとえば分化を完遂した科学に結びつけられます。世界社会もまた、このような意味のなかにあります。けれども社会学的により関心を引く問題は、地球上にただひとつの社会が存在するといえるのかどうか、あるいはそれに反論を唱える根拠が存在するかどうかということです。この上方に、もう少し規模の大きな議論が存在します。それは、地域社会概念の擁護者は通常、グローバルな関係が存在するということに反論できないということを際立たせたものです。ある意味で、「グローバル・システム（global system)」と呼ばれる概念です。しかし、このグローバル・システムを社会と名づけることは避けられます。社会という概念は、何らかのやり方で、よりローカルなまとまりに適用され、それに当てはまらないものが、グローバル・システムに重なるかたちで確認されるのです。「グローバル化」を取り扱った文献が、このことに対応して存在します。アンソニー・ギデンズは、国民国家を社会と想定し、グローバル化傾向のもとで観察することができる余地を想定している一例です。[23] ローランド・ロバートソンは、アメリカで教鞭を執っていますが、文化現象に関してグローバル化を話題にしたイギリスに起源をもつ文化社会学の例です。[24] このグローバル・システムという考え方は、グローバル化を通して、世界社会の内部の、いうなれば内容を記述するのではなく、社会というまとまりを問題にしない地域性の付加的な過程を前提にしています。ですから大雑把にいうと、それほどのグローバル化が生じていないということが論証できるのです。しかしながら、なおも社会の概念を明確にすることなく地域に関係づけ、グローバル・システムを社会という概念で示すならば、グローバル化といったものにこだわるのに応じて、またもや不明確で異常な問題点が生じてきます。これは、部分的には専門用語の問題です。しかし、グローバル・システムをさらに話題にし、近代という現象をよりいっそうグローバル・システムに帰属させるならば、結局、社会という概念を用いること自体不要となります。このようにして国家、言語共同体などは、ローカルな水準で解明されることのない社会概念を用いることなく語られてきました。

わたしは伝統へより適切に接続できるということから、このグローバル・システムの意味において、世界社会を話題にします。とりわけ、あらゆる機能システムにおいて、世界規模で展開される作動の形成と構造の形成に向かうこの傾向を確かめることができます。これに関する重要な根拠の一つは、さしあたりまず、機能システムの境界がローカルなものへ収斂しないということです。学問、家族形成、宗教、経済、政治、法などが、ある国境までで終わり、またこのどれにあってもその国境の向こう側で、何か別のことが始まるなどとはいえません。そもそも機能システムの内部に、たとえば法システムの内部に地域的な境界が存在するならば、それぞれに異なった理由が存在することになります。なぜ政治や法がローカルな境界に価値をおくか、機能に関係づけられた理由が存在します。しかし、あらゆる機能システムに及ぶ社会の概念をもったとしても、すべての機能システムの境界づけの様式を地域化するような意味は生じません。なぜならば、一部はまったく無意味となり、一部は別のものになるからです。したがって、学問が地域的な学問として理解されないということに、疑念の余地はありません。ベルギー的な学問、あるいはタイにおける学問というものは、存在しません。学問は、どのような場合でも、世界社会的なコミュニケーションであり、またどこかの研究所における、たとえばスタンフォードやモスクワ、あるいはビーレフェルトにおける学問上の発見や進歩は、世界的規模でコミュニケート可能であり、世界規模で批判可能です。真理を認めるか拒絶するかという問題は、地域的な事由で規定されるのではなく、一般的な検証様式から、多かれ少なかれ、どこであれ同様の学問上の検証法からもたらされます。これは、先進的な学問研究を行っている研究所が存在するということを無視するものではありません。また、資源がすぐに使用が可能ではない、図書館がない、あるいは設備が十分ではないなどということから、いろいろな国の間で競いあう難しさがあることを認めないというのでもありません。遅れと進歩が存在し、学問研究の内部に中心と周辺が存在します。しかしこれは、コストから、技術革新の進度から、つまり特殊学問上の理由から、明らかにされるべきものです。

特に、この世界社会的な特性は、マスメディアのシステムに当てはまります。わたしたちは、今晩、あるいは、遅くとも早朝には、アメリカの大統領選挙の結果を知ることができます。(25) アメリカで起こっていることであるにもかかわらず、本日すでに、新聞にそれについて多くのことが載っています。新聞、またマスメディアは総じて、推測される重要性、推測される読者の関心に向いています。これは、わたしが考えるには、地域によって差がほとんどないということです。地域の問題に深く関わるマスメディアの文化が存在します。たとえば、ニューヨーク・タイムズのようなわずかの例外を別とすれば、アメリカの新聞では、その町の新郎新婦について多くの紙面が割かれ、国際的なニュースはほとんど扱われていないことがわかります。ニューヨーク・タイムズの国外と国内のニュースの配分は、国際的なニュースの取り扱いがきわめて多いタイのバンコック・ポスト、またチューリヒャー・ツァイトゥングとはまったく異なっています。学問の場合と同じように、この場合も何を優先するか、ニュースをどう選択するか、どの地域を強調するか、あるいはニュースを肯定的にあるいは否定的に選択するかなどの違いがあります。しかし、これはシステム内部での選好形成です。それは、テレビを介した世界規模での意見交換を妨げません。マスメディアのなかで互いにコミュニケートする数多くの社会が存在するとしたら、それは不可解なことでしょう。

同様なことが、技術関係にも、すなわち地球での生活において増えつづける技術への依存にも、増大する人口の扶養に向けた技術的に高められた生産可能性へのさらなる依存にも当てはまります。また、このことは科学と関わりのある医療にも見出せます。技術は、科学を単純に変換したものではなく、技術的な製品の需要や市場の判断に応じて、固有のダイナミクスをもって発展します。このような技術に関わる問題は、地域化されるものではありません。ある機械がヨーロッパで動く場合、その機械は、気候上の問題がなく、作動条件の範囲内であれば、アジアにおいても作動するでしょう。適応と技術のなかに含まれている作動条件のもとでアジアでも作動するでしょう。

このことはきわめてドラマティックに、経済にも適用できるとわたしは考えます。ここから社会主義経済の崩壊をもって、地域経済が世界社会と無関係であるなどと説明することは、まったくできません。これは、なによりもまず伝統的な試みに対して、とりわけラテンアメリカにおける国民経済の構築に当てはまります。ブラジルは一つの典型であり、メキシコはまたもう一つの典型です。今日、自国の経済において、国家的な仕組み、国家レベルのファイナンスから離れ、国際的な接触を展開する慎重な試みをみることができます。それは、一部は金融上の問題について、しかし一部は所有関係について、また一部は自分の土地でよりよく生産できるかどうか、あるいは結局のところ安価な物をよりよく輸入できるかどうか、という問題についてです。長期間、南米では自国の自動車工場に重きをおいてきました。チリはプジョーの工場をもっていました。ブラジルには、いまだにわたしたちの六〇年代、七〇年代に相当する典型的な国産の自動車があります。輸入はきわめて限られています。なぜならば、ブラジルでは自動車の生産に関して、国内の事情から自前で供給しなければならないと考えられているからです。しかし、コスト、障害、そして合理的な経済的計算上の負荷は明らかです。そして、政治は次第にこれに気づいていきます。わたしの印象では、ブラジルもメキシコもこの典型的な事柄に対応するために、国際的な投資を徐々に行うようにしています。このことは、ローカルなるものの長所によって説明されるのではないでしょうか。たとえば、安い賃金条件、労働者があまりストライキをしない、また一般にいう立地条件などです。それゆえ、経済的に計算される分化、例としてあげるならばブラジル社会という地域総合的な考えでは書き記されえない分化に再び至ります。社会主義の経済秩序の崩壊は、ここからも説明できるかもしれません。その崩壊は、一方で政治的な決定に経済合理性を導入することを認めないといった、策定に際しての特殊なメンタリティによって引き起こされました。というのも、必要な情報を自由に扱えないからです。その一方で、社会主義経済が資本や信用に同時に依存しているなかでの国際的な金融市場との隔絶も、また問題であることが示されました。ある種の経済秩序のローカルな隔絶化や自律性、あるいは自足を受け入れられないというものでした。このことは、この種の経済問題にあまり関心をもたなかった社会学者が、かかる崩壊を予見できなかった理由の一つのように思われます。社会学者にとって、これは、まったく驚きでした。わたしはあるサイバネティクスの理論家との議論を、そしてまた社会主義経済に価値を見出すことに疑問が浮上する八〇年代初頭あるいは七〇年代後半の経済学者との議論を思い出します。その主旨は、社会主義経済はうまく進行しないであろうというものでした。全世界が社会主義になるであろうという予言が的中したとしても、価格を決定するためには、リヒテンシュタインのように、どこかに自由市場をもたねばならないでしょう。そうでなければ、経済的決定の合理的制御という他者言及は保証されません。そうでなければ、やりたいことをもって合理的であると見なすことでしょう。あるいは自分の計画が達成されたとき、合理的であると見なすでしょう。これは、今日の経済的諸条件下では、すなわち「西洋の」経済の見方では馬鹿げたことです。経済もまた、まさに世界社会的に理解されます。そしてこのことは、「市場経済」対「計画経済」という古い議論とは切り離されなければなりません。ここでは、ローカル性、ローカル化、地域的な自給自足に対して、生産の国際性、とりわけ金融市場が問題です。ついでながら、多くの問題を投げかける事象というものは、このすべてにおいて、進歩やその類のものとしてではなく、合理性の機会を最高度までに競り上げる特殊近代的な可能性を確認するものとして、迎い入れられなければなりません。

政治システムを、また特に法システムを取り上げるとき、それはより困難となります。わたしたちのここでの基本的視角は、またもや、わたしたちが政治システムとして国家を有しており、それらには国家を超えた国際関係があるというものです。国家は関係のある種のネットワークであり、と同時に、世界社会における政治システムの基本構造です。また、わたしたちは世界国家が不可能であると繰り返し語られていたのを知っていますし、そのように受け取っています。しかし、なぜそれが不可能なのかと問うとき、特殊な政治的理由をあげなくてはなりません。より重要な理由は、合意のチャンスが世界規模で最大限に行われることはないということ、特に多数決原則のもとではありえないということです。現在の地域の多様性の構造、また大小の言語共同体を考えると、世界規模の投票手続きにおいて、ある政治的な措置について通知するためにローカルな機会が利用されうるということを想像することはできません。世界国家が実現不可能であるということは、世界の政治的統一に関する議論において、今日に至るまで誰もが認めるテーゼです。しかし、わたしたちは国家と政治システムとを区別しなければなりません。ここ数十年の間、一九世紀、あるいは第一次世界大戦までの時代と比べ、政治的過程に対し、特に暴力に対し、国家であるということの、すなわち国家による介入の大幅な能力低下が観察されます。国家は、ますます物理的な実力を制御しないようになってきています。大都市地域を考えるとき、このことはアメリカ合衆国のような高度に発展した文明にも当てはまります。また崩壊した社会主義の領域にも当てはまります。ユーゴスラビアを典型例に考えればよいでしょう。また、国民国家というヨーロッパのアイデアの輸出、たとえばアフリカへの輸出がそもそも有効であるかどうかという問題にも当てはまります。アフリカという地域の政治問題を、ヨーロッパの国家モデルで把握することができるのでしょうか。あるいは、この範型は、どの領域から、つまり民族的なもの、宗教的なもの、軍事的なもの、あるいは外的干渉など、どこから引き起こさせたものであれ、そうした政治動向に対して実現されることのないうわべだけのものなのでしょうか。すなわち一方でわたしたちは、一六世紀から一九世紀にかけて機能しているように見えた「国家」という形式が、こんにちではもはや政治的な出来事において重要かつ中心的な役割を担いえないという事態を、より明白に見ています。また他方で、超国家的な結びつきが、さらにまた国の政治の内部で国際問題が表面化するという事態を見ています。内部的政治と外部的政治との関係は、内部的政治のテーマとなります。つまり、ヨーロッパ連合において内部的政治の意味のみが考えられるのです。国は離れれば離れるだけ、他の国にはますます無関心になるという古い考え方は、なくなりました。フランスと国境を分かつがゆえにドイツでは、政治においてフランス人がつねに重要な要因でした。しかし、ブラジルや日本にとっては、そうではありません。けれども、そうこうするうちに、世界の出来事に関する政治的関連性の問題は、地域的な近さや遠さということにはまったく関係のない、あるいはほとんど関係のない問題となりました。言い方をかえるならば、境界の問題は政治の特殊問題になったのです。そして、境界に意味があるかないかは状況に依存し、そのつど変わります。政治的志向も、その限りで世界を志向しています。国家的な、あるいは地域化された秩序や政治システムの区別は、世界政治システムのより広範な分化としてのみ把握されるのです。

最後の例ですが、法システムの場合は、より大きな困難があるのではないでしょうか。問題はここにあります。法システムは、本当に国家に従属したシステムなのでしょうか。法システムは、国家における法秩序の主たるものなのでしょうか。あるいは、世界法システムのようなものは存在するのでしょうか。わたしが思うには、法律の文献において、特に実定性に、すなわち制定法であるということに、法の決定に依存しているということを是認するなかで、つねに国家に注意が払われていることは明らかです。法学者は法を、通常、国法の法と考えます。そして法比較を行うとき、ドイツとフランスの法、ドイツとアメリカの法、あるいは、ヨーロッパ大陸の法をコモンローやその類のものと比較します。国際的な法関係は特殊な法の分野と見なされます。国際法は、法学部では一つの科目です。国際法は、科目として履修登録されなければならないかもしれませんし、もしかしたら一度も履修されないかもしれません。けれども、それは一つの学習領域であり、特殊な領域です。そこでは、国際法の主体は国家であるということが伝統的には考えられています。これらの理論は、一六世紀、遅くとも一七世紀には認められるようになりました。古い万民法（ius gentium）、つまり国民の法は、文字通り翻訳すると、外国に滞在し、市民としてではないけれども、つまり人間として法的な仕組みのもとにおかれることができるような私的個人の資格の法でした。たとえば、彼らはローマでは訴えることはできませんでしたが、ある種の法の保護か自身の権利を信頼をもって貫徹するある種の可能性をもっていました。近代以降、「国家」という形態が発案されて以降、国際法は、契約法として、あるいは国家間の慣習法として存在しています。これは、今日まで続いている学説の伝統です。さらに、いわゆる国際私法が存在します。すなわち、外国の法決定はまた自国でも妥当するということを認める権利変換が存在します。合衆国において、夫婦に離婚の判決を下されたならば、ドイツにやってきても離婚は成立しています。そこから、公序（ordre public）というタイトルの下に議論するある種の例外が存在します。たとえば、複婚はドイツでは決して承認されていません。ここドイツにイスラム教徒が一三人の妻と入国するならば、とりわけ、それぞれの妻の日常家事代理権の問題において困難が生じます。かかる場合においては、極端に異質な外国の考え方に対して、国民の利益、あるいは自身の権利の典型的な原則を保護するための権利の留保が存在しました。しかし、原則的には、変換が認められます。みなさんはインターポール（国際刑事警察機構）をご存じでしょう。新聞報道からか、そうでないならば、映画を通じて知っているのでしょうか。実際にそこの世話になったという経験ではないことを願います。東京のホテルで支払えないとき、わたしはドイツで支払うことが可能です。どこに裁判籍があるのかということは、契約について相互に規制される問題です。租税法はますます国際化しており、それゆえイタリアに自分の納税者番号（codice fiscale）をもたねばならないか、あるいはドイツで課税されるかということになっています。国民国家の法という形態の内部で、外国の法制定や法決定に関する国内での承認が行われますから、すべて国内法であるといわれると、少なくとも社会学者の見方からするならば、それは奇妙なものになります。最後は人権問題です。たしかに、決議された数多くの条文が存在します。けれども、みなさんが人権として理解していることに対する侵害が、なぜ憤慨をもたらすのかという問題は、国内法とは関係ありません。さらに法治国家の秩序のなかでは稀かもしれませんが、人権侵害、あるいは自然に生じてきた規範的な期待に対して神経を逆なでするような侵害が完全に排除されえないという法治国家を耳にしたとき、法治国家の秩序と人権侵害という正反対の関係が存在します。国家の法があるということ、その法を貫徹すること、そのそれぞれに対して法治国家であるということ、つまり法がコントロールするということの連関です。実務的には、いうまでもなく一方では警察や裁判所に対する国家によるコントロール、他方では国家に対して弱体化する人権への関心という両方の面です。明らかに法治国家として組織された国家においてすら、国際的に注目され、人権の領域に属する問題が存在しています。メキシコの医者がアメリカ人によって誘拐され、アメリカへ連れていかれ、そして、アメリカで判決を言い渡されたという出来事を覚えているでしょうか。アメリカの最高裁判所は、この誘拐の違法性をアメリカの内部では法的に立証できないという判決を下しました[26]。このことは、この夏にあらゆる新聞で報道されました。この法的立証は、典型的な実定‐法的なものでした。つまり暴力によって、その国へ連れてこられたということに対して、法廷で異議申し立てを可能にするアメリカの法は存在しませんでした。それは、相互犯人引き渡し条約によってのみ可能となるでしょう。そしてそれは、このメキシコの場合ではできなかったのです。すなわち、それはアメリカ人が誘拐を行えるということ、行おうしたこと、そして自国で判決を下すということを、効果として示した潔癖な法的論証なのです。したがって、法治国家的であるということは、人権領域の問題に対して絶対的な力を与えるような無条件な根拠ではありません。これはおそらく、中心的な問題ではないでしょう。主要な問題は、世界中に広がる、警察による制御不可能な問題、拷問の問題、人間の失踪の問題などです。憤り、情報、そしてニュースから規範を形成する傾向は、国連の何らかの決定や、その決定に対する判断、さまざまな状況の理解、したがってまた、その決定への反論などとは関係ありません。その代わり、人権問題における自発的な関与の仕方は、ここでもまたそのようにのみ説明されるのですが、少なくともそのレベルで、世界社会が権利の問題においてきわめて敏感なシステムであるということを示しています。それが幅広い間口とコミュニケーション能力を獲得する場合、政治的論拠として加えられるある種の規範構築が観察されます。たとえば、ある政権を支持することが問題であるとき、開発政治学の論拠が用いられます。またたとえば、ユーゴスラビアの後継国家の承認問題が人権の配慮に結びつけられます。これは、世界法のある種の発生過程であり、交通法、国際私法上の問題、法秩序の相互承認とは別のものです。この傾向が進むのであれば、世界法システムの領域において世界法を出発点とすることや、地域化の問題を世界社会のサブシステムの内的分化の問題として扱うことが、より適切ではないかと考えます。

ところで、伝統のなかに、とりわけイマヌエル・カントの永遠の平和についての論文においてすでに、およそ共和制のような結合と呼べる平和の秩序、すなわちわたしたちの今日の言葉でいう法治国家のような入念に組織化された国家のイメージがあります。この論文はなおも一読の価値があります。古めかしい言葉でありますが、しかしそれは、カントの考え方のまったく外側に位置しています。カントは、彼自身の理論を顧慮したとき、まさに権利ではなく義務について語らなければなりませんでした。それは権利について、そして個人について行われるのであり、国家についてではありません。個人の権利は、法治国家では認められ、保護されています。それゆえ、国家は世界秩序という平和の担い手になっているのです。これはもろもろの国家を国際法上の関係の統一体として理解するヨーロッパの伝統に生ずる興味深い論証です。しかし後にそこでも、またもや世界法とはどのような法秩序なのか、そこではどのように無政府状態と関わるのか、共同国家を欠いた部族秩序のようなものをイメージしなければならないかなどということが問題となるでしょう。ユダヤの法のなかに、これに関してとても興味深い手がかりがあります。ユダヤの法は二〇〇〇年来、国家なしに主張されてきた法です。それゆえ、ここで扱われる法形態は、国家なしにどのようにして世界法を考えねばならないかという問題との関係で注目に値するものです。たとえば、無政府状態、無政府とは「政治的な支配なしに」ということですが、それは無条件に法が存在しないということを意味してはいません。

この論拠に対してつねにある異議は、統一的な社会を主張するには、地球上の生活状況はそれぞれ異なっているというものです。アフリカは中国とは異なる、また西欧は南米と異なった状況にあります。わたしは最近、イタリアの女性人類学者に会いました。彼女は、徒歩でしか近づけないアルバニアの山岳地帯を研究しており、欧州各国を放浪したバイロン卿以外この地域に来た最初のヨーロッパ人でしたが、そこの人びとがトマトのみを食べており、世界について何も知らないことに驚愕したとのことです。つまり、このように発展の遅れた生活が、いかにしてヨーロッパの中央で可能であるかを考えているということです。[27] しかし、そもそも生活条件の違いが、社会概念を地域化するための根拠にはなりません。なぜならば、このような地域には特殊な社会というものを想定しなければならないからです。マンハッタンでは、ミッドタウンのA、B、C、D通りなのか、あるいは五番街なのかということで異なります。また、生活条件の類似性や相違は、概念的に明確には表現されないでしょう。というのは、その条件をさまざまな視角でこじ開けなければならないでしょうし、そして多次元にわたるいかなる概念構築に際しても比較のうえでの困難がもたらされることでしょう。もはやここに一つの統一体があり、向こうにも別の統一体があると、はっきりということができません。どの比較の視点を求め、そのつどどこに基礎をおくのかが問題になるでしょう。加えて、南米の生活はわたしたちとはまったく異なるという――とりわけ大勢の階層ではなくスラムを考え、あるいは田舎の地域を考察するとき、そのすべてを社会のもとに理解することはできません。――その論拠をもって、事実の情報が理論に取り込まれているようにわたしには思えます。その際、なぜそしていかにして、事実がそのようであるかは解明されていません。まさに、いかに異なるかをまずもって解明することが、たとえば開発社会学の領域で関心がもたれる一方で、わたしたちとは異なっているということが、生《なま》の事実や印象を理論として使用するための論拠となります。国の歴史的な特徴、政治的な歴史、経済的な歴史が、その違いをもたらすというイメージがもたれています。このことは、ますます明白です。また、異なっていることは、当たり前のごとく、また自然発生的に生ずるのではなく、周囲の発展に依存するというマルクス主義的なアプローチによって強調されます。たとえば、世界経済の商業的発展、国家によって作られた政治的・法的発展、さらには生活に関する経済についての学問上の成果などに依存しているということです。

したがって、わたしたちが違いを知覚し、そこから地域社会に関することを推測するべきかどうか、あるいはなぜ、機能分化や機能システムの作動方法の合理性は分化を強め、弱めないかということを、世界社会の観点に立って説明しようとする別の方法が意味をもつかどうかという問題の前に、わたしたちは立っているのです。世界社会から一致を推測することは、このモデルからはまったく逆にみえることでしょう。まさに、機能分化の論理は――パーソンズの理論体系に対応していえば世界社会を受け入れることはできないのですが――、完全な一致やアメリカの生活様式に向けた機能論理が働き、その結果、今ではないがやがては世界社会が生じると主張する理論というよりも、どちらかといえば、逸脱増幅の理論、特殊発展の理論、そして社会内部の不十分な統合の理論です。わたしは、機能システムや機能システムの自律と分化において——これがこの講義における後期資本主義の対象です——、逸脱を増幅させる原因を見出す社会理論を構築することに、より意味があると考えます。このことは、すでに小さな領域でみてとることができます。それは、生徒を向上させるよりよきチャンスを与えるという教育上合理的なものです。一年生のクラスにおいて、同じチャンスがみなに与えられたとき、他人よりも早く答えることができるならば、その生徒はよい成績を得られます。二度よい成績をとった場合、その生徒はもう質問されずよい生徒と見なされ、逆にそうでない生徒は反対の結果となります。あるいは、定期的に収入があれば、その人は信用を得ます。ばく大な収入があれば、銀行の重役室へ入ることもできます。けれども、収入が低く、お金を必要とするならば、状況はきわめて厳しいでしょう。このように小さな差異が大きな差異を産み出します。そして、システムが合理的に働くならば、ますますそうなります。他方、相違を作り出すことは合理的ではありません。なぜならば、学校における差別待遇や良い生徒と悪い生徒とを区別することで、自分自身から動機づけられた成長がもたらされるといわれるであろうからです。それは——よく知られた教育学の論拠ですが——実際に蓄積された能力を汲み尽くすようなことはしません。反対の制度がつくられねばならないということでしょう。とりわけ、勉強についていけない生徒に対して、特別な配慮を払う手助けです。しかし、そこに座り、そこに居続け、何かを聞こうとし、すべてを理解するまで待ち続けるコストの問題が生じます。

この問題は、中心／周辺‐差異の増大を世界中にもたらしていると思います。すなわち「搾取」という古い用語で呼ばれることの増大です。原料をもっている発展途上国では、原料の輸出だけでなく、自力で産業を起こすことも絶えず困難になっています。遠隔地で学問的発見がなされたならば、設備、基礎的能力および蔵書という点で、学問に対して存する要求が高度に発展した価値を前に、パラグアイのどこかで学問センターを立ち上げることや、世界規模で注意を向けさせることはますます難しくなっています。また学問は、肯定的なチャンスと否定的なチャンスの差異を増大させます。そしてこのことは、ある範囲のなかで、絶え間ない重心の移動を通して調整されます。たとえば今、インドは遺伝子工学による多くの産物という点では、他の多くの国々よりも進んでいます。したがって、社会的な変動性があるのですが、それはつねに中心と周辺という図式のなかにとどまっています。

納得していただくためにわたしはつぎのようにいいたいと思います。すなわち、全体社会から出発するならば、──また全体社会が同時に、ある利益や階級構造を介して統合された統一体として見なされるのではなく、分化を介して記述されうる統一体と見なされるならば──この社会が社会自身によって統一を産出するという問題の理論的把握ができるということです。このことは、まさに、差異の先鋭化、生活のチャンスの差異、将来の展望の差異、発展のチャンスの差異という問題です。これらの差異は、全体として何かを作り出すものとは見なされない、すなわち経済的にも学問的にも意味はなく、同様に機能を有していないのですが、いわば全体システムの機能論理の副産物として、予期可能なかたちで生じることが予期できます。

この問題に対する最新の観点は、まだ若干不十分なところがありますが、わたしにとっては比較的新しい考察から導かれます。とりわけ、南米や、そしてまたタイやその他の国々を観察すると、排除される人口と包摂される人口を区別する傾向があることが示されます。機能分化が存在するとき──機能分化を説明しているだけで階層については問うていません──、機能システムへ関与しないということは、実際に他への関与をも排除します。たとえば、ボンベイでは数百万の人が路上で生活をしています。この人たちは決まった住所をもっていないので、自分の子どもを学校へ行かせることができないなど、多くのことをともなって生じてきます。ブラジルでは多くの人びとは身分証明書をもっていません。彼らもまた、身分証明書をもっていない人びとから生まれ、役所に出生を届け出られることもありません。おそらく母親は、どこかで家政婦として働いているでしょう。子どもは祖母に育てられています。子どもは成長しますが、身分証明書はもっていません。身分証明書なしに学校へ入学することは問題ですし、またいかなる社会的給付も届きません。有権者として登録されることもない等々です。ある機能システムからの排除は、高度の統合化として働きます——このことは統合が良いものであると考える社会学者にとっては厳しい代価ですが——、つまり否定的なことが統合されていくのです。お金がなければ、誰もほとんど何もできません。同様に、証明書がないとき、法的立場がないときなどもそうです。家族は非合法となり、婚姻は登録されず、子どもは形式上私生児となります。住民が締め出された地域を身体的な存在の問題に限定する傾向があるように思えます。人びとはそこに存在し、今日、明日の問題を抱え、暴力、セクシュアリティ、不十分な栄養の問題を抱えています。彼らは身体として存在しており、事情によっては、伝染病に感染した身体として存在しています。ブラジルのファベラ（貧民街）において機能していると思われる唯一のことは予防接種です。なぜならば、感染を誰もが恐れるからです。予防接種は、子どものミルクの引換券といっしょに提供されます。この引換券はビール券に交換することができます。そして、このビール券を手に入れた人は、ある種のお金を手に入れたことになります。それによって母親は豆を買うことができ、自身も栄養をとることができるのです。どのように社会的な措置が消滅するのか、どのように排除されたものの身体性に対して社会の関心がもたらされるのかという事例を見ることができます。みなさんの話題に出るような、彼らの主観性、「個体性」、自己理解、生活のチャンス、知覚、貢献能力ではありません。そうではなくて彼らは身体なのです。暴力問題を考えるならば、人は街のなかでは、つねに身体に注意して歩いていることは明らかです。つまり、「危険ならば、何人かがたむろしているならば、道路の反対側を行く」というようにです。

開発社会学は時折、大規模な住民の排除を一つの発展条件であると考えています——この点に関して、わたしのところでかつて韓国人が研究していました——。働いて得られたすべての収入を同時にすべての人に分配するならば、そこからは何事も得られないでしょう。人はまず、多くの人間を排除しなければならないとされます。その後に産業がもたらされ、そして産業を通して、すべての人がテレビやナイロンシャツ、また、そのほかに必要な物を手に入れることができるというのです。よろしいでしょうか。これは一つの理論であり、結局のところ、問題は実際にどうなっているかという経験的なものです。たとえば、韓国で起きていること、そしてアジアの、たとえばシンガポールの人気俳優の事例が、そうであるかもしれません。

他方、アフリカについて、部分的には南米についても考えた場合、この発展を疑問視する根拠が存在します。包摂と排他の差異を通して、機能分化をいわば超コード化する可能性が考慮されなければなりません——しかし、それは診断であってはいけません——。最初は、人がそこにいるのか、それとも外側にいるのかということにかかっています。そこにいるならば、緩やかに統合され、あちこちで職業を選択する自由があり、他の人よりもより多くのお金を稼ぐ幸運があり、通常の、つまりわたしたちが「市民の」と呼ぶところの運命のなかにあります。人が排除されるとき、そもそも、このことはすべての人には関係ありません。人は一定の期間生き、そして死んでしまう一つの身体をもっています。包摂と排他の差異が、いわば近代社会の最終到達点となるかどうかという問題の前に、そして生態学的・人口学的理由から、これが避けられないものであるかどうかという問題の前に立たされています。なぜならば、全世界の住民がわたしたちのいるビーレフェルトでの生活水準になるなどということはありえないからです。しかし、おそらくまた、機能システムの機能そのものの内部にこのことを促進する内在的差別化の論理が存在します。世界社会の問題から出発するとき、すなわち、その実現のなかで重大な問題が生じるのであれ、機能システムが社会の構造を規定するかどうかという問題から出発するとき、わたしはこれを診断と見なそうとは思いませんが、論拠やもたれうる展望と見なそうと思います。これは、内在的な問題の一部です。しかしまた、それはどのような人口学的問題が現れるのかという問題に遭遇します。つまり、このシステムが、自身にとって合理的にあるよう振る舞うとき、このシステムの環境に、つまり人間に何が起こるのかという問題です。

本日で、この章を終わりたいと思います。しかし、まだ要約して紹介したい、かなり多くの部分があります。

この講義概要のなかに合理性の問題を扱う箇所があります。それは、世界社会の背景の前のところです。わたしが描写してきた視点に関して、わたしたちは、まさにこの秩序を肯定するのか否定するのか、あるいは、肯定的な立場をとるのか批判的な立場をとるのかという問題に直面します。おそらく、それは無意味な問いです。なぜならば、わたしたちは、このような観点で選択はしないからです。しかし、それがただ合理的であるか否かと問うとき、確たる根拠を手に入れることができます。おそらく合理的とは理性的という意味でしょう。このように問うとき、ただちに概念の問題に直面します。近現代の諸状況に応用するためには、歴史的な概念を改めねばなりません。

大雑把にいえば、近現代における合理性の展開は、合理性の連続の遮断として記述することができるのです。旧い世界は、つねに、存在自身を——自然として、あるいは創造物として——自身の本質を合理的な、また完全な到達であると、また自己実現であると考えてきました。もちろん、災難、不運、腐敗などが存在します。同時にまた、罪はキリスト教のコンテクストにおいて理念であり、それは存在自身が合理的であるというものです。存在と非存在を区別するということは、自然の完全化という目標の制御です。人間の認識は、存在の合理性を受動的に記録したものにすぎません。そうであるところの存在を認識するならば、それを合理的なものと認識するのです。したがって認識や行為を誤謬なく行うのであれば、合理的に認識し、行為しています。この見解は、確実にある社会構造に結びついています。近世において崩壊し、合理性の主観化にとって代わられた階層化や中心／周辺‐分化です。存在や物理学や天体の公転が合理的なのではなく、そのことについて妥当な理論を構築することが合理的なのです。また、自然が合理的なのではなく、市場における自然の利用が合理的なのです。炭を買うことができて、はじめて、炭を手に入れるということに意味があります。したがって一方で、存在界ないし自然と自然以外のものとは分けられます。他方で、合理性は、マックス・ヴェーバーの価値合理性や目的合理性、[28]ハーバーマスのコミュニケーション的合理性と戦略的合理性の考え方などのように、[29]さまざまなタイプに分類されます。なぜ双方とも合理性なのかは述べられていません。概念は、概念が分割そのものであるということをみえなくしていますし、双方が合理的と名づけられるということに対する概念は存在しません。コミュニケーション的合理性を強調するものがあります。今のフランクフルト学派のスタイルです。これは、不在者を理念化することになります。いつか最終的な合意に至るかもしれませんが、しかし目下のところ、それはありません。わたしたちは、合意の可能性に対する指標をもっています。わたしたちは、納得して最終的な合意をめざせるように支配を排除しなければなりません。ちなみに「不在者の理念化」とは、アメリカの軍人研究に由来する表現です。その研究は、戦時下の軍人の祖国への感情、そして彼の妻、両親、家や庭に対する思いを記述しています。[30]また、この表現は、ハーバーマスのプロジェクトを表す一つの適切な定式化を促進しているように思います。このプロジェクトは、偏重した見方に滑り落ちています。一方を合理的なものとして、他方もまた合理的としながら、本当はそうではないということを示しています。これは将来の展望であり、将来のプロジェクトであり、そして、そこから近代の社会に対する何らかの情報を獲得できるかどうか、あるいは、この立場のもっともらしさや魅力は、そこから実際にあらゆるものを批判できるということに基づいていないかどうか、という問題を提供しています。あらゆる事実と、また同様にあらゆる論者と批判的に関わることになります。なぜならば、それらは当然、ここから定式化される要求を満たさないからです。

それゆえ、わたしは別の合理性の考え方をシステム理論から展開できるのだということを示したいと思います。それは、かなりの進歩をみせています。わたしは何よりもまず、システムと環境の差異が重要であるということを繰り返し強調してきました。合理的な輝ける理性的な対象やシステム、あるいはその他細々したことは重要ではありません。そうではなく、自らの作動を任意に行えるとき、どのようにシステムと環境の差異に関わるかが問題なのです。システムは、収縮ないし選択の過程です。システムは、自らの作動によってシステムの進行を選択し、環境に対してほとんど反応を示しません。システムのなかで全世界に関与することはできません。このとき世界とシステムは同一でしょうし、あらゆるものは熱力学でいうエントロピー的なものなのでしょう。その代わりに、環境に対する選択と対応する反応を通して秩序が生じます。これを修正する展開が、区別のなかに区別を再び持ち込む再《リ》‐参入《エントリー》というカテゴリーをもって記述されます。今、このことをわたしは詳述できません。再《リ》‐参入《エントリー》は、ジョージ・スペンサー＝ブラウンの数学の概念です。そして、本質的には、たとえばシステムと環境の区別が存在するということ、そして区別の双方の側の一方に、区別がコピーされたり関係させられるということが述べられています。このとき、システムは自らの作動によって、システムと環境とを区別できます。この区別の仕方は、同時にまた、システムと環境との本来の差異の産出に寄与するものです。作動のうえで、システムは分化を完遂させ、環境を無視し、環境を遠ざけ、環境に無反応でありながらも、システムと環境との差異を観察可能なものに構成します。わたしは、ここで合理性の問題をつけ加えなければならないと思います。すなわち、後退させられることなしに、環境に関して避けることのできない無視、無反応、情報提供の不可能性をいかにして修正することができるのかを問題として捉えなければならないということです。つねに環境をシステムのなかでもっと考慮するというのではなく、一つひとつ一致点を作り出すのではなく、そのなかでシステムが、システム固有の環境に対する感覚を高めるような一般化、抽象化、手続きが重要です。すなわち、何が重要なのか、何が重要でないのか、いつ注意すべきなのか、いつ注意すべきでないのか、何がわたしに関係があり、何が関係ないのか、ということが重要です。これは、基本構造における理念的なものではなく、合理性原理のパラドキシカルな定式化の一つです。というのは、システムと環境の区別は、観察者として環境のなかにシステムをみるのか、あるいは自ら環境を志向するシステムをみるのかによって、一つであるとも一つでないともいえるからです。それは異なった二つの区別です。この二つの区別は、パラドクスゆえに、その定式化においてまずもって同一のものとして、すなわち同一のシステムと同一の環境との区別として表されます。わたしはここから、一方で非人間的な環境と関わる古典的なエコロジーの問題を思い起こします。技術あるいは生活要件によって、社会が、どの部分システムにおいて、どういう方法でその環境への作用を考慮するか、問うことができます。環境は環境のままです。しかし、問題はいかにしてわたしたちがエコロジー問題に照準を合わせるのかということです。経済的に、法律的に、政治的に、教育上、宗教的に、あるいは、わたしたちが環境に影響を与えはするが制御はできないという事実から、常日頃何をなしうるでしょうか。わたしたちは環境に対する数多くの非知を産み出します。そして、社会におけるこの非知を何らかの形式のなかにインプットし、そして、非知を回避できる形式を見つけなければなりません。たとえば、わたしたちはリスク分析を行わねばならないでしょうし、どのリスクがどのように扱われるのか、元に戻せる決定と元に戻せない決定をどのように区別するのか、どのように区別を制御できるのかなどをみなければなりません。

しかし、このことは半分にしかすぎません。もう半分は古典的なヒューマニズムの遺産です。社会のなかで個人の「個体性」は、どのように確認されるのでしょうか。このことはまたもや再-参入《リ エントリー》です。つまり、個人は外部に存在しており、コミュニケーティブに再生産される社会は一つのシステムです。個人はどのような役割を果たすのでしょうか。社会のなかでもはや「個体性」は考慮されないのでしょうか。五〇億の個人が存在します。そして、各人は、それぞれのやり方で考慮されるべきです。このことはどのように行われるべきでしょうか。このことはユートピアであり、またパラドクスともいえます。わたしたちは、まさに彼らを外に投げ出しました。そのことによって、彼らは個人でありえます。そして、今や再びすぐさま、彼らは考慮されねばなりません。また、わたしたちは今、ここで、どのような制度をつかみとることができるのかをみています。一方で福祉および社会保障事業があります。誰かの生活が悪化し、その人に申請の資格が与えられたとき、その人は彼の人生のなかで個人として扱われるよう修正されます。不当な人生は、経済的援助がなされず、法機構があまりにゆっくりであり、そして政党官僚機構が個々人を政治的に重要な運命とは考えていないときでさえ、政治のなかでは調整で解決される政治問題のように考えられています。他方で、親密な関係による論理があります。それは、自分であること、自分で生きていられること、他者から向けられるものも含め恐れること、あらゆるものをコミュニケーションに盛り込むことができるすべてをもって生じる感情をもてる場所がどこかに存在するというものです。個体性を完全に納めることができるような場所が与えられなければなりません。わたしたちは、直ちにこれが病理学へ導かれ、家族療法によって終わるということをみます。わたしたちは可能性が限定されていることをみます。制度がそこに存在し、小説かどこかに形式を見つけますが、たいてい現実は別です。システム理論的に考察するならば、エコロジーの問題に関するコミュニケーションのドラマ性を社会に持ち込むこと、また各人が自分について考えていることに関する、各人のしたいことに関する、あるいは自分の可能性と本質とが一致すると見なすことに関するコミュニケーションのドラマ性を社会に持ち込むことは、合理性の問題だと思います。このことは、フランクフルト学派が扱っているシステム合理性の議論とは相当距離のあるものです。これらの問題を指摘しておいて終わりにしましょう。つぎの時間からは、コミュニケーションに関する第II章に取りかかることにします。

注

(訳注)　本文からも明らかであるが、ルーマンの議論において「社会」は、たんに社会一般を示す用語としてだけではなく、法システム、経済システム、宗教システム、教育システムなどの諸社会システムを包摂する全体としての社会を表わし、それをシステムとしての全体社会（Gesellschaft）とする。以下本書では、文意に応じて、「社会」「全体社会」と訳語を使い分ける。また、いわゆるポストモダンの議論とは異なって、ルーマンは現代ないし現在も近代《モダン》であり、その特性はいまだ適切に記述されていないとする。そのことを確認したうえで本書では以下、近代と記述する。

（1）　Niklas Luhmann, *Einführung in die Systemtheorie*, hrsg. von Dirk Baecker, Heidelberg : Carl-Auer 2002, 2.

Aufl. 2004（D・ベッカー編、土方透監訳『システム理論入門 ニクラス・ルーマン講義録〈1〉』新泉社、二〇〇七年）を見よ。

（2） Niklas Luhmann und Raffaele De Giorgi, *Teoria della Società*, Milano : Angeli 1992 を見よ。

（3） そうこうするうちに、Niklas Luhmann, *Die Gesellschaft der Gesellschaft*, 2 Bde., Frankfurt am Main : Suhrkamp 1997 が出版された。

（4） Niklas Luhmann, Die Autopoiesis des Bewusstseins, in : *Soziale Welt 36*（1985）, S. 402-446 を参照。

（5） Niklas Luhmann, *Soziale Systeme* : *Grundriß einer allgemeinen Theorie*. Frankfurt am Main : Suhrkamp 1984（佐藤勉監訳『社会システム』（上・下）、恒星社厚生閣 一九九三／九五年）

（6） できれば、Hartmann Tyrell, Max Webers Soziologie : Eine Soziologie ohne„Gesellschaft“, in : G. Wagner und H. Zipprian（Hrsg.）, *Max Webers Wissenschaftslehre*, Frankfurt am Main : Suhrkamp 1993 を参照されたい。

（7） Jürgen Habermas und Niklas Luhmann, *Theorie der Gesellschaft oder Sozialtechnologie ? Was leistet die Systemforschung?*, Frankfurt am Main : Suhrkamp 1971（佐藤嘉一・藤沢賢一郎・山口節郎訳『批判理論と社会システム理論――ハーバーマス＝ルーマン論争』（上・下）、木鐸社、一九八四／八七年）を見よ。

（8） Friedrich H. Tenbruck, Émile Durkheim oder die Geburt der Gesellschaft auf dem Geist der Soziologie, in : *Zeitschrift für Soziologie* 10（1981）, S. 333-350.

（9） Warren Weaver, Science and Complexity, in : *American Scientist* 36（1948）, S. 536-544 を参照。

（10） Niklas Luhmann und Renate Mayntz, *Personal im Öffentlichen Dienst* : *Eintritt und Karrieren*, Baden-Baden : Nomos 1973 を見よ。

（11） „Lebensverhältnisse und soziale Konflikte im neuen Europa“, 28 September-2 Oktober 1992.

（12） Gaston Bachelard, *Die Bildung des wissenschaftlichen Geistes*, dt. Frankfurt am Main : Suhrkamp 1987（及川馥・小井戸光彦訳『科学的精神の形成：客観的認識の精神分析のために』国文社、一九七五年）を見よ。

（13） サイコリティック療法とは、強い作用の薬物を用いた特殊な心理療法である（編者ディルク・ベッカー）。

(14) Lars Löfgrenを示唆している。*Unfoldment of Self-Reference in Logic and Computer Science*, in Finn V. Jensen, Brian H. Mayoh und Karen K. Mφller (Hrsg.), *Proceedings from 5th Scandinavian Logic Symposium, Aalborg, 17-19 January 1979*, Aalborg : Institut for Elektroniske Systemer 1979, S. 205-229.

(15) たとえば、Edmund Husserl, *Erfahrung und Urteil : Untersuchungen zur Genealogie der Logik*, Hamburg : Meiner 1972（長谷川宏訳『経験と判断』河出書房、一九七五年）を見よ。

(16) Fritz Heider, Ding und Medium, in : *Symposion : Zeitschrift für Philosophie und Aussprache* Bd. 1 (1926), S. 109-157; Buchausgabe Berlin : Kulturverlag Kadmos 2004を見よ。

(17) Heinz von Foerster, *Wissen und Gewissen : Versuch einer Brücke*, Frankfurt am Main : Suhrkamp 1993, 同、*Understanding Understanding : Essays on Cybernetics and Cognition*, New York : Springer 2003を見よ。

(18) George Spencer-Brown, *Laws of Form*, 1969.（大澤真幸・宮台慎司訳『形式の法則』朝日出版社、一九八七年）

(19) Anthony Giddens, *The Nation State and Violence*, Cambridge : Polity Press 1985.（松尾精文・小幡正敏訳『国民国家と暴力』而立書房、一九九九年）

(20) Humberto R. Maturana, *Biologie der Realität*, Frankfurt am Main : Suhrkamp 2000を見よ。

(21) シャノンとウィーバーの広く知られた一般的な理論のテキストとして、Claude E. Shannon and Warren Weaver, *The Mathematical Theory of Communication*, Urbana, IL: Illinois University Press 1949.（長谷川淳・井上光洋訳『コミュニケーションの数学的理論』明治図書、一九六九年）

(22) おそらくルーマンはつぎの文献を想定している。Jürgen Ruesch und Gregory Bateson, *Communication: The Social Matrix of Psychiatry*, New York: Norton 1951.（佐藤悦子／ロバート・ボスバーク訳『精神のコミュニケーション』新思索社、一九九五年）

(23) たとえば、Anthony Giddens, *The Consequences of Modernity*, Stanford, CA: Stanford University Press 1990.（松尾精文・小幡正敏訳『近代とはいかなる時代か――モダニティの帰結』而立書房、一九九三年）

(24) Roland Robertson, *Globalization: Social Theory and Global Culture*, London: Sage 1992を見よ。

(25) 一九九二年一一月の大統領選で、ビル・クリントンが現職にあったジョージ・ブッシュ一世に勝利した。

(26) U. S. Supreme Court, no. 91-712, United States v. Humberto Alvarez-Machain, 504 U. S. 655 (1992) を参照。

(27) これはC・R・エマニュエルのことである。わたしは、ワルシャワのM・M・クロウスキーに感謝する。さしあたり、彼女の著作 Emanuela C. del Re., *Albania: Punto a Capo*, Roma: SEAM 1997 参照。

(28) Max Weber, *Wirtschaft und Gesellschaft: Grundriß der verstehenden Soziologie*, Tübingen: Mohr 1990, § 2 (清水幾太郎訳『社会学の根本概念』岩波文庫、一九七二年) を見よ。

(29) Jürgen Habermas, *Theorie des kommunikativen Handelns*, Frankfurt am Main: Suhrkamp 1981, S. 9f. (河上倫逸ほか訳『コミュニケイション的行為の理論 (上)』未來社、一九八五年、一七頁以下) を見よ。

(30) この「軍人研究」は、孤児を含めたメラニー・クラインの業績による「不在者の理念化」という用語で知られている。とりわけ、自宅にいる子どもの亡くなった父親の理念化として。この示唆に対してわたしはカスリーン・カントナーを想起する (編者ディルク・ベッカー)。

II コミュニケーション・メディア

〈第4講義〉

みなさん、今日は「コミュニケーション・メディア」について話を始めます。これは、今回の一連の講義のなかでも二番目に大きな箇所となります。まずは、つぎのことを思い起こしておきましょう。「コミュニケーション」は、社会的な作動として理解されるべきだということです。それは、わたしの見るところ唯一の社会的な作動です。その際の課題は、作動という観点から社会あるいは個々の社会システムを把握することです。作動こそが、社会や社会システムを生産し、再生産するとともに、環境に対するもろもろの境界を画定するものでした。これは、今日までの講義のなかで明らかにしようとしたことの復習です。わたしは、この「コミュニケーション・メディア」を、三つに分けてお話ししたいと思います。まず第一に、これが本日の講義の内容となりますが、ここでは言語を扱います。続いて第二に、コミュニケーションが広く流布していくための諸技術《テクノロジー》を問題にします。たとえば、文字や印刷、コミュニケーションのために用いられるさまざまな形態のエレクトロニクスなどが挙げられます。これに関連して、コミュニケーションの拡大、さらには社会の拡大が、いかに技術《テクノロジー》に依存しているかについても問題にします。そして最後に、第三では、シンボリックに一般化されたコミュニケーション・メディアについてお話しするつもりです。このコミュニケーション・メディアについては、ありそうにないコミュニケーションの結果を、ありそうなものにするような諸事情ないしは諸条件として理解しようと思います。たとえば、権力や貨幣などがこうしたコミュニケーション・メディアに当たります。

その前に、まずは言語についていくらか述べておきましょう。とはいえ、言語理論や言語学において通常行われていることに足を踏み入れようとするわけではありません。ソシュール以来の、したがって、かれこれ八〇年から九〇年間くらいのうちに一般的なものとなった言語学[1]は、この講義には関わりがありません。ですからここでは、記号使用や、記号使用に関わる諸規則や諸条件などを取り上げることもしません。さらには、果たして記号は何ごとかを指示するのかどうか、指示するとすればいったい何を指示するのかといった問いについても議論しません。これらの諸要素はすべて互いに関連し合っており、それらを明確に分別することに価値があるとはわたしには思えません。むしろわたし自身は、ぜひとも社会学的アプローチを試みてみたいのです。このことはまた、分析哲学によるいわゆる言語論的転回に直接関わる必要はない、ということを意味します。わたしの理解が正しければ、言語論的転回とはそれまで超越論的主体や認識を受け取る主体といわれていたものを、言語によって置き換えてしまうことでしょう。つまるところ言語とは一つの社会的装置です。しかしそこでは、この社会的装置についてさらなる社会学的な省察が加えられていません。わたしの考えるところ、言語学や新しい分析哲学は文学や言語研究の主要部分をなしています。これらとは異なって、わたし自身はすでに述べたように、言語学や分析哲学において行われている論争や明確な分別に関与することなしに、社会学的アプローチの提示を試みたいと思います。もはやみなさんは驚かれないでしょうが、このアプローチはオートポイエーシスという要素《モメント》から出発します。これを出発点に据えるのは言語というものが必然的なものであり、言語によって社会のオートポイエーシスが始動するからです。

このことは、二つの観点からもう少し明確に述べることができます。第一の観点は、言語の場合に限っては、伝達行為と情報との区分がいつも完全に明瞭なかたちで存しているというものです。誰かが語っている場合、その人物が意図的にそうしていることを、わたしたちはほとんど疑いません。ある語りは、何らかの手違いによって、その人物から聞こえてくる、などというのではない。その人物は、まったく別の何ごとかをしようとしているのではなく、まさに何らかの仕方で語ろうとしている、と。わたしたちは、誰かが語っているのを聴く場合、その人物は意図的にそうしているのだとつねに想定します。その人物が間違いを語ることや、嘘をつこうとすること、その他これに連なる種々のケースはあるでしょう。しかし、それらを語ろうとする意図そのものが疑われることはありません。同時に、つぎのこともまた疑われません。すなわち、その人物が話しているところの事柄と、その事柄を当の人物が話しているという行為の間に区別が存しているということです。みなさんは、コミュニケーションの概念を思い出されることでしょう。この概念については、ごく簡単に説明しておきました。そもそもわたしたちが何ものかをコミュニケーションとして認知することにおいて中心的な役割を果たすのは、情報とそれを伝達する行為との区別でした。情報と伝達する行為との区別がなされない場合にも、そこにわたしたちは、何らかの行為、何らかの運動、何らかの身振りや、一定の解釈を与えうる態度などを見出すことはできるでしょう。しかしながら、この場合には、コミュニケーションという文脈において、何らかの反応を喚起し、何らかの応答を要求し、あるいは、何らかの解釈や問い返し、その他これらに類するものを動機づけうるような何ものかを見出すことはありません。ここに一つのポイントがあります。すなわち、ひとまず口頭で語られる言語を考えるならば、言語とは、ある高度に作為的な音の産出であり、しかも、この音の産出については、その産出を行う人物が、まさしく何ごとかを語ろうとしているのだと理解されうる、ということです。つまり、言語によって、当該行為をコミュニケーションとして解釈することが必然的になるのです。

言語とオートポイエーシスに関する第二の観点は、言語においてはじめて、流れるような一定の継続性が確実になるというものです。言語を用いることによってはじめて、わたしたちには、かつて述べられたことについて想起することや、それに応えて述べられうることを何らかの仕方であらかじめ定型化しておくことが、ほとんど必然的なことになっているのです。これは決して逃げ道のない決定ではありません。ですから、つねに一つの可能性しかないというわけではありません。ただ、この言語を介した想起と定型化は選択可能性の制限を意味します。選択可能性そのものは、自発的に、したがって決定を通じて、もしくは無意識的な仕方で選択されます。しかし、この選択可能性は、以前に述べられたことや、それに応えてわたしたちが有意味なかたちで述べうることによって、きわめて速やかに一つのコンテクストのうちへと組み入れられてしまう可能性があります。ここで、比較のために単純な合図（記号）の構造を考えてみてください。合図は、動物たちの間でも一般的なものです。動物たちも、別の動物に対して合図を送っています。たとえば、警戒して叫ぶことや、有名なミツバチのダンスがあります。ミツバチたちは、蜜のありかを仲間内で伝達し合っているのです。こうした動物たちの合図について、今わたしが正確に想起できるものとします。その場合、そこにはその場かぎりのアドホックな諸活動が存するでしょう。アドホックな諸活動とは、一つの限定されたレパートリーだけに結びつけられており、システムを継続させることはなく、ただたんに食糧調達や天敵を前にした逃亡などに関するシステムに寄与するだけのものです。このように単純な合図としての言語は、その場かぎりのアドホックなものとして、諸個体が群れをなして生存しているというコンテクストのもとで可能となります。これに対して、わたしたちが使用している言語、つまり意味を有する言語においてはまた別様の状況が存在しています。合図（記号）の使用がますます頻繁に、かつ、ますます分化したかたちで行われることを通じて言語が発展してきた経緯について熟考してみる場合、一方では人間の意識の進化が、そして他方では社会の進化が関わっているものとわたしは考えます。この問題との関連では、つぎのように語られることが増えてきました。すなわち、人間というもの、あるいは、人間という語によって理解されている存在者が生成するにいたったのは、ある集団に関与している個々人たちの個性が当該集団によって枠づけられ、同時に、各個人において、別の個人に対する、もしくは当該集団に対する依存性が高まるような状況においてである、と。こうしたヒトの発展に関する理論が当を得ているとすれば、ここには、何らかの継続性が関わっています。この継続性は、ヒトが生物学的により先進的な資質を与えられ、より先進的な発展を遂げていることによって可能になったものです。そして、この先進性こそが、ヒトの進化を、他の生物種とは完全に異なる種への進化として現出させたのです。とはいえ、これはたんなる傍注のようなものです。わたしが、人間の生成をめぐるテーゼを要約して傍注を付するとすれば、つぎのようになります。すなわち、個々のコミュニケーション、わたしたちが語る個々の文や言語を使用した個々の伝達行為といったものは、それぞればらばらに生じている現象とみることはできない。むしろそれらは、他の諸作動とのネットワークにおいて、相互に同じような仕方で再生産されている、というものです。

このような仕方で言語が生産するものについて、これを、ある種の「固有値」(2)であると述べることもできるでしょう。固有値は、その独自の安定的な諸形式を、以下のようにして発展させます。つまり、それが繰り返し適用されることを通じて、また繰り返し実行されるなかで、意味をもって使用されるものを確立することを通じてです。このように意味をもって使用されるものとしては、たとえば、特定の集団内で用いられる語彙や、わたしたちが言語に対して使用することのできる特定の文法上の諸規則などがあります。このような安定的構造の生成は、繰り返し使用されることに、つまりコミュニケーションからコミュニケーションが再生産されることに関連をもっています。しかも、安定的構造の生成はただ言語の助けを得るだけで可能なのです。「固有値」という表現はもともと数学から来たものです。「固有値」の意味するところは、ある作動を当該作動の結果に適用するなかで最終的に産出される安定的な形式のことであり、この形式は、当のシステムにおいてけっして変化することはありません。わたしたちが、この固有値という用語を社会的諸関係に応用しようとする場合には、たしかに一定の修正を施すべきでしょう。というのも、言語の諸形式はそれがいったん確立された後は、その形式自身をもはや一切変化させないというわけではありません。この意味で、言語は固定的なものではないからです。言語が発展することや、文法が洗練されること、発音が変化することはあります。また、文字が使用されるようになるやいなや生じた諸変化もあります。固有値の骨格は、なるほど歴史的にみれば安定的とはいえません。しかし、固有値の骨格は、これを諸作動の内部において、あるいは諸作動の結びつきの内部において使用する場合、あたかもそれが安定しているかのように使用することができるのです。このときわたしたちは、この言語について、現行のものとはまた別様の固有値の骨格がそもそもありえたのではないか、などと思いわずらう必要はありません。このことを思いわずらうのは、コミュニケーションの理解やそれを通じたコミュニケーションの成立が危うくなるような特定の状況に関わる場合です。

言語によるコミュニケーションのオートポイエーシスを解明するもの、つまり、こうした基本骨格について、わたしはいくつかの区別を用いて、さらに明確化を図りたいと思います。その諸区別は、わたし自身が用いている区別です。ここで、言語の本質を定義しようとは思いません。むしろじっくりと考えてみたいのはいかなる区別が関連しているのか、という問題です。付言すれば、わたしたちが見知っているように、コミュニケーションはオートポイエティックに継続してゆくものですが、そのように継続してゆくコンテクストにおいて言語がその課題を果たしている場合、そこに、いかなる区別が関連しているのかという問題です。

第一の区別として、まず口頭のコミュニケーションから考察を始めるとすれば、音声と意味の区別があります。わたしたちは、聴くことのできるもろもろの語と、それらの語が意味しているものや指し示すものとを、それぞれ区別しうるのでなければ語ることができないでしょう。この区別ができなければ、いつももろもろの語と現実的な諸物とを混同してしまうことでしょう。また、「リンゴ」という語を、ビタミンを供給するものを指すのに流用してしまうかもしれません。さらに、言語を利用することなどできず、むしろいつも言語を諸物と混同ばかりしてしまうでしょう。もちろん、このような混乱した事態は現実には生じていません。また、こうした事態は歴史を振り返って調査した際にも、場合によって偶然的にその発生が認められうるにすぎません。プラトンまでの古代の言語理論では、名前が事物それ自体と結合されていました。シュメール語‐バビロニア語や、シュメール語‐セム語の言語的コンテクストにおいて、名前ないしは記号――ギリシャ語のónoma（名前）――は、事物の本質を言い表すものであり、それゆえ、わたしたちは名前から事物について何ごとかを知るのである、というのが通念でした。このことは、文字の使用にも関わりを有しています。たとえば、タルムードを釈義するユダヤ教の実践においてもなお、ある語に対して文字というかたちを与えることが、その語に類比的なものの形成のために用いられています。みなさんもご存じのように、セム語においては母音を書きません。そのため、各語は、そこに人びとがいかなる母音を補うかに応じて、実にさまざまな仕方で発音されうることになります。その場合、子音構造の相似性が諸事物の間の相似性の論拠となります。これらの事例において確認できるのは、物と語との区別、あるいは、音声と意味との区別は当の区別をそれ自体から理解しうるような区別ではなく、むしろ長い発展過程を通じて学びとられなければならないような区別であること、そして、あらゆる抽象的な概念のうちに、この種の区別を見出すことはまず間違いなく確実に困難であるということです。

今、口頭による言語形式を度外視し、文字やその他の形式を用いて言語を具現化する場合を考えてみましょう。そこには、コンピュータを用いた具現化も含まれるでしょう。この場合には、ある一つの観念に行き着きます。それは、ジーゲンやドゥブローニクなどの地で、ハンス・ウルリッヒ・グンブレヒトの交友関係において、さまざまに議論された観念です。そこで問題とされたのは「コミュニケーションの物質性」でありました。ズーアカンプ社刊の論集があります。そこではいかにしてコミュニケーションは物質化されるのか、というテーマが取り扱われており、このテーマに関して、唐突にも、身体が一定の役割を担うものとされています。(3) 口という身体部位から声を発して語るという口語性が、もろもろの語のノーマルな構造ですが、これはまさに意味を物質化する一つの形式です。つねに重要な点は、物質、すなわち物質的な基盤と意味との間を区別しうるということです。

この物質と意味の間の区別は、アメリカ的な表現ではセミオティック、ソシュールまで遡るフランスの用語法ではセミオロギー、すなわち記号論において、記号相互の連関として問題にされます。音声は、特定の意味のための記号です。わたしたちが聞いたり読んだりできる語はそれとは別の何ものかのための記号です。ここでは、さらに進んでつぎのような問いへ至ります。この別の何ものかとはそもそも何であるのか。記号使用において意味（表示）されるもの、すなわちシニフィエとは何であるのか。そこには、記号とそれによって意味（表示）されるものの間の差異を内属させる、すなわち、この差異を言語のうちに組み入れる動きがあります。ある記号、たとえば「リンゴ」という語が、現実のリンゴを意味（表示）しているということは、ここではひとまず脇においておきます。現実のリンゴとは戸外の樹木に実っており、それを収穫したり、店で購入したりできる、丸くて赤い、もしくは青い物体のことです。これとは別に、この「リンゴ」という語は、まさしく「リンゴ」の意味に結びつけられています。これは、すでに語が一般化されているためです。この世には、実に種々さまざまのリンゴが存在しています。個々のリンゴは、そのリンゴのために特別にあつらえられた固有の名前や語を作り出しません。このような一般化を習得した結果として、もはやわたしたちは、語とは個々の諸物の名前であるというような、古い意味における語の見方に固執することはできません。

わたしの判断によれば、このように一般化へ向かう動きは、作動において閉鎖しているシステムの理論にきわめて密接に結びついています。というのも、この理論の立場からみるならばつぎのことが明らかだからです。すなわち、音声と意味との区別、あるいは文字という記号と意味との区別とは、システム内的な区別であり、たとえ環境の側がこの区別の妥当性を認めないような場合であっても、たとえば、現実の世界にいかなるリンゴも存在しないような場合でさえも、この区別は機能するはずだということです。たとえば、「女中（Hausmädchen）」などのように、語で表示される特定のものがもはや現存しないという事態はまさにありうるでしょう。しかし、それにもかかわらず、なおわたしたちは「女中」について語ることができます。言語は、それが語っている当該客体の現存によって確証されることからは切り離されています。しかし、それにもかかわらず言語は、片や語という記号や音声、文字という記号と、片やそれらの記号によって意図された意味との、これら両者の間の差異を、なお依然として必要とします。わたしの考えるところ、このように記号と意味の差異を論ずる記号論研究ないしセミオロジーであれば、システム理論に難なく結びつけられます。記号論とシステム理論のいずれも、言語という作動を一つの出来事と見なしています。それは、仮に具体的な世界が当の出来事の妥当性を認めない場合であっても、なお生起しうるような出来事です。むろん、こうした見方をとったからといって、果たして現実が実在するのかという問題は片づきません。この問題を考える場合に、まず浮かんでくるのは認識論的問題であり、構成主義の問題です。しかし、この問題については明らかにつぎのような傾向があります。すなわち、果たして世界が現存しているのか否かという問いを何らかの仕方で括弧の外へくくり出し、この問いについて、わたしたちはたんに現存を推測しうるにすぎない。というのも世界が現存していなければ、わたしたちは身体器官から音を発したり、手を使って文字を書いたりできる立場にないだろうからだ、と述べるという傾向です。たとえば、暑すぎたり寒すぎたりする場合に、それを記述する文書が現存しないことがあるでしょう。それは、ああ！という慨嘆だけで終わるか、あるいは何ものをも生み出しえないか、そんなところでしょう。ですからわたしたちは、もろもろの作動の現実性を世界の側へ閉め出すのです。その上で、作動と外的なコンテクストの間に一対一の対応関係を求めることを断念します。この場合に作動は、音声と意味との区別に定位します。

このことはまた、さらに別のテーゼにも関連しています。このテーゼはセミオロジーにおいてソシュールまで遡り、大きな進展をみせたものです。すなわち、言語の固有の意味は外的客体への言及のうちにではなく、むしろ記号相互間の差異のうちに存しているというテーゼです。(4) 複数の語が用いられるのは、言語上の諸区別を作《さく》出《しゅつ》するためだということになります。こうした言語上の諸区別の例として、音声と文字という記号が挙げられます。わたしたちは複雑な領域を切り拓くことになったのですが、それはつぎの問いが立てられうることによってです。すなわち、ある語が用いられる場合に、その語はいかにして、また、何から区別されるのか、という問いです。さらに、そうした区別によって、その語以外のどのような語が排除されるのであるか。たとえば「走る(laufen)」という語について話しているとします。ここでは、スイス訛りのドイツ語は念頭におきません。その場合、この「走る」は「歩く(gehen)」から区別されなければなりません。他の言語にはまた別の区別が存在することでしょう。記号相互間の差異は言語の組織的原理であり、それゆえに、言語を使いこなそうとする場合に必ず知っておかなければならないものです。この原理はまた、翻訳において困難を生じさせるものでもあります。というのも、他の言語へ移し換えようとする場合、当該の他言語と共通していないものや当該の他言語によって否認されたもの、さらに、それにともなって当該の他言語から排除されたものなどは変容してしまいます。非常に多くの場合、区別のうち他方の側(意味)が変動するため、翻訳されたテキストを読む者は異なる理解をしてしまいます。なぜならば、翻訳の場合、ある語が何ものかに対して割り当てられるときに、その語が元来もっているバージョンにおいて有していた様態とは異なる仕方で割り当てられてしまうからです。

これらが、音声と意味、あるいは、具象化と意義といった第一次的な区別の取扱いに関する注釈になります。この注釈は、いくつかの使用上の注意といくつかのコンテクストをともなっています。それは文学のなかでこの種の区別が浮上してくるようなコンテクストであり、言語の差異論的な考察へと導いていくようなコンテクストです。このことがシステム理論の枠組みにおいて意味することは、つぎのことです。すなわち、システムはもろもろの区別を産出し、この区別によって活動しているということです。もろもろの区別は現実世界のどこかに外的に存しているのではありません。むしろ区別は認識のための道具です。この道具によって、もろもろの内的な作動は世界を意のままに扱うことができます。それがいかなる内実をもち、また、いかなる仕方で存立する世界であれ、です。

つぎに続く区別は、メディアと形式の区別です。これもまた、再び言語に関連しています。この場合、わたしはつぎのことを前提にしています。すなわち、先ほど取り上げた口語性や言語の物質性といったものは、それ自体いずれも形式であるということです。語は一定の音響学的な音をもち、一定の記号構造をもっています。この記号構造はその語を文字によって固定するために用いられます。そして、同じように一定の記号構造が用いられているコンピュータや電子機器は、一定のハードウェアやソフトウェアを有しており、それらは形式として区別されます。この意味において、すなわち言語を精神的に用いる者の知覚という観点からみれば、言語とはつねにすでにそれ自体、形式なのです。この形式は独特の仕方で、他の諸形式を形成するためのメディアとなります。そのためには、メディアと形式の区別について説明しなければなりません。さまざまな文献において「メディア」という語は、きわめて多種多様に用いられています。たとえば、場合によっては、伝達手段という意味で用いられています。例として、マスメディアについて語られる場合には、通常は伝達過程が考えられています。すなわち、わたしたちが新聞で読む事柄は当初は新聞だけが知っていたものであり、その後わたしたちが知ることになる、と。パーソンズの理論において「メディア」は、また別の意味をもっています。わたしは、メディアと形式との区別を、ルースなカップリングとタイトなカップリングとの区別に依拠させることを考えています。メディアとは膨大に現存し、相互に結合している一つの潜勢力です。それが用いられる際、場合によってはタイトなカップリングがこの潜勢力にあてがわれ、それによって潜勢力を利用できるようになります。これら「ルースなカップリング」「タイトなカップリング」は、最初に認知心理学の分野で定着した概念です。音や空気は、音響学における条件としては一つのメディアです。しかしながら、音そのものはある一定の形式を有しています。音はうるさいか、あるいは静かかです。音はだんだん小さくなるか、あるいはだんだん強くなるかです。音はまた一定の高域などを有してもいます。以上のことは、わたしたちが言語として同定しうるような音についてもまさしく妥当します。光とは一つのメディアであり、このメディアにおいて、わたしたちはさまざまな物を見たり、それらの物を区別したりすることが可能になる。これはフリッツ・ハイダーによって最初に提唱された認知心理学理論であり、ここから一方に物ないしは形式を配し、他方にメディアを配するという区別は由来しています。この区別はその後、社会心理学および社会学へ応用される過程で一般化されます。今日ではこの区別を定式化するために、一方における膨大なかたちで現存しているカップリングの潜勢力と、他方におけるタイトなカップリングとの間の差異が用いられます。(5) その際、ルースなカップリングは、結合の可能性とコミュニケーションの可能性とを制限することと、それを解放することが問題だという意味です。

この抽象的な定式化をより明確にするためには、言語に関する具体例を用いて説明するのがよいでしょう。言語の場合、メディアとはもろもろの語と、語と語の間の結合に関する諸規則のことです。そこには相当量の語彙が存在しています。ある人は、そのうち四〇〇〇語や五〇〇〇語ほどを知っているかもしれませんし、別の人は三万語を知っているかもしれませんし、その他さまざまでしょう。普通の辞書には六万語程度が収載されています。ある言語には他の言語に比してより多くの語が存しています。そして、一定の文法上の諸規則が存在します。わたしたちは、もろもろの語をただ単純に並べればよいわけではなく、何らかの文を作らなければならず、そのようにして語どうしが結合する範域を制限しています。文のなかでもろもろの語を使用しうる可能性の範囲は限定されているのです。文のなかであらゆる主語をあらゆる動詞に結びつけたとすれば、無意味な文をこねくり上げることになります。そもそも無意味ということの定義が存在するとすれば、無意味とはメディアの誤用であると定義されるでしょう。この際、基本構造において、ある進化の傾向が現存していることをみておかなければなりません。すなわち、この進化の傾向によって、口頭で語られる言語もしくは文字で表される言語の口語性や記号性という形式が、形式としてはそれ以外のもろもろの音や、それ以外の視覚的なもろもろの現象から区別されうるようになり、この区別を活用して、新しいもろもろの結合のための範域が生み出されます。認知のためのメディアにおいて示される形式は、それ自体、さらなる諸形式のためのメディアにもなります。こうしたメディアは種々さまざまな方向において作り出されえます。たとえば専門用語を発展させることができます。法律の言葉や数学の言葉などがそうです。そうした専門用語は、局限された狭い用語法を作り出し、それによって通常の言語では使われないような新たな結合可能性を生み出します。これを進化理論的なコンテクストに組み入れるとすれば、そこで重要なのは形式それ自体をさらにメディアとすることによって、当のメディアの援用から新たなる形式が産出されることです。ただし、こうした形式は、言語を自由に操れない人にとっても無条件に使用可能であろう形式とはますます遠く隔たったものになるでしょう。ルースなカップリングとタイトなカップリングとの連関について、再度明確に述べておきましょう。すなわち、ルースなカップリングとはある形式から出発しつつ、その形式が定着することと、その形式が別の形式へ新たに結合する範域との間に差異を産出することとして理解されます。

以上との関連でさらに重要なのはつぎの点です。すなわち、観察すること、ないしは観察するという作動にとって、したがってまた、それを心理学的に解すれば認知にとって、それを社会学的に解すればコミュニケーションにとって、観察可能であるのはまさに形式のみであるという点です。メディアそれ自体は観察不可能です。わたしたちは言語そのものを聴くことはできません。少なくともわたしは、みなさんのなかのどなたかが、かつて一度でも言語そのものを聴いたり読んだりしたことがあるか知りません。わたしたちが関わるのはつねにもろもろの文だけです。そして、ある文はその他の様態をも選びうる可能性のなかから、一つの選択を示しているのであり、そうした他でもありえた選択可能性の膨大な潜勢性がいつも伏在しています。観察はもろもろの形式に沿って進められ、その形式はメディアにおいて産出されます。ちょうど公園の雲梯《うんてい》で遊ぶように、わたしたちは文から文へと手を懸けて渡っていくのです。わたしたちはある文に引きつづいて、別の文を生み出していきます。そのためにわたしたちは、それがふさわしい文であるか否かを判別しうるような一定の規則や直感を駆使します。しかし、観察されうるのはただ言語の使用のみであって、言語そのものではありません。この場合、言語とは単数的なものであって言語それ自身は不可視なものなのです。

わたしが理論的に比較的重要な点だと思うのは、メディアそれ自体はつねに不可視である、ということです。これについては、後でシンボリックに一般化されたコミュニケーション・メディアの説明をするときに、もう少し時間をかけてお話しできるでしょう。そこでもメディアの不可視性という、まったく同一の現象を特定集団に関わる特殊言語のなかに見出すことになります。たとえば貨幣は不可視です。みなさんが不可視な貨幣を感知することになるのは、たとえばあなたのポケットに入っている三ドイツマルク五〇ペニヒの貨幣が、思いがけずそれ以下の価値しかないことがわかった場合です。その場合にみなさんは、ある一定の総量（総額）のものを眼前に持ったうえで、これを別の何ものかの総量と等置しています。しかしながら、貨幣性というものは総量として量的に定義されるものではなく、また支払いを通じて使用されるようなものでもありません。こうした貨幣性、すなわち貨幣そのものは可視的なものではありません。貨幣性は支払いの過程においてはじめて現出するものではなく、すでに支払い時には前提とされています。これと同様の事態は真理についてもいえますし、おそらくより興味深い仕方で権力についてもいえます。権力は可視的なものではありません。そのため権力もまた、それが用いられなければ消失することになります。誰かが権力を保持していたとしても、そのことは決して認識されえません。ですからそれが行使されなければ、つまり可視性を欠いてしまえば、しだいに衰滅していくことになります。このことを言語に当てはめて考えれば明らかです。みなさんが学校でラテン語を勉強したとしても、そのラテン語を使わなければ、みなさんがもっているラテン語の能力は減衰していきます。自分の学習したラテン語をまだ漠然とは憶えていたり知っていたとしても、ラテン語をどのように使用すべきかについては、もはや知らないでしょう。

こうして、メディアは諸形式が形成されることを通じて再生産されます。そして、形式のもつ機能の一つは形式が常時使用されることにおいてメディアを再生産することであり、他面ではメディアが形式の形成を基礎づけています。このことは、言語の領域にあっては、社会学的に重要な、むしろ各個人にとって重要な側面を有しています。言語に精通し熟達した人であれば、つねに新たに何ごとかを述べることは非常に容易です。ところがその言語に不慣れで、言語を自由に話すことができない人、いつもテクスト化された資料を使用するため、いきおい朗読しなければならない人、そもそも限られた語彙しかもたない人。このような人は言語を用いてもろもろの効果を上げうる立場にはなく、メディアとしての言語使用をごく限られた範囲においてのみ実践しうるに留まります。ここで考慮してみるべき興味深いことは、このことが身体を使うことへの用意、そしてまた力の行使への用意と、どのように関連しているのかということです。古代ギリシャ以来、西洋の貴族教育において重視されたのは、雄弁さ、すなわち言語使用に関する教育でした。それは、貴族の地位にある人びとが、ただちに刀剣を抜くのを防止するためでした。また、彼らに、言語使用を通じて、換言すれば、多様な既定準則を通じて、状況を打開しうる可能性を付与するためでした。人びとは、こうした貴族の既定準則のために応答を迫られましたが、しかしまた、どのように応答すればよいのかをこの既定準則によって知ることができたのです。以上のことは、メディア、すなわち言語という不可視のメディアが言語を使用することを通じて、つまり文を形成することを通じて再生産されるという一般的なテーゼに対する付加的な注釈です。さらにまた、このような仕方で、言語を記憶する方法が身に付けられ、したがってまた、言語の使用法を失念することもあるというテーゼに対する注釈です。もはや使用されなくなった物は滅失していきます。誰かがある品物をアンティークな箱から取り出し、そこに古めかしさが表れ出ていたとすれば、それは稀少な価値あるものだと感じられるでしょう。これは趣味の話でもありえますが、趣味についてはそれ自体として述べられるべきです。言語とはその使用方法を通じて変化するものです。なぜなら、言語はその使用を通じてのみ再生産されるからです。

諸形式とはもろもろの文のことである、とわたしが述べる場合、それは一定の留保を付して理解されなければなりません。きわめて手短に言い表されたり、ジェスチャーのように即座に働いたりする表現方法も存在するからです。たとえば、わたしたちが「おやまあ」と言うとき、これは文法的に完成した文では全然ありません。それにもかかわらず、それはあたかも文のように機能します。つまり、反問を動機づけたり、理解をもたらしたり、さまざまな反応を促したりすることができます。言語使用は周辺領域をもっています。この周辺領域において、言語使用は間接的なコミュニケーション、すなわちジェスチャーと関連します。わたしは結論部分で、再度この言語使用における中心／周辺の区別に立ち戻るつもりです。当座は、言語使用が必ずしも文法的に完成した文にばかり帰着するとは限らないという点だけをみておくべきです。みなさんが言語使用を観察する場合にも、とりわけさほど学校教育を受けていない人びとや下流層の人びとにおいて、言語がつぎのように使用される様をしばしば見出すことでしょう。それは、本質的な事柄と、それをすでに了解済みの者以外の他人を前提としているような言語使用です。いわなければならない事柄は、もはやまったくいわれる必要はない、というような様態です。わたしのみるところ、この様態が際立っているのは、たとえばスイスの山地の農民においてです。実際、彼らは話す必要があるのは、わずか二つ三つの語にすぎないと考えています。動詞はなく、状況については言い表されません。何が大事で、何が問題なのかを、人びとが何らかの仕方で受け止め、当の本人が承知しているところの状況については言い表されないのです。言語使用は、もろもろの情報を伝達することに留まらず、さらに社会的状況を切り抜けることにも役立つものです。高度な発展を遂げた言語の場合には、指標的表現についても述べられます。指標的表現とは、特定の状況が前提とされながら、それ以上は当該状況について語られない場合です。この点についても後ほど立ち返るつもりですが、語に対する判然とした意識、したがって、文に対する判然とした意識は何よりも文字の発展において成立したものです。もろもろの語をそれぞれ一定の間隔をおきながら書いていくというイメージ、さらに、わたしたちが書くことを習得した後では、もろもろの語を一つのまとまりとしてみるようになるというイメージも同様です。語のまとまりについては、わたしたちが口頭で話すときには、必ずしも体験されるとは限りません。口頭の場合には言葉が絶えず流れていくからです。もろもろの語が判然としていること、すなわち、文が完全であることは、わたしたちが文字を通じて習得したものです。これらのこと全部を考慮に入れることを条件に、わたしたちは、言語は諸形式においていわば鋳造されるものであり、その諸形式は言述という構造を有している、というイメージをもつことになります。その場合、わたしたちはその言述の土台に文法的に正しい文をおきます。ただし、わたしたちが急いでいたり、文の諸部分からその文意がおのずと了解されたりするような場合、おそらくその文は必ずしも完全なかたちで述べられる必要はないでしょうが。メディアと形式の区別をめぐる問いについては、とりあえず以上の説明で十分だと思います。後ほどわたしは言語メディアのさらなる付帯的形態や、特殊言語、シンボリックに一般化されたメディアについて述べるつもりですが、その際、メディアと形式のこの区別が必要になるでしょう。

つぎの区別は、言語とはわたしたちがそれを総体として概観する場合、つねにコード化されて現存している、というテーゼです。このテーゼによってわたしが考えているのは、言語に関しては、二つの異なった様態、二つの異なったコミュニケーション上の使用方法が存在するということです。つまり、イエス型とノー型の言述です。言語を通じて伝えられるあらゆる事柄は、否定的な形態においても伝えることができます。今ならばわたしはつぎのようにいえるでしょう。わたしたちは一一月二四日にはこの講義室にいてはならないのであって、一五番講義室にいなければばならない、と。これを肯定に準ずる仕方で述べることも可能です。イエス型とノー型とは交換可能なものです。とりわけ、演説する者と、それを理解しようとする者とを区別する場合にはそうです。ノー型の言述とは、いつも無条件に伝達内容の受け入れを拒否するものとは限りません。わたしが何ごとかを意思しない、なさない、信じない等々という問題だけが重要だとは限りません。したがって、受け入れの提案に対する反応だけが問題だとは限らないのです。むしろ、一般的にどのように伝えるかという伝達方法に即して、イエス型もしくはノー型の言述が選択されえます。これはつぎのことと関連しています。すなわち、イエス型とノー型の両方について、それを否定することも、あるいは肯定することも可能であるということです。わたしたちは、否定形の言述を確認すること、つまり肯定することができます。「君の方に理があるよ、向こうにはない」あるいは「君の方が正しいよ、わたしたちは正しくない」といった具合です。わたしたちは、肯定形の言述を、さらに肯定的に補強することもできます。「その通りだ、わたしもそう考えているよ」「了解」といったようにです。しかし、これら以外の組み合わせを選択することもできます。たとえば、否定形の言述を否定する、つまり、肯定的な言述に変換する場合。それとは逆に肯定形の言述を肯定的に補強する、あるいはそれを否定する場合などです。したがってわたしたちは、このコードの構造について過度に単純なイメージを抱いてはなりません。コードの使用はきわめて広汎なものであり、コミュニケーションの意図に合わせて調整されます。何か否定的なことを述べようとする場合に、それを肯定的に表現することは、しばしば礼儀作法の一種でもあります。自分が何か重大なことを打ち明けなければならないことを他人に知らせるために、相手方を褒めるという方法もあります。こうして肯定的な事柄が否定形の装いをまとったり、逆に否定的な事柄が肯定的に換えられたりすることがありえます。このようなもろもろの可能性の間を遊動するのが、言語の宿命なのです。

しかし、つぎの点がなお未解明です。そもそもなぜこれら二つの型が存在しているのか。つまり、現実はただ一つであるにもかかわらず、言語という装置がこのように二重化されているのはなぜか、という点です。わたしたちが入室してすし詰めの状態になっていようとなかろうと、この講義室はこの講義室です。いかなる否定形の講義室も存在していません。いかなる否定形の現実も存在しませんし、今日の言語学において想定されているような、いかなる否定形の世界も存在しません。否定は言語的な作動です。このことはわたしがそこから出発した、くだんの想定を再び指し示します。すなわち、言語の構造はコミュニケーションと結びついたものであり、したがってシステム内部において利用されるものである、という想定です。そう考える場合に、言語の二重化は一つの意味をもちます。システムと環境との分離に関連した意味です。イエス型の言述をノー型において二重化するのは、システム内部における営為であり、この営為がシステム内部へ向けて投映しようとするのは、システムの外部にある何ものかではありません。この営為はあたかも世界がいわばイエス型もしくはノー型の世界として現存しているかのように、世界の状態を代理表象するわけではありません。そうではなく、イエス型ないしノー型の代理表象は、明らかに言語自体がもつ可能性であり、したがって問題は、それは何のために、ということになります。このように現実を二重化することはいかなる機能を有しているのか。わたしは、これはオートポイエーシスの様態に関連していると考えます。同一の言述をめぐって、語り手に対してイエス型の可能性ならびにノー型の可能性が提供され、その際に当該の言述、すなわちテーマは同一のものに留まらなければならないとする場合、言語は適応するための弾力性とでもいうべきものを獲得することになります。わたしたちは、イエスあるいはノーを通じて固有の貢献をなすことができます。心理的構造より発して言語のうちへ移入してくる制限などは、それが言語によって表現されないかぎり存在しません。ある人がそれを行う意思がなければ、その人はノーと言います。ある人が何ものかを見つけられなければ、その人はそれはそこにはない、と言います。人は誰かに何ごとかを禁止するときには否定形の言述を用います。逆に何ごとかを命令するときには肯定形の言述を用います。言述の意味は同一でありながら、伝達者がそのときどきに何を伝達しようとするか、それを了解した応対者がそれに対する応答として何を表現しようとするかに適応するかたちで、言語の形式が選択されるのです。わたしの考えるところ、イエス／ノー型のコード化は、コミュニケーションの継続可能性に関連しており、それぞれの状況においてコミュニケーションが継続しうることを保証する本質的な可能性の一つです。わたしたちはそれを行う意思がないとき、ノーと言うことができます。このことに示される自由さの度合いとはどれほどのものであるのか、これが第二の問いです。この問いには後ほど立ち帰ります。何よりもまず了解されうるのはノーという語です。わたしたちは、このノーを、言語によって正確に表現することができます。このとき文法は何ら妨げにはなりません。このノーによって各々の心理的な反応、つまり、各々の状況の分節化を把捉し、それをさらなるコミュニケーションへと導くことが可能になります。ノーと言われるとき、それは、このノーという反応を受けてつぎになしうることに向けた諸帰結を有しています。

このコード化の型は、言語は了解によって終結するという観念と関連しています。わたしたちが何ごとかを述べた場合、それを受けて述べられることは肯定ないしは否定されえます。しかし、こうした肯定や否定は、つぎなる作動、すなわち、わたしたちが理解した内容に接続するコミュニケーションの継続なのです。伝達内容を受容することは、コミュニケーションの要素に含まれないということ、これは大きな射程をもったテーゼです。このことをもってわたしは、このテーゼが明らかになると主張したいと思います。伝達内容の受諾あるいは拒絶は、言語それ自身を通して確定されるものではなく、コミュニケーションという出来事の一部分を構成するものではありません。むしろ受諾や拒絶とは、述べられたことや了解されたことに対して、いかにつぎの一手を接続していくかという問いかけなのです。あらゆる発言は、わたしたちが意思するかぎり、複雑性を縮減します。あなたが何ごとかを確言することによって。わたしがまさに他ならぬこれを述べることによって。こうしてメディアは一つの形式に転じます。しかしその際、つぎの瞬間にはあらゆることが再びオープンの状態になります。その形式が受け入れられるか否か、その命令が従われるか否か、わたしが抵抗に遭うか否か、わたしの見解が信じてもらえるか否か、それらすべてがオープンの状態になるのです。たとえば、システム理論に賛成するか反対するか、それはいつでも新たに決定することができます。これは、オートポイエーシスが絶えず繰り返して自己を更新している状態です。オートポイエーシスが選択肢を狭めること、英語のナローウィング・オブ・チョイス、つまり特定の何ものかに確定することを取り扱うときに、当の何ものかがそれに先立つものからおのずと生じうるようには取り扱わないことによって、オートポイエーシスの更新は行われます。わたしたちは、何らかの文が述べられたときに、それに対して、いかなる任意の文をもいうことができるわけではありません。わたしたちは先行する文に適合するような何ごとかを述べなければなりません。こうした文のやりとりに関わり合う場合、典型的には相手方の言述を受諾あるいは拒絶することが含意されています。わたしたちはそうした受諾ないしは拒絶を先延ばしにしたり、つぎのように問い直したりすることもできます。「君はどういうつもりで言ったのかい？」「君、もっとはっきりと表現してくれないかな?」等々という具合にです。このようにして、わたしたちはその言述を受け入れるか否かの決定を延期することができます。このことは、真理をはじめとするあらゆるメディアについて一般的です。人は「その文が真なのか偽なのか、全然まだ明らかでない」と言うことができます。するとわたしたちは、さらなる研究に取り掛からなければなりません。この疑問の位相、ないしは決定しないことは、多かれ少なかれ意義をもちえます。というのも、わたしたちがいつもただ「君はどういうつもりで言ったのかい?」と問いかけ、そこで述べられたことを信じるのか否かについて、みずからは一向に決定しないことによって、全体システムはそれに寄生できるからです。こうした先延ばしを育成するものとして文化が存在します。しかし、オートポイエーシスは原則としてつぎのことに依存しています。すなわち、言述に対しては「イエスかノーか」という形式においてさらなるつぎの対処をなしうること、しかもこの対処は、任意の文によってではなく、すでに述べられたことへの関連においてなされるということです。イエスという応答とノーという応答とは同一の意味を使用します。より精確に述べれば、両者は、同一性を構成します。おそらくこの同一性についてはこれまでまったく考えられたことがなかったでしょう。わたしはもう最初からその人と衝突することを意図して、他人が述べたことを拒絶しようとすることもあります。その場合、わたしはその他人が述べたことを理解している、つまり、その他人自身がそもそもどういうつもりで述べたのにせよ、他人が述べたことを拒絶するのに十分な理由を自分が有していることを理解していることになります。すなわち、他人から述べられたことの意味をめぐって再解釈し、歪曲し、誤解し、意図してあるいは意図せずに間違いを犯すといった回帰的なプロセスの内部において、当の述べられたことのテーマないしは同一性が構成されているのです。そして、さらなるコミュニケーションの過程を通じて、述べられたことが明瞭にされたり、逆に、細部にわたるまで明確に同一性を保持することが大事な課題ではないという理由で当該テーマが放棄されたりすることになります。このイエスとノーが織りなすゲームは、一つの高度に複雑な行程です。この行程が、先だって述べられたことの解釈へ立ち返るなかで、まずもって同一性を産出し、あるいは、凝縮し、確定し、つぎのさらなる作動にとって利用可能な状態にするのです。わたしたちが、仮にイエスあるいはノーを述べる選択肢をもたないとしたら、つまり、そこで述べられたことが、自然な川の流れのように、ただ単純にさらなる先へと流れつづけていくだけだとしたら、こうした同一性をめぐる動きは生じえないでしょう。同一化とは、受諾か拒絶かを決定するときの補助機能なのです。その決定とは、すなわち「相手方の言述が示した選択を、その後さらにわたしがコミュニケーションを継続していく際の前提として引き受けるべきか否か」をめぐるものです。

以下のことは、難解な領域へ入り込むおそれもあるので、たんに示唆するだけに留めておきたいと思います。以上に述べたことは、フランスの哲学者であるジャック・デリダの考え方、すなわち、あらゆる言述は差異を生み出すという考え方と一定の関わりがあります。――デリダの用語法によれば、そこでは「文字《エクリチュール》(Schrift)」が念頭におかれていますが、この考え方は口頭のコミュニケーションにもほぼ妥当します。しかも、この差異はずらされていきます。デリダは、「e」のアルファベットをもった「ディフェランス(différence〔差異〕)」と、「a」のアルファベットをもった「ディフェランス(différance〔差延〕)」について述べています。それによって、ある一つの語が文字上ではなく、発話上もっている同一性を示すためです。[6] それはいずれも発音すると同じに聞こえますが、しかし互いに異なるものです。この差異は時間的にずらされていきます。デリダにあっては、この差異のずらしが行われた後で、それでもなお依然として同一であるものと、もはや同一ではないものについて、一定の不明瞭さが存しています。この点についてデリダは、コミュニケーションの過程に委ねています。デリダは、レペティシオン(répétition)、つまり反復と、イテラビリテ(itérabilité〔反復可能性〕)とを区別します。――後者をどのようにドイツ語へ翻訳すべきかわたしにはわかりません。ジョージ・スペンサー＝ブラウンによる形式の数学のなかに、類似の考え方があります。すでに述べたように、数多くの可能性を関連づけるなかから同一性が生み出され、それが利用可能な状態にされることによって、それは凝縮されます。これは時間を顧慮する試みです。わたしのみるところ、形式言語学においてはこの時間が考慮されないままになっています——とはいえ、形式言語学の分野について、わたしがあまり多くのものを知らないだけかもしれませんが。時間を顧慮する試みとは、わたしたちの言葉では、オートポイエーシスと作動によるシステム形成を顧慮する試みを意味します。あらゆる作動は、同一性との関連において素材を再構成します。この素材とはすなわち意味のことであり、この意味によって作動は働きます。この過程において、メディアは絶えず繰り返し新たな諸形式へと移入され、絶えず繰り返し再生産されます。その際、メディアがそのつどこうした経過の背景をなしていることが看取されることはありません。

かくして、さらに以上のことを認容するならば、わたしたちはつぎのような見解をもつことはできません。それは言語には、合意あるいは了解へ方向づけられた目的論が内在している、という見解です。これは、ハーバーマスとの違いがはっきりする点です。ハーバーマスは、つぎのような見方を新たな発展をみせた言語学から引き出しうると考えています。すなわち、コミュニケーションとは、元来の、固有の、真正の、合理的な、理性的な、等々の意味において、つねに相互了解を追求するものである。そして、相互了解を求めるもの以外の他のあらゆるコミュニケーションは、コミュニケーションの別のタイプ、つまり戦略的にコミュニケートすることや対話《ダイアローグ》とは異なる独白《モノローグ》へと堕したものである、という見方です。このテーゼにはさまざまなバージョンが存在しています。しかし、いずれのバージョンも以下のような見方、すなわちコミュニケーションは、内在的な目的論、内在的な目的指向性を有しており、完全な状態をめざしているものであって、この完全な状態とはすなわち相互了解を意味する、という見方にもとづいています。こうした見方を提示する言語学的分析をハーバーマスも好んで引証します。これに対して、わたし自身が見出すのは、わたしたちが特定の事物について語り、特定の諸概念についてすでに知っている場合、そこでの言語使用はすでに合意を前提にしており、したがって、たとえば語の意味については近似したものを相互に受け入れており、そこで何が語られているのかについてすでに知っているということです。ですから、あらゆることが未知の状態で、空前の何ごとかがそこではじめて語られるというような、まったく新しいはじまりなどは決して存在しません。むしろ、あらゆるコミュニケーションはいつも先行するコミュニケーションに言及し、蓄積された記憶に言及するのであって、つねにつぎのような想定のもとで作動するのです。すなわち、システムの環境であるところの当事者たちは互いに似通った体験を有しており、それゆえコミュニケーションに関与するときにも完全に任意なかたちで作動するわけではない、という想定です。この点については争いがないとわたしは思います。ハーバーマスにあっては、この点についてさらなる加工が施されます。すなわち、第一次的に合意された諸観念に依拠している生活世界があたかも存在するかのように述べられます。つまり、わたしたちは生活世界をもっており、わたしたちがそれを用いて働くための不文の貯蔵庫として、この生活世界をもち出すことができるというわけです。ただし、この生活世界への依拠が可能なのは理性的な討議を、特定のテーマ設定や、特定の論戦、特定の論争問題に限定することが有効な場合です。しかし、こうした生活世界と同様に、完全なる不合意をイメージすることもできます。さらに、合意がより多くなれば多くなるほど、それにつれて不合意もますます多くなることを示す経験も付け加わります。すなわち、テーマがより現実化すればするほど、それに反対する人びとを見出すこともますます容易になる、という体験です。合意がもつ特典についての問いは、そっくりそのまま不合意がもつ特典についての問いに転換可能です。いま仮にわたしたちは、どの人びとがどのような見解をもち、どの人びとが場合によってそれとは別の見解をもつかということについて、つねに前もって査定することができるものと想定してみましょう。しかし、この点をもって、ハーバーマスが試みているような合理性の理論を強固なものにすることはできないということは重要です。そこでは、ある種の合理性概念を発展させなければなりません。これについてわたしは、先ほどの講義時間にシステム理論モデルを用いて説明しておきました。すなわち、システム理論モデルにおいて、システムと環境の差異はシステムの内へと写し込まれ、この差異によってシステムはさらなるつぎの作動を行うことができるのであり、わたしたちがそれを意図するならば、この差異によってシステムはみずから行き詰まってしまうことなく、複雑性を構築することをもできるのです。

このことはまた、つぎのような問いとも関連しています。すなわちコミュニケーションがもし実際にこのような合意へ向かう趨勢をもっていると仮定したら、コミュニケーションはとうの昔にすでに終わっているはずではないか。また、わたしたちはあらゆる事柄について、とうの昔にすでに合致しているはずではないか。そして何より、事態はこれほど複雑化していなかったはずではないか、といった問いです。わたしたちがはじめて言語に関わりをもち、そこで相互了解が問題になったとしたら、わたしたちはきわめて速やかに相互了解へといたり、さらにコミュニケーションを駆使して、互いに共存する平和的企図が共通のものであることを文書にまとめて残すことでしょう。わたしたちは情報を交換し合うことなしに、論戦を交えることもなしに、ただ互いに話をすることがあります。それはひとえに、そのように互いに話すことが自分が危険な存在ではないことと、自分が善き企図をもっていることを明瞭に表現するために好ましい方法だからです。わたしたちはだらだらとおしゃべりすることもあります。ハーバーマス的な世界における終極的な状態は、詰まるところ、このおしゃべりでしょう。あらゆることが述べられ、合意が達成された場合に、後に残るのは、互いの連帯や健康、互いに一緒にいることを継続的に書き記していくことです。言い換えれば、こうした事態がいずれかの時点において到来することを、もしハーバーマスが安易に見込んでいるのだとしたら、彼はみずからの理論自体のうちではもはや取り扱いえない一種のユートピアを抱いていることになります。

わたしは、後ほどコミュニケーション・メディア、シンボリックに一般化されたコミュニケーション・メディアを取り上げる際に、この問題に立ち戻ります。というのも、コミュニケーション・メディアについてお話しするときには、つぎのような考え方が決定的だからです。それは文字を通して、近代的な技術《テクノロジー》を通して、そしてまたシステム分化を通して、ノーと言う機会がますます増大しつつあり、誰かがノーと言うことがますますありそうなことになりつつある、という考え方です。わたしが、彼から何ものかを取ろうとすれば、彼はノーと言います。あるいは、わたしが講演に招聘されたときに、わたしがノーと言ったとします。このときわたしは、さらに続けて「じゃあ君は何を支払うんだい？　君はわたしをいくらの価値があると評価するんだい？」と言うことができます。そして、非常によくあるケースですが、他に断る理由がないかぎり、お金について納得が得られれば受諾にいたります。わたしたちは、メディアを用いて、イエスとノーを別のものへ変形させることもできます。しかし、こうしたケースが意味を有するのはつぎの場合に限られます。すなわち、ハーバーマスのシステム世界におけるように、貨幣や権力といったメディアがネガティヴな側面として評価されることがない場合です。この側面とはいうなれば社会のシステム的な側面であり、そこではあらゆることが技術的に、合理的に、どこかしら非人間的に進行し、ハーバーマスのいうコミュニケーション的合理性の意味においては進行しません。このシステム的側面は現に生じていて、まったく争いのないところであり、しかも実に不可欠なものでもあります。しかし、そのような仕方では本来の人間性は現実化しないのだとされます。ハーバーマスの理論は合意へ向かう趨勢を有しており、それが現実化するためには、おそらく今日わたしたちがいうであろうところの市民性あるいはシティズンシップが必要だと考えています。市民性《ビュルガーシャフト》というドイツ語の表現は、あまり適切なものではないのですが。別の理論は、あらゆるコミュニケーションはしばしばイエスとノーをめぐって行われ、それこそがまさに自由であって、この自由はいつも繰り返し自由みずからを再生産するのだ、と述べます。しかし、この理論はいかにしてわたしたちはノーが過剰となるケースと折り合っていくかという問題を抱えています。これはみなさんがたとえば委員会に属して投票を行う立場にあるような場合に、おそらく意識するような問題です。ノーはいつも非常に大きなチャンスを宿しています。なぜならば、わたしたちは実に種々さまざまな思慮にもとづいて何ごとかを拒絶することができるからです。何ごとかが投票によって否決される事態はいつも大いにありそうなことです。——ゆえにわたしたちは、政治の領域において政党の党規やそれに類するものを活用し、また集団的な調整手法を発展させて、まさに種々さまざまな境遇のもとにある各人がノーと言うことや、その際の動機や根拠が不均一になることを阻止しようとします。ノーと言われる事態は、あらゆる組織を通じて、また他のあらゆる可能な物事を通じて、いつも高度にありそうなことなのです。こうして、ノーと言われる現象はイエスあるいはノーの選択をオープンなままにしておく理論にあって、進化に関する問題を設定することになります。それは進化への問いです。すなわち、果たして、いかなる装置、いかなる制度、いかなるメディア、もしくは、いかなる組織的なトリックが少数派を多数派へと転換すること、または、実際には少数派であるのにそちらがあたかも多数派のように見せかけることのために援用されるのであるか。あるいは人びとに、彼らがそうすることを一切意欲していなかったような何ごとかをさせること、また人びとに、彼らがもともと望んで保持していたはずの何ものかを手離させること、さらに人びとに、等しく考慮に値したはずの何千という者たちのうちのたった一人にすぎない誰かを愛させること、こういったことのために、いかなる装置や制度などが援用されるのであるか。こうしたことが起こるのはいったいどうしてなのでしょうか。それともこうしたことは実際には起こっていないのでしょうか？

この理論については合意へ向かう趨勢との相違を明らかにするため、たんに示唆するだけに留めておきましょう。この理論は明らかに発展傾向にあり、結果的に近代社会をつぎのように描出するにいたります。すなわち、あからさまな多くの「ありそうになさ」を寄せ集めた素人細工としての近代社会です。そこにおいて、わたしたちは以下のような落ち着かないイメージに思い至ることになります。つまり、すべての人びとが元来ノーと言いたがっているにもかかわらず、それを何らかの制度的な手段を用いてイエスと言うように仕向けているのだとすれば、果たしてそんな試みがどれくらいの期間うまく回っていくものか、というイメージです。そんな試みが果たして長続きするのでしょうか。みなさんもお認めになるように、こうした問いは、フランクフルト学派の所説のような批判的ないしは積極的な立場とは何ら関係がありません。しかし、ノーと言われることの方がつねにありそうなことだと考える理論もまた、今まさしく現に機能しているものに関してきわめて批判的でありうるのです。

これは言語のコード化に関するものです。権力なども諸メディアもまたコードを有していることについては、また他の箇所で述べます。結局のところ、考察は、構造的カップリングの概念を用いて進められ、それはすでに簡単に示唆しておいたこと、すなわち、意識とコミュニケーション・システムとの関係にまで遡ります。みなさんも憶えておられるように、この理論の土台には、つぎのような、まずもってきわめて納得しがたい想定が控えています。すなわち、意識は、コミュニケーションに一切関係していない、という想定です。この想定を、わたしは躊躇しつつ述べます。というのもわたしは、この想定の多くの部分について、再び撤回しなければならないからです。意識は、いかなるコミュニケーションの作動でもありません。わたしは、今まさにみなさんの意識のうちで起こっていることに対しては、イエスによっても、ノーによっても反応することはできません。わたしは、みなさんの意識内で生起していることに対して、そもそも反応できないのです。そしてみなさんも、わたしが考えていることについては、それをわたし自身が述べることによってはじめて知ることができます。わたしが秘密の考えを抱いていると仮定してみます。そんな考えなどはすぐに消え去る花火か、作為的な素人細工のようなものでしょう。そんな考えを、そもそもどうしてわたしが、ここで披露しなければならないのでしょう。こうして、わたしがその考えについて述べないとすれば、みなさんはそれを決して知ることはできません。したがってわたしは、わたし自身の独自の理論について留保を付して、それを言明せずに秘密にしておくこともできます。また、そのように秘密の留保を付したとすれば、理論全体に対してアイロニカルな形式を与えることはできたとしても、そのなかで、どうしてわたしがそもそも秘密にしなければならないのかについて、ついにわたしは明らかにできないでしょう。すなわち、意識とは、コミュニケーションにおいてはじめて把捉可能なものなのです。——場合によっては、認知作用によって把捉可能でもあります。こうしてわたしたちは、人びととの付き合いを経験する場合に、コミュニケーション的な行為あるいは非コミュニケーション的な行為にもとづいて、その人がいったい何を問題としているのか、その人は抑制的なのか、それとも無思慮なのか、その他さまざまなことを評価しうるのです。もちろん、認知の体験からコミュニケーションの方へ帰納的に推論する場合もあります。しかし、そうした帰納的推論は、私的な思考の所産、つまり観察者独自の思考の所産なのです。その思考が果たして当を得たものかどうか、観察者は決して確認することができないでしょう。何よりもまず、意識とコミュニケーションの間には、厳密な作動上の分離があります。コミュニケーションは、コミュニケーションという出来事の反復的継起《シークエンス》における意味の生産として進行します。意識は、絶えざる諸観念の変転をともなうような関心の再生産として進行し、何よりも認知作用に導かれて生起するものなのです。

つぎのような問いから出発する場合に、わたしたちは構造的カップリングの概念を導入することができます。すなわち、あらゆるコミュニケーションのために、いつも十分な意識を利用可能であるような状況、そして、誰かが聴いたり読んだりするときにコミュニケーションの観点から共同で思考するような状況、こうした状況を真に確実なかたちで樹立しうるメカニズムとはいかなるものか、という問いです。あるいは裏返していえば、誰かがコミュニケーションに継続的に関与することを通じて、記憶力を発展させたり、成功体験や失敗体験を得たり、コミュニケーションとどのように付き合うかに応じて、その人に固有のアイデンティティを彫琢したりする状況、こういってよければ、そのようにして「社会化」される状況を、真に確実なかたちで樹立しうるのはいったい何か、という問いです。意識のプロセスとコミュニケーションのプロセスの間に作動上の分離が存在し、両者の間にはいかなる重なり合いも存在しないということから出発する場合に、こうした状況はいかにして可能なのでしょうか。

わたしには、ここで構造的カップリングの概念が一つの役割を果たしており、また言語こそが構造的カップリングの決定的なメカニズムであるように思われます。このことに納得するための第一歩は、言語が二重の特性を有しているということを指摘することでしょう。一面において、言語とは、コミュニケーションを担い、理解されて終結したコミュニケーションという出来事にもとづいて方向性を与え、それに引きつづいて生起することに向けた接続可能性を開くものです。コミュニケーションの進行という一つの出来事が生み出されることを確保しうるのは唯一、言語を通してのみです。このことは本講義のはじめで述べました。他面において、人間に備わっている認知作用に適した魅力は、言語によってもたらされるものです。したがってわたしたちは、もろもろの語や文、あるいはまた文字という記号の有している人為的かつ技術的な判然性に魅了されています。そのため、そうした魅力を抑え込もうとせず、文字を読むことを止めようとせず、しかもその場から立ち去ろうとせず、そしてもはや口頭で語られる声を聴くことを意思しないとすれば、そのときわたしたちは、いわば必然的に意識を同伴させることになります。わたしたちは、誰かから話しかけられながら、同時に他の事柄に従事することを著しく困難なことだと意識します。これは、あらゆる会議で経験されますし、このような講義でも経験されそうなことです。他人から話しかけられながら別のことをする状況下では、わたしたちは、わざと聴くことを止め、別のことを行うという難事業を敢行しなければなりません。そして、聴かない代わりに、わたしたちが行いうることは何かということもまた、再び競合する問いのもとにおかれることになります。それがやり抜かれるためには、よほど魅力的なことでなければなりません。みなさんが学校時代に、机の下でこっそりと戦艦ゲームをして遊んだことがあるかどうか、わたしにはわかりません。これはそれぞれ方眼紙をもち、そこに数隻の船を配置します。一方が方眼紙上の一つのマス目を指して「Cの3」などと言います。それが相手船に命中するかしないかです。相手方も撃ち返してきます。問題は、どちらが先に自分の船を撃沈されてしまうかです。わたしたちは学校で授業中に、この戦艦ゲームをして遊んだものでした。このように、聴くべきことに対抗しうるほど魅力的なことができたことによって、わたしたちがもはや先生の話すことを聴かずにいることが可能になりました。そうしたときに突然、自分の名前を先生から呼ばれ、ぎくりとしたものです。とはいえ、通常の場合、わたしたちは、一方でコミュニケーションに関与しながら、同時に他の事柄に集中することに困難を覚えるものです。わたしたちの認知を引きつける奇抜なものもあります。たとえば、授業中であれば、一匹のハエが、先生の周りを飛び回っているような場合です。そのような場合、わたしたちは、そのハエが先生に留まったらどうなるのだろうかと想いをめぐらせようとするでしょう。そのようにして、再びしばしの間、聴くことに対抗しうる魅力的なことが現れます。しかし、このような魅力的なことがいつも現出するものでしょうか。また、そのようにいつも認知作用を自由に制御しうるものでしょうか。通常の場合には、言語それ自身が魅力的なものであり、わたしたちは多かれ少なかれ術なく言語にわが身を任せることになります。みなさんが何かを読む場合にも、つぎのような事態が時折、確実に起こります。それはわたしにも起こる事態です。すなわち、みなさんが、全ページを読んだはずなのに、その後で、そもそも何を読んだのかがわからない、というような事態です。ただし、そのような場合、みなさんは、他のことは一切やっていない。みなさんはただ自分の記憶を活用できないだけであり、短時間の記憶をいくらか長時間の記憶のうちへ移入できないのです。しかし、それにもかかわらずテキストは、わたしたちの認知作用を他の物事に対してブロックします。意識システムについては、これをまずは思考からみるのが、わたしたちの伝統に則したものではありません。しかし、思考からみることをしないで、むしろ複雑な認知作用から意識システムをみるとき、言語は、一つの手段になります。すなわち、認知することを要求し、集中し、そして、それが何であれ理解しつつ、もしくは理解しないまま、とにかく意識をもってくることを要請するための手段です。わたしたちには、なるほどそこで用いられる言語が一次的に表現する意図に加えて別の副次的意図を忍び込ませるチャンスもあるにはありますが、しかしその余地は比較的に狭いものです。あらゆることが、言語によって外部に表明された意味の周りを飛び回るのだからです。

人為的な何ものかについて二重の機能が認められるというのは、きわめてありそうにない成果です。一面において、意識は魅了されます。なぜ意識が存在するのでしょうか、わたしたちがただ単純に認知に関わりあうだけに留まらないのはどうしてなのでしょうか。他面において、コミュニケーションが担われます。そして、これら両者が、同一の装置によって、すなわち言語によってなされるのです。これら両者は、この点において、構造的カップリングを用いて考えられます。両者と言語との関わりは、一つの進化的な背景を有しています。わたしたちはつぎのように問いうるでしょう。いかにして世界は、そのように何ものか（言語）を創出するという理念へ到達したのか、と。意識とコミュニケーションという二つのシステムがこの言語というメカニズムによってカップリングされ、まずもってこのカップリングによって両システムが産出されたのだとすれば、言語とはいかにして成立したものであるのか。言語を欠いては、すなわち、言語によって開拓された領域を欠いては、いかなる人間的な意識も存在しません。いずれにしても、通常わたしたちが考えるような意味での人間的意識は存在しえません。加えて、すでに述べたように、言語を欠いては、いかなるコミュニケーションのオートポイエーシスも存在しません。わたしは、今ここで、この進化の問題へ赴こうとは思いません。何を引証すべきかについて、わたしたちは何らの知見ももち合わせないからです。ただし、この点において、進化理論の位置づけは重要です。ユダヤ教の信仰によれば、世界が創出されるよりも前に、トーラ（モーゼ五書の律法）のうちに、すでに創造の計画が書き記されており、神はトーラを範として、これに倣ったのだとされます。神は、あらかじめテキストをもっており、このテキストに対応するように世界を創ったのだというわけです。世界よりも以前に、はじめに言語が、ロゴス（logos）が、言葉が先在したのだとされます。かくしてわたしたちは、進化理論を用いることなく、つぎのように考えることができます。その言語で書かれた計画が現実化されたのだ。なぜなら神が、その計画に則って現実化をなしうるだけの力量を備えていたがゆえに、と。これに対して進化理論は、そうした世界創出は何らかの仕方でみずから生じたのに違いないと述べます。わたしたちは、記号使用を凝縮することによって、つまりヒトになることやそれ以上のことを通じて、みずからのおかれた状況や境位について一定の諸観念を抱きます。

これが、一つの側面です。もろもろのありそうにないものが組み合わされることによって、ありそうなものへと変換させられるという側面です。さらに、それによって互いに分離した諸システムが成立します。かくして、議論は循環します。議論の循環は、進化理論には典型的なものです。

もう一つの側面は、つぎのようなものです。すなわち、わたしたちが構造的カップリングによって、他のもろもろの可能性を排除するという側面です。カップリングのメカニズムは、つねにまた何ものかを排除する形式でもあります。そして、ここで排除されるのは、コミュニケーション・システムからの影響がそれを通じて流入してくるところの他の諸経路であり、こうした経路は意識のなかを通らないことになります。換言すれば、全体社会に対しては、エコロジー（環境）からのいかなる直接的な作用も及ばないということです。わたしたちが没落することがあるとすれば、それはエコロジーによってではなく、むしろ言語によってです。わたしが考えるところ、もちろん世界の破滅という事態はありうるでしょう。隕石が衝突するかもしれませんし、わたしたち全員が有害物質に冒されたり、放射能によって汚染されたりするかもしれません。しかしながら、そうした破壊は、いずれも身体器官に関連するものです。社会それ自身が、エコロジー的、化学的、物理的、生物学的な諸事実、たとえば毒物や、核融合、資源枯渇、その他もろもろの物事に対して反応することができるのは、ひとえにコミュニケーションを通じてのみです。すなわち、これらの身体器官レベルの事態が全体社会レベルの事態としても受け止められるためには、わたしたちは意識によるカップリングを必要とします。誰かが、何ごとかを見たり、指標を読み取ったり、統計を解釈したり、事実を確認したりできなければなりません。たとえば、森林の衰退やそれに類すること、樹木の枯死、森林の枯死を、誰かが見ることができなければなりません。これは何年か前に、エコロジーをめぐるコミュニケーションについての小著で述べたテーゼです。(7) このテーゼについては、おそらくわたしが十分に明瞭には説明できていないこともあり、このエコロジーの問題領野において、いつも論争のきっかけになってきました。事実はまったく正反対の状況にあるのにもかかわらず、わたしたちが当の問題群をあたかも十分に深刻には受け止めていないかのように見えるようです。しかしみなさんが、この問題を深刻に受け止めるのは、その問題がコミュニケーションによって取り扱われるからであり、コミュニケーション・システムからのあらゆる刺激や、コミュニケーションによる当該テーマへの共鳴が、意識を通して導入されるからです。これ以外のいかなる通路も存在していません。むろん、以上のことはつぎのような問いに関わります。それは、コミュニケーションは、いったいどれくらいの範囲で、意識が何ものかを見たり、何ごとかを伝えたりするように訓練しうるものなのか。マスメディアや学校、環境運動といったものは、コミュニケーションを通じて意識が刺激され、翻って今度はその意識がコミュニケーションを刺激するという循環において、いったいどれくらいの範囲で役割を果たしうるものなのか、という問いです。わたし自身は、まさにこの意識とコミュニケーションに関する理論によってこそ、つぎの事実を解明しうるとも考えています。それは、エコロジーに関する警告に対応しようとする姿勢や、エコロジーをめぐるコミュニケーション、さらにエコロジーに注意を向ける意識が、これほど急速に現出したという事実です。この事実の現出は、蒸気機関の発見よりも、はるかに急速なものでした。

こうした作用の限界をあらかじめ見通すことはできません。なぜならば、意識とコミュニケーションの両システムは、オートポイエティックかつ構造規定的なものだからです。また、両システムは自己自身を形成するものだからです。さらに両システムは、ある一歩からつぎの一歩へと、ある作動からつぎの作動へと進みながら、開放と閉鎖とを新たに組織するような状況を、絶えず繰り返し産出するものだからです。同様の理由から、両システムの力量の限界についても、必ずしもあらかじめ決まっているわけではありません。とはいえ、抽象的にみれば、そうした力量の限界は存在しています。たとえばコミュニケーションは、きわめて長期にわたることがあります。エコロジー問題をめぐって何らかの決定を達成するための政治交渉がいかに困難なものかを想起するとよいでしょう。たとえば、オゾンホールの問題に関する決定などです。オゾンホールの問題をめぐって、政治交渉がどれほど長く続き、どれほど長い間何ごとも起こらないか、そして、何ごとかが生じたとしても、それでは不十分だという状態がどれほど長期にわたるか、などなど――こうしたことを視野に入れるならば、みなさんには、コミュニケーションにまつわる驚愕すべき諸限界ばかりが目に付くことでしょう。しかし、それにもかかわらず、以下のことが出発点に据えられることには、いささかの変更もありません。すなわち、たとえばわたしたちがこのオゾンホールの問題に向けて社会を誘導しようとする場合に、わたしたちにとって駆使しうるのは唯一コミュニケーションだけであるということ。そして、なるほどコミュニケーションもまた、化学的ないしは物理的にまさに破壊されてしまうことがあるとしても、しかしコミュニケーションが、化学的ないしは物理的に刺激されることはありえないということです。もしみなさんが書類の上にインクをこぼしてしまったら、もはやみなさんは何も読むことができなくなるでしょう。そこから逆に判読可能な何ものかが生じてくるといった事態は、きわめてありそうにないことです。同じことが構造的カップリングの理論のうちにも存しています。このようにみると、構造的カップリングとは、それ以外の通路を排除するなかで、相互に影響を与え合う関係を強化するメカニズムだといえます。この観点のもとでは、構造的カップリングとは、カップリングされた諸システム内における複雑性の構築をオープンなままに保っておくメカニズムでもあります。さまざまな刺激や悪報、情報などが、カップリングされた諸システムをコミュニケーション的に構成していますが、そうした刺激等に対して、各システムはあくまでも独自に反応するだけです。したがって、カップリングされた諸システムは、返すべき反応を見出すこともあれば見出さないこともありますし、くだんの問題を先送りしたり、却って悪化させたりすることもあります。さらに、経済システムから政治システムへ、政治システムから法システムへ、そしてわたしの知るところでは、法システムから学問システムへと問題を移し換えることもあります。このようにさまざまな可能性が留保されたままになっています。コミュニケーションの動作論理《ロジック》そのものが時間を必要とすることや、同時に感受性や共鳴をも生み出すような同一のメカニズムによって複雑性が構築されることから、どの程度まで速いテンポを達成しうるのかについては多少の疑念が生ずるところです。ただわたしには、それ以外に何らかの可能性が存在す

ると は思われません。

ここで、おそらくわたしは、一つの留保を摘示しておくべきでしょう。むろん観察者は、つねに統一性を構成することができます。観察者は、つぎのことから出発することができます。すなわち人は、その人自身が述べることを考えていること、その人自身が行うことを意図していること、あるいは、その人自身がコミュニケーションの内へ投入しようとする意識状態を有していることです。行為論者たちは、そのような観察者の典型です。行為論においては、コミュニケーションは、何らかの有機体の行為です。この有機体は、まずもってその場に現存しなければなりませんし、コンピュータや電話機の前にまっすぐ座ることができなければなりませんし、その上講義においては立っていることができなければなりません。そうした諸前提が存したうえで、その後に観察者は、そこに、コミュニケーションという活動や意識状態、身体的所作などの統一性を見てとるのです。その場合、その統一性は、観察者による構築物です――ただし、それは高い程度の納得性を有しています。なぜなら、わたしたちもまた、通常のコミュニケーションの経過においては、いつも同じように観察するからです。いつもわたしたちが観察するのは、何ごとかを述べる人びとです。そのときわたしたちが同時に、話題になっている情報や記述されている状態が、どこか別のところにあって可視的ではないことについて意識することはありません。わたしたちはまた、いつも同時に理解について考えているとは限りません。仮にわたしたちが理解について考える場合でも、まさにわたしたちは、何ごとかを理解するために意識を極度に緊張させなければならないような人物を考えることもあります。わたしたちは状況を人間的なものにします。そうすることが、わたしたちにとって、接続の可能性を容易にするからです。わたしたちは観察者として、身体性や生、コミュニケーション、意識の間の統一性を構成します。しかしながら、わたしが提示しようと試みている理論において、そのような統一性の構築は、観察者の思考の産物とみられます。ある観察者はそのように考えることができます。そして、いったい誰がそのように考えているのかを、わたしたちが知ろうとすれば、わたしたちはこの観察者を観察しなければなりません。さらに、その人が行為論的に考えているのはいったいなぜなのかを、わたしたちは問わなければなりません。経験的な研究を行ったり、インタビューの会話やアンケートを用いた質問へ首尾よく入っていったりすることができるように、その人はおそらく日常的な納得性を必要としているのでしょう。

わたしが提示する理論は、それらとはまた別の観察方法です。そして、わたしたちが諸理論の間の競合や比較の問題へ再びボールを打ち返すとすれば、そこでの問いは、つぎのようなものです。すなわち、わたしたちは、いかなる観察を選択しようとするのか。個々の出来事における生、意識、コミュニケーションの間の統一性を想定する観察方法を選択すべきでしょうか。当該の出来事に先行する意識の前史や、生の前史——この生の前史について述べれば、当該の出来事が起こるまでに、どの細胞がまさに入れ替わったか、わたしの胃腸の消化はどれくらい進んでいたか、頭痛はどの程度ひどかったか、そのためにわたしはどんな薬の錠剤を服用したか、などなどが該当しますが——は、コミュニケーションの前史とは別物であるのにもかかわらず、それでも、これらの統一性を想定する観察方法を選択すべきなのでしょうか。もしわたしたちがこの方向において有効な射程範囲を確保しようとするならば、結局わたしたちは、意識や生、コミュニケーションの間の統一性を解体しなければならなくなるでしょう。そして、その代案となるものが、構造的カップリングです。それまで統一性の理論が占めていた場所へ、代わりに構造的カップリングが収まることになります。わたしたちが、可能な知識水準を土台にして、関与する諸システムの作動様態を説明しようとする場合、これまでの統一性の理論では、あまりに精密さを欠くことになるからです。構造的カップリングを採用するとしても、原則的には何ものも否認されることはありません。ただたんに、観察者が観察することに関する問いに、いくらかの変更があるのみです。特定の諸目的にとっても、日常的な諸目的にとっても、そしてまた特定の諸理論にとっても、つぎのように述べることが自然なことであるように思われます。すなわち、コミュニケーションとは、生きている有機体による一つの行為である、と。

最後に、究極的な境界について一言しておきます。究極的な境界とは、すなわち、言語的コミュニケーションと、非言語的コミュニケーションの間の境界です。言語について強調することによって、まるで非言語的なコミュニケーションは存在しないかのような印象を生じさせてしまったかもしれません。そうした印象は確実に誤りです。非言語的なコミュニケーションや間接的なコミュニケーション等々に関する膨大な諸研究が存在しています。わたしが考えるのは、ここでわたしたちが、つぎのような条件を固守しなければならないということです。その条件とは、コミュニケーションについて語りうるのは、伝達と情報とが区別される場合に限られるということ、したがって、人が何ごとかを述べようとするものであり、その際に単純な態度ばかりをとるとは限らないことを認識しうるために、わたしたちは、文化的な慣習あるいは非常にすぐれた人びとの知識を必要とするということです。言語を用いない間接的なコミュニケーションの文化が存在するのは、同時に言語が存在する場合のみに限られます——つまり、何らかの仕方で、言語を補完するものとして存在しているのです。というのも、言語によって理解できることや観察できること、あるいは言語によって弁明すべき義務などを回避しようとする場合に、わたしたちは、そうした間接的なコミュニケーションを利用するからです。眉をひそめたり、頭をかしげたり、そのほか何らかの方法で、わたしたちは、自分が納得していないことを相手方に認識させようとします。また、これらの仕草によって、相手方に対して、もっと話を明確化するように促すこともあります。さらには、厳しくノーと言うと、相手方と口論になってしまいそうなときに、そうした仕草をとることで、はっきりノーと言うことを免れることもあります。たとえば礼儀作法など、多くの社会にジェスチャーの文化があります。ジェスチャーについてわたしがいつも思い浮かべるのはイタリアです。イタリアでは、ジェスチャーがタイプごとに区別されています。男性に対して許されるジェスチャー、女性に対して許されるジェスチャーといった具合です。他人を侮辱するジェスチャーがあることについては、かなりよく知られているでしょう。たとえば、不貞の妻に裏切られた夫を示すようなジェスチャー〔イタリアの「コルナ」〕です。自動車が停止しているときに、そのドライバーに対してみなさんがこのジェスチャーを示そうものなら、殴り合いの喧嘩にさえ発展しかねません。これなどは標準化されたジェスチャーであり、それによって、特定の事柄が想起されます。そして、そこには、男性用と女性用のコードが区別されています。このコードの区別は、女性が、みずからの解放のためにフェミニズム的な活動を行う過程において、あえて男性用コードを利用し、それによって、侮辱的になったり、男らしさを生み出したりできるという、際立った事態をもともなっています。このような非言語的コミュニケーションはすべて、議論の余地もないほどに強く関心を引かれる分野ではありますが、しかし、それはあくまで言語の代替物に留まります。もしわたしたちが言語をもたなかったと仮定すれば、その場合にわたしたちは、その場に居合わせた他者たちを観察するための首尾一貫した方法として、情報と伝達の区別を顧慮しながら観察するというような感受性をもち合わせなかったでしょう。そして、この点にこそ社会のオートポイエーシスが依存しているのだとわたしは考えています。本日の講義は以上です。どうもありがとうございました。

〈第5講義〉

みなさんは、わたしが「コミュニケーション」の章を三つに分けてお話ししようとしていることを憶えておられるでしょう。第一は、前回の講義で問題にした言語でした。今日はまず、広範囲に流布させるメディア（Verbreitungsmedien）を問題にします。そして、今日中にこれを終わらせることを前提に、つぎの時間には、シンボリックに一般化されたコミュニケーション・メディアについてお話しするつもりです。この「広範囲に流布させるメディア」という抽象的な表現の背後に控えているのは、具体的に、一つには文字であり、もう一つには印刷、ひいては複製を可能にする諸技術《テクノロジー》、ならびに、新しい電子メディアです。電子メディアの領域は、相当に拡張しつつあります。これについては、電話やテレビのほか、電子的あるいは電気的な技術《テクノロジー》にもとづいて作られるあらゆる可能なメディアを考えることができます。わたしは、このように見た目には種々さまざまなものを一つの観点のもとに括り込むことを試みたいと思います。そこで「広範囲に流布させるメディア」という表現を選びました。そしてまた、ここでわたしは、メディアについて、これを形式との区別において語ります。この点について、少しだけ振り返っておきましょう。

　言語とは、一般的なコミュニケーション・メディアです。今ここで問われるべきは、コミュニケーションのもつ作用を、空間的、時間的、そして社会的に、どれくらい広範囲にわたって拡張させることが可能か、とりわけ、その場に居合わせない人びとに対して、どれくらい広範囲にわたってコミュニケーションの作用を届けることが可能か、ということです。この問いに関しては、膨大な研究が存在しています。しかし、驚くべきことに、そうした研究について、これまで社会学者たちは、ほとんど考慮を払わずにきました。社会学者による関与が一切なかったとまでいうつもりはありませんが、文字の発生についての問いは、古代史研究者の手のうちにあります。その後は、民族学者や言語学者も関与しています。議論が開始されたのは、以下のことを示す研究が発表されたことがきっかけでした。すなわち、初期のテキストは、口頭で物語られた叙事詩をもとにして、その叙事詩を文字という形式へ移換したものなのですが、この初期のテキストが、なお依然として口述性の痕跡を示しており、このことをわたしたちが認識しうるのは、言語的な形式においてである、ということです。これが、諸研究の盛り上がりを惹起した一つの要因でした。一九六〇年代を通じて、そうした研究はますます広大な拡がりをみせ、膨大な成果を残しました。このような学際的研究にもとづいたいくつかの観点を挙げてみたいと思います。第一の観点は、おそらくメディアと意味論《ゼマンティク》との連関を明らかにするものです。わたしたちが、口頭でのみコミュニケーションを行う場合、それ以外のさまざまな表現形式があります。口頭の場合、自分の考えを精確に述べる必要性、そのために明瞭な文をつくり出す必要性はあまりありません。なぜなら、その場合、わたしたちはある状況のなかにいるのですが、この状況にあっては、もともと当該状況について話者たちがよく了解しており、状況を認知したり、相手方の意図をこちらで察知したりすることを通じて、数多くのことが制御されうるからです。このような状況を欠いているときのために、文字で書かれたテキストがあります。一定の古いテキスト、たとえば、民衆叙事詩や伝説、その他これに類するものにおいて、口頭と文字との差異を確認することができます。この差異に属するものとして、たとえば、一定の著名な古いテキストがもっている形式性があります。そうしたテキストにおいては、特定のステレオタイプが何度も繰り返し反復されます。「牝牛の目をしたヘラ」は「牝牛の目をしたもの」として頻繁に登場しています。古代ギリシャの場合に、牝牛の目という表現によっていったい何が考えられていたのかについて今は問いません。こうした形容詞句が繰り返し多用され、そして、事細かな活写も繰り返し多用されています。韻律法もあります。六歩格などは、ある特定の韻律法です。韻律法は、それを用いた文を教えたり、思い出したりすることを容易にし、聴者をそのリズムに乗せていきます。こうしたことは、文を読む場合には、簡単には追体験できません。古代ギリシャの韻律法を追体験することは、今日となっては著しく困難です。みなさんが学校でギリシャ語を学んでおられたら、ギリシャ語で長音節を用いて表現されている章句——たとえば「Ándra moi énnepe」という一節[8]——を、わたしたちがアクセントを付けて表現することの困難さをおわかりになるでしょう。しかし、こうした韻律法は、口述や想起、感情に対して、周知性や確実性をもたらすという意義を有していました。これはそれ以後、文字で書かれたテキストにおいては、もはや必要ではなくなりました。かくして、その後に散文が登場します。散文という手法が見出されたのです。以上ここで述べた第一の観点は、以下の両者間の関係に結びついています。すなわち、一方には、それが口頭によるものであれ、文字によるものであれ、メディアがあります。他方には、テキストという形式や意味論《ゼマンテイク》、いかに何かを表現するかという手法があります。これら両者の間の関係です。

広範囲に流布させるメディアをめぐる第二の方向は、それからやや遅れて起こりました。技術《テクノロジー》が重要だという考え方に関わる方向です。印刷術は、そうした技術の一つです。さらに、文字は、紙や粘土板、そのほか、その上に文字を固着させうるものを前提とします。ここから文字は、ある種の産業、すなわち紙などを準備する手工業を必要としました。こうした素材が自由に利用できなければならず、しかもそれが少なからぬ規模において必要でした。このことは印刷においてより一層明らかになりましたし、今日の電子メディアにおいてはさらに明白です。ただわたし自身はつぎのような印象をもっています。すなわち、技術《テクノロジー》の発展に関心を払わなければならず、それ以外のさまざまな事柄はすべて技術《テクノロジー》的発明の副産物にすぎないという考え方は、近代における回顧的投影ではないか、という印象です。このような捉え方は、電話やテレビ、コンピュータを介したコミュニケーションについて見られます。こうした諸物から振り返って、印刷術はある一つの技術《テクノロジー》、すなわち印刷機を前提としていると結論づけます。さらに続けて、印刷機から今度は文字にまで遡行していきます。わたしがみるかぎり、技術《テクノロジー》の概念は、実際には解明されていません。技術《テクノロジー》概念は諸文献のなかでは既知のものとして前提にされています。そこでは技術《テクノロジー》概念をめぐる理論的な問いがオープンなままに留まっています。とりわけ——そうした理論的な問いの一つとして——いかにして技術《テクノロジー》を、技工概念と結びつけうるか。この場合、技工概念とは、すなわち、緊密なカップリングと、因果律という環境に対する無感受性を意味します。技工や技術《テクノロジー》の可能な概念とは、つぎのようなものでしょう。何ものかを緊密に連関させ、それが環境によって制動されたり影響されたりする場面をきわめて少なく抑えること、それによって、事物の進行経過を限定し、進行経過に関する計算可能性を得ようとすることです。技術《テクノロジー》概念をこのように考える場合、どうして文字が一つの技術《テクノロジー》といえるのか、その理由を理解するのは決して簡単ではありません。わたしは、以上のことを議論の足場として述べておきたいと思います。これに関しては一つの方向が存します。ビーレフェルト大学言語学部のミヒャエル・ギーゼッケは、こうした技術《テクノロジー》概念に依拠しながら教授資格論文を書いており、主として印刷術を取り扱っています。それは一冊の興味深い書物となって出版されました(9)。

続いての発展は、デリダの名前とともに、もっともよく想起されるでしょう。そこでは、文字概念のラディカル化が問題となります。文字とは、平面上に記号を刻み込むことであり、この刻み込みによって平面は平面になるのだとされます(10)。マラルメの『骰子一擲』の序言のなかに、詩作するための必然性としての白の意義に対する省察が見出されます。わたしたちが詩作を行おうとするとき、わたしたちはまずもって何か白いものをもたなければなりません。また、もろもろの語は隔たりをもたなければなりません。そして、視覚詩においては、もろもろの語が、ページ全体にわたって撒き散らされることになります。そこでは文字は、すでにもはや意味として、あるいは何らかの意味をもった記号としては捉えられていません。むしろ、区別を生み出す形式として捉えられています。すなわち、何かが上下どちらに印刷されているか、それは大きく印刷されているか小さく印刷されているか、また、どのような順序で印刷されているか。こうしたことが区別を作り出すのです。わたしたちは、白い紙の上に、一定の構造を見出します。そして、ここから、ジャック・デリダの探究は発しています。それは、一般的な文字概念を定立しようとする試みであり、口頭における言述をも取り込むものです。[11] これを継承する研究も存在します。それによれば、一六世紀から一七世紀にかけて貴族たちが、文字を発達させました。すなわち、紋章《ワッペン》や記章《エンブレム》、系譜学、特定の様式をもった武器、特定の様式をもった衣服などであり、それらを用いて、貴族たちは、デリダ的な意味において自己を表示していたとされます。すなわち、特定の様式によって、区別を印《しるし》づけていたわけです。これは顕著な作用を後に残しています。わたしたちは最近スタンフォードにおいて、エクリチュール（écriture）、すなわち、以上のように広汎な意味における文字に関連した学会を行いました。[12] たとえば、アロイス・ハーンのテーマは、入れ墨を彫ることでした。[13] ただつぎのような問題があるようにわたしには思われます。文字概念をこのように一般化して定立すると、その一般化された文字概念のもとに、差異や区別を作り出すあらゆるものを包摂させうるように解してしまうことにならないか。そして、それによって、セカンド・オーダーのサイバネティクス、すなわちセカンド・オーダーの観察に関する理論において「観察」が意味するものへ、文字概念が近接してしまうのではないか、という問題です。現段階では、その「観察」が何を意味するのかは不明確です。これを解明することが第一の試みとしてあります。あるオーストラリア人が書いた短い論文についてはわたしも承知しています。この論文は、デリダとスペンサー＝ブラウンとの比較を試み、つぎの点を確認しようと試みています。すなわち、こうした抽象的な文字概念、あるいは「区別を引け」ないしは「汝、何かを区別し、印づけよ。そして、汝がそれをなし終えたときは、汝自身がどのように前進したかを見極めよ」という観念ないしは指令によって、さらなる精確さを確立しうるかどうか、という点です。[14] これは、まだ現段階では終結していない議論です。この議論は、一方でフランス哲学のラインにおいては一定の文字概念のもとで進行していますが、他方ではこの文字概念から解放されました。ここでは以下の点を確認しておくことが重要です。こうした文字概念は、わたしたちが知っている文字、あるいは、わたしたちが通常の場合に文字と呼んでいるものを考えてはいないということ。むしろ、こうした文字概念は、きわめてラディカルで、根底的で、形而上学に対して批判的なアプローチを敢然と貫徹しようとするものである、ということです。この場合の形而上学は、ハイデガーが定式化したように、存在が現前することに関する学として理解されます。文字とは、距離を作り出し、差異を生み出すものだとされます。これもまた考察の一つの筋道です。この筋道は、広範囲に流布させるメディアを今日において取り扱うための一般的な視点を与えるものです。

詰まるところわたし自身は、この講義の筆法に従って、もう一度くだんの概念、すなわちメディアと形式の区別を適用しうるだろうと考えます。文字を通して、再び新しいメディアが生成しました。このとき生成したメディアは、音響的ではなく、むしろ視覚的なメディアであり、それはまったく特定の形式を前提としていました。[15] すでに口述は、もろもろの語がそれであるべきところの音が、おのおの区別されうることを前提としています。しかし、文字は、まずもってつぎのことを前提としています。すなわち、もろもろの記号（字）が読み取られうること、したがって判然とした形式を有していること、それによって、手が震えるなどしてたんに引かれた線や、その他わたしたちが認知した偶然の産物から、意図して書かれたものが区別されうることです。文字は一面においては形式です。しかし、この形式は、翻ってメディアとしても使用されます。それは文字のかたちをとったもろもろの語が、互いに区別されつつ組み合わせられる場合です。かくしてつぎのような問題が浮上します。すなわち、もろもろの語を口頭で組み合わせたもの、ないしは口頭で受け取られるものが、文字として提示されたものから本質的に区別されるのだとすれば、その場合そこでは、メディアと形式の図式を適用することについて、二つの相異なる適用が想定されうることになる、という問題です。口述から文字への移行によってもたらされた意味論的《ゼマンティク》効果として何があるかについて記した所説の多くが、この区別へ引き込まれています。わたしたちが看取しうるのは、文字というメディアは、形式を選択することにおいて、さまざまな可能性を開くけれども、しかし同時に、さまざまな制限をも開くということです。この制限は、口述においては現出しないか、あるいはほとんど意味をなさないような制限です。理念的にはつぎのようになります。すなわち進化は、言語の発展として、まずは口述性において記述されうる。そしてその後、形式をめぐる別の区別を倍加させることとして進化が記述されうる。この形式とは、メディアとしての機能をも有するものであり、当の形式自身において新たな諸形式が出現した。そして、この新しい諸形式は、それ自身、この新しいメディアとカップリングしている、というものです。文字を自由に用いることができない社会は、もろもろの語の個々それぞれの区別を決して知らないであろうと推量されます。言語の発展過程において、もろもろの語は圧縮され、互いに区分されることが可能になりました。かくしてわたしたちは、以下のような、いわば音響的なイメージは抱かなくなります。すなわち、一つの語がこちらで発出されて、向こうで聴取され、何もないひとときの後に、つぎの語が発せられて聴かれる、というイメージです。もろもろの語を視覚的に判別しうること、何よりも表音文字が登場して以来というもの、A、B、Cなどを視覚的に区別しうるということが、文字がもたらした結果なのです。このことはまた、文字が、一定の仕方で発音と語の形式を標準化することも意味しました。

以上は、つぎのような問いを考える出発点となる構想に対する注釈です。それは、広範囲に流布させるメディアとはいったい何か、そして、コミュニケーションを通じて再生産される社会に関する一般理論において、この広範囲に流布させるメディアはどのように位置づけられうるのか、というものです。ついでわたしは、いくつかの歴史的な指摘を行いたいと思います。この問題に関する諸研究は膨大であり、年々歳々ほぼ倍増しつづけています。わたしが読んだのは、一九八八年から八九年までに出版された本の一部分にも、はるか及ばない量です。識字《リテラシー》を扱う研究、文字の文化を扱う研究、口述性と文字性との区別を扱う研究、そして、これらの研究をメソポタミア文明や古代ギリシャについて行うもの等々、数多くの研究が存在します。明らかな事実として、あるいは少なくとも支配的見解によれば、人類最初の文字は、メソポタミア文明の時代、つまりは、およそ五〇〇〇年以上前から発展していました。発祥の時点を厳密に特定することは困難です。文字に記録する機能があることは知られています。しかし、そもそも何ものかを記録するという考え方そのものはどのように出てきたものなのかについては、十分には知られていません。文字使用の創始者は、セム人ではなく、シュメール人であると推定されています。しかしその後、セム人へと継承されたことにともない、セム人によって格段の技術的改良が施されました。興味深いことに、最近になって、ある論争が起こっています。バルカン地域において、メソポタミア時代よりもずっと以前、くわしくは一〇〇〇年以上前から、すでに文字が存在していたのではないか、というのです。このバルカン地域の文字については、その痕跡だけしか残っておらず、これを解読するのは困難です。一つの推測としては、聖職者たちが神々と交わることを可能にするような、一定の所作について記されているのではないか、とも考えられます。ただしこれは、わたしたちが理解している意味における文字がそもそも存在していたのか否かという問いを考えるための、粗雑な憶測に留まります。いずれにしても、バルカン地域のものも一つの記号体系だったのであり、しかも、むしろ明らかに宗教上の機能を有していたと考えられます。この点、メソポタミア地域において文字は、家政ないしは法律に関する機能を有していました。メソポタミアでは、納入や債務、信用貸し、契約、その他もろもろの事柄を確定させることが重視されました。いずれが最古の文字なのかという問いはオープンなままに残しておきたいと思います。考えられうる帰結の一つは、ヨーロッパには、文字に関して二つの起源が存している、というものです。多くの人たちがさらに考えを進めて、ゲルマン人のルーネ文字は、バルカンの文字の後裔かもしれないとも述べています。バルカンの文字は、神聖な記号でした。そのため、普遍的な文字としては適しておらず、人びとがそのつど場合に応じて述べたいと考えるあらゆる物事のすべてを表現しうるものではありませんでした。わたしが、このバルカンの文字について多少なりと言及したのは、議論を補完するためです。通常は、メソポタミアにおいて文字の発明がなされたと想定されています。

明らかなのは、文字はコミュニケーションの手段として生成したわけではない、ということです。それを読める者が誰一人としていなかったなかで、いったい誰がいかにして文字を発明しえたのか。このことをイメージするのは、まさしく困難なことです。文字が発明されるよりも以前に、どうして人びとがその文字を読みうるはずがあるでしょうか。進化というものはきわめて典型的には、それに先行する機能を利用し、それによって道具や獲得物を発展させるものです。こうした発展を経て、その獲得物は、その最終的な機能、すなわちそれに先在していた最終的な機能、あるいは、それの支配的な機能へとはじめて移行します。文字の場合にあっては、こうした先行する機能が、記憶を助けることであったことは、きわめて明白であるように思われます。おそらく文字は当初、コミュニケーションという観点のもとでは認知されていなかったと推測されます。たとえば、かつて外交使節たちは粘土板に書きつけたメッセージを書類用の鞄に入れて運搬していましたが、しかし、それにもかかわらず使節たちは、そのメッセージをみずからわざわざ朗読したり暗唱したりしなければなりませんでした。使節たちがテキストを携えていたのは、述べられるべきことが正確には何であるのかを、もう一度見て確かめるためでした。使節たちがその粘土板を手交《しゅこう》することはありませんでした。相手方の国王やファラオがその粘土板を読むことはできなかったでしょう。というのも、おそらく王たちはそもそも文字を読むことができなかったからです。文字とは、その書き手や技術者に関わる事物であり、それは手工業の歴史だったのです。こうした事例からみてとれることは、文字が発明された当初の意図は、その場に居合わせない人たちとのコミュニケーションのために伝達することでは決してなかったということです。しかしその後、伝達のために文字を用いることが可能になり、おそらく文字をコミュニケーション手段と考えるイメージが少しずつ定着したのでしょう。これがいつ生じたのかを知ることは非常に困難です。わたしたちは、近代初期に書かれたテキスト――わたしが想起するのはガリレイですが――のなかで、印刷術と文字が称賛されているのを見出します。そこでは、わたしたちは死者たちとさえコミュニケートすることができ、それは、その死者たち自身がはるか大昔に死んでしまっていたとしても、やはりそうであるとして称賛されています。[16] 興味深いことに、これはまさにエジプトの墓碑銘の意味にほかなりません。墓碑銘はすでに存命中に確定されました。死者は、どこかでなお依然として生き永らえており、完全に消え去ったわけではなく、おそらく墳墓盗掘者たちを墓碑銘によって驚愕させることもできたのでしょう。いずれにしても人びとは、つぎのような理念を有していました。わたしたちは、墓碑銘を通じて死さえも超えたコミュニケーションをコミュニケーションとして永続ないしは継続させうるのだ、という理念です。その墳墓を訪れた者たちに対して、死者はつぎのように語りかけます。「われは、かくかくしかじかという者であり、これこれの出征作戦を敢行し、ある国の統治者として君臨し、褒賞を受けたる者である」云々と。こうした伝記的なデータが、墓碑銘に記されています。しかし、このような墓碑銘が書かれる背後には、すでに何らかのかたちでコミュニケーションの観念が存立していなければなりませんでした。墓碑銘について、その素材の不均質性や歴史の観点から、いつ、どこで、いかなる範囲で、こうした文字をコミュニケーション手段と考える観念への移行が起こったのかを正確に知ることは困難です。

記録するということのコンテクストには、文字が、知恵や予言の教えと密接な関連を有していた事実があるようにわたしには思われます。そこでは、一定の特別な出来事を摘示することが重視されました。何か際立ったことが起こった場合、それは何か別のことが起こる徴候として受け止められました。ナポリでは、そのような場合に、人びとは数合わせ賭博のロットで遊び、何らかの登録簿のうちに数字を探しました。たとえば、同じ名前をもった二人の人物が同じ日に別々の村で亡くなったという記録があれば、そこにはロットの利用を推奨するに値するような数字が存在しているわけです。古い時代における知恵の教えのなかでは、際立ったことが一つの役割を演じていました。とはいえ、その影響力は、ロットだけに限られたものではなく、人びとの生の全体に関わっていました。すなわち、いつ結婚するか、いつ出兵を決行するか、好天はいつ訪れるか、特定の宗教儀式の日取りをいつに決め、それをいつ挙行するか、などなど。人びとの生における重大な出来事——それをなすべきか、なさざるべきか、それは今この時か、さもなくば、いつなのか——は、この種の予言的な知を通して構造を与えられていました。この点に関しては、一方では中国が、他方ではメソポタミアが、そこで生み出された多くの文献の宝庫です。以下のことをわたし自身は検証できませんが、中国においては、そもそも予言の実践から文字がはじめて起こったと考えられています。中国において人びとは、動物の骨を火で熱し、ひび割れを作ります。亀の甲羅を使っても同様のことが行われました。その上で人びとは、ひび割れのうちに何らかの形象をみてとり、さまざまな事象との類似性を発見できたとされます。まさに骨や甲羅のひび割れがどのように解釈されるのかに応じて、それが吉兆とも凶兆ともなったのです。その後は、この吉凶占いから抽象化され、当人がどんなことに着手しようとしているのであれ、それが有利か不利かに応じて区別されたり、大胆さあるいは慎重さを勧めたりする傾向に変わります。中国における文字は、こうした予言的な情報が事実に合致したときに、動物の骨や亀の甲羅を使わずに省略したことにともなって発生しました。亀などは、人びとがこの予言のために大量に捕獲したことから、早晩ほとんど絶滅してしまいます。そこでその後、人びとは文字を利用するようになりました。すなわち、これはあれを意味する、それはあれを意味するというように、他のもろもろの告知や情報をやりとりする必要性を通じて、文字を一般化したのです。こうした発展はわずか数十年を費やすだけで可能でした。それまで予想や予言のための基体と考えられてきた動物の骨や亀の甲羅がもはや必要不可欠なものではないという考え方に逢着するや否や、それは可能になったのです。そして人びとは、それまでとは別の仕方で移し換えようとします。すなわち、紙の上などにです。やがて膨大な記号（字）が蓄積され、それは広く知られるところとなりました。その後、予言において何ら役割をなさない諸事態にあてがわれる記号（字）について、若干の補完と発展を要しました。こうした文字発展の条件は、つぎのようなものだった点に留意すべきです。すなわち、運命は定められており、しかも自分たちがその運命を知ることは叶わないという観念が、人びとの生全体のうちに織り込まれていた、ということです。予言は、将来に関する事柄以外についても実施されました。たとえば、失われたものを尋ねたり、ある者がどこにいるかを尋ねたりする場合。そしてまた、違法者や犯罪人の捜索や、犯罪人がどこにいるかを尋ねる場合などです。これらのことも、この予言の技法によって処理することができたのです。

メソポタミアについては、法の起こりが、この予言の実践ときわめて密接に関連していたことが承認されています。というのも、法と予言のいずれにおいても、条件プログラムが問題になるからです。条件プログラムとは「もし……ならば、そのときは……」です。すなわち「もしこのことが起こった場合には、かくかくしかじかの事態になる」。あるいは「汝がそれをなしたならば、こういう結果が生ずる」というかたちをとるものです。法と予言、双方の領域において、条件プログラムの形式が利用されます。メソポタミアに関しては、ハムラビ法典について多くの解釈が存在します――ハムラビ法典は紀元前およそ一八〇〇年のものと思われます[17]――。それらの解釈によれば、ハムラビ法典とは、王が発布した法律ではなく、むしろ裁判の判決記録、もしくは裁判の判決を予言というかたちで一般化したものでした。この種の「もし……ならば、そのときは……」という形式が機能しうる背景があったことは、まず何よりも当時の人びとがきわめて広汎なレパートリーを備えた記号（字）を使用していたことを物語っています。

依然としてわたしがわからないのは、なぜ中国人たちが、非-表音文字、すなわち表意文字に留まったのか、という点です。たんに物事を模写した図像はやがてしだいに表意文字へ変換されていきました。ところが、そこから表音文字には至りませんでした。このことの利点として、中国人たちは、表意文字に留まったことによって、種々さまざまな言語の間を架橋できたことがあります。すなわち、相互にまったく異なった言語を生み出した人びとどうしであっても、中国の文字で書かれたテキストを文字として読むことはできたからです。そうした人びとは、それを声に出して読み上げる場合には、各々まったく別様に発音をするため、相互理解が困難です。声に出して読むときには相違していても、もろもろの記号（字）自体は同一なのです。こうした表意文字の大きな利点は、言語的には互いに大きく相異なっている諸集団が同一の文字を保有しうる可能性にあります。これに対してメソポタミアの場合、シュメール人の言語とセム人の言語、それから、これらの後に続いて表音文字の整備に導かれるかたちで出現した諸言語の間には、完全なる相違があるようです。この論点に関してわたし自身も深く突っ込んで研究したわけではありませんが、少なくとも見かけ上は、そうです。メソポタミアの歴史が示すことは、人びとは、文字のレパートリーをどんどんとより少数の記号（字）に限定し、遂には音節文字を作り出したが、しかる後に、それを用いて個々の事物を書き記すための言語（単語＝語彙）を会得しなければならなかった、ということです。中国の場合には、このプロセスを必ずしも必要としませんでした。

ここから同様に、熱心な議論が行われている問題へ導かれます。すなわち、実際のところアルファベットによって、いったい何が獲得されたのか、という問題です。エリック・ハヴロックは、この問題に関して多くの書物を上梓したことで有名な著者の一人です。ハヴロックは、アルファベットに力点をおいたうえで、アルファベットとは、文字を書けることの前提、すなわち、すばやく習得できることの前提であると述べています(18)。わたしたちが習得する必要があるのは、そしてわたし自身が知っているのも、わずか二六個の文字だけです。最低でも三〇〇〇字は習得しなければならない、などということはありません。この点、日本人にとっては三〇〇〇字が一種の最低ラインです。ふつう日本の新聞は、通例の字だけを使用し、珍しい字は使用しません。このことにわたしは、とても具体的に気づきました。わたしの受けたインタビューが日本語に翻訳されるとき、いつもわたしは、新聞で常用されている範囲をはみ出すような文字を使わずに済むよう要請されるからです。こうした使用可能な文字のあり方は、表音文字の場合は単純化されます。日本にも音節文字は存在します。日本の音節文字（仮名）

は、当初は女性のためのものとして発展したと思われます。その後、混合の技術（まぜ書き）によって女性以外においても使用されるようになりました。[19] 表音文字の場合には、より少量の文字しかもちません。たとえば「a」「ä」「·i」など、いったんはそれらを区別することが習得された後に、どの音が抽象化されるかに応じて、より少数の字で済ませることが可能になり、その少数の字については、すぐに習得されえます（ただし、これら「a」「ä」「·i」などを読むことが可能なのは、言語がテキストとして書かれている場合に限られます）。そして、このように習得すべき字が少なくて済むことが、アルファベットの利点として挙げられる一つの点です。文字を書けることが書記者の仲間内を越えて、とりわけ貴族層や指導者の間に拡張したのです。貴族や指導者たちは、実際みずから読むことができたため、何かを書き記したり読み上げたりすることが必要な場合に、それを行うことができる別の誰かをもはやわざわざ呼ばずに済んだのです。加えてアルファベットが有する利点として、それの由来であるフェニキア語やセム語の文字と関連があるのですが、アルファベットの場合には母音も書くということがあります。セム語においては母音を書き記しません。このことはつぎのことを意味します。それは、同じ綴りの語が、そこにどのような母音が挿入されなければならないかに応じて、各々まったく異なって発音されるということです。このことをわたしは以前、ユダヤ法における法学的論証に関する文献のなかで読みました。その法学的論証は、字体のみから出発する類推を用いて行われます。すなわち、母音をもたない子音の字体です。ある語は、別の語と同一の字面《じづら》をもっています。人びとは、そこにさまざまな母音を挿入することによって、それぞれ異なった意味を産出します。そして、このことのうちに根拠を有する観念として、類比性や相似性が存在するという観念があります。こうした類比性や相似性に即して、あるものから別のものへの推論が可能になるという考え方です。

これがアルファベット発明の一側面です。すなわち、諸連関を定立する偉大な能力です。すなわち意味の諸連関です。意味の諸連関とは、文字を通して展《ひろ》がっているものであり、耳で聴くことのできないものです。したがってわたしたちは、ただたんにもろもろの語を聴いただけでは、そのような意味の諸連関にたどり着けないでしょう。他面においては、各語が母音を欠いて子音のみで綴られている場合には、解釈の困難性も存在します。多くの場合にわたしたちは、特定の諸テキストにおいてどのような語が意図されているのかを十分に知ることができません。その解釈は曖昧なものになりえます。この困難さは、子音と母音の双方を備えた表音文字においては解消しました。表音文字の場合には、子音のみの綴りからどの単語が想定されているのかを解釈する曖昧さは解消し、今度は各人がそれぞれ特定の諸単語について知らないという場合だけが問題になったからです。この場合の利点の一つは、つぎのことでした。それはギリシャ語においてきわめて確固としたかたちでみられました。すなわち、人びとはさほど大した苦労もなく、もろもろの語を新たに創造できたのです。とりわけ紀元前六世紀から五世紀にかけて新しい語の創造、主として名詞の創造が行われました。具体例として、「philos」という語から「philía」という語が作られました。前者「philos」は「身近な」「わたしに属する」を意味します。たとえば、「わたしの」刀剣とか、「わたしの」妻とかいう場合です。後者「philía」はこれが名詞になったもので「友愛」を意味します。あるいは「homonoía」や「homónia」〔調和・一致（英：concord）〕は、ギリシャ人が今日でも話すものですが、これは一つの人工単語であり、もちろん「民主主義」やその他の語も同様です。新たに創造された語は主として名詞でしたが、それらは従来、形容詞あるいは動詞として用いられてきた語の綴りの組み合わせによって作られました。この組み合わせについては、口頭の場合には今一つはっきり示されないのに対して、文字の場合には比較的明確になります。さらに、つぎの点を考慮する場合、表音文字の採用には、わたしたちがその恩恵に与っている利点が存在します。すなわち、文字のアルファベット化がヨーロッパ文化を先導し、その後にいたってはじめて既存の単語の組み合わせによって新語を作るというハードルが生み出された[20]けれども、それも容易に処理された、という点です。むろん、この点に関しては争いがあります。というのも、わたしたちは、そのときどきの言語に強く依存しているからです。わたしたちが原則的に二音節で構成された言語に関わる場合には、とりわけ音節文字がおそらく有利です。その場合には、さほど多くの字を必要としません。なるほど、相当数の字が必要にはなります。しかし、一つの音節のためには、二つないし三つの字は必要でなく、ただ一つの字だけで足ります。わたしの経験から述べると、たとえば日本人は、わたしたちよりも速やかに読むことができます。たとえば、日本の高速道路では、巨大な看板が立っているのをみることができます。わたしたちが「あそこに立っているのは何ですか？」と問う場合、それに対する回答として、長い説明を受けることになります。しかも日本人は、そうした看板を車で通り過ぎる間に読むことができます。これは、選挙活動にとっても理想的です。日本人は、選挙用のポスターに、わたしたちよりもはるかに多くのことを盛り込むことができるからです。かつて同時通訳のために、一人の翻訳家がわたしに付いてくれたことがあります。この翻訳家は、速記文字も用いずに、わたしが話すスピードで同時に書き進め、その一五分後には、この話を文字に書き起こしたものでした。これは、わたしたちの文字の場合には、はるかに困難でしょう。わたしたちは、こうした同時通訳などの目的のために、速記文字を必要とします。つまり、また別の文字を必要とするわけです。アルファベットは、あらゆる点で実際に有利なのかどうか。また、アルファベットは、他のすべての文字を凌駕し、他のあらゆる文字をいわば時代遅れのものにみえさせるような獲得物であるのかどうか。こうした問いについては、大いに議論の余地があります。なぜなら、明らかに種々さまざまな次元が存在しており、各次元において文字は、実用的だったり、実用的でなかったりするものだからです。

しかし、以上の説明は、これらの諸論点について書かれた文献が教える内容に強く依拠しながら述べた、たんなる歴史的記述にすぎません。今や浮上してくる問いは、以下のようなものです。すなわち、そもそも何が生じたのか、そして、その生じたことをわたしたちはどのように分析しうるか。また、そこで生じたことをコミュニケーションへと遡行的に投射した場合に、そこから生ずることは何か。わたしたちが文字を得たときに、そのことがもたらした区別とはいかなるものか。音響的なもの（声）から視覚的なもの（文字）へ移行したことにともなって、何らかの諸区別が生じたことは明らかです。意味論的《ゼマンテイク》な可能性のうちに諸区別が存していることも、また明らかです。しかしわたしたちは、そうした諸区別の由来を、いったいどこに帰するべきでしょうか。わたしの考えるところ、こうした諸問題を考えるに当たって、わたしたちはつぎのような優位性をもっています。それは、社会というものを、コミュニケーションにもとづいて存立するシステムとして取り扱おうとするという優位性です。社会はコミュニケーションにもとづいて存立します。したがって、身体や意識状態、さらに認知作用といったものは――この問題はテレビにおいてはじめて登場したものなのですが――いかなる役割も果たしておらず、唯一それらが役割を果たすのは、わたしたちが文字を読みうる能力や、話されたことを聴きうる能力をもちあわせなければならないかぎりにおいてである、ということになります。この場合、以下のことが、かなりの程度まで想定されます。つまり、経験的に進められる研究が、文化的変遷に関して、そしてまた社会的構造に関して文字の発見がいかなる意義を有するのかを示そうとするとき、その経験的研究は、最初の段階からコミュニケーションへ照準を合わせて考察する理論を通して、一段と明確にその含意が強調されうるということです。コミュニケーションによって、わたしたちは、ある一つの作動を行うことになります。この作動とは、こうした言い方が許されるならば、文字に対する感受性の強いものです。また、この作動においてただちに認められることは、一つの文字が、コミュニケーションを変化させ、拡張し、拡大し、別様に制限するとともに、そうした文字が、いわば人びとの胃袋や頭脳などを経由することなく、直接的にシステムとしての社会に打ち当たる、ということです。第二に、ここでわたしたちの助けとなる観念として、コミュニケーションとは、たんに情報の伝送というだけには留まらず、以下の三つの要素によって成立する統一体であり、その三要素とは、まず情報――何ものかがそうであって、それ以外のものではないということ――、つぎに伝達――わたしはそうしないでおくことも可能であるにもかかわらず、それを述べるのだということ――、そして理解である、という観念です。この情報、伝達、理解の間の選択を、統合という観念の上に基礎づけるとすれば、文字のもつ効果を、つぎのことのうちに認めうるものとわたしは思います。すなわち、伝達と情報との統一から、理解を解き放つことです。理解については、非常に多くの場合に、後になってから、別の状況下において、はじめて何ごとかが理解されるということもあります。また、何ごとかを伝達した者がもはや長期にわたってその場に居合わせず、その者に対する一切の信頼性が消失してしまったような場合であっても、その何ごとかを理解することは依然として可能です。たとえば、その伝達者が、旧東ドイツの秘密警察・国家公安局の情報提供者《インフォーマント》であることが突如として発覚したとします。この場合、人びとは、もはやその者を信用しないでしょう。しかし、それにもかかわらず、かつてその伝達者が書いたものについては、なお依然として読むことができますし、理解することもできます。理解については、社会的なもっともらしさや、相互行為の状況におけるもっともらしさといった直接的な諸条件から影響を受ける度合いに、一定の弱さがあります。わたしたちはまたつぎのようにもいうことができます。理解とは、コミュニケーション行為の統一性を、時間的に、および相互行為のさなかにおいて保証することの放棄である、と。もはやコミュニケーション行為の統一性は、同時に、同一の相互行為において産出される必要はありません。むしろコミュニケーション行為の統一性は、一方における情報および伝達と、他方における理解へと、両方の破断面において分離されうることになります。わたしの考えによれば、この分離可能性は、つぎのような意味で一つの進化的要素をもっています。それはわたしたちが、文字を用いることによって、コミュニケーション行為を構成する情報・伝達・理解の三要素の間の統一性や一種の調和を放棄しなければならなくなり、この放棄について弁償ないしは補償しなければならない、という意味です。このことのうちに、発展のありそうもなさをみることにもなります。たとえば、なぜわたしは、何ものかを読むべきなのでしょうか。多くの人たちは読んでいないにもかかわらずです。わたしたちは、文字に関わり合おうとする場合には、動機を必要とします。この点、相互行為において、コミュニケーションに加わったり、相手方の話に耳を傾けたり、あるいは、みずから何ごとかを述べたりすることに、いかなる動機も必要ではありません。わたしたちがずっと黙ったままでいるとすれば、かえってその方が注目を集めます。そこには関わり合いたくないという動機が存在します。他面、文字そのもののうちには、それ以前に、そもそも書かれたものに取り組もうとする動機が存在していなければなりません。進化は、一つの放棄から生起します。ただし、この放棄は、たとえば動機づけの注入などによって補完されなければなりません。ある人は、職業上の理由から、読むことを強いられます。また、推理小説を読んだり新聞を読んだりする典型的な状況もあります。列車が脱線したことや、エングホルムが勝利したことなどについて、自分の見解を求められたけれども――テレビを通じて情報を得ることができないために――それについてまったく知らないような場合には、わたしたちは新聞を読まなければならないことになります。文字と関わり合うことや、その穴埋めとしてテレビに関わり合うことを押し促す強制性が存在します。ただし、この強制性は、もしそれが存在しないと仮定すれば、そのとき文字は、共感を得ることもないまま、かなりの程度まで放置されることになるでしょう。すなわち、放棄の構造として、わたしたちには補完に対する用意が、デリダの表現では「代補」に対する用意が求められます。文字に向き合うことによって伝達行為の原状回復を図るとともに、伝達行為において文字がもっている諸利点を喪失しないようにしなければならないのです。

今いちど繰り返しておくならば、ここでまさに生起するのは、人びとが現にその場に居合わせることにおいて作用力をもつ社会的コントロールが、そのフックから外れて無力化するということです。放置する者は、より自由な立場から、イエスあるいはノーを言うことができます。放置する者は、元のところへ引き返す可能性をも有します。もう一度テキストの最初に立ち戻ることができます。そのうえで、それを言ったのは誰か、と問うことが可能です。二度、三度と再読してはじめて解明しうるような難解なテキストを生み出すこともできます。さまざまな要求を携えながら活動しうる、さらなる可能性もあります。なぜならば、読み手にはテキストをコントロールし、もう一度読み直すことが可能だからであり、そのための時間を有しているからです。この点、相互行為、つまり口頭でのやりとりは、それが行われるのとまさしく同時に生起し経過していきます。もちろん口頭の場合にも、相手方に問い直すことはできます。難儀な討議にあっては、問いかけによって決断を保留したり、意思疎通や了解を得ようと努力したりする諸技法が存在します。しかし、文字の場合には、そうした了解が、相互行為という特定の社会的状況から解き放たれています。以下のような場合は、社会的には不愉快でしょう。他人が述べたあらゆることに関して、当の他人がそれをどのように意図しているのか、それが何を意味しているのかをつねに問い返さなければならないような場合です。あるいは、他人の言葉に十分には通じていないために、その言葉の意味について質問しなければならないような場合です。かくして人びとは、それをやらないままに放置することをより好みます。この点、文字は口頭でやりとりするなどの対面状況下で作用する社会的コントロールから、わが身を引き離しうる可能性を有しています。それをわたしは信ずるべきか否か、イエスと言うべきかノーと言うべきか、わたしはその指示に従うべきか否か、わたしはその法律を遵守すべきか否か。こうした選択肢は、文字による固定とは対照的に、よりオープンなものになります。

　つぎの時間には、シンボリックに一般化されたメディアを問題にしますが、ただ今申し上げたことは、その際に用いるアプローチでもあります。というのも、このシンボリックに一般化されたメディアは、追加的な動機を生み出すからです。この追加的動機によって、ノーと言うことが可能であって、かつ、そのノーを言うことが文字によって促されているような場合においてさえ、それにもかかわらず指示に従ったり、イエスと言ったり、コミュニケーションの条件やコミュニケーションがもたらす情報を受容したりすることになります。

　加えて、これは頻繁にみられる表現ですが、口頭でやりとりする状況においては、一つの対称性《シンメトリー》がみられます。すなわち、口頭でやりとりする状況においては、各人それぞれが、寄与すること、理解することができるか、あるいは理解することができないかです。それは直接的に視認可能で、かつ修正可能です。その状況下にある人は、相手方が理解できていないということに気づいて、さらに何ごとかを言い足します。そこには認知をめぐって行き来する一つの循環過程があります。ただし、この循環過程が、すべからく正確なコミュニケーションへ入っていくとは限りません。よくいわれるように、コミュニケーション、伝達、および理解の間の相互作用があります。口頭でのコミュニケーションにおいては、この対称性《シンメトリー》が不可避的に前提とされるのだとすれば、文字とは非対称化するものであるということができます。文字は、長期にわたる時間的な隔たりを克服することができます。——無線技術やテレビなどを考えれば、時間的な隔たりの克服はよりいっそう強化されています。というのも、無線やテレビの場合、受け手の側は、送り手に対して返信することから完全に閉め出されており、いわば技術的にたんなる受け手という立場に置き据えられ、受信装置を相手にして話したり、受信装置を通して話したりすることはできないからです。ちなみに、電話の発明には、しばらく時間を要しました。以前の電話では、双方の人間が互いに話したり聴いたりする可能性は開かれていませんでした。かつて電話は、一つの会社内だけのシステムでした。このシステムは、管理という観点から伝達を行うものでした。すべての従業員は、何をなすべきかについては電話を通して聴くことができましたが、しかしこちら側から「一度じかに見てみなさいよ、そんなこと言われたって全然意味がないし、ここではまるで見当違いなんだから」などと言い返すことはできませんでした。従業員は返答することができなかったのです。ここには以上のような、送り手から受け手へと情報が一方的に流れる技術的な非対称性が存在します。むろん人びとは、テレビの場合にも返信できることを知っています。テレビ局に電話をかけ、自分の意見を述べることはできるのですから。しかしながら通常の場合、この電話で意見を述べるという対抗策が、技術的にもたらされた非対称性を再び打破することはありません。

　ここでわたしは、文字によるコミュニケーションと口頭によるコミュニケーションの関係について、いくつかの留意点を加えたいと思います。まず、文字によるコミュニケーションが、口頭によるコミュニケーションに取って代わるということはありません。この点については見解の一致が存するものとわたしは信じます。本の印刷が始まるまで、さらにそれ以後もなお依然として、口頭によるコミュニケーションが優位を保ちつづけています。わたしたちは、コミュニケーションを口頭によるものとしてイメージします。この点、むしろ文字の方は、もろもろのテキストや、知の蓄積、保存する価値のある情報、口頭で語られた意味構造などからの産物です。これに対する数多くの証拠が存在するのは、まず何よりも教育システムにおいてです。一八八〇年から九〇年頃のインドにおけるブラフマンないしは高位カーストの教育について読んだ内容が、わたしの興味を引きます。そこでも、むろん文字を書くことの学習は、ひとまずは重要なことだとされています。しかし、教育そのものは書物を通じて、つまり、人びとがそれを読んで、試問に備えてその内容を頭に収めておくべき書物を通じて行われるのではありません。むしろ教育は、口頭で行われます。文字を書くことの学習もまた口頭で行われます。字句は、黄金の釘（鉛筆）で、舌の上に刻印される、あるいは、字句を描き込んだ盆の上に炊いた米が盛られ、これを人びとは食べなければならないとされます。――ここでは明らかに、舌や口、または口頭の語りこそが、能力や知慮にとっての固有の座であるというように考えられています。文字とは、こうした能力や知慮を駆使しうるためのたんなる形式にすぎないとされています。わたしの興味を引いて止まないもう一つの事例は、医学の講義、およびまた法学の講義のもつ格言的なあり方です。それは、とりわけ法学の講義で顕著です。有名なサレルノ医学校の八世紀、九世紀、一〇世紀の資料が存在しています。当時、医者をめざす学生たちは、格言によって訓育されていたといいます。一六〇七年ないしは一六一〇年の英語訳によれば、医学生たちは、もろもろの決まり文句であれば記憶できたとされます。たとえば、頭部に赤い斑点のある人がいたら、かくかくしかじかの症状だ、という具合です。これらは、調子《リズム》を付けて様式化された言述という形式をとっています。あるいはまた、ローマ法においても同様です。『法学提要』[22]のなかには、もろもろの引用句や、さらにはさまざまな事件への対処法について書かれています。事件への対処法については、特徴のある格言で締め括られています。事件への対処法から引き出された結論が、この格言になっています。一つの例を示しましょう。それは、ハーバーマスの新著[23]を読んだ際に思い出したものです。あるラテン語の法格言があります。すなわち「*Quod omnis tangit*」（スベテノ者ニ関係スル事柄：*quod omnes tangit, ab omnibus approbetur*）。これは「すべての人びとに該当する事柄は、すべての人びとから是認されなければならない」という法格言です。この法格言は、原テキストでは、つぎのような問題に関係しています。一人の被後見人に対して多数の後見人が権限を有して——ある後見人はベッド用布類に対して、別の後見人は別の品物に対して権限を有して——おり、多数の後見人の是認が得られている場合にも、すべての後見人に対して是認するか否かを問い尋ねなければならない。すなわち「すべての者に関係する事柄」です。中世においては、全員から是認を取り付ける形態は廃れ、何らかの代表制システムにおいて代表者が決めるという形態に変わります。こうした代表制システムとしては、たとえばカトリックの教会や封建制秩序などがあります。封建制秩序においては、身分制議会が税制について決定すべきものとされました。その事柄がすべての人びとに該当する場合には、すべての人びとが参与する必要があります——とはいえ、むろん代表者を通じてですので、人びと全員が四方八方から一つの場所に参集しなければならないわけではありません。以上から、一つの法格言が、そのときどきの状況に応じて、どのように政治的意義を獲得するかがわかります。そして、ハーバーマスにあっては、この法格言が今や、端的に妥当性問題の解答とされます。わたしたちは最終的に、あらゆる人びとが肯定しうるような解答を見出さなければならない、と。まさしく「すべての者に関係する事柄」です。おそらくハーバーマスは、こうした歴史を知らないのでしょう。しかし、事例対処から引き出された結論の決まり文句が、いかにして口頭ないしは口承で学ぶプロセスに合わせて定立され、いかにしてそうした決まり文句が歴史を作り、一般化されていったか。これは実に興味深いものです。これ以外にも、膨大な数の法格言が存在します。しかし、そうした法格言は、本の印刷が効力を発揮していく度合いに応じて、その意義を減衰させていきます。なぜならば、印刷の普及によって、人びとは原テキストをより容易に入手し、原テキストと現に当面している事例とをより有効に比較することが可能になったからです。しかし、それまでは口頭で伝えることこそが、ずっと決定的な形式でありつづけていました。中世の訴訟手続きには、もろもろの困難が存在しました。一定の時間を費やして、すべてにわたり文字を用いて進行させると、それは法律家たちの秘儀的な知見にも関わりが出てくることになりました。中世においては、コモン・ローにもとづいて裁判所の判決の理由づけが文書化されるのではなく、弁護士らの最終弁論が文書化されていました。というのも、最終弁論は文書で提出される必要があったからです。したがって、集成された法的な知見は、主として弁護士たちの知見の集成であって、判決の理由づけを示した知見ではありませんでした。このことが後になって激しい抵抗に遭ったため、裁判手続きのなかに、再び口頭でのやりとりで裁判を進行させる原則が導入されることになりました。しかし、この口頭の原則も、実際にはつぎのような外観を呈しました。まず一方の弁護士が出廷して述べます。「わたしは、かくかくしかじかの書面を引証するものなり」。すると他方の弁護士も「わたしは、かくかくしかじかの書面を引証するものなり」と述べます。かくして裁判官は、面前に複数の書面の提出を受け、証拠調べや口頭での審理を終えます。つまり文字が、重大な役割を果たしたのです。裁判手続きは、人びとがつぎのことを極端なかたちで実験した一つの事例であるようにわたしには見えます。すなわち、ときには口頭によるやりとりで得られるものを当てにし、ときには文字によるやりとりで得られるものを当てにすることです。そして、その実験は、やがて文字によるやりとりと口頭によるやりとりとの実用的な混合へといたりました。

口頭で語る文化が文字の圧力によって変化していったことが見てとれます。たとえば、ギリシャにおいては修辞学《レトリック》という特別の学問が発展しました。すなわち、法廷弁論に関する学問です。そして、この学問は、概していえば、文字によっても固定されました。わたしたちは、数多くの法廷弁論を伝承してきましたが、それはしかし、口頭で語り継がれてきたものです。修辞学は、雄弁や驚きの効果、暗示などに結びつけられましたが、修辞学については、印刷が行われるようになった後にはじめて疑問に付されることになりました。修辞学とは、暗示的な技法です。それは真実とは無関係に行われ、欺罔《ぎもう》や驚愕を用いて演じられ、諧謔《かいぎゃく》とともに働くような、そういう類いのものです。修辞学の手にかかれば、パラドクスさえ諧謔《かいぎゃく》として取り扱われます。これはつまり、あらゆるものを口頭での語りに結びつけるものでしたが、しかし聴衆に関しては、聴衆はまたその弁論を読むこともできますから、その話術を一つの学問として用いました。人びとが何ごとかを語ることはできませんでした。しかし人びとは、数々のテキストを読むことはできたのです。そこには、文字を基盤とした特定の知見が存しました。そして修辞学は、テキストから得られた知見がもたらしうる抵抗を克服する必要がありました。たとえば、知慮を尽くした古代のソロンの立法が知られています。人びとは、そうした法律について何か新しいことを語ることはできません。人びとに可能なのは、ただ、その法律のうちに、何らかの文《あや》を見出すことです。文《あや》の発見が意味するところは、たとえば、当該テキストを解釈しなければならないといったことです。アッティカ時代の弁論家であるリュシアスの法廷弁論において深く議論されたのは、ソロンの法文のなかに「殺人者」という文言がみられるが、しかし同時に、たんに技術的な意味での故殺（故意による殺人）のみに留まらず、他の方法による人殺しもまた想定されている、ということをめぐってでした。これは、法律のテキストに関する解釈を提示するために、口頭での語りを用いて行われた論証です。そして、その論証全体が、きわめて明確なかたちでユダヤの法のなかで妥当しています。ユダヤの法については、トーラ（モーゼの五書）はシナイ山において文字で書かれたテキストとして知らしめられたものであるという前提がありますが、しかしながら同時に、それぞれの場合に応じてトーラのテキストに関する信頼すべき口頭口伝の解釈もまた妥当なものであることが予定されています。それは、もちろんタルムードの時代からの、したがって紀元後も含めた遡行的な解釈です。文字で書かれたテキストは一つの足場であって、この足場へと口頭の解釈を関連づけることができる、という考え方があります。この考え方は、文字によって何らかのかたちで石化させられた古くて堅固なものから、近現代という時代にも適合するようなリベラリズムやヒューマニズムの諸形式へと移行していく方途です。なかには、きわめて粗野な解釈方法を用いる場合もありますが、ともかくそれも含めてです。その後、こうした諸解釈は、評釈や註解《コンメンタール》といった形式において、再び文字によって固定化されます。しかし、基本思想は依然として変わっていません。基本思想とは、すなわち、重要なのは口頭で産み出されたものであり、この口頭で産み出されたものにもとづいて、諸解釈は、それを確定し、明確化し、伝承可能なものとするために、文字によって固定化されるというものです。

興味深いケースとして、対話形式、つまり、語りかけと語り返しからなる口頭上の形式もまた、最終的には文字の文化のうちへ組み入れられたケースがあります。プラトンの対話篇はこうしたケースの一つです。コミュニケーションは対話です。なお、対話篇のなかでコミュニケーションをしているのはソクラテスとその他の者たちです。これは、そのなかでコミュニケーションが生産され、それによって、当の事柄があたかも口頭でコミュニケートされているかのような錯覚を産出するためのコミュニケーションです。スコラ学派の論争の技法も、この方式にもとづいています。むろん論争の技法も口頭で実践されるものです。それをわたしたちがテキストにおいて読む場合には、まず問いが立てられ、つぎに問いに対する意見《テーゼ》が述べられ、さらにそれに対する異論《アンチテーゼ》が述べられるのが常です。そうしておいて最後に、当初の問いに対する権威にもとづいた解答が与えられます。これは、スコラ学にあってははじめから予定された口頭的なスタイルです。印刷術のはじまりとともに、こうした形式ばったスタイルが放棄され、それに代わって、一定の神学的あるいは法的な諸問題について、体系的に書かれた学術論文が登場するのは、おそらく偶然ではありません。とはいえ、印刷術の開始までは、口頭口承による方式が優位であったことが明白に認められます。

かくしてわたしは、つぎの話題にたどり着きました。これまでもだいぶ論じられてきましたが、印刷術が、そのつぎの話題です。印刷術における技術的成果とは、可動的な活字を用いた再生産です。つまり、いったん埋め込んだ活字を、再び抜き取り、別様の組み合わせで用いることが可能になりました。その上で機械が印刷を行います。しかし、いったいそれらの何が特別だったのでしょうか。この点に関しては歴史家たちのさまざまな見方があります。先述のギーゼッケも、そうした歴史家の一人といえましょう。さらに、エリザベス・アイゼンシュタインもまた、「印刷機」[24]に関する二巻本の著作において、印刷術があらゆるものを変化させたことを実に明瞭に説いており、そうした変化を裏づける数多くの証拠を挙示しています。むろん、すでにそれ以前の中世から、大学都市のほか、教会施設あるいは大教会堂の近辺などには、大きな書記業者が存在していたことは押さえておかなければなりません。ただ、書記業者は、本質的には口承によって運営されていました。書記業では、一人の者が一冊の本をもち、隅々まで眼を凝らし、行間へ入り込んで転写する、といった具合ではありませんでした。むしろ、大きな書記業者では、多くの筆記者たちに対して口述が行われ、一度に一〇〇倍複製されていました。そこでは、口述の後に続けて筆記することが習いとなっていました。そのため、すでに印刷術より以前から、膨大な書物が製造されていました。そこでは、つぎのような問いを立てることもできました。いったいどれが、より良い複製方法だろうか、と。たとえば、かつては、チューリンゲンの某所以外にはキリル文字の活字をもった特別の印刷所が皆無だったため、ロシアでは一八世紀にいたるまでずっと、手作業の書記による複製の方が、印刷による複製よりも安価で済みました。それゆえに印刷への移行は、こと量に関しては、さほど劇的なものではありませんでした。書記業者によって、当時の受容がまかなわれていたことも、その理由です。印刷術の発明以前に、たとえば記録簿整備のための前提として、ページ数を丁付けするような特定の諸成果も存在していました。各ページにページ数を打ったり、それによって該当ページを指示したりできるようになったのは、てっきり印刷術によってだろうとわたし自身は思い込んでいたのですが、多くのケースにおいて、それ以前から可能になっていたようなのです。印刷術発明につながるさまざまな端緒はすでに存在しており、印刷術はただ、そうした技法のあらゆる部面を多少なりとも、より経済的で単純な形式に変えることができたというに留まります。わたしたちが看取しうるのは、まず何よりも市場への依存性です。すなわち、そもそも本は売れなければならないということです。印刷所は元来、同時にまた、販売店でもありました。印刷所で印刷された本が、そこで販売されていたのです。本の出荷は、当初は副次的な業務でした。むろんその後、この出荷が業務内容に加わり、一つの産業としてしだいに大きくなっていきました。また、もともと原版は、それが二〇〇回、三〇〇回と利用されるうちに消耗してしまいました。市場への依存性については、これを中国や朝鮮と比較してみると興味深いでしょう。

中国や朝鮮において印刷術は、すでにだいぶ以前から発明されていました。ただし、もっぱら官僚の目的のために利用されました。つまり、官僚機構において諸指令を周知させるためのものと理解されたのであり、印刷所というような特定種の会社や企業の業務としては理解されていなかったのです。これらの地域においては、なるほど印刷術の発明自体は相当に早かったのですが、しかし、この発明をきっかけにして市場が生み出されることはありませんでした。そのため、一五〇〇年から一六〇〇年頃について比較検討してみると、これらの地域では、ヨーロッパと比べて発展が停滞してしまいました。

あるものが売れるか否か。これは原理的には経済の問題です。ただ、まだはじめのうちは、印刷業者たちにおける丹念で適切な編集に対する人間臭い関心と、売行きに対する関心とが混交していました。そこへ旅行中の人文学者が、印刷業者のもとに立ち寄ります。人文学者と印刷業者の間には親縁性と密接な関連性が存しています。そして印刷業者は、つぎのように助言を受けます。すなわち、わたしたち古典人文学者が、テキストを整序し、テキストの誤りを除去しましょう、と。その際、テキストの誤りとは、口述を聴き取るときの誤り、ならびに、口述そのものの誤りでした。たとえばみなさんは「Conditio humana」(人間ノ条件)についての話をご存知でしょう。この「Conditio」は、いつも「t」を用いて綴られます。しかしながら、中世や古ラテン語においては、「c」を用いて記される「Condicio」という語が存在していました。この「c」をもつ「Condicio」が立場や状況を意味していたのに対して、「t」をもつ「Conditio」は諸条件を意味しました。これらはいずれも同じように発音されるため、どうやら口述筆記者が、いつしかすべてを「t」を用いて書くようになったようです。このためわたしたちは、ヒューマン・コンディション(human condition)について語るようになったのです。英語にあっては、そもそも「c」をもつ「Condicio」は、もはや存在しません。こうして一つの語が消失してしまったため、本来は「c」を用いた「Condicio humana」(人間ノ境涯)を意味するはずのヒューマン・コンディションが、条件と関係させられることに、わたしたちは驚かされるのです。ここでわたしたちは「人間的生の条件」

についてひとしきり思いをめぐらせることもできます。しかし、各種の口述をめぐる問題が、もろもろの語の変容に対して、いかなる作用を及ぼしたのかについてみて見るべきでしょう。人文主義は、まず何よりも、諸テキストを純化し、オリジナル版を再発見することを課題としました。そうした作業によって、入念に手をかけて出版される結果、新しいテキストは古いテキストに比してよりよいものになるとされました。この点、かつての書記業においては、新しい本よりも、古い本の方がよいものとされたのは無論です。というのも、写本を重ねるのにともなって、そのぶん誤写も増えていくからです。こうして人びとは、以下のように思索をめぐらせはじめることになります。すなわち、近代世界の方が古い世界を凌駕しているという見方は、この印刷術のもたらした副次的効果ではないか、と。この見方によれば、本の出版者がみずからの仕事をどのように履行するかに応じて、わたしたちはよりいっそう、すばらしい書物を手に入れることができるようになり、ひいては、よりいっそうすばらしい社会を手に入れることができることになります。いずれにしても、印刷術の登場が、古い時代に対して近代世界がもつようになった優越意識の一要素になっています。この優越意識は、一六世紀から一七世紀にかけて、古代の模範的原本や古代の諸テキストに対抗するかたちで、そして何よりも中世という時代に対抗するかたちで貫徹しはじめたものです。すなわち、新しいものの方が古いものよりもよいのだ、という意識です。

印刷術に関する別のポイントとして、標準語の成立があります。人びとは、とりわけ学校教育における使用のために、言語の標準化を行う必要がありました。そして、この標準化のために、低地ドイツ語ではなく、高地ドイツ語が選択されたのでした。フランス語などは、いわば学術的《アカデミック》に標準化が行われました。人びとは、間違った語の選択については、繰り返しラテン語の起源へと立ち戻り、新たに組織化し、標準化していったのです。たとえば、フランス語の「L'amour」は中世後期に女性名詞となった語ですが、これが、プロバンス語のテキスト解読を試みたわたしにとって大いなる困難をもたらすものになりました。というのも、この「L'amour」は、再び男性名詞に変わったからです。言語は、高い程度まで標準化され、そのうえで標準語として売り出されることになりました。ただ、言語の標準化を厳密に印刷術にのみ還元するのは困難です。たとえば、イタリアでは、フィレンツェの言語形式が、よきイタリアの模範的な言語として通用していました。これは、ダンテやペトラルカが、すでに早い時期にラテン語からイタリア語で書くことへ移行していたことが関連しています。そうした名声を博した作家たちを通して、印刷術よりも以前に、言語形態が標準化されていたのです。広域的な標準語の成立は、一面ではたしかに印刷術に依拠しています。しかし同時に、印刷術より以前からすでに標準化が始まっており、印刷術は、標準化の完遂に向けたたんなる一つの加速化要因であったことを示す諸事例も見出されます。今日もなお、まさにイタリアでは、人びとが標準イタリア語を話すことが自明ではない地域があります。そうした地域の人びとは、標準語に照らすと言葉の間違いを犯しやすく、また自分たちは標準語とは異なる言語的伝統をもっているという理由から、標準語の使用を躊躇します。この異なる言語的伝統としては、たとえば、中世ラテン語に一定の変更を加えた形態、動詞について強意形式ではなく通常形式を使用する形態など、さまざまなものがあります。ここから、言語的固有性が、国民意識の成立とどれほど関連し合っているかがみてとれます。

その後に、諸国民を比較する可能性が加わります。諸国民を比較することが、印刷術の登場以前から一般的であったとは、わたしには思われません。むろん「国民」自体は、印刷術よりも古い表現です。かつては、出身地ごとのグループが存在しました。たとえば、ポーランド国民のなかに、ポーランド各地からやって来た学生たちの出身地ごとのグループがあり、同様に、ドイツ国民のなかに、ドイツ各地から出てきた学生たちの出身地ごとのグループがあり、といった具合でした。しかしわたしの考えるところ、国民どうしを比較するという習慣は、印刷術の登場後にはじめて観察されるようになったものです。諸国民の比較は、貴族の理論のなかにみられます。すなわち、スペインの貴族は、こうした特性をもっている。フランスの貴族は、こうした特性をもっている。ドイツの貴族は、こうした特性をもっている。だがたとえば、イタリアの貴族は、異なる特性をもっていて、スペインのように標準化されていない、と。諸国民の比較の成立もまた、人びとが言語的固有性を有しており、この言語的固有性が、その言語を用いる当該国民の外部からも読み取られうることを前提としています。

さらに、つぎのことも指摘されうるでしょう。印刷術によって、同一のテーマについて書かれた種々さまざまな書物を同時並列的に手にすることが可能になったことです。多くの領域のなかでも、とりわけ法の領域には数多くのものが存在し、それらの資料の全貌を見わたすことはとても叶わないという感慨を催させます。そもそもの源泉としてユスティニアヌス法典（ローマ法大全）のテキストが存在し、ついで同法典に関する註解があり、さらに種々の逐条解釈《コンメンタール》があって、それらが各ページの本文や下欄に書き付けられています。印刷術では、まず文字の書かれたテキストのページ形式が複写されます。しかし、しだいに人びとは、自分たちはあちらこちらを読まなければならず、あるページに記された註釈Aを探し、再び該当箇所へ戻って、そこでテキストが何を述べているのかを確かめなければならない、という感覚を抱くようになります。資料全体を見通しがたいため、やがて体系化を施し、概念的に洗練された形式を整え、さらに、もろもろのデータ、つまり諸事実を選別する方法論を用いる傾向が発展していきます。この「体系《システム》」という語は、一七世紀のはじめに生まれました。むろん語そのものは以前からすでに存在していましたが、一七世紀にいたって意識的に宣伝されはじめました。神学の体系、法の体系、その他もろもろの体系なるものが、突如として語られはじめたのです。この場合「体系」という語は、何らかの素材に対して目次となる見出しや論理的な構造を付与し、当該の素材を秩序づけられたかたちで提示することを意味します。これは突如として、しかも種々の素材について同時に、いわば見通しがたさ自体を見ることができるようになったことに対する一つの反応であり、それはすなわち方法論化でした。ペトルス・ラムスは、一六世紀における著名な人物の一人ですが、彼が試みたのは、一種の弁証法的な方法を用いて、したがって二値的な方法を用いて、知のコスモスを論理化することでした。それは、あらゆる事物を二つの部分へ区分し、その区分された各部分を再度それぞれ二つに区分し、さらに各部分を……という具合に進められるもので、ある意味でパーソニアン的な方法で行われます。二×二が四になり、その四つの[25]箱のそれぞれのうちで同じ掛け算が繰り返されて一六になる。このように思考する傾向へ人びとが関与しはじめたのが、印刷術の登場をきっかけにしているのは確かです。

新しい種類の文献も生まれました。たとえば、技術《テクノロジー》の問題に関する文献です。かつては師から教え子や見習いたちに対して伝授されていたものが、今や一定の領域にあっては、本で代用可能になりました。また、みずからの見聞を組織化するための本もたくさん書かれました。そうした本には、つぎのような序言が付されました。曰く「親愛なる読者よ、この書物の内容について君がもっと知りたい、あるいは、さらに補完したいと思ったら、君自身が一冊の本を書くのがよろしかろう。もしくは、わたしに手紙を書き送ってくれるならば、それを読んでわたしはこの書物を改訂するであろう」と。ある種の知見については、かつては純粋に口伝えされるものであり、家に結びついたり、企業体に結びついたりしたものでした。それが今や、社会全体に対して提供されうるものになったのです。以前には存在しなかった政治的パンフレットが現れ、それにともなってビラという文書形態も生まれました。一五二五年のドイツ農民戦争では、このビラが非常に多用されました。農民の騒乱が複数の都市へ飛び火していきましたが、これにはとりわけつぎの事態が関係していました。すなわち、印刷された農民たちの記事が存在し、その記事が諸都市やそこに住まう特定の諸階層を刺激して、同じような考え方を醸成したことです。これはまた宮廷内の地位などに依存せずに、政治的な書物、あるいは政治的な事柄を意図した書物が成立しうる可能性を確証しました。影響がもたらされるのは、もはや王侯たちの協議を通してではなく、今やむしろ書物を通して、ということになったのです。ロッテルダム生まれのエラスムスは、政治的なヒューマニストですが、彼などは、書物を通して影響を与えた人物の一例です。その他にも、トマス・モアはもちろん、フランスにおけるコンラード・ツェルティスなども、その例です。さらに、ここへいたって、公共圏が成立する可能性も生まれました。公共圏とは、人びとと共に政治を行うことに関心を向ける場です。民主主義《デモクラシー》が存立するよりもずいぶん以前に、ヒューマニズム的な意味において公共的な効果をもたらす第二の水路が成立したのです。この効果は、王侯たちを納得させることに依存せずにもたらしうるものでした。

その後に新聞が登場します。一七世紀から新聞は存在しています。まずは日々の報知から始まり、それに対応して検閲が行われ、さらに新聞業の基本形ができあがります。むろん新聞制作は、手作業による筆写では行うことができません。新聞が陣取っていったのは、それまではまだ人びとが文字に精通していなかった諸領域でした。また新聞は、公衆の立場からみた場合に、つまり市民層の立場からみた場合に、地方貴族や地主たち、都市監督者や諸ギルド、さらには教会などから独立して影響力を行使しうる可能性を創出しました。これらのことは、新聞発行のために十分な読者数の確保を容易にする点で、一つの利点でした。その後、新聞発行は、繰り返し検閲による対抗措置を受けることになります。上下に階層化されたカトリックの組織では、個々人が情報にアクセスするようなことは、それまで想定されていませんでした。

印刷術の成立を機に生じた事態について、さらに被覆を剝ぎ取ってみれば、つぎのようにもいうことができるでしょう。すなわち、あらゆる機能システムが多かれ少なかれテキストに、よりくわしくは印刷されたテキストに依存する状態が現出した、と。このテキスト依存は、学問においては明白です。もはや学問は、学者どうしの私的な交流を通して発展するものではなくなりました。私的な交流によって学問が発展する傾向は、一七世紀の段階までは非常に強かったのですが、それにもかかわらず、そのようになりました。その頃は、学者相互の間で、きわめて頻繁に手紙がやりとりされました。その時期には、本というものが、なおいまだ自分の学究活動の成果としては認められていなかったことが看取されます。むしろ、読んでもらうことこそが成果だったのです。ですからかつてはその成果に関心を抱くだろうと思われる人に手紙を書き送ったり、あるいは、その成果に関心を抱きそうな他の人物がいると考えられる場所の人に手紙を書き送っていました。したがって、人びとは媒介者を利用してもいました。手紙のやりとりという方式によって学問が創り上げられたとは、今やわたしたちにはイメージできません。同様のことは法についてもいえます。一六世紀まで法は、相当程度にまで地域的《ローカル》なものであり、なお依然として書かれざる法でした。かくして法は、当時の土地所有者であった貴族の手中にあり、貴族たちは同時に裁判権もまた保有していました。貴族たちだけが法を行使できました。あるいは、貴族が「これこそ法なり」といえば、まさにそれがそのまま法になるという事態が想定されていました。そうした一定の諸経験が、ある場所から別の場所へと伝播していき、その後、フランスにおいてはじめて、慣習法の記録が行われました。慣習法とは、当該地域の慣行のことです。このように慣習法が記録されるようになり、記録される過程において新たに整序され、標準化されていくとともに、各地域の慣習法を相互に比較できるようになりました。とはいえ、いずれにしても法の妥当力は、多くの案件について、なお当該地域の慣習法としてのみ認められていたのであり、その後のフランス民法典にいたっても、その妥当力は、依然として地域の法的慣習としてのみ認められていたのに留まります。しかし、こうした法的慣習の文字化は、法律家によって取り扱われうる事柄に対して一つの形式を与えました。かつての「土地の守護神」――その場所の守護神とはもちろん当地の大地主のことですが――や、それが慣習法テキストのなかで意味しているものに、法とはいったい何かをめぐる判定が委ねられることはなくなりました。これら法および学問以外の多くの領域においても同様のことが妥当しますが、ここでわたしは個別の領域に立ち入ることはしません。――これら法および学問は、印刷術の影響に関わる決定的なケースです。これらのケースについては、文字への依存性がしだいしだいに浸透していったことを看取できます。それによって、もはや今日となっては、たとえば、いかにして法が印刷機なしに機能しえていたのか、あるいは、いかにして学問が印刷業抜きに機能しえていたのかを想像することはほとんど不可能になっています。さらにその後はコンピュータが、同様の機能をもつものとして発達しています。

ここから認められる課題の一つは、組織と文字の間の関係をどのように見るべきかという問いです。どの程度まで、組織への依存性が文字を基礎づけているのか。組織を制御することとテキストを制御することとが、それぞれ知見への介入と行為への介入として、互いに異なる様態を示すとすれば、その違いはどの程度であるのか。

印刷機の使用事例の一つは、カトリックの教会にあります。たとえば、贖宥状（免罪符）が印刷されたり、ローマから各司教に宛てられたさまざまな指示が印刷されたりしました。こうしたことがより容易になったのは、人びとがある事柄を印刷することによって、それぞれの人に宛てて一通ずつ手紙を書いたり、可能であればそれぞれの名宛人ごとに文面を変えたりしなくなったためです。むしろ印刷されたテキストは、誰に対しても全面的に同一の文面です。こうしたあり方は、すでに一五世紀には認められていました。そして、こうしたあり方は、つぎのような問い、すなわち、現存する書物を編集したり、書物を新たに書き直したりすることが、印刷の場合にありうるのか否かという問いが明らかになるよりも以前からすでに存していたものと推測されます。教会の組織機構、次いでその直後には国家の組織機構が、印刷術を活用しました。そしてまた、中国や朝鮮の経験は、つぎのことを示しています。すなわち、印刷術とは、広大な国土に数多《あまた》の臣下が存在している場合に、あらゆる地点へいっせいに同一内容の通知を送るためにはどうすればよいかという問題を実践的に処理するための一つの形式であったことです。今日的な観点からみれば、以下が、さらに切実な問いの一つです。すなわち、社会というものが、多少の程度の差こそあれ、あらゆる分野において、第一には組織に、第二には文字で書かれたテキストに依存しているとき、社会はいったいどのように組織とテキストに依存しているのか。この問いは今や、つぎの可能性へと引き込まれることもありうるでしょう。文字で書かれたテキストがコンピュータに置き換えられる可能性です。コンピュータへの依存と置き換えた場合、以下のような問題設定が繰り返しなされることになります。すなわち、すべてのコンピュータが何らかの秘かな攻撃により突然停止するにいたった場合、つまり、あるコンピュータ・ウイルスがあまりにも効果的かつ広範囲に攻撃したために、あらゆるものが破壊されてしまい、わたしたちが再び手書き文書を利用せざるをえないような状態に陥った場合に、いったい何があらゆるものを瓦解させたというのだろうか、という問題設定です。たとえばわたしが、少しばかり枠をはめられて面倒な旅行を行う場合はいつも、その旅程を乗車券に記録しておく必要性があります。とはいえ、通常はスイッチのボタンを一つ押せば済みます。この点、たとえば旅行会社の職員は、もはや今ではいちいち会社全体のホスト・コンピュータに照会しなければならないため、個々の職員がそれぞれに航空機搭乗のチェックイン業務を行うことができなくなっています。わたしなどは以前ローマで、このチェックインのため三時間も費やしたことがあります。そのときは、コンピュータが時刻表変更にかかりっきりになってしまい、一〇分あたり、わずか一人の搭乗客のチェックインしかこなせない状態で、事実上、定時運行業務が一時的にストップしてしまったのです。当然のようにわたしは、予定の飛行機に乗り遅れてしまいました。わたしたちは、たとえばこうした仕事を文字によって処理する立場にはありませんでした。そうだとすれば、そうした仕事は果たしてどこへ送り届けられるべきだったのでしょうか。わたしたちが考えうるのは、文字を用いたコミュニケーションやコンピュータを介したコミュニケーションは、技術《テクノロジー》が正常に機能することへの依存性を生み出すということです。

この講義時間の終わりに臨んで、そろそろ締めくくりに入りたいと思います。この締めくくりの内容については、比較的わずかな時間しか費やさないつもりですが、つぎの講義時間の最初にも取り上げてみたいと思います。ここで考えるのは、すなわち以下の問いです。エレクトロニクスについて、果たして何らかの言及すべき新しさが存在しているのかどうか。また、エレクトロニクスによって何かが新しくなったとしたら、果たしてその新しくなってきた道筋は、一方における文字の発明や、他方における印刷術の発明のように、統一的なものであるのかどうか。それともエレクトロニクスは、コミュニケーションの技術《テクノロジー》を根底的《ラデイカル》に変革してしまったために、今やわたしたちは以前とはまったく様変わりした諸現象に直面して、これらの問いに対して統一的な答えを獲得したり、今日の状況についての統一的な像を獲得したりすることに大いなる骨折りを強いられることになるのか。この問いについて考えるのは、つぎの講義時間にしましょう。

〈第6講義〉

さて、みなさん、前回の講義では情報を広く伝達するメディアについて論じましたが、もう一点、触れずに終わってしまったことがあります。それは間違いなく重要で、大いに関心を引く問題なのですが、ここでは手短にしか論じることができません。その問題とは、新たな電子メディアの登場によって何かが変わるのか、また、その変化をどのように評価することができるのか、という問題です。まずは、今日はじめて技術《テクノロジー》を前提とすることが有意味となった、ということから議論を始めるのがよいのではないかと思います。もちろん、印刷機が登場した段階で、すでに技術《テクノロジー》が前提とされるようになったということは可能です。さらに遡って文字の登場となると、ちょっとそうはいいにくくなります。それに対して、わたしたちがここで一定の装置、たとえば電気を自由にコントロールできることを前提とし、何らかのマシンや装置を稼動させるために電気の使用を前提とするような、そうした装置を必要としていることは、今日明白です。今やあらゆるものが電気に依存しています。そして、そのことは、きわめて広範な帰結をともなうことになります。コンピュータ・技術《テクノロジー》がまさにそうです。電気の供給が途絶えれば、問題が発生します。つまり、一方で、技術《テクノロジー》に関する構造ははっきりしているということです。このことは、つぎのようなことも意味しています。すなわち、比較的多くの経費が必要になること、さまざまな産業や企業の結びつきが有効に機能しなければならないこと、確実性を確保するための技術《テクノロジー》やリスク回避の技術《テクノロジー》が追加的に膨大に必要になること、などです。今日、人びとはコンピュータに関して、装置を安全確実に作動させるための費用、つまり基礎的な技術《テクノロジー》が安全確実に働くようにするための費用が、当の技術《テクノロジー》そのもののための費用をすでに上回っていると思っています。コンピュータ以外であれば、これほどまでに安全性や確実性が重視されなかったかもしれませんが、いずれにしてもこのことは、さらにつぎのことを意味します。すなわち、本の印刷のことを論じた際に指摘した市場への依存を、わたしたちは今日さらに大幅に強めることになるということです。コミュニケーションは、以前に比べて相当高くつくようになりました。あるいは、以前に比べて経済に依存するようになりました。しかも大幅にです。

さて、以上のことはほんの前置きにすぎません。主要な問題は、一つの統一的現象から議論を出発させることができないということであり、これこそが新しい電子メディアの評価を難しくしている元凶です。ある意味では、コミュニケーションに無関与である技術《テクノロジー》、つまり電気のおかげで、コミュニケーションに影響を与える実にさまざまな可能性が生まれたことは明らかです。三つの事例だけ取り上げたいと思います。まずは遠隔《テレ》コミュニケーション、特に電話です。つぎに映画とテレビを取り上げ、最後にデータ処理技術の一種としてのコンピュータに媒介されたコミュニケーションと情報を取り上げます。「データ処理」というのは一般的な言い方ですが、意思決定理論の立場からみれば、不確実性を吸収するための技術ということも可能かもしれません。これらの異なった事物に対して、一つの統一的分母を見出すことは著しく困難です。たとえば、電話については、空間と時間を限りなくゼロに近づけるといわれています。わたしたちは世界中の人と電話で話をすることができます。ただ、相手が眠っているところを起こさないように気をつけなければならないだけです。タヒチやロサンジェルスに電話をかけようと思ったら、同時に時間の計算もしなければなりません。特にトニー・ギデンズは、近代の世界において空間と時間における隔たりがいかに縮小したか、あるいはそもそもいかに意味をもたなくなったか、ということを強調しています。[26]もちろんこのことは交通についてもいうことができますが、何といってもコミュニケーションにおいてとりわけ顕著です。このことは、計りしれないほど多くの帰結をもたらします。たとえば、国際金融システムにおいては、危機は瞬く間に広がり、どこかの証券市場で起こったことに別の証券市場がすぐに反応するようになってきましたが、こうした動きの速さ自体が、金融システムを統制することはできないという問題を引き起こしています。そもそも人びとは競争していますから、きわめて素早く反応しなければなりません。したがって、よく考える時間を前もって予定しておくことなどできないのです。これは遠隔《テレ》コミュニケーションに特有の現象であるようにわたしには思われます。この現象を全社会的連関のなかにおきなおしてみるならば、それほど重大なことではないかもしれません。情報を広範に伝達するテクノロジーの問題に精力的に取り組んできているウォルター・オングは、エレクトロニクスを介した口述性、新たな種類の口述性について語っています。[27]この間、これに関連する現象は広がってきていますが、まだそれほど人びととの生活に影響を与えているとはいえません。しかし、わたしは数日前、ミラノで商業会議所の奥に案内されました。そこにはメディアを介した会議用の部屋がありました。その部屋にはテレビ画面と座席がありました。人はただ見られるというだけでなく、見てもらうこともできるのです。イタリア人は、ニューヨークやそれ以外の都市と共催で会議を開くからといって、もはやミラノを離れる必要はなくなるでしょう。電話での多元通話であればすでにお馴染みですが、今やそれが同時にテレビを介しても行われます。そのことがどのような影響をもたらすのか、いったい誰がそのような部屋をあえて作るのか、あるいはそのような部屋をお金を払って借りられるのは誰なのか、会議のスタイルが変わるのか、そういったことは現時点ではまったく予想がつきません。この分野では今少しずつ事態が進行しているところですが、間違いなく今後数十年のうちに、現在のわたしたちが知っている状態よりももっと明瞭に、もっと一般的に、こうした会議システムが活躍するようになっているでしょう。

わたしたちは動画とテレビによって、どのような問題を背負い込むことになったのかという問いは、ことによると、より興味深いかもしれません。当然ながら問題になるのは、またしても電気なしには起こらない事柄です。ここでは、通常はただ直接知覚するだけである事物が登場します。つまり動きです。というのも、映像は一瞬の出来事として撮影されるのではなく、動きとして提示されるからです。それに音響効果が加わります。その結果、通常わたしたちが知覚者として熟知している状況を、今や動画としてみるようになります。わたしは関連文献をそれほど読んではいないので、現在の状況についてくわしく論じることはできませんが、わたしがこれまでコミュニケーションについて語ってきたことを踏まえるならば、これはコミュニケーションの全体的な枠組みにおける変化を意味しうるし、また意味するはずだと判断することができるでしょう。わたしたちはつぎのような状況に接するようになったのです。すなわち、そこでは文字ではなく、さまざまな映像や映像の流れに意識を集中させる際に知覚が要求されながら、つまり自然な、普通の知覚が要求されながら、にもかかわらず「すべては作られたものだ」という印象をもつ、そんな状況です。テレビの前に座るとき、わたしたちは普通の知覚を行っているわけではなく、誰かが画面に映っているものを作成し、後でわたしたちが受信できるようにしたということを理解しています。こうしたことから、今や全世界がコミュニケーションとして扱われうるようになったとか、わたしたちはますます自然な状況をもテレビで見聞きしたものとの対比で判断するようになったとか、〈ステージの本物らしさ〉、つまり演出された本物らしさをめざして、観光関連事業などさまざまな事業が生まれていて、たとえばわざわざ遠方の現地まで旅行する必要などなく、テレビでみても十分遠方に観光に行った気分になれるかのようである、といったことを言いだす人もいました。わたしたちは今や、世界そのものをコミュニケーションの産物として知覚するようになったというテーゼは、おそらく言いすぎでしょうが、少なくともつぎの一点は注目に値します。すなわち、動画あるいはテレビ放送に対して、わたしたちはもはや単純な〈イエス／ノー〉コードを用いることはできない、したがって、単純に受け入れるとか受け入れないといった決定を下すことはできない、ということです。なぜなら、映像はあまりにも複合的だからです。とにかく映像のなかの何かは、主題となっている出来事をもっともなこと、よくあることと思わせます。映像に写っているのは周知の世界です。ホラー映画やSFを観ているのでもなければ、対象が何であるのかを確認するのに何の苦労もいりません。それに、ホラー映画やSFが引き起こす恐怖やショックであれ、しょせんは演出されたものです。わたしたちは、よく知っているもの、あるいは何であるか確認可能なものをたくさん見ますが、それが、わたしたちがそれに対して反応しなければならないような何ものかであるということはありません。したがって、そもそもわたしたちは何に反応しなければならないのかということが問題になります。わたしたちは、この映画は出来が良いとか悪いとかと判断することができますし、あることに関心をもつことももたないことも可能です。また、テレビのスイッチをオンにすることもオフにすることも可能です。しかし、何かを伝えようとするとそれに対する〈イエス／ノー〉の態度決定が関与しがちな口頭でのコミュニケーションや、文字によるコミュニケーションと比べると、その違いは相当際立っているようにわたしには思われます。これはまたつぎのことも意味します。すなわち後で、シンボリックに一般化されたコミュニケーション・メディアという観点から、いくつかの制度を扱う予定ですが——シンボリックに一般化されたコミュニケーション・メディアというのは、かなりの確率で起こりうるノーをイエスに変換することに役立つ仕組みであり、わたしたちの文化のかなりの部分を形作ってきたものです。権力、真理、芸術、貨幣などがそうです——、そうした制度がその準拠点を失うということです。このことはもはや、わたしたちは態度決定を迫られることがなくなり、ただじっと見ていさえすればよいということを意味するのか、つまり、よくいわれるように、テレビはわたしたちに受動的態度をもたらすのか、わたしにはわかりません。おそらくそれは個人の心構えによっても大幅に左右されることでしょうから、一般的なことをいうのは難しいでしょう。しかし、考えてみなければならないのはつぎの問いです。すなわち、高度文化の特定の型が、イエスかノーか、受け入れるのか受け入れないのかという問いかけにどれほど依存していたかということであり、わたしたちは今いわば普通の知覚に、つまりそこではそもそも映像のなかの何に反応すべきなのかを決定することが困難であるような、そういう普通の知覚に、連れ戻されつつあるのではないか、ということです。みなさんが女性アナウンサーを見ているとしましょう。彼女はたいへん悲惨な事件が起こったということを伝えています。しかし同時に彼女はとてもチャーミングに見えます。さあ、人は何に反応するでしょうか。悲惨な事件とチャーミングに見えることとの間に関連はあるのでしょうか。こうした場合、人は依然として二様の反応を同時に行うことができるのでしょうか。音響効果も重ね合わされている映像に対する反応において、何らかの社会的調和が生じるなどということはあるのでしょうか。わたしはこれらの問いをまだ立てる気にはなれません。こうした問いに答えられるようになるためには、つまり、テレビを通じて人びとの共鳴の仕方にどんな変化が起こるのか、また積極的にコミュニケーションに参加しようという姿勢にどんな変化が起こるのか、こうしたことがわかるようになるまでには、テレビと一緒の生活を一定期間してみることが前提となることは間違いありません。いずれにしても、あらゆる主要な制度に対する無関心や拒否といった現在の動向を、テレビ漬けの生活のせいにするのは、早まった判断でしょう。まったく違うメカニズムも一緒に影響していることは間違いないからです。

三番目に取り上げるのはコンピュータに媒介された情報です。すでに述べたことですが、ここでわたしたちが直面している情報変換の技術——あるいは不確実性を吸収したり、さまざまな情報を同時に処理する技術——は、何かを言う相手と向き合うことになる音声からは、やはり区別されます。また、文字の場合であっても文字を書いた人を確認したり、一連の文字によって表された情報を読み直すことで確認したりできるかぎりは、文字からも区別されます。つまり、音声や文字であれば、わたしたちは一連の思考過程が生じたことを確かめたり、たどり直したりすることができますが、コンピュータ技術の場合は違います。そこでの作動の様子をある程度概観できたところで、コンピュータ技術による情報変換等々は、時間が問題にならないモデル、個々の特定のプログラムを通じてなされ、そこにおいて意味がどのような順番でどのように処理されるのかは、もはや一般には――少なくとも高度なプログラムの場合には――わかりません。こうした発展はまだ始まったばかりですので、このことが何を意味しうるのかということを予測することは、やはり困難です。しかし、比較的規模の大きい会社からは、すでにつぎのようなことが報告されています。すなわち、欲しい情報をコンピュータから引き出す場合、その情報が当の会社自体によってもたらされた情報なのか、それともよそからやってきた情報なのか判別できないことがよくあるそうです。情報を整然と区分しようとしても、組織の境界がはっきりしなくなりつつあります。少なくとも、どれが自分たちで生み出した情報で、どれがよそからきた情報なのか、また、どの情報は疑ってかかるべきで、どの情報は信用してよいのか、ただちにわかるというふうにはもはやいきません。同様のことは、つぎのようなケースについてもいえます。すなわち、たとえば何らかの製品をデザインする場合、コンピュータが計算した結果として、ある形が生まれてくるにもかかわらず、その形に決まる過程をもはや統制することはできず、ただどういう結果が出てくるのかを見守るしかなく、もっとよい結果を得ようと思うのであれば試行錯誤によるしかない、といったケースです。デザインを行うにあたって、一定の期待、ものづくりに関する一定の形式を入力するだけ、あるいは重さや材質や形その他あらゆるデータを指定するだけ、あとはコンピュータを作動させて、使いものになる結果が出てくるかどうかを見守るだけ、プログラマーも工場長も、あるいは受取人も、眼前で起こっていることを正確には追体験できない、そういうコンピュータ制御の造形工場があります。[28] これ以外にも言及すべきさまざまな可能性があることはいうまでもありません。

しかしここでは、重要と思われることだけについて、手短に述べます。それは、以上の発展は明らかにコミュニケーションの全過程を拡張する可能性も含めて、コミュニケーションを変化させる実にさまざまな可能性をはらんでいるということです。そこからまとまった結論を導き出すことが困難であることはいうまでもありません。文字の発明、アルファベットの発明、あるいは印刷の導入のことを振り返ってみれば、少し安心することができるのではないでしょうか。というのも、いずれの場合も、その影響は何世紀にもわたって続いたからです。いったいいつから文字が用いられるようになったのかに関してはいまだに論争が行われていますが、いずれにしろ文字化するという技術が、そのさまざまな可能性にわたって用いられるようになるまでには――たとえば、公文書のため、法律の定着のためだけでなく法律の変更のため、家系図を作成するため等々――三〇〇年から四〇〇年かかりました。家系図を作成するために貴族は祖先の名前をどんどんあげていくことになりますが、突然、一部に欠落があることに気づいたり、敵対する貴族と実は祖先が一緒だったことに気づいたりといったことも起こるようになります。このように文字は、首尾一貫性に対する関心を呼び覚ましましたが、それが確固とした関心になるまでには、間違いなく数世紀が必要でした。今日、いくらあらゆるものがかつてに比べれば速いスピードで動いているといっても、誕生して四〇年そこそこのコンピュータがわたしたちに何をもたらしてくれるのか、またテレビによって何を重要なことと見なすのかという点でどのような変化が起こるのか、積極的にコミュニケーションに参加しようとする姿勢にどのような変化が起きるのか、そうしたことの一切が今日すでにわかるといえるほど事態の進行が速いわけではありません。いろんな変化が起こるのでしょうが、そのうちの一つは、電子メディアの利用の仕方がたぶんますます個別化していくことです。テレビと電話に関してはこのことははっきりしていますが、コンピュータが一般家庭に普及するにつれて、プログラムの標準化から予想されるよりも、はるかに多様な使い方がなされるであろうと想像することも可能です。また、読者がどんな感想を抱いたにせよ、ある本を一〇万人の人が読んだであろう、といった想定も、本がコンピュータ上で読めるようなかたちで出版されれば、もはや通用しません。本の作り方もコンピュータを介するようになれば、前もって原稿ができあがっていることが当然であった従来の様式とはまったく違うものになるかもしれません。したがって、メディア利用のいっそうの個別化はさまざまなトレンドの一つではあるでしょうが、それによって音声や文字が単純に周辺に追いやられてしまうということにはならないでしょう。少なくともそのように想定すべきではないでしょうか。たしかにそうした心配、つまりテレビやコンピュータがあればもはや本は読まれなくなるのでは、という心配はつねにありました。しかし、出版業者や著述家、詩人たちが抱いたこうした心配が当たっているということを示す十分な証拠は今のところ見当たりませんし、十分な証拠がそのうち得られるとも思えません。それは、文字が音声に取って代わったわけではなかったというのと同じです。本が印刷されるようになっても、音声によるコミュニケーションに取って代わったわけではありませんでした。そのことについては前の時間に少しお話ししました。ですから、取って代わるといった問題よりは、むしろややこしい事態を生み出す新たな可能性を想定することが可能です。たとえば、コンピュータによって作成される本の場合、新たな種類のミスプリントが発生したりします。そうした点以外では、従来の本とそれほど本質的な違いがあるわけではありません。

以上、今後どんな変化が起こりうるのかということについて、ごくわずかですがお話ししました。これについてはこれ以上述べませんが、社会学がここで広大な探究分野を獲得するにいたったことは間違いないと思います。この探究分野を制限するのは、将来を見通すことはできないということと、あらゆる予測が困難かもしれないということだけです。そうした制約はあるにせよ、こうした関心は、まさに今問題にしている情報伝達技術《テクノロジー》の全領域に関わっていますから、社会学者もまた、文字の発生、音声と文字の違い、本の印刷が引き起こした変化、エレクトロニクス技術《テクノロジー》といった問題にますます取り組むようになるでしょう。そうした傾向ははっきりと現れてきていますし、今後ますます強まるでしょう。

さて、ここからコミュニケーションに関する本章の第三の部分に話を移したいと思います。もしみなさんが第三の部分に表題をつけてほしいというのであれば、「シンボリックに一般化されたコミュニケーション・メディア」ということになります。これはさしあたりわかりにくい表現でしょう。何か概念らしくはあるが、すぐには理解できない、そういう代物です。そこで、まずはこの概念とその中心的アイディアの由来を説明することから話を始めることとし、その後で具体的な分析を提示したいと思います。この概念を導入しようと思うようになったきっかけは、タルコット・パーソンズの行為システムの一般理論です。(29)この理論は、さまざまな構成要素、つまり行為の可能性の条件、行為概念の構成要素を区別し、そこから、システムの発展は、この一連の諸条件にそったものでなければならないというテーゼとともに、一種の分類を展開することを基礎とするものでした。行為概念の分析から、行為はどのようにしてシステムとなるのか、また行為の構成要素の内部でどのようにしてサブシステムが形成されるのかということが導き出されました。このことは、この講義で提示されるものとの違いをはっきりと認識するために、ぜひしっかり覚えておいてください。違いの第一は、問題なのは行為であってコミュニケーションではないということです。あるいは、コミュニケーションが問題にされていても、行為の一つの事例として扱われているということです。そして、行為は多かれ少なかれマックス・ヴェーバーの意味で、つまり、社会的意味を帯びたもの、社会的に思念されたものとして理解されています。誰からも観察されず、何かを伝達しようという意図もなく、誰からも見分けがつかないようなかたちで遂行される行動様式は問題にならないということです。これに対して、わたしたちが行う行為からコミュニケーションへの飛躍は重大な飛躍です。なぜなら、この飛躍はコミュニケーション概念を変化させてしまうからです。そのことについてはごく簡単にですが、以前にお話ししましたので、ここではつぎの点だけ繰り返しておきます。それは、コミュニケーション概念においては伝達行為の面だけが問題になるのではなく、何を伝達するのか、つまり情報も問題になるし、さらには理解も、つまりコミュニケーションに参加している他者の立場も問題なるということです。まず第一に、このような違いについてよく考えてみる必要があるでしょう。

第二に、パーソンズの場合、「シンボリックに一般化されたメディア」という概念は、機能的分化の帰結と結びついています。すなわち、行為システムが分化するとメディアが誕生すると見なされ、メディアは異なった部分どうしをそれぞれきわめて複雑なやり方で再び結びつけることに役立つとされます。それゆえ「相互交換のシンボリックに一般化されたメディア」という言い方がなされるわけです。そこではさまざまなメディアによる交換過程が、二重の交換に関する複雑な理論構成が、問題になります。つまり、二つのシステム間の給付はすべて二種類あって、しかもその二種類の給付は、個々のシステムにおいて改めて差引勘定されなければならないということです。たとえば、家族は経済と関係しています。つまり、一方で家族は働いて収入を得なければなりませんが、他方で他の市場でお金を支出することが可能です。これによって家族内部では、お金の使い方に関する論理《ロジック》、つまり家族はつねに支払い可能でなければならないという論理《ロジック》が問題になります。信用取引を利用できる家族もあればできない家族もあるということはありますが、基本的にそれによって問題が変わることはありません。こうしたパーソンズの構想に対して、以下の議論を導く基本的考えは、メディアはむしろシステムを生成させることに適しているというものです。ですから、複合的全体としての行為がいくつかの部分に分かれることを所与として、議論を始めるわけにはいきません。むしろ特定の問題から、つまり、いかなる理由からであれ、いったん差し迫った問題となるや、そのための特別の働きが生じてきて、それがシステム的連関を形成するようになる、そういう問題から議論を始めるべきです。この点についてはまた後で論じます。ここでは、パーソンズの理論との違いを示す点として指摘するだけに留めておきます。

以上の点は、機能的分化の歴史的意義をどう考えるかという問題にも関わってきます。パーソンズにとって機能的分化は、結局のところ行為概念の論理から帰結することでした。つまり、行為がますます複合的になるにつれて、機能的分化がまさに彼の理論のなかで描かれているように進展するというのです。これに対してわたしが考えているのは、どちらかといえば帰納的に理解される現象として機能的分化を扱うことです。つまり、理論そのものに従って起こるようなことではなく、理論によってただ観察され、何らかの仕方で後から理解されうるだけの事象として扱うということです。これは分化の型に関する異なった立場です。

つぎに問題にしたいのは、シンボリックな一般化です。シンボリックな一般化とはいったい何なのでしょうか。こんな表現を引き続き用いるべきなのでしょうか。「シンボリック」と「一般化」の結びつきは、パーソンズには明らかでした。つまり、「シンボリック」とは、その意味内容が二人の異なった行為者を協調させるのに、つまり両者を同一のものに関係づけるのに、適しているということを意味しました。このような理解の背景には、共有された価値、あるいは共有された言語、共有された規範構造を前提しうる場合にのみ、行為は成立するという考えがありました。そうでなければ、人びとはただすれ違うだけになるだろうというのです。こうした考えがシンボル概念にも影響しています。わたしはシンボルという表現に関しては、こうした位置づけでよかろうと思います。というのも、古い言葉としての「シンボル」には、このような他から分離されたものの統一性という意味がつねにあったからです。手厚いおもてなしの「シンボル」とか、教会の「シンボル」、あるいは教会正面入り口の「シンボル」などです。人びとはいわばこうしたシンボルを通過することで別の世界に入っていったのであり、だからこそ特別に強調されなければならなかったのです。シンボルとは、このような意味です。しかし「シンボリックに一般化された」という表現は、それ以上のことを意味しているはずです。パーソンズは「一般化された」という表現について、上述のようなシンボリックな構成物は異なった状況での使用に適しており、したがって異なった事態を包摂するものでなければならないという事実を引き合いに出して語っています。つまり、「一般化された」とは、シンボルとしてたった一回使用されるだけということではないという意味です。たとえば人びとが貨幣を受け取るのは、何かを買うためにそれを再び手放すことができるからです。誰かがお金を受け取る状況、たとえば労働に対する報酬として受け取るという状況は、その人が受け取ったお金を何に使うのかということについては何も語りません。貨幣は一般化の効果を示す典型的な例です。つまり、一般化された結果、お金を何に使うかということは決して特定されることはないということです。ただし、一カ月の給料でどれくらい買い物ができるのかということは見積もることができます。もっとも、これはあくまでも量に関してだけの話ですが。ともあれ、「シンボリックに一般化された」という表現が意味するのは、現存の各システムが分化しきって、それぞれが複合体をなすとき、上述の二つの契機がつねに一緒に生じるということです。つまり、相互の予期や行為に対する心構えを協調させるという契機と、意味を一つの状況だけに固定化させないという契機です。わたしはこの「シンボリックに一般化された」という表現をうまく借用できたのかということに関しては、相変わらず自信はありません。しかし、さしあたり「コミュニケーション」に関する本章の第三の部分を特別の表現を用いることで際立たせることは、わたしにとって有益です。ここでは伝達メディアが問題なのではなく、それとは違うものが問題となっています。そしてこれまでのところ、それを表すための表現としてパーソンズから借り受け、パーソンズとは異なった意味づけを与えた、この「シンボリックに一般化された」という表現以外には、適切な表現が見つかりません。

パーソンズに関して最後に、この分野に関連する文献のなかではほとんど論じられてはいませんが——思い浮かぶのは、パーソンズの弟子にあたるライナー・バウムの論文くらいです[30]——、わたしがずっと強い印象を受けてきた驚くべきことについて、触れておきたいと思います。それは、メディアが分化することで、同時にヴェーバーの合理性モデルが解消されてしまうということです。ヴェーバーの類型論は、パーソンズとは異なる次元で展開されたものでした。ヴェーバーの類型論は、目的合理性、価値合理性、その他の正当化ないし動機づけの形式を提示するためのものでした。しかし、パーソンズ流のシステムの区分に従うならば、今や問題になるのは各システム内部の合理性です。つまり、経済あるいは政治あるいは宗教——または潜在的構造、つまり、意味の永続的な安定化のための別の一般化されたシステム——の内部の合理性です。こうした内部の合理性が問題でない場合であれば、影響が問題になります。そして、メディア理論を精緻化していくなかで、各システム内部で、どのような基準、どのような標準に従ってメディアが使用されるのかを確かめようという試みがなされます。たとえば、貨幣であれば支払い能力、流動性が問題になります。おそらくこれに利益や採算性などを付け加えてもよいでしょう。権力の場合であれば特定のタイプの信頼維持が問題ですし、権力の資源そのものの維持も、したがって強制装置なども問題になります。分析がこのように細分化していったとき、結果的にこの理論には、社会全体の合理性について語ることのできる場がないということになります。みなさん自身がつぎの問いを立ててみれば、このことがいかに奇妙なことかわかるでしょう。すなわち、経済的合理性、価値合理性、宗教的合理性、あるいは影響領域の合理性、レトリックにおける合理性、政治における合理性、等々といった個別の合理性を問題にすることなく、いったどうやって社会そのものが合理的である、固有の意味で合理的である、ということが可能なのでしょうか。この点で自分がどれほどヴェーバーからかけ離れていたかということを、パーソンズはまったく意識していなかったとわたしは思います。彼には、古典的学者たちとの結びつきを強調し、みずからの定式化をさまざまな古典的社会学を組み合わせ統合した結果だと見なす傾向がつねにありました。しかし、この組み合わせ、統合という点でしだいに優勢になったのが機能的分化という考えでした。そして、そのことが合理性の概念にまで影響を与えているということを認識することは、わたしが今やろうとしていることにとってもとても重要です。ハーバーマスがパーソンズと格闘した軌跡をみなさん自身がたどってみれば、ハーバーマスもまた、どういうわけかこの点で、立ち往生していることに気づくでしょう。[31] 一方でハーバーマスは、パーソンズ・モデルは貨幣については事実と照応しているかもしれないし、また権力についてもたぶんそういってよかろうが、それ以外のメディアについては妥当しないといいます。そして、パーソンズの図式に従えば価値の領域ということになりますが、そこで彼は、理性といったもの、また貨幣などに比べ人間の内面の積極的意志とはるかに強く結びついているものをもちだします。つまり、戦略的合理性ないしは技術的合理性をもちあわせてはいないメディアを、上位に位置づけます。ところが、ハーバーマスは、これとは違う考え方をも容認するので——そのことはシステムと生活世界についての論じ方に現れています——、彼の理論には独特の両義性がつきまとうことになります。パーソンズの場合は、そうした両義性をもっとずっとはっきり認めています。その独特の両義性とは、たしかに一方には固有の合理性をもつシステムが存在するが、他方で理性の合理性も存在するというものです。こういわれると、つまり合理性は貨幣または権力または討論による説得のいずれかによって媒介されうるとすると、そもそも合理性とは何ぞやという問いに答えることができません。わたしはそのことを以前に指摘しました。まったく異なった構想にもとづく理論でありながら、同じようなことが繰り返し起こっているのは決して偶然ではありません。

以上で歴史的分析または理論比較的分析は終わりにし、ここからは、そもそもシンボリックに一般化されたメディアの問題あるいは機能とは何かという問いに移りたいと思います。パーソンズはこうした問いを立てる必要がありませんでした。なぜなら、パーソンズは分化の図式を最初から与えておいて、その上で媒介問題を、つまり各システムは相互にどのように結びついているのかという問いを立てたからです。しかし、こうした議論の進め方をご破算にし、分化はコミュニケーション・メディアが発明され普及した結果生じたと一〇〇パーセント確実にはいえないにせよ、どちらかといえばそうだろうと見なした場合、当然ながら、そもそもなぜメディアは形成されたのかという問いが生じることになります。メディアの機能とは何なのでしょう。メディアによってどのような問題が解決されるのでしょう。ここでわたしは、あらゆる言語的コミュニケーションは〈イエス／ノー〉コードをもっているという考察に立ち戻りたいと思います。どんなことであれ誰かが何かを言い、それを他者が理解ないし誤解すれば、他者は言われたことに対して受容するか拒否するか、いずれかの反応を返すことが可能です。さしあたりイエスもノーも等しく起こると仮定することが可能ですから、要請、願望、懇願、伝達等に対してイエスという反応がなされるのか、ノーという反応がなされるのか、誰にもわからないということになります。もちろんこのような想定は、現実に照応しているわけではありません。というのも、口頭での相互行為においては、伝えたことに関して相手が受け入れてくれる可能性が高くなるよう、わたしたちは話し方をコントロールしているからです。あるいは、相手を怒らせようとして、あるいは他の誰でもない者として自己主張しようとして、拒否されることがわかっていながら、それでも言うという場合もあります。どのような反応がなされるかまったく予想できない、あるいはイエスとノーの反応が等しい割合で起こるなど、エントロピーが増大するように反応がなされるといったことではありません。わたしたちはつねにそのように前提しないわけにはいかないのです。とはいえ、複雑性が増大するにつれて、つまり伝達の範囲がますます広がり、伝達の内容や仕方がますます多様になるにつれて、とりわけ文字の発明によって、ノーの反応が起こる確率が増大するといってよいようにわたしには思われます。共通の知識、たとえば状況内の何が問題になっていて何が問題になっていないのかということについての共通の知識にもとづいて、おのずと調整が働くなどというふうにはもはやいかなくなります。もちろんそういう場合も相当程度、つねに存在します。およそ相互行為がなされるかぎり、共通の知識にもとづく自然な調整も当然なされます。しかし、ある相互行為において前提となった共通知識が、別の相互行為でも前提できるかとなると、相当怪しくなるでしょう。たとえば、みなさんがまだ裁判に関わったことがないとすれば、法廷に入ったとき、そこでどんなことが行われるのか、どうなれば成功であって、どうなれば恥をかくことになり、どうなれば成果がゼロということになるのか、といったことをそれほど正確には知らないでしょう。同様のことは病院についてもいえます。病院ではどの程度、自分自身で気をつけなければならないのでしょうか。医者の間違いをどの程度指摘しなければならないのでしょうか。腕に打たれている点滴の速度があまりにも速い、あるいはあまりに遅いからといって、点滴の機械をどの程度、自分で調整すべきなのでしょうか。そんなことをしてもよいのでしょうか、いけないのでしょうか。こうした例が示しているのは、機能的システムの分化が大幅に進むようになると、相互行為のタイプもますます増えるようになるということです。ましてや文字が関わるようになれば、同様のことはなおいっそういえるでしょう。二度、三度と読み直すことができて、しかも著者がもはやいない――たぶんはるか昔に死んだか、仮に生きていてももはや自分がかつて書いたものに興味がない――文章があるとしましょう。そういう文章を誰かが読めば、その人は、これは上手な文章だろうか下手な文章だろうか、文章でいっていることに対してイエスといおうかノーといおうか、その文章を書き写そうか書き直そうか、つまり自分の学位論文に適しているだろうかいないだろうか、等々と考えるでしょう。このような場合には、ノーという対応を行う自由度が大幅に高くなります。相互行為をコントロールするものがなくなるのです。他者のまなざしという社会的コントロールがなくなりますし、時間の密度が存在すれば、ただちに反応するということがいつでも起こりえます。さもなければチャンスを逃すことになるわけですが、そうした時間の密度も存在しなくなります。そして、結局はどうでもよくなって、おそらく「興味ない」あるいは「いや、わたしはよいとは思わない」などといって、面倒なことから身を引く可能性が大幅に高まるでしょう。

したがって、以下の考察では、言語はさしあたりつねに二つの可能性を用意しており、言語に注目するかぎり、ノーに比べてイエスが選好されることはない、ということが前提になります。わたしたちはイエスもノーもどちらも理解できるように表現することができますし、言葉としてはどちらもすんなり理解できます。文法的にも何の問題もありません。しかし、イエスあるいはノーに対する社会的反応ということになれば話は違ってくるでしょう。したがって、わたしは、シンボリックに一般化されたメディアが形成されることになる出発点としての問題とは、進化が求められるようなつぎのような状況だと考えます。すなわち、複雑性の増大と文字によってノーの反応が起こる可能性が高まったために、何とかして対抗手段を、つまり、起こる可能性の高いノーをイエスに変換する何かを、発明しなければならなくなったという状況です。わたしがシンボリックに一般化されたメディアの理論を定礎したいと思う場所がここです。この場所は、宗教および道徳とややこしい関係にあります。パーソンズ的タイプの議論であれば、共通の方向づけを与えるものがあるはずだということを最初から想定するということになるでしょう。たとえば、神です。神は善いことも悪いこともすべてを見通します。人間は善いか悪いかに関して若干の判断基準はもち合わせていますし、神は悪のためというよりは善のために存在しているということも知っていますが、神の主要な関心事は善悪の区別そのものでした。宗教関係の文章を読んでみれば、そのことがよりくわしく理解できるでしょう。共通の方向づけを与えるものとしては、道徳も受け入れられてきました。善いことは善く、悪いことは悪いのです。もちろんそのためのプログラムもありました。いずれにしろ、何が善く何が悪いか、だいたいのところは誰でも知っていました。ところが、そうした包括的な意味論《ゼマンテイク》によって統一的な意味づけをめざすような傾向では、しだいにやっていけなくなり、個別の状況や個別の問題に応じた特殊な仕組みが、しかも宗教や道徳との結びつきをもはやあまりもたないような仕組みが、追加的に形成されていったように思われます。

アルファベット発明以後のギリシャの意味論《ゼマンテイク》の発展がこのことを例証する事例であろうと、わたしは思います。アルファベットは比較的早く、ほんの数世紀のうちに、比較的広い分野で書き言葉が用いられるという事態をもたらしました。これによって人びとは文字で書くことによってコミュニケーションできるようになり、そのためには、宗教的与件や系譜学的で神話的な与件などとの結びつきは必要なくなりました。結局、人びとはあらゆることを書くことができましたし、十分な読者を得ることもできました。読み書きのできる人の割合がどれくらいだったかということについては諸説があり、おそらく完全に解明されるなどということはないでしょうが、少なくとも一定の読者を想定することができ、もはや特定の著述家の職人的な特殊技能だけが——理髪師のような何か特定のことができる職業が——問題となるような状況ではなくなるくらいのパーセンテージの大きさではありました。読み書き能力が社会のなかでかなり普及していたのです。今はっきりと証明できるわけではありませんが、このことは、さまざまな事態、さまざまな問題の分野を表すための独自の用語が誕生することと密接に関わっていただろうと思います。そのことは、人工的に作られた単語がまずは書き言葉として使われ、やがて一般的に使用されるようになっていったということからも部分的に読み取れます。一例をあげれば、「友情」(philía, amicitia) です。わたしが知るかぎりでは、ホメロスの著作のなかでは形容詞として philos が出てくるだけです。それがやがて、友人どうしの特別な結びつきの一種を表す言葉として philía が使われるようになったのです。友人どうしの結びつきは、アリストテレスの分類に従うならば、効用——交換することで誰もが他者から何かを得ます——や、喜びの獲得、あるいは徳、つまり道徳的質や政治的‐倫理的清潔さ、さらに付け加えたければ有能さも含めて、他者の徳の評価などにもとづくことが可能です。しかし、いつでも真っ先に思いつくのは二者関係を表す用語、連帯です。おそらく言語的あるいは意味論的に Philia は amicitia を介して「連帯」とつながっています。もちろん連帯は近代の産物です。なぜなら、今や連帯に関して友情がどうのこうのと語ることは難しいからです。このことは、わたしたちのまわりで「連帯表明」なるものが行われていることを考えれば、いっそうはっきりするでしょう。連帯という言葉は、今や友情とは異なった意味をもっていますが、これらの単語の意味の移り変わりの歴史は、社会的なまとまり、その感情的で、時には打算的でもある一体性に対する訴えかけの歴史なのです。

こうした用語から区別されるようになったのが、知の領域の専門用語にまつわる言葉です。その筆頭は「真理」(alētheia)という、一風変わった単語です。接頭辞の〝A〟はギリシャ語では否定を意味しますから、この言葉が表そうとするものは、隠れていて発見されなければならない何かです。このような意味論《ゼマンティク》は独特で、おそらく完全に解明されることはないでしょう。ただし、相応するものが、ドイツ語であれば「正しさ」(Richtigkeit)、英語であれば right——つまり、これら r…t という綴りをもつ単語の一つ——の観点のもとでわたしたちが理解しているものと異なっていることははっきりしています。口述、想起の重要性、忘却と忘却の防止、重要なコミュニケーションの保持、これらと関連していることは明らかです。ある意味では昔の知恵を表しているといってもよいでしょう。しかし、やがてこのような構造の上に新たな専門用語が形成されます。それは、厳密な知(epistéme)と、たんなる思い込みとしての知(dóxa)を区別する用語です。この区別によって、真理が問題となるようになりました。しかも、この区別は政治に転用したり、友情関連用語に転用したりすることはできませんでしたから、意味論《ゼマンティク》的には独自の発展を遂げていきました。これがギリシャの学術、具体的にいえば、医学、そしてもちろん数学の成立に、少なからず影響したであろうことはいうまでもありません。

こうした事例はほかにもあります。政治に関する専門用語はきわめて複合的で、かつ独自であり、古い家の支配との違いを示しつつ都市の官職構造を表すという、二重の機能をもっていました。家の支配とは、déspotes ないし ánax といった概念で表されていたもので、しばしば「領主」（Lord）や「主君」（Herr）あるいは「王」（König）といったドイツ語に翻訳されます。新たな専門用語のなかには、融和（homonoía）や民主主義といった概念のように、今日わたしたちが引き継いでいる用語も含まれていました。これらの政治用語もやはり都市の官職構造を表す図と結びついていましたし、特にプラトンとアリストテレスの場合には政治全体の構成にとって決定的に重要だったとはいえ、政治のいくつかの領域の一つを表すものでした。経済に関する専門用語もありましたが、当時の高度な意味体系《ゼマンティク》のなかではそれほど発展していませんでした。たとえば、わたしたちが政治経済と呼ぶようなものはないに等しい状態でした。それでも家の経済に関する教説はありました。それは Oikos、つまり家政から発展した理論で、家にまつわる経済の分野での理性的な振る舞いに関するものでした。そして、その立場から貨幣経済の問題も論じられるようになりましたが、貨幣経済の問題は、家計のやりくりに関わる問題というよりは、本来は商売に関わる問題でした。経済用語もまた、学術や政治や友情の専門用語に直接転用することはできませんでした。都市文化のなかで宗教は徐々に後退していきましたが、そうした都市文化については、個々の特殊な領域が分離するという傾向がはっきり見られます。たとえば、詩情ないし詩学を追加的にあげてもいいかもしれません。詩学とは、宗教によって裏打ちされているわけでもなければ何の実益もないような作り話、架空の存在を文芸作品として提示することにどんな意味があるのかを反省する理論です。右にあげたようなさまざまな領域が後々いっそう分離していくのですが、そのための用意がこの段階でどのようになされたのか、だいたいおわかりいただけたかと思います。以上で話したことがすべて古典語学者も同意するようなかたちで実証されるならば、そのときにはつぎのようにいうこともできるかもしれません。すなわち、宗教的意識がそれほど徹底しなかったこと、あるいはヤスパースがいうところの鞍部時代[32]の発展の結果として同時代のインドで起こり、部分的には中国でも起こり、とりわけヘブライ人の間で起こった——神学を思い起こしてください——宗教運動がギリシャでは起きなかったことが、ギリシャの都市において、より抽象的で一般的な、しかも一貫して道徳的に構成されているような神学が形成される代わりに、個別分野の特殊な発展をもたらす原因となりえたのかもしれないということです。

コミュニケーション・メディアの理論は、さしあたり、こうした問題に直接答えを与えるものではありません。コミュニケーション・メディアに関して今問題にしたいのは、コミュニケーション・メディアはそれが行うことをどのように行うのか、ということです。ありそうにもないことをありそうなことに変換する、正確にいえばありそうなノーをありそうなイエスに変換するという、機能の規定が当たっているとしても、それがどのように起こるのか、実際どうすればそのようなことが可能となるのかということについては、まだ何も語られていません。わたしはここで、条件づけと動機との間には関連があるということで一歩前進することが可能だと思います。つまり、一定の条件が満たされればコミュニケーションは受容され、満たされなければ受容されないということです。たとえば、相手が家族とか親しい友人でもなければ、自分の所有物である何かを相手に無造作に渡してもいいなどと思う人はいないでしょう。余剰はみんなで気前よく消費してしまうとか、お祭りのために使うといった古い部族の習慣が部分的には残っていましたが、今やそれは貴族政治の一部でした。アテネではいわゆるリトゥルギー（leiturgeia）が行われていましたが、これは人びとが費用を出し合うことで行われた式典であり、そうすることで政治的影響力を行使しようとするものでした。しかし、これはすでに特別な状況であって、そのもろさは、ある意味ではその制度そのものから読み取ることができます。まず問われるべきは、まったく見知らぬ人がわたしに何かを与えてくれる、援助してくれる、サービスを提供してくれるなどという事態が、どのようにして可能となるのかということです。答えはもちろん、わたしがお金を払うならば、です。お金が支払われるのであれば、広範囲にわたる経済事象に関して取引が可能となります。歴史的にみると、この過程はかなりの変動と制約をともないながら進行しました。たとえば土地の所有は当面除外されました。少なくとも封建制のもとではそうでした。土地を売却できるかどうかということは、つねに親族構造にとって問題となりましたし、信用にとっても問題となりました。普通、信用を得ようと思えば、土地を担保として提供しなければならないからです。一一、一二世紀のイギリスで、信用によって所有物を得るという考え方が誕生し広がりましたが、それとともに所有物、あるいは個人の財産に対する所有権（property）を表す独自の概念が必要になりました。一二〇〇年頃に起こったイギリスの最初の大規模なインフレーションが、そのことの引き金となりました。ここに、貨幣経済、所有概念、所有者の家族からの独立性――自分の財を好き勝手に浪費できる――の三者の関係をみてとることができます。しかし、こうした事態の進展に対しては、またしても権利構造による一定の制約が求められ、所有者が家族を無視して財を浪費することはできなくなりました。たとえば、家族世襲財産[33]や貴族の財産に対する特別な規制などがありました。しかし、しだいに土地所有も支払い可能で経済的価値を有するものの一つと見なされる方向に事態は発展していきましたし、そうした発展を促したもっとも重要な動機の一つは、そうなれば土地所有者であることで信用が得られるということでした。こうした歴史がやがてヨーロッパの貴族を破滅へと導くことになったのですが、そのようなことが可能になるのは、まさにこうした特別な仕組みをもつようになった場合だけです。つまり、わたしがお金を払えば、何かを取得できる、しかも、お金のやり取り以外ではわたしにまったく関心をもたないであろう人びとから何かを取得できる、という仕組みです。

もう一つの例としては、真理の分野をあげることができます。正しい方法に従って探求された結果であれば、どれほど驚くような信じられない結果であっても、つまりいわば常識からするとまったく説得力のない結果であっても、認められなければなりません。「世界は曲空間である。」そう言われても空間がどう曲がっているのか想像できませんね。それでも科学的にはそのような観念が正しいとされているのです。通常のこと、理解可能なこと、普通に使用可能なことからどれほどはずれていることであろうと、びっくりするようなことであろうと、奇想天外な構成物であろうと、証明が可能であり、データの提示が可能であり、実験で再現可能である等々であるかぎり、受け入れられるのです。

以上のわずかの例で示したいのは、条件づけと動機との間には関連があって、そうした関連の分化が進行したという一般的テーゼです。これによって、分化したいくつかの関連がもはや頂点に位置する意味論《ゼマンティク》、つまり宗教によっては統一されえないということも、少しははっきり理解できるかもしれません。そのかわりに、条件づけと動機との関連の個別特殊化から人びとは恩恵を受けるようになったのです。

そうした構造が機能するのは、イエスと言うのかノーと言うのか、引き受けるのか拒否するのか、それらに関する条件づけと動機の両面で帰責の問題が解明されうる場合だけ、つまり選択がどこで生じたのかが明らかである場合だけだと思います。これがつぎの一歩です。理論というものが全体として、一歩進むごとに立ち止まって疑うことができるようにできあがっているのであれば、ここはみなさんが立ち止まって疑うことのできる場所です。ここでのテーゼは、条件づけと動機との技術的結合、カップリングは、帰責問題の解明を要請する、とりわけ選択をわたし自身が行うのか、それともわたしは選択を経験するのか、つまり選択は外からやって来るのか、という観点からの解明を要請する、というものです。こうした考え方の背景になっているのは、一つは五〇年代と六〇年代に流行した帰責・帰属に関する一般的研究です。そこでは内的な帰責と外的な帰責が区別されました[34]。たとえば、誰かが昇進することになったとしましょう。その人は、あれだけ成果を上げたのだから昇進は当然だというでしょうか。それとも、誰かの目に留まって幸運だった、あるいはある役職についていた人が亡くなって、たまたまその役職が自分に向いていたのが幸運だったというでしょうか。偶然、チャンス、幸運は外的帰責です。それに対して功績は内的帰責です。こうした内的帰責と外的帰責というモデルを使った研究が大量に行われました。しかし、経験的に有効な成果はわずかしか上がっていません。たとえば、教師は、生徒の成績が悪いときは生徒のせいだと考え、生徒の成績がいいときは自分の功績だと考える、などということが起こるからです。ですから、あくまでも研究のモデルなのです。わたしはこうした考察をコミュニケーション・メディアの理論に組み込み、つぎのような区別を行いたいと思います。それは、ある人は体験者として、すなわち他者の選択を受け取る者としてコミュニケーションに参加しているのか、それとも行為者として、すなわちみずから選択を行う者として参加しているのか、という区別です。そして、これとは反対につぎのような区別も行いたいと思います。他者の言うことを受容または拒否するとき、それは自分で決定したことなのか、それともその人が感知したことから生じたことなのか、という区別です。みずからを責任があり、場合によっては釈明を求められる行為者と見なすのでしょうか、それとも選択は状況から生じたことなのでしょうか。こうして、わたしはつねに二つの立場からなる構造をもつことになり、しかも、内部と外部への帰責を二重に行うことになります。

以上の話だけでもすでに結構ややこしいですが、これをコミュニケーションに結びつけると、さらにややこしくなります。なぜなら、情報と伝達の区別も付け加わることになるからです。情報という面の強いコミュニケーションがなされれば、それは外的に動機づけられていることになります。そうした場合は、あることはかくかくしかじかであるとか、あることはかくかくしかじかであることが判明した、などと何かが知らされることになります。知らされることは、伝達者の内面の状態ということもありえます。つまり、「わたしは不愉快だ、やる気がしない」といった発言でさえ情報になりえます。こうした発言も、あたかも外からコミュニケーションに影響を与えるかのように、情報として伝達されうるのです。これに対して、伝達行為の場合には、意図について問い返されることを覚悟しなければなりません。イエスまたはノーということが可能なコミュニケーションの受け手もまたコミュニケーションによって応答するということを考えてみれば、意図を問い返されるというのもまた相手次第であることがわかるでしょう。受け手もまた、行為者として関わり、ある程度自由意志で帰責可能な仕方で何かを行うのか、それともたんに生じたことを受け取るだけか、という選択を行うことになります。こうなると事態はかなり複雑なので、ここでは二人のわたしに注目することで説明を単純化したいと思います。すなわち、一方にコミュニケーションをするわたし、伝達するわたし、コミュニケーションを開始するわたし、彼を観察する者から他者と見なされるわたしがいます。このわたしは自分の体験かまたは自分の決定かのいずれかを相手に知らせます。他方でこのコミュニケーションに反応するもう一人のわたし、つまり、このコミュニケーションを理解し——とにかく理解しないことには何も始まりません——、そして、理解してさてどうするかという選択に直面するわたしがいます。このもう一人のわたしもまた、行為の構成要素をもち込むことで、つまり決定を知らせることで、または、状況の関与者として振る舞うことで、再びコミュニケーションに参加することになります。

この図式を用いれば、わたしたちがコミュニケーション・メディアとして理解しているもの、つまり「貨幣」や「真理」や「愛」などとして理解しているものが関わる状況の組み合わせを、かなりうまく整理して捉えうる一種の分類図のようなものを展開できるだろうと、わたしは思っています。まず真理について考えてみましょう。構築主義以前《プレコンストラクショニズム》の古典的な理解に従うならば、真理が関わるのは、事実と合致しているか、していないかのいずれかである何かということになるでしょう。それは体験を通じて、つまり外的選択を通じて、システムにもたらされます。もちろん、探究がなされなければ真理は生まれません。そして探究のためには行為が必要です。しかし、にもかかわらずこの行為はその成果に影響を与えてはならないのです。実験は再現が可能であるようになされなければなりません。理論は、誰もが同じ関心をもち、同じテーマに取り組むならば、同じ事柄を理解できるように定式化されなければなりません。行為の要素を中立化することは、古典的な方法論上の要請であり、それによって体験だけが残ることになります。もちろん両方の側にです。行為について探究することも当然可能ですが、それは別の問題です。つまり今度は行為が学術のテーマになるのです。以上のような理解に従うならば、真理とはつぎのような組み合わせによって規定されるのではないでしょうか。すなわち、一方のわたしの体験がもう一方のわたしの体験になる、しかもありそうにもないような体験であっても、つまり伝統から逸脱していたり、宗教と対立するような体験であってもそうなる、という状況です。ここでは話が長くなってしまうので立ち入りませんが、真理の代わりに価値という言い方をすることも可能だろうとわたしは思います。これは、パーソンズ学派の人びととさまざまな機会に話し合うことを通じて学んだ考えです。パーソンズの場合、ここで述べたようなかたちで真理が登場することはありません。パーソンズにいわせれば、わたしが考えているようなものは価値だということになるのでしょう。なぜなら、価値は人が作り出すものだとは考えられていないからです。価値は決定の結果ではなく、決定の前提なのです。人は価値に拘束されていると感じますが、その価値とは外からやってくる何ものか、みずから生み出したものではない何ものかなのです。

　分類のリストを順にみていくならば、つぎのケースは、相手となるもう一人のわたしが何かを体験し、それに対してわたしが行為するという場合です。ここでは、一方のわたしの体験が、もう一方のわたしの行為によって確証されます。わたしが思うに、これが愛の組み合わせです。これには若干の説明が必要ですが、愛の意味論《ゼマンテイク》において、さしあたり交換が問題になることはないということを思い浮かべるのであれば、なるほどと思っていただけるのではないでしょうか。あたかも交換関係でであるかのように、性的特性を互いに自由に利用しうることだとするカントの悪評高い定義は、第一に事柄そのものに即していえば、かなり非現実的です。特にどちらがどれだけ利用したかなどということは、具体的ケースにおいては単純に測定できるものではありません。第二に、そもそも、遅くとも一七世紀にはヨーロッパでかなり発達していた愛の意味論《ゼマンテイク》に合致していません。これによれば、愛する者は、相手がどれほど風変わりで特異体質的な関心を抱こうと、そのすべての関心において相手を守るように行為します。愛される方は、何も要求する必要はありません。要求したりすれば、それだけで問題になってしまいます。愛される者は、その内面を察知してもらえればよく、またそうでなければなりませんし、愛する者は、相手の気持ちに先まわりして応えるようにしなければなりません。だからこそ、シンボルとしての贈り物が重要な役割を果たすのです。つまり、わたしはあなたが喜ぶものを知っており、後でどこかに片づけられてしまうようなものをむやみやたらにプレゼントしたりはしない、ということを、相手に伝えることになるような贈り物をちゃんと見つけられるということを示す意味でも重要です。愛の意味論《ゼマンテイク》が問題とする状況は、ある者がたんに相手を受けとめ、肩をすくめながら、「彼って本当に変わっているわ」、と言ったり、「彼女はときどきこんなふうに上機嫌になるんだ、僕は彼女が上機嫌になってくれるのを待つだけだよ」、と言ったりするだけのような状況、いってみれば、ただ傘を開いてじっとしずくが滴り落ちるにまかせるような状況ではありません。愛する者は、相手からやってくるものに対して、それがすばらしいものであるということを行為をもって示さなければならないのです。これが情熱的な愛の、それからもちろんロマン主義的な愛の、大まかな構図だと思います。今日この構図に合致するような体験がどの程度なされているのかという問いには、今のところ答えることができませんし、十分な繊細さを備えた調査も見当たりません。たとえば、ロマンチックな傾向の度合いを測る尺度を用いて行われたアメリカの調査がいくつかあります。それらは恋愛小説からさまざまな質問項目を取り出して長いリストを作り、それにもとづいて人びとに質問し、それによってロマンチック度の高低を判定したり、あるいはまた、一般に、はじめは男の方が女よりもロマンチックだが、そのかわり女の方が長く愛する、などということを確認したりしていますが、このような調査は、今言及した問いに関わるようなものではありません。いずれにしろ、わたしは、少なくともヨーロッパで愛についてめぐらされてきた思索の伝統については、ここで述べた図式でかなりよく捉えられるだろうと思っています。

　つぎのケースに進みたいと思います。最初は一瞬、戸惑われるかもしれません。でも、すぐに理解していただけるだろうと期待しています。そのケースとは、他者《アルター》が行為し、私《エゴ》が体験する、というケースです。これが所有のケース、特に貨幣のケースだと、わたしは思っています。わたしたちは普通、所有とはさしあたり物件に対する支配であると考えています。つまり、もし誰かが所有者であれば、その人は、所有する物件を用いて自分の望むことを――ただし、警察のお世話にならない範囲でですが――行うことができると考えています。しかし、これはすでに中世において放棄された古い所有モデルです。所有とは自由に処分できるということであり、当然ながら特に重要なのは自由に売ることができるということです。所有物は自由に処分できます。誰もが取引を行うことで利益を上げたり、有利な状態を追求したりしてかまいません。その場合、契約の相手方となる人、つまり何かを買ったり、お金と引き換えにいつでもサービスを提供する人が重要な役割を果たすことはいうまでもありません。物やサービスを売り買いするということ自体は、経済の貨幣化がもたらした驚くべき事態というわけではありません。むしろ驚くべきは、他の人は誰であれ、売り手がお金を払ってもらっているのだからという理由だけで、それをただ傍観するということです。わたしはお金を一銭も手にしないにもかかわらず、この事態を受け入れなければなりません。これこそが、ルターからマルクスにいたるさまざまな人を驚かせた事態です。つまり彼らが驚いたのは、貨幣を持つ者は、自分の望むものを手に入れられるという、貨幣の力です。この貨幣の力は、お金さえあればといった羨望の心理をかきたてただけではありません。つまり、貨幣所有者は、そのお金で得られるものを得るということだけが問題なのではありません。希少性への対処をも可能にしたというところが驚くべきことなのです。わたしがある物を他の人以上にどれほど差し迫って必要としていても、貨幣がなければ手に入れられません。したがって、活発な交換を組織することだけが貨幣の制度的な機能なのではありません。交換を組織することはむしろ前提です。そうでなければ誰もお金を使うことができなくなってしまいます。お金を支払って、その代わり何かを得るということができなければ、お金は機能しません。人と人との関係という点で驚くべきことは、他人の干渉が抑制されるということ、他人はただ眺めているだけだということです。だから、他者《アルター》が行為し、私《エゴ》は体験し相手のなすがままにする、という組み合わせの状況なのです。自分もまた何かを買えるようになるには、やはりお金が必要だということをわきまえていなければなりません。

　芸術に関して、同様の議論を展開することが可能でしょう。芸術が関わる状況に、メディア以上のものが存在していることは明らかです。芸術もまた独自性をもっていますが、その独自性とは、たとえばプログラムの面で宗教的裏づけがあるわけでもないものを誰かが作るという点にあります。宗教的裏づけがあることは、最初期のギリシャ悲劇の時代でもまだ普通のことでしたし、偉大な宗教の原典ができあがる時期でもそうでした。神殿や神聖なものの飾りつけに関してもそうでした。芸術は宗教によって裏打ちされているわけでもなく、かといって特別な効用があるわけでもありません。芸術は何のためにあるのかと聞かれても、本当のところは誰もよくわかりません。それでもとにかく、人びとは何かを体験するように芸術を受容するということが起こります。粘土のつぼに装飾が施されていたりしますが、その装飾によって別に安定性が増すわけではありません。むしろ反対ですから、いったい何のために装飾は行われるのでしょうか。それでもともかく、然るべき人が、これはすばらしい、といい、他の人たちが、その通りだと思い込む、といったことが起こります。つまり、またしても驚くようなことに関して、それを受け取る心的態度が何らかの仕方で制度化されるということが起こるのです。このように考えれば、芸術の古い定義には、唖然とさせる、驚きを引き起こすといった意味が含まれていたことは偶然ではありません。わたしたちは何かをものすごく大げさに言うことで、相手を唖然とさせたりすることがありますが、そのような「唖然とさせる」traumázeinという意味が含まれていました。つまり、驚きを引き起こすこと、よりくわしくいえば、そもそもそういうことが首尾よく行われるということと、どうすれば驚きを引き起こすことができるのか、技術的にどうすればそんなことが可能なのか、ということが問題なのです。芸術的巧みさ、作ることそれ自体は、できあがったものが芸術作品として受け入れてもらえるための動機づけ条件によって統制されることになります。もちろん、こういったからといって、芸術の機能については何も語ったことにはなりません。芸術の機能を問うことは、また別の話ということになるでしょう。ともあれ、その組み合わせを聞けばそれこそみなさん唖然とするかもしれませんが、とりあえず芸術もまたメディア理論のなかでは貨幣の場合と同様な場所に位置づけられます。つまり、誰かが行為し、もう一人がそれを体験する、しかも、さしあたり起こりそうにもないにもかかわらず、それを体験するのです。

　最後に取り上げるのは、他者《アルター》が行為し、私《エゴ》も行為する、という状況です。もちろんこれは日常的に起こっている状況です。ある人が机の傍に座っていて、鍵をこちらに差し出します。もう一人の人は、何もせずにその鍵が落ちるのをただ見ているわけではなく、実際に受け取ります。わたしたちはつねに互いの行為を協調させています。たとえば、誰かがドアを開け、別の誰かが通り抜け、さらにその人が他の人も通れるようにドアを押さえる、といった具合です。行為の協調はほとんど自明なことであり、それがなければわたしたちは日常生活をやっていけません。たとえば、道路を車で走る場合、わたしの前の車がブレーキをかければ、わたしもブレーキをかけなければならないということは自明ですし、普通は実際にそうします。これに対して、わたしが反応しなければならないのが、たった一つであれ、明らかに決定である場合には、つまり恣意的要素が入ってくる場合には、状況は厄介なものになります。他者がひっきりなしにブレーキをかけるとすれば、それはわたしに何かを伝えようとしているのかもしれません。たとえば、わたしがスピードを出しすぎているとか、ライトをつけていないとか、そういった類いのことをわからせようとしているのかもしれません。あるいは、わたしに何かを強制しようとしているのかもしれません。たとえばもっとゆっくり走らせようとしているのかもしれません。決定に決定が関わるようになるや否や、恣意性の問題が浮上します。権力にもとづくすべての巨大組織が行使する自由は、たんに自然状態における人間の優劣を組織の末端にまで徹底するのではなく、何かを決定し、そして実行する自由です。この何かを決定し実行するというところで、特殊なメディアである権力が登場します。権力の基礎となるのは、いうことを聞かなければ不利益を与える、と脅すことができることです。つまり、たんに一定の状態を達成できれば何でもいいということではありません。それでは、権力はあらゆるところにある、ということになってしまうからです。そうではなく、実力行使の可能性や、相手の弱みをつくような情報を伝える、あるいは組織から追い出す可能性を示唆することで脅すことができる、ということが権力の基礎です。そのような脅しの可能性は、これはこれで社会的構造に依拠して成立します。そして、社会的構造に依拠して脅しの可能性が成立するところではつねに、とりわけ権力が恣意的に用いられることがないように、何とか権力を条件づけようと躍起になる特殊なメディアが発達してきます。それが体制に関する論議であり、法治国家に関する論議です。すでにギリシャの都市において、官吏の権力を法律によって条件づけることが求められていました。現実にはどう見えていたにせよ、結局は官職に就いている者ではなく法が支配しているのだと思い込める可能性を、人びとは自慢に思っていました。

ここで話は一段落とし、まとめに移りたいと思いますが、つぎの点だけは改めて強調しておきたいと思います。それは、パーソンズの理論は演繹だったということです。彼は行為の概念からさまざまなシステムを展開し、後からそれぞれのシステムを結びつけなければなりませんでした。メディアは、行為の概念の論理から導き出されました。それに対してわたしが提起したのは、はるかに込み入った捉え方です。一方で、帰責の組み合わせを問題にしました。誰が行為する者として参与し、誰が体験する者として参与しているのか、また誰がコミュニケーション過程をどちらかといえば情報として、あるいはどちらかといえば伝達として進めようとしているのか——情報か伝達かは両方の側で問題になります——といったことです。他方で、このような帰責の組み合わせそのものは、それだけでメディアを生み出すようなものではありません。縦軸と横軸を十字に交差させて表を作れば、おのずとそれぞれのボックスが相応しい内容で満たされるかのように、帰責の組み合わせから自動的にメディアが成立するわけではありません。つまり、さらに特殊な事情が付け加わらなければなりません。もう一度ざっと振り返ることをお許しいただいて、みなさんに思い出してもらいたいと思います。真理の場合は、びっくりすること、信じられないこと、伝統や習慣に反すること、新しいことでありながら、にもかかわらず受け入れなければならないことが問題でした。おそらくわたしたちはこういうことに慣れてしまっているので、そこにはもう何も問題を感じないのではないでしょうか。しかし、宗教によって統合された社会、あるいは連帯によって統合された社会では、そのような革新の許容範囲はそれほど広いと考えるわけにはいきません。その許容範囲を踏み越えれば、たとえばガリレオ・ガリレイが典型であるような事態が生じます。つまり特別な状況が生じます。まさにそのとき、他者の体験の体験が問題となり、ノーの可能性が高まります。そしてそこで、ノーの可能性が高まるにもかかわらず、それをイエスに転換する諸条件が発展してくるのです。そうした特別の状況でなければ、わたしたちが全員その壁に目をやれば、だいたいみな同じものを見ているだろうと考えることができます。つまり、わたしたちは、他者が体験しているものを体験していて、そこには何の問題もないと思っているのです。愛の場合は、かけがえのない存在としての個人と特異体質が付け加わったときはじめて、特殊なメディアの離陸が起こります。まるでチェック項目の一覧表に従うかのように、彼女は若くて、美人で、お金持ちでなければならないなどと考え、愛がいわば外観によって、あるいはおそらくは資産状況についての関心によっても影響された知覚を通じて生じるかぎり、したがって愛がいわば状況に対する客観的反応であるかぎり、特殊なメディアとしての愛は結局、誕生しません。ですから、近代的な愛かどうかなどということが問題になりうるのは、ようやく一七世紀になってからというふうにもわたしは思っています。一七世紀になって突然、度を越した振る舞いが現れます。すべてを相手に捧げる、あるいは不道徳なことも含めて、彼あるいは彼女が何をしようとすべてに同調する、というようなことです。同様なことは、すでに古代の友情物語のなかに、たとえばローマ時代の改革者のグラックス兄弟の時代に提起された問いとして存在しました。君は、君の友だちが神殿に火をつけるとき、あるいは都市に対して反乱を起こすとき、たんに彼が友だちだからという理由だけで、手助けや援助をしますか、あるいは支持しますか。ただ友だちだからというだけで、理由としては十分ですか。このテーマに関する答えは、友情物語のなかではいつも曖昧でした。恋愛物語においてはじめて、特定の状況がより詳細に描かれるとともに、かけがえのない存在としての個人がテーマとなるようになりました。そうした事例は、たいへんな労力が必要ですが、とりわけ一七世紀のフランス文学をひもとけば、見出すことができます。それに関して、わたしはかつて『情熱としての愛』という本を書きましたが[35]、そのなかに証拠となる資料をたくさん載せておきましたので、ご覧になってみてください。貨幣もまた、ありそうにもないことに対応する、つまり誰かが何がしかを取れば他人の取り分がそれだけ減るという希少性の条件に対応するメディアでした。近代の経済に関しては、マネタリズム的な考え方があり、実際に流通する貨幣の量が変化したり、インフレーションが起こったりしますが、それでもやはり貨幣総量一定という観念はつねに必要だと思います。そうでないと、ある対象を誰かが所有していれば、それは他の人のものではないというようにはいえなくなってしまうからです。ここでもまた、特殊な状況がメディアの発達をもたらします。最後に、権力の場合もまた、一定の事態の論理が問題なのではありません。つまり、論理的帰結として、あることはかくかくしかじかであるということが問題なのではありません。問題は、決定によって何らかの事態をもたらす可能性、あるいは決定がなされなかった場合に生じたであろう事態とは異なる事態をもたらす可能性です。そのためには、ともに働きかけ合う者の決定が必要です。たんなる許容や黙認ではだめです。人が必死になってがんばっている様子を、わたしがただ眺めているだけではだめで、他者が一緒に働きかけることが必要です。つまり、共同作業が必要なのですが、それはどこかに限界があるにせよ、強制される共同作業です。

さて、ここで一区切りとしましょう。つぎの時間のことについて一言だけ言っておきますと、今日お話ししたいくつかのメディアについて、一連の比較の観点にもとづいて、似ているところと異なっているところを検討してみたいと思っています。それで第II章の話は終わる予定です。

〈第7講義〉

さてみなさん、前の時間にシンボリックに一般化されたコミュニケーション・メディアについて少しお話ししました。その概要は、まず一般的な図式を提示し、それから個々のメディアについてほんのわずかながら順番に説明を試みるというものでした。今、問うべきことは、貨幣であれ、学問における真理であれ、愛や芸術であれ、日常的には自明なものばかりで、それらをわざわざ抽象的な枠組みで捉えることで、いったい何を得られるのかということです。そこで、今日は前回の話の続きを、違ったパースペクティヴから、違ったタイプの議論によって、行ってみたいと思います。試みてみようと思うのは、それぞれのメディアを特定の観点にもとづいて比較することです。というのも、わたしがパーソンズ理論を学ぶことで得た知見の一つが、まったく異質な事態に同一の基準を適用してみるという可能性だったからです。たとえば、貨幣、影響力、権力、価値拘束のそれぞれが問題となるのに応じて、合理性の基準がどのように異なった作用の仕方をするのか見てみるといったことです。近代社会について探究する一つの方法が、特定の観点を一貫して保持してみること、ただし、できるだけさまざまなシステムやメディアを研究して、そのつど一貫した観点からどんなことがいえるのかを確かめてみること、なのです。そして、異なっているものの間に一定の類似性があるとすれば、社会学者としては、これは偶然ではなかろうと推測することが可能になります。

ということで、そのような観点のリストに話を移したいと思いますが、お断わりしておきますが、リストとしては体系的でもなければ、何らかの仕方で演繹的に導き出されたものでもありません。抽象化を行い普遍的観点を抽出しようと試みたとき、たまたま一緒に見出された観点をまとめたものにすぎません。まず第一の問いは、すべてのメディアで二分《バイナリー》コードが存在しているか、です。そして、もしこの問いにイエスと答えることができるとしたら、それは何を意味するのでしょうか。二分《バイナリー》コードとはつぎのようなものです。あることは真か偽かのいずれかである、あるものはわたしの所有物であるかわたしの所有物でないかのいずれかである、彼または彼女はわたしを愛しているか愛していないかのいずれかである。こうしたコードにおいて典型的なのは、何らかの中間的状態の存在が排除されていることです。彼女はわたしのことをほんの少しだけ愛している、あるいは愛しているときもあれば愛していないときもあるといったことは、少なくとも厳格な愛のコードでは想定されていません。愛しているのかいないのか。そのような二者択一が持続するのは、ほんの一定期間だけなのかもしれませんが、それでもその期間は、この「一方か他方か」が妥当します。いずれにしても、情熱化した愛についてのロマン主義的な描写、あるいはもう少し古い描写であっても、そのように見なしています。そのようなコードが存在するという推測が成り立つとすれば、問われるべきは、それは何を意味するのか、何のためにそのようなコードが存在するのか、です。メディア理論が、受容される可能性が低くなるという想定、何らかの意味提起が受け容れられる可能性が低くなるという想定と結びついていたことを、みなさんは覚えていらっしゃるでしょうが、このような想定がなされる世界はいわばアナログ的世界です。つまり、そこでは一歩一歩の違いをはっきり識別することができず、せいぜいより多いか少ないかが区別できるだけで、しかもそれすらコミュニケートしようとする者があらかじめ見積もることは難しいといった世界です。どれくらいの人がわたしに賛同してくれ、どれくらいの人が賛同してくれないのか。どのような状況ならば共感を得られ、どのような状況ならば得られないのか。こうしたことをあらかじめ予想することは困難です。ところが、メディアによるコード化は、こうした事態を二つの抽象的な値へと変換します。一方か他方か、イエスかノーか、肯定的か肯定的でないか。このようなほとんどサイバネティクスのような言い方をすることではっきりするのは、これをアナログ形式からデジタル形式への変換であるということです。つまり、ゆっくりかつ連続的に増えたり減ったりするという変化の仕方から、第三の可能性を排除した二者択一への変換です。そして、このような変化には当然何らかの意味があるはずです。何かが背後に隠れているはずなのです。このような二者択一の利得は、決定が強要されるようになることと、二者択一――あることは真か偽か、あるものはわたしのものかわたしのものでないか――の方が、どちらかといえば肯定的、どちらかといえば否定的という意見よりは、容易に意思が伝わりやすいという点にあるのではないでしょうか。このことはまた、二分《バイナリー》コード化においては学習過程が進行する、あるいは、答えはどちらかといえばイエスだろう、どちらかといえばノーだろうという見当がつきやすくなるような追加的な仕組み、補足、プログラムが発達すると思ってよいということも意味します。肯定的／否定的という、いわば無内容な値によって何らかのシステムがコード化され、コミュニケーションのなかでそのシステムが流通しはじめると、ある状況においてあることがどちらかといえば肯定的にみられることになりそうか、あるいはどちらかといえば否定的にみられることになりそうか、そうした状況判断を助けるような何らかの仕組みが発達するだろうと期待してかまいません。そして、こうした構造ができることで、システムの構築が進みます。つまり、ますます複雑性が増大するように構造が発展していくということです。これは、学習の観点からも扱いえますし、場合によっては進化の観点からも――つぎの章で論ずるのが進化ですが――扱いうる問題です。

コード化に関しては、いくらでも詳細に論ずることができるでしょうし、構造をより明確に取り出すこともできるでしょうが、わたしは一つの観点に限定したいと思います。というのも、それはこれまでしばしば言及してきた問いであり、特に言語を論じた際に問題にしたことだからです。その観点とは、言語のコード化との関係でメディアのコード化の特殊性は何かというものです。言語の場合、少なくとも言語に即してみるかぎり、イエスの文の方がノーの文よりも優先されるということはありません。わたしたちはどちらも等しくよく理解できます。もちろん、ノーを理解する方が少し多めに時間がかかるようだという結論を導き出している心理学や神経生理学の研究はあります。これは明らかに、イエスではなくノーを処理する場合の方が、より多く精神の活動が要求されるということでしょう。しかし、それは取るに足りない違いであり、話をする際にそのような違いが意識されることはありません。たとえば、わたしがこうして順番に話していることを、いちいちこれはイエスだ、これはノーだなどと選別しようなどとはみなさん思わないでしょうし、イエスかノーかということとは関係なく、わたしの話を理解してくれているものと思います。もちろん理解できないということもあるでしょうが、それでも、それはイエスの文であるかノーの文であるかなどということとは関係ないことのはずです。これに対して、メディアのコード化の場合は、選好コードという言い方を提案したいと思います。これは、コードの値への言及の仕方にも関わっています。たとえば、論理学は当然ながら値についてはきわめて中立的に言及しますが、通常わたしたちは優先される方の値を思い浮かべます。真理が非真理よりよいと思っています。同じく、愛される方が愛されないよりはよく、所有物を持っている方が持っていないよりもよいと思っています。もちろん、必ずしもそうではないだろうという反論があるでしょうし、特に所有物に関しては疑わしいのですが、それでもこれが常識的理解であることは間違いないのではないでしょうか。では、こうした常識的理解の背後に何が隠れているのでしょう。わたしは、コミュニケーション・メディアの場合、肯定的値であればそれによって当該領域において何かを始めることができるのだと思います。肯定的値は、何かに利用可能です。たとえば、真理は技術的に応用することで何らかの成果を得ることができます。正しい想定にもとづいて装置を組み立てれば、ちゃんと動くはずという具合にです。あるいは、正しい情報が伝達されれば、他者はそれを信頼することができますが、間違った情報であれば誤りを犯すことになります。すなわち、その情報は間違いでしたと宣告されるなどということがあれば、それは非真理であるという真理が必要だということです。肯定的値は、ゴットハルト・ギュンターの言い方にならって、しばしば指名値と呼ばれたりもします。(36) ギュンターは、指名値とは「事実その通りであり、それによって君が何かを始められる」もののことであるといっています。これに対して否定的値の方は、反省値と呼ばれます。何かをわざわざ「それは〜ではない」と否定的に表示することに意味があるのは、それについて真実はこうだと肯定的にいうことができ、それを何かのために利用できるようにするための諸条件を考えることになるからです。このように肯定的であるということだけで、さらなる活動を生じさせやすいという利点がありますが、さらに突っ込んで肯定的値が受け入れられるための条件づけが、どのような観点のもとでなされるのかと問うことは、つねに可能です。受け容れられるための条件づけなどという言い方を聞けば、みなさんは、条件づけと動機に言及しながら、メディアについてそのような議論が行われたことを思い出すのではないでしょうか。ここでは行いませんが、以上のようなコード化構造のなかで真理、愛、権力、等々に言及するとき、それは何を意味するのかという問いについて、個別に検討するためには、あの議論を思い出していただければ、さしあたり十分です。

二番目の観点は、その点と密接に関係しています。わたしは、メディアのコードの値は、つねに道徳的観点の中立化を要求するといってよいだろうと思っています。これは、なかなか先鋭なテーゼで、とりわけ社会は道徳的に統合されうる、つまり、道徳は究極のコードであって、あらゆる肯定的値と否定的値を「善い」か「悪い」かのいずれかに選別し、それによって社会は一種のスーパーコードとしての道徳によって統合されうる、という考えと対立します。わたしはこうした考えに異を唱えたいと思います。そのことはあらゆるケースで十分証明可能だと思っていますが、特に近代のコミュニケーション・メディアの発達を考察すれば、とりわけはっきりします。ただし、古代社会の構造については、少なくとも当時の意味論《ゼマンテイク》については、そうとはいえません。たとえば、アリストテレスの議論の前提になっていたのは、都市は有徳なすぐれた人格たらんとする特殊なエートスを必要とし、かつそれを可能にもするので、結局、都市はそうしたエートスを備えており、そうした都市が社会を統合する、それどころか都市が社会である、というものでした。しかし、今日、真理を発見する者は道徳的にも立派であり、真理ではないことを追究していた者は道徳的にも悪い人である、などといったら、ほとんど理解されないでしょう。もちろん、この例は、誠実か不誠実か、あるいは嘘かどうかなどということとはまったく関係がありません。問題は、真理を発見すれば、その人は道徳的にも賞賛されるのか、つまり尊敬を得るのか、逆に真理でないことを発見すれば、尊敬を得られないのか、ということです。発見にいたる以前であれば、あるテーゼを立てた人が、そのテーゼを立証できないかもしれないということで、道徳的危惧を抱くことはあるでしょう。しかし、立証できないからといって、それでその人の名声はめちゃくちゃになってしまうのでしょうか、名声はあらゆる社会的関係に関わるがゆえに、ひょっとしたら年金ももらえなくなるなどということになるのでしょうか。同様の議論は、愛についても繰り返すことが可能でしょう。近代の愛のコードは、意識的に道徳から距離をとっています。そのことは、すでに簡単に言及しました。わたしたちが誰かを愛するのは、その人の道徳的な性質ゆえではありません。その人の個性、他の誰とも違う特異な性質ゆえであって、誰からも要求されるような性質ゆえではないのです。同様のことは、貨幣についてもいえるでしょう。もしわたしたちが、所有者は善い人で、非所有者は悪い人であるに違いない、などと考えるとすれば、それは正しくないでしょう。そんなふうに考えれば、誰もが罪人であるといっているようなものです。なぜなら、たとえ家を所有し、銀行に預金があり、車を持っていたとしても、当然ながらわたしたちは全員、この世に存在するもののほとんどすべてに関して非所有者だからです。つまり、わたしたちが所有しているものに比べたら、わたしたちが所有していないものの方がはるかに多く存在するからです。所有と非所有——これは富裕と貧乏と同じではありません——を道徳的に資格づけることはできません。仮に富裕と貧乏が問題になる場合であっても、裕福な人びとを善い人たちである、あるいは悪い人たちであるなどと評価したり、貧乏人はその反対であるなどと評価したりすることは困難です。宗教的態度としてはそういう評価もありうるかもしれません。あるいは、ありえたかもしれません。しかし、所有の社会的機能からは、安易にそのような道徳的なコード化を行わないように、わたしたちは要請されています。このことは当然、権力にも当てはまります。要するに、メディア構造が貫徹するということは、道徳が社会の調和を全般的に司る装置ではなくなるということなのです。前に道徳について言及した際簡単に述べましたが、道徳が関わるのは、病的なケース、警鐘を鳴らすケース、あるいは構造を危険にさらす可能性のあるケースに限られるようになります。これはつまり、構造一般を成り立たせるコードそのものが道徳の対象になることはなくなるということです。

つぎの点は、個々のメディアコードのもとで、作動が再帰的になるというものです。ここで再帰的になるといっているのは、メディアコードが同じタイプの作動に再度適用されるようになることです。これはまた簡単に例証できることであり、一般的に妥当するように思われます。たとえば真理について研究することができます。学問についての研究、学問についての学、方法についての研究があります。わたしたちは、方法として承認するための基準を定め、方法として十分かどうかを吟味することができます。このように研究についての研究があるのです。愛することを愛するというのも古くからあるテーマです。ロマン主義者は、このテーマにはっきり現れているのは、人は愛している自分を愛しているということだといいます。もし、愛している自分を愛していなければ、その人は人を本当に愛することはできないでしょう。ということは、再帰性がコードそのものに組み込まれているということです。これはロマン主義的人物像に特有の事態ですが、それ以前の文学においても、たとえば自己愛なしには人を愛することはできないといった観点から、自分自身の愛に対する強い思い入れを描いたものは見受けられます。そして、これは愛について表象すること、たとえば愛について思索すること、愛について書くこと、愛について語ることとは違います。つまり、再帰性はあくまでもコードの内部、メディアの内部のことであり、別の種類の作動——たとえば愛を買う、あるいは愛についてああだこうだと論じる——に関わるものではありません。貨幣の分野ではこのことはいっそうはっきりしています。わたしたちはお金を買うことができます。あるいは信用によってお金を調達することができますが、そのとき前提になっているのは、わたしたちは利子を払うことができるということです。しかも上乗せ的に発達した形式が存在していて、銀行がリファイナンスを行ったり、中央銀行が通貨の価値を上げたり下げたりしています。つまり、法律上の形式がどうであれ、貨幣を道具のように用いることで、貨幣をどれくらい買いやすくするか、どれくらい借りやすくするか、統制しているのです。ここでもまた、メディアによって予定されている作動を、それ自身に適用するという事態が見られます。当然、権力もそうした現象です。このことは、近代の官僚制組織の場合、昔の封建体制に比べると少しわかりにくいかもしれません。封建体制下においては、土地所有者、各地の貴族が、自分自身の家のなかで権力をもっていること、武装をともなう家政を司ること、領地とそこで働く人びとを支配することがつねに問題でした。そうすることで、領地から経済的資源を獲得することができました。こうした権力は委譲されたものではなく、土着的に成立した権力でしたが、このような権力もまた中央集権的に統制されるようになりました。これに対し、官僚制国家は役人という装置を通じて、つまりそれ固有の権力ではなく委譲された権限を用いて機能しているので、一見すると、権力が権力を統制するという現象は抑制されてきたように見えます。しかし、現実にはそうとはいえない現象が無数に存在します。たとえば、官僚機構が部局ごとに外部と接触する様子をじっくり観察し、部下が外部の者と接触するのを上司がどれくらい統制できるのか、つまり、部下がクライアントとの関係で有している権力、あるいは権力の限界に対して上司はどの程度影響力を行使できるのかできないのか、と問うてみればわかるでしょう。しかし、より重要なのは、官僚機構とは別に、民主主義というもう一つの構造をわたしたちが作ってきたことです。民主主義は、選挙というかたちをとった権力を権力に——最高権力に対してさえ——適用し、権力者を役職からはずすことを可能にします。あるいは「〜してくれなかったら、わたしたちはおまえさんには投票しないよ」という暗黙の脅し権力をシステムに組み込んで、議員になりたい者は、選挙結果を計算しながら活動しなければならないこと、選挙結果が自分の政治活動の適否を裁定することを、最初からわからせることができます。

以上のように、またしても個別にみればきわめて異なっているにもかかわらず、再帰性、つまりある機能タイプの作動を同じシステム内で同種のタイプの作動に適用することと、一般的に定式化できるような特徴を共通にもっているという事態が見られるのです。しかも、これは、古い社会のイメージとは異質です。古い社会では、たとえば階層化や、中国やエジプトのようなタイプの官僚制国家などによって、宗教であれ道徳であれ富であれ、法的権限ないし裁判権であれ、社会の頂点で統合されているというようにさまざまな作動が統合されていました。したがって、少なくとも頂点では、個別の作動領域が分離しているということもありませんでした。王は宗教的機能の文脈においても、当然ながら真理を語っているものと見なされました。そうでなければ、王ではありません。こうした構造を、わたしたちは解消してしまいました。わたしたちは、それぞれのメディアが由来の違う作動によって影響を受けることのないようにしています。政治が、たとえば芸術や美学、法や経済的事象を、政治的にどれくらい利用できるのかできないのか、といった問いは簡単には答えられない問いですが、少なくとも政治を買うことはできませんし、美学によって、作家がしばしば試みるように、政治をどれほど優雅に描いてみせたところで、政治が本来の機能を果たさなくなることはありえません。通常、文学は政党から十分な支援を得られることはありません。興味深い経験として、東ドイツの著名な反体制作家たちの例があります。それは文字通り反対を表明するものではありませんでしたが、容認された反対、はっきりと容認された反対であり、政治の軌道修正を実現できるような立場にあったわけではありませんでした。さて、それぞれのメディアの内部で再帰性が別々に生じ、それに応じて複数の機能の混在が抑制されるようになるという、滅多に達成されることのない高度な構造についての話はこれくらいで十分でしょう。

つぎの点は、いつだったか一度、共生（symbiotisch）メカニズムと名づけたものです。今日もこの表現を用いることにします。まずは、この用語について若干話をした方がよいでしょう。symbiósisという表現は「共に生きること」についてのギリシャ的理解を表していて、ラテン語では*communitas*ですが、一七世紀になると博識を表す言葉として大文字で書かれるようになり、特にギリシャ的理解を表す言葉として、das Kommunaleやcommunitasといった使い古された概念に代わるものとして用いられるようになりました。さまざまな著者が個別に「共生」あるいは「共生社会」について語りましたが、それらによって想定されていたのは文字通り「共に生きること」、つまり人びとが本当に一緒に生きている社会でした。「共生」という表現は、どういう経緯かわかりませんが、一九二〇年代のシカゴで再び登場します。どうしてそういうことが起こりえたのか、わたしにはわかりませんが、少なくとも、もともとのラテン語やギリシャ語の文献を読むことでこの表現を使うようになったのではなさそうです。そこで問題になっていたのは、競争と協同をはっきり区別しなくてよいのか、近代社会は、たいてい協力し合う人びとと競争し合う人びとというように、人間の種類を分けてしまうのではないかということでした。こうした考えの背後には、資本主義経済に対して、また競争に対して、市場における競争に対して、社会学が距離をとっていたということがあります。それとは違う社会的関係、つまり協力、一緒に生きること、親切にしあうこと、等々に依拠するような社会的関係があるし、シカゴのような大都市においても、それはあるということです。そこに突然、symbiósisという言葉が、「symbiotic な関係」という表現をとって浮上しました。わたしはこの伝統に連なる気はないのですが、わざわざ言及したのは、みなさんが事典などでこの言葉に出会ったときに、かたちの上では同じである言葉がさまざまに異なった意味で用いられているのだということを理解していただきたいからです。わたしが問題にしたいのは、人間の身体、あるいは一体と見なされた身体と意識、つまり人間の有機的－心理的生命という事実性に対するコミュニケーション・メディアによる言及が、どのように統制されているのかということです。わたしたちは生きた人間であるという事実にまったく言及することなく、あるいはそういう含意をまったくもたずに、メディアを用いるということはありうるのでしょうか。コミュニケーション・メディアの理論は、そのことへの言及が重要な役割を果たすようには作られていません。コミュニケーションは、いわば人びとの頭上を通過して、あるいは頭を通り抜けて、独自の回帰的ネットワークに即して進行するものと見なされています。しかし、だからこそ、わたしたちは実際に存在し現に生きており、ときおりコミュニケーションとは関係ないことを考えてしまったりもするということを、コミュニケーションそのものにおいて示すなり、示唆するなりといった必要があるのではないかという疑問が生じるのです。少し違った表現をすれば、つぎのようにいうこともできるでしょう。すなわち、社会的過程において身体が重要な役割を果たしていないとき、その社会的過程への身体の包摂はどのように統制されるのか。コミュニケーションが血液のようにさらさらとは流れず、想念のようにつぎつぎと湧き上がるわけでもなく、理解可能であるために一定の秩序に従って進行しなければならないとき、コミュニケーションへの身体の包摂はどのように統制されるのか、と。もし、これらのオートポイエーシス・システムの分離を前提するならば、それらの関連はコミュニケーションそのものにおいてどのように形成されうるのかという問いに直面することになります。その関連が個々の意識において形成されること――それはまったく別の問題です――は必ずしも必要ではありません。今問題なのは、あくまでもコミュニケーションにおいてどう形成されるかです。こういう問題を考えるときただちに思いつくのは、コミュニケーション・メディアが身体への特別な言及をともなっていることは明らかだということです。もう少し厳密にいえば、コミュニケーションが身体によって刺激を受けることになるポイントへの言及をともなっているということです。たとえば、真理に関する問いであれば、知覚が存在するとわたしはいうでしょう。真理は、明確な知覚を説得力をもって、あるいは長期間にわたって、見て見ぬふりをすることはできません。せいぜい人為的な抽象化によって無視できるだけです。あることを見て、それはかくかくしかじかであってそれ以外ではないということを示すことができるとき、つまり目ではっきりと見ることができるとき、それに反するような真理を維持することは困難です。誰かが計器の数値を読み取ったり、特定の実験を行ったとします。それを受けて人びとは、特定の問いに対して、結果は予想していたものとは違ってかくかくしかじかであったと答えることになります。そうすると思いもよらなかったような問いが浮上して、従来の理論に反するなどといったことが起こったりします。とにかく知覚を無視するのは困難です。ちなみに、わたしの印象では、社会学はこの分野をそれほど明示的に扱ってこなかったように思います。たとえば、組織や官僚機構が知覚に依存しているということは、本格的には研究されていません。アメリカ人が「街中の官僚制」と呼んで問題にしている、監督的人びとに関する研究があります。つまり、実際に人びとと接触してアンケート用紙や調査票に記入させたり、報告を行ったりする人びと——警察官や教師、あらゆる種類の監視人などです——に関する研究です(37)。しかし、こうした研究は、実際には、知覚は組織にとって思い通りにならないものであるという観点からなされてはいません。このような話は別の講義で行うべきでしょうから、ここでは深入りしませんが、つぎの点だけは理解していただきたいと思います。すなわち、コミュニケーションは、コミュニケーションが好き勝手にはできない知覚——コミュニケーションそのものは当然知覚できませんから——をどのように扱っているのか、と問うことには十分な理由があるということです。真理コードの内部で知覚あるいは本来の意味での経験的知識は、比較的限定された位置づけが与えられていますが、そのことからわかるのは、それらは、少なくとも撹乱要因として記録されるということです。いうまでもないことですが、あらゆる理論を知覚可能なものに還元することはできません。それは、二〇年代の論理実証主義が考えたことでしたが、すでに乗り越えられました。しかし、そうではあっても知覚が理論に反するとき、知覚は人びとをいらだたせることができます。あるいはさらなる考察を促し、従来の理論を何とか守ろうとするさまざまな動きを誘発することができるのです。

　つぎに愛に話を移すならば、性愛《セクシュアリティ》が関わることは明らかです。知覚と真理の場合と同様に、この場合も複雑な歴史的関係についてお話しする必要があります。というのも、これらの領域全体はさしあたり人間が動物と共有する領域であり、それゆえ伝統においても、つねに曖昧にされてきた領域だからです。人間と動物が共有するものは、さしあたり人間を動物に対して特に際立たせるものではありませんでした。近代科学の発展にともなって数学と結びついた知覚は、一六、一七世紀に多大な努力のうえにその意義を認められるようになりました。これに対して、性愛の問題の扱い方に変化が現れたのはやや遅く、本格的に変わったのはようやく一八世紀になってからでした。その当時、性愛は愛に対して肯定的意義をもちうるが、もしもパートナーに対する信頼がなければ否定的意義ももちうる、ということが発見されました。それ以前の物語では、愛のタイプがはっきりと区別されていました。一方には、官能的な愛、波乱万丈の物語の愛、いわば生命の愛とでもいうべき愛があり、他方には、神の愛、アガペー、思想的で信仰告白的な愛がありました。後者は身体を排除し、他者を愛するのはあくまでも神の被造物としての他者を愛するということでした。場合によっては神を愛するということもあったでしょう。こうしたタイプの構造は、一五、一六世紀になってもまだはっきりしていました。物語もそれに応じて区別されていました。しかし、そのタイプ構造がしだいに溶解しはじめ、一八世紀には――フランスの物語を調べてみればわかるのですが――性愛の肯定的評価（sexologie positive）がなされるようになります。神学の伝統、特にカルヴァンやその他の著者たちにおいて、そもそも性愛は再生産のためだけに人間に備わったものであるという先人たちがいましたが、しかし、それがいくばくかの喜びをも与えるからといって、それで再生産が妨げられるわけではありません。むしろ、夫婦は、たんに子どもをもうけること以上のささやかな喜びを互いに得るべきなのかもしれないのです。こうした考えは、神学における性愛の昔ながらの厳格な扱いが緩みはじめることの、かすかな予兆でした。そして、それが決定的になったのが一八世紀だと思います。いずれにしろそれは長期にわたる変化であり、今日まで続いています。わたしたちは愛と友情も性愛という要因との関係で区別します。ここでもまた、知覚と真理に関して見たのと同じ構造、つまり両者が存在し、刺激を与える関係にあるという構造にわたしたちは直面します。真理を確証する知覚と反証する知覚が存在するように、愛の関係においても喜びをもたらす性愛、愛し合うことの意味を深く感得させるような性愛と、パートナーを動揺させ関係を不安定にする――人間が必要とし、また前提ともする分別がしっかりと働かなくなるだけでも――性愛があるのです。他のメディアの場合も、基本的に同じです。

所有物と貨幣の領域に関しては、まず経済は欲求を充足するかどうかで評価してよいだろうと考えます。欲求として真っ先に考えるのは、生命体としての基礎的な欲求、つまり、栄養や暖かさ、ある程度健康な生活の仕方や危険に対する保護、等々です。ここでもまた歴史的なまわり道が有効です。この分野の文献にそれほど精通しているわけではありませんが、わたしの印象では、欲求に対する経済の関係という問題は、近代初頭から意識され、やがて一八世紀になって経済が自立的と見なされる社会構造として分化しきっていくにつれて、つまり、たんに一方に家政と家族生活があり他方に商売が存在するというだけでなく、生産と市場が緊密に結びついていると人びとが見なすようになるにつれて、明確なテーマとなりました。たとえば、市場に向けて生産が行われるようになればなるほど、何のために生産するのかという問いに示唆を与え、市場での生産物の売れ行き予想の指針となるような要因がますます重要になります。この点では何といっても欲求が――価値や効用という概念を使うと少しわかりにくくなってしまうのですが――決定的な要因です。しかし、それだけに留まらずに、わたしたちの経済をつぎのような観点から問い直そうとする気運が、今日存在していると思われます。それは、欲求の充足という点で、人びとが真っ先に経済に期待するかもしれないこと、すなわち、飢えている人びと、死にそうな人びと、差し迫った生活上の欲求を抱えている人びとのための最低限の用意を整えるということを、経済はやっているのか、それを国家に期待するのはきわめて問題ではないのか、つまり現実をみれば明らかなように、国家には決して確実に達成することのできないことを、再分配政策によって何とかしろといっているようなものではないのか、という観点です。ここにもまたつぎのような二重構造をもった関係があります。一方で、経済が第一次的欲求を充足することができず、ましてや二次的欲求、贅沢な欲求、工業製品に対する欲求等を充足するための購買力を生み出すこともできないのですが、そのことが経済を刺激します。これは、追加的に生産されうるものは何かということに対する制約ですし、分配の問題でもあります。他方で、これとは反対に、経済は、第一次的欲求を超えた欲求、あらゆる種類の贅沢な欲求をはじめて刺激し、積極的に形作り、すでに存在する生活欲求の上に積み重ねるという傾向をもっています。

このことは、権力の場合さらに単純です。ここでは身体に対して行使されうる物理的強制力、つまり暴力との関係が存在していることが、はっきりしています。ここでもまた二側面構造があります。一方で、もしわたしが権力によって、つまり警官隊を動員すると脅すことができれば、広範囲にわたる政治的プログラムに結合可能ではあっても、権力を用いることができない場合には実現不可能であったことを実現できます。したがって、権力の自己実現だけが、強さを示すことだけが、問題なのではありません。強さを示すことには、脅しのために権力を用いるというシンボリックな機能があるのです。他方で政治には明白な限界があり、それを超えてしまえば政治が意思を貫徹することはできません。たとえば、国家の領土のなかには、警察でさえなかなか手を出せない地域があります。つまり、人びとの抵抗が警察や刑務所では抑えきれないくらいの規模に達し、国家が有する権力が特定の住民階層に効力が及ばなくなることもあるような権力であるということが、あらわになることがあります。

これに関して、最後にもう一点。自己充足禁止のようなものが存在すると考えることができるかもしれません。ここで自己充足禁止というのは、これまで述べたような共生メカニズムはコミュニケーションによって主導されなければならず、たんなる身体の自己実現であってはならないという意味です。この点に関しても比較を行い、いたるところに然るべき事態を見出すことができるでしょう。もちろん性愛の領域においても知覚の領域においてもです。近代初頭に、熱狂的ないしは狂信的と称される物語が登場しました。それが公然と反発したのは、どちらかといえば宗教の教義あるいは正統信仰でした。狂信的あるいは熱狂的体験をするとき、人はいわば自分で自分を満足させるので、教会にお伺いを立てる必要はありません。では、初期の学術的な書物の場合も、こうした意味での狂信や熱狂に理解を示せるかとなると、それは難しいでしょう。実験を狂信的に、つまり直観的に解釈したり、自分の思い込みに従って解釈したのでは、科学とはいえません。実験には実験の秩序があり、それに従って事実に徹する解釈をしなければなりません。同じことは経済の分野でも、つまり所有物と貨幣というメディアの分野でも見出せるだろうと、わたしは思います。経済的欲求が趣味の園芸やDo-it-yourselfの行動様式に引き戻されるようなことがあれば、かなりの分野の商売が規模を縮小するか消えてしまうことでしょう。わたしは、カナダのフッテラー〔再洗礼派の人びとで、財を共有しながら生活している——訳者注〕の人びとのところでそうした事態を観察したことがありますが、たいへん興味深いものでした。彼らは自分たちで何とか作れるものは、ブリキ加工や管にいたるまで、つまり手作りできそうなものなら何でも、自分たちで作ります。トラクターは買うしかありませんが、それ以外はすべて自分たちで作ります。もちろん自分たちの食料も作りますから、彼らがまわりを取り囲むように土地を買い集めた村々では、商売というものがなくなってしまいました。フッテラーには属さずに村に住みつづけていたカナダ人にしてみれば、買い物のできる店が突然なくなってしまったようなものです。これは、経済が関わるところに自己充足的共同体が根づき、資本主義の迂回生産を麻痺させてしまえば、どんなことが起こるかということを想像してもらうための、一例にすぎません。経済に関して自己充足の禁止などというと、滑稽に聞こえるでしょうが、やはりここでも自己充足の禁止が構造に組み込まれているのです。同じことは権力にも当てはまります。各自がもつあらゆる権利請求に関して直接相手方に強要してよいなどということになったら、つまり自分の権利のためにはすぐに刀を抜いてもよいなどということになったら、裁判権に関わる複雑な仕組み全体がだめになってしまうでしょうし、さらには裁判権のプログラム化、つまり国家の法律政策に関わる仕組みもおしまいとなってしまうでしょう。その場合は部族システムの原初的構造が成立することになり、結局は強さが何が正しいかを決定することになるでしょう。

ここまで身体の重要性に関する一連の問題について、より正確にいえば、メディアに制御されるコミュニケーション構造内での身体への言及の重要性に関する一連の問題について、包括的に考察してきましたが、これについては以上で終わりです。

つぎに取り上げるのは、インフレーションとデフレーションの問題で、引き続き比較を行うことを主眼にして論じていきたいと思います。インフレやデフレといえば、当然のことながらわたしたちは普通、貨幣のことを真っ先に思い浮かべます。貨幣のインフレ、貨幣のデフレですね。ところがパーソンズはこれらの概念を一般化して、たとえば権力にも、さらには影響力にも適用することを提案しました。つまり、シンボリックに一般化されたメディア――パーソンズの場合は交換メディアですが――が膨張したり収縮したりする場合は、いつでもインフレやデフレという言い方をしていいだろうというのです。パーソンズにとっては、こうした考えは、彼が「現実の資産（real assets）」と呼んだものと、つまりメディア・プログラムを実行するために現実に利用できる資源と関係していました。その際、彼が第一に念頭においていたのは、いささか古風ですが、通貨に関する議論で問題になっていた金本位制であり、あるいは外国為替による通貨保護、または今日どのように行われているにせよ、国家保証による通貨の保護でした。これにならってパーソンズは、権力に関して「現実の資産」を、つまりメディアが機能することを実際に担保するのは何かを、探究しています。この場合は、現存の警察です。現存の警察を踏まえて、何を強制できるのかということが計算可能になるのです。このような面は、わたしの用語でいえば、共生メカニズムと名づけたものに関わっています。身体が関与することでメディアを積極的に支えることができるのですが、その身体を自由自在に扱うことはできるでしょうか。さらに、もし身体以外の「資産」があるとすれば、パーソンズもいっているように、それは信頼でしょう。つまり、たとえ現実の資産以上の過大評価がメディアに対してなされていても、メディアは当然機能するものだという一種の過剰な信頼が、まさにメディアが機能することを支えているのです。この場合、インフレとは、信頼の過度の一般化ということになるでしょうし、政治、経済、その他の審級からの信頼の過度の要求も、インフレということになるでしょう。信頼してもよさそうな場合であっても信頼しなくなることでしょう。そして、このように理解するならば、それは、たしが好んで用いる言い方にかなり近いといえます。すなわち、メディアの動機づけ可能性が十分発揮されているかいないかが問題になるということです。このように問うためには、交換理論からコミュニケーション理論への組み換えが必要です。それによって問いはつぎのようになります。ノーの可能性がきわめて高いにもかかわらず、イエスと言わせてしまうというメディアの可能性を当のメディアが十分発揮しているのか、それとも十分発揮していないのか、あるいは、コミュニケーションがうまくいくための可能性のうちまだ発揮されていない可能性があるのか、それとも逆にコミュニケーションがうまくいく可能性を過大評価したために、あるいは吊り上げすぎたために、インフレを引き起こすメディアの価値低下が起こったのか、です。これもまた、貨幣以外のすべての分野で探究してみることができるでしょう。政治に関する議論では、つぎの問いに対して周知のような討論がなされています。すなわち、権力をもつ者が、何らかの問題を処理するために権力を用いるということが一切ないならば、つまり権威のみならず強さも利用しないならば、事実上その者は権力を失ったに等しいのではないか、したがってデフレに陥るのではないか、逆に、いつでも権力を用いられるかのように常日頃振舞っていながら、いざというときに引き下がらざるをえない者はインフレを促進してしまうのではないか、そして権力をどう維持するかという点で個々の出来事に対して敏感になるのではないか、という問いです。ここでもまた、権力のインフレあるいはデフレをともなう展開が問題となります。愛の領域においても同様のことが考えられることについて、たぶんくどくどと解説する必要はないでしょう。愛があまりにたいへんなものになれば、つまりあまりにもインフレ気味に投入されれば、いつかは破綻してしまいますし、逆に、過度に控えめな態度も、適切な振舞い方とはいえず、それではメディアの可能性が発揮されず、ただおろおろするだけ、といったことは誰でも想像できるでしょう。真理についても同様です。わたしはかつてカントのインフレーションについて調べたことがあります。一八世紀の九〇年代には、あらゆる講義の一覧表にカントの名前が載っていました。法理論や教育学、さらには芸術理論でさえ、カントに準拠していました。そして一〇年後、そうした事態が突然なくなってしまいました。法学者は再び実定法を発見し、教育学者はヨハン・フリードリヒ・ヘルバートとともに、道徳律とは別に、心理学ならびに学校の授業の実態を発見し、そして芸術は判断力のアプリオリとは別に、形式に関する技術を発見しました。つまり、真理の可能性が過大評価された時代があったのです。この過大評価には当然ながらフランス革命が影響しました。フランス人が政治的に成し遂げたこと――それには相応の悩ましい事態がともないました――を、革命としてではなく真理として獲得したいと考えたのです。真理とは何らかの意味で改革と関連し、その関連で真理と見なされるものでした。たとえば、教育制度の自由主義的な改革との関連で、真理と見なされたなどです。法システムにも疑問の目が向けられましたが、カントの理論はこうした方向でインフレを進行させる効果をもちました。同じことはいつでも起こりえます。もちろんシステム理論は、学術におけるインフレ要因です。というのも経験的裏づけがまだまだ弱いからです。

こうした比較において問題になるのは、インフレとデフレは相互に排他的なのか、いつでもインフレ局面の後にデフレ局面が続くものなのか、という問いが提起されることです。経済学は、スタグフレーションという現象が存在するにもかかわらず、つまり失業者の増大のようなデフレタイプの結果がインフレにともなうことで、いつでもインフレ局面の後にデフレ局面が続くとは必ずしもいえないにもかかわらず、インフレ局面の後にデフレ局面が続くというモデルを優遇しているようです。しかし、政治の領域では両者が同時並行的に進行することはありえますし、ましてや学術の領域ではなおさらそうであるといわなくてよいのでしょうか。社会学においてはまさにつぎのような経験主義的傾向が強まっています。すなわち、いかなるものとの関連であれ、理論を妥当なものと見なすための最終的審級として知覚が重視されるという傾向です。しかし他方で、それでは理論に対するニーズがほとんど満たされないので、グランドセオリーに関する議論の分野ではインフレ圧力が高まっています。しかも、たとえばアメリカ合衆国における議論とドイツにおけるそれとを比べてみればわかるように、議論の様相は地域によって相当異なります。とすれば、ここでもまた、インフレーションとデフレーションというモデルをその発見された場所、すなわち経済から切り離して、メディアの全般的な比較のために用いることができるのか、ということが問題になります。それができれば、一方はインフレとデフレが反復進行というかたちで起こりやすく、他方は同時並行的に起こりやすいといった違いを確かめることができるでしょう。

最後に取り上げたいのは、しばらく後に分化について話をする際に改めて取り上げることにつながる事柄です。それは、システムを形成する可能性という点で、さまざまなメディアの間に違いはあるのかという問題です。各メディアのシステム形成能力については、いずれも同程度のものと前提してよいのでしょうか、それとも相当に違いがあると考えるべきなのでしょうか。システム形成能力という言葉でわたしが念頭においているのは、メディア・コミュニケーションの周囲に、つぎのような意味で、オートポイエティックなシステムが形成されることです。すなわち、システムの基底的作動が、システム固有のメディアだけを用いてなされる、たとえば支払いだけを焦点としてなされる、という意味です。あらゆる経済活動は、支払うか、支払いによって対価を得るかのいずれかでなければなりません。あらゆることがそれを前提として計画されます。これとの関連でよく知られている議論は、組織の構造は内部的にはヒエラルヒー的に構成されているので、個々の活動のすべてに対していちいち対価が支払われるわけではないというものです。この講義が終わったところで、わたしが手を差し出して、みなさんからこの講義に対する報酬を受け取るなどということはありません。今日の講義がどれほどうまくいったとしても、あるいはどれほど劣悪だったとしても、その報酬は全般的な評価のなかで差し引き計算されます。それは次回の会議で確定されるでしょう。どんなシステムにも供給部門や、基底的メディアに対する追加的仕組みをなす領域が存在しますが、もし支払いがなされないならば、そのシステムは崩壊するでしょう。同じことは権力や愛についてもいえます。生活費を稼いで家計のやりくりをしなければなりませんし、皿を洗ったり、ごみバケツを外にもっていったり、掃除機をかけたり、子どもの体を洗ってやったりもしなければなりません。しかし、もしこれらが愛の文脈で、つまり親密性の文脈で行われるのであれば、わたしは君のためにこれをやっている、わたしたちは愛し合っているのだから、そんなことをいちいち確認し合う必要はないということがつねにはっきりと前提されているはずです。こうして、ここでもまた基底的なメディアを通じて、あるいはメディアという意味での基底的作動様式を通じて、システムの形成が起こり、さらに基底的なメディア以外にシステム形成に必要なものがあれば、それが結晶化し、あるいは付け加わったりします。こうした考察から出発するなら、システムを形成する能力があるといっても、どのメディアが問題になっているかによって、それが生み出すものには相当違いがあるということを確認することができます。実はこのことが、ハーバーマスのつぎのような疑いにも関わっているように思えます。すなわち、貨幣や権力のように、大いなるシステムの発展をもたらすとともに、それが必ずしも人間らしく生きることに合致していないのではないかという嫌疑をハーバーマスに抱かせるようなメディアがある一方で、そうはならない別のメディアも存在するのではという疑いです。わたしの考えでは、少なくとも、近代社会において経済と政治が相対的に優勢であることを、あるいはまた経済と政治の内部では物事がうまくいっているないしはいっていないということがきわめて短期的に問題になることを、それほど短期的な成否を問題としないメディアと比較することくらいは可能です。たとえば、しばらくの間、研究活動が途絶えるなどということがあったとしても、あるいはあらゆる研究が多かれ少なかれ失敗に終わるなどということになったとしても、そのことが直ちに社会に影響するということはないでしょう。それは、たとえば代替エネルギー資源の研究であれ、癌やエイズ等の医学的問題の研究であれ、研究成果が出るまではただ待つしかないということとそれほど違いません。経済が破綻したり政治が崩壊したりすれば、社会は直ちに危機に瀕しますが、研究が破綻してもそれによって直ちに社会が危機に瀕することはありません。各メディアの社会的重要性は、それぞれのメディアがその固有の作動を再帰的に閉鎖させ、システムを分化させることがどれほど重要かということに関わっています。芸術を引き合いに出せば、そのことはますますはっきりするのではないでしょうか。誰かが、芸術はシステムである、と言ったとしても、そこで問題になるのは、おそらく経済の領域の事柄に比べれば重要性が低い事柄でしょう。もちろん、システムを形成しない芸術も形式的には考えられますが、その場合は現実に起こった発展とかなり違った発展を遂げることはまず間違いないでしょう。それに、芸術を再生産するシステムが存在しなければ、個々の芸術作品が、過去の様式や流行と、あるいは展示できるための諸条件と、あるいは作品理解に関わる諸問題と、密接に結びついているなどということも認識できなくなるでしょう。そうしたことは考えにくいわけですが、はっきりしているのは、芸術というメディアのシステム形成能力がもつ社会的意義が、貨幣というメディアのシステム形成能力のそれと同等ということはないということです。このことは、そのような比較が、芸術と貨幣の社会的意義が同等でないことはあらゆるところで同じだということだけで満足してしまってはいけないということを、改めて示しているにすぎません。より深く考察してみれば、相当な違いがあることがわかるでしょうし、そこからさらに、近代社会では、特定の機能システムが他の機能システムよりも重要性が際立って高く、明らかに優勢であることを理解することができるということもわかるでしょう。

さて、以上の考察でコミュニケーション・メディアに関する話は終わりです。最後にもう一度簡単にまとめておきたいと思います。コミュニケーションは、まず第一に社会を生み出し、再生産する作動として導入されました。したがって、システム理論とコミュニケーション理論との間には密接な関係があるのですが、この講義の組み立て、つまり、まずシステムについて話し、つぎにコミュニケーションについて話し、それから進化について話し、そして再びシステムについて話すという講義の組み立てでは、その関係が少しわかりにくいでしょう。どうしても、そのつど一つのパースペクティヴが前面に出ることになってしまうからです。本章においてのそれは作動のパースペクティヴでした。しかし、理論の全体の組み立てからすれば、いずれも特定の説明であり、特定のパースペクティヴであり、何がしかの修正が必要です。つぎの章では進化について論じる予定ですが、そこでそのような修正を体系的かつ集中的に行いたいと思っています。みなさんは、わたしが言語や文字、印刷その他について言及する際はいうまでもなく、コミュニケーション・メディアについて話をする際にも、つねに歴史的パースペクティヴに配慮しながら論じてきたことを覚えておられると思います。つまり、メディアあるいはコミュニケーションが進行する際の形式は、はじめからそこにあって変化しないものではないということ、つまり、人間と共に生み出され、それ以来現在のようなかたちでずっとあったわけではないということ、したがって、そこでもまた歴史的パースペクティヴが重要な役割を果たすということを、最初から当然のこととして論じてきました。しかし、歴史的パースペクティヴにもとづく話は、いわば付随的な扱いしかしてきませんでした。つまり、どちらかというと体系的に論究してきたというよりは、具体例による論証のために言及してきたということです。

注

（1）Ferdinand de Saussure, *Cours de linguistique générale*, Paris : Payot 1972（一九一五年に行われた講義の筆記録）、ドイツ語版は一九三一年刊：*Grundfragen der allgemeinen Sprachwissenschaft*, Berlin : de Gruyter（影浦峡ほか訳『一般言語学講義』東京大学出版会、二〇〇七年など）を参照。

（2）これは、ハインツ・フォン・フェルスターの表現である。Heinz von Foerster, *Wissen und Gewissen : Versuch einer Brücke*, Frankfurt am Main : Suhrkamp 1993, たとえば同書の二六九ページ以下を参照。

（3）Hans Ulrich Gumbrecht und K. Ludwig Pfeiffer（Hrsg.）, *Materialität der Kommunikation*, Frankfurt am Main : Suhrkamp 1988 を参照。

（4）フェルディナン・ド・ソシュールの『一般言語学講義（Cours de linguistique générale)』の一六六頁では、"Dans la langue il n'y a que des différences"（言語のうちには、もろもろの差異しかない）と述べられている。

（5）社会心理学については、Karl E. Weick, *Der Prozeß des Organisierens*, dt. Frankfurt am Main : Suhrkamp 1985

を参照。また社会学については Niklas Luhmann, *Erkenntnis als Konstruktion*, Bern : Benteli 1988（土方透・松戸行雄編訳『ルーマン、学問と自身を語る』新泉社、一九九六年所収）を参照。

(6) Jacques Derrida, *Marges de la philosophie*, Paris : Minuit 1972, ドイツ語訳は、*Randgänge der Philosophie*, Wien : Passagen, 1988（高橋允昭・藤本一勇訳『哲学の余白（上・下）』法政大学出版局、二〇〇七年）; 同、*Limited Inc.*, Paris : Galilée 1990, ドイツ語訳は、Limited Inc., Wien : Passagen 2001（高橋哲哉・増田一夫・宮崎裕助訳『有限責任会社』法政大学出版局、二〇〇二年）を参照。

(7) Niklas Luhmann, *Ökologische Kommunikation : Kann die moderne Gesellschaft sich auf ökologische Gefährdungen einstellen ?*, Opladen : Westdeutscher Verlag 1986.（庄司信訳『エコロジーのコミュニケーション――現代社会はエコロジーの危機に対応できるか?』新泉社、二〇〇七年）

(8)「Ándra moi énnepe, mousa, polytropon」を翻訳すれば「ムーサよ、わたくしに、ここかしこと流浪の旅に明け暮れた、かの男（オデュッセウス）の物語をして下され」となり、ホメロスの作とされる『オデュッセイア』の冒頭行である（日本語訳については、松平千秋訳『オデュッセイア（上）』岩波文庫、一九九二年、第一歌を参照）。この一節、さらにそれ以外の諸節における古代ギリシア語の解読については、アタナシオス・カラフィリディス（Athanasios Karafillidis）に拠っている（編者ディルク・ベッカー）。

(9) Michael Giesecke, *Der Buchdruck in der frühen Neuzeit : Eine historische Fallstudie über die Durchsetzung neuer Informations-und Kommunikationstechnologien*, Frankfurt am Main : Suhrkamp 1991 を参照。

(10) Stéphane Mallarmé, *Préface*, in : Œuvres complètes. Paris : Gallimard 1945, S. 455 f. を参照。

(11) とりわけ、Jacques Derrida, *Grammatologie*, Frankfurt am Main : Suhrkamp 1974（足立和浩訳『根源の彼方に――グラマトロジーについて（上・下）』現代思潮社、一九七二年）, ders., *Schrift und Differenz*, Frankfurt am Main : Suhrkamp 1972（若桑毅・梶谷温子訳『エクリチュールと差異（上・下）』（法政大学出版局、一九七七年／八三年）を参照。

(12) この学会に関する出版物として、Hans Ulrich Gumbrecht und K. Ludwig Pfeiffer (Hrsg.), *Schrift*, München :

Fink 1993を参照。

（13）前掲書における次の論文、Alois Hahn, *Handschrift und Tätowierung*, ebd., S. 201-217を参照。

（14）David Roberts, *The Law of the Text of the Law : Derrida before Kafka*, in : *Deutsche Vierteljahresschrift für Literaturwissenschaft 69*（1995), S. 344-367を参照。

（15）これとの関連でNiklas Luhmann, Die Form der Schrift, in : Hans Ulrich Gumbrecht und K. Ludwig Pfeiffer (Hrsg.), *Schrift*, S. 349-366（大黒岳彦訳「「書くこと」という形式」『思想』第九七〇号（英語版訳））（前掲注(12)を見よ）を参照。同所では、本文の後続部分についての文献指示もある。

（16）前掲註のなかで挙示された論文に引用された以下のルーマン論文、Luhmann, *Dialogo sopra i due massimi sistemi del mondo*, in : *Le Opere di Galileo Galilei*, Firenze : Edizione Nazionale 1968, Bd. VIIを参照。

（17）ブロックハウス百科事典によれば、ハビロン（Babylon）の王・ハムラビ（Hammurapi）は、紀元前一七二八年から一六八六年まで生きた。

（18）Eric A. Havelock, *Preface to Plato*, Oxford : Blackwell 1963（村岡晋一訳『プラトン序説』新書館、一九九七年）; ders., *The Literate Revolution in Greece and its Cultural Consequences*, Princeton, NJ : Princeton University Press 1982, ドイツ語訳は、1990 : *Schriftlichkeit. Das griechische Alphabet als kulturelle Revolution*, Weinheim : VCHを参照。

（19）ひらがな文字については以下を見よ。http://de.wikipedia.org/wiki/Japanisches_Schriftsystem

（20）本文のママ（本文の表記は決して誤字ではない）！　この一文に関しては（同じく原型が「schaffen」である）「克服された」（geschafft）という語を期待する向きがあるかもしれないが、ここではまた本文に示した「産み出された」（geschaffen）という語も意味を有する。表音文字と、それがもたらした文化的所産を基準として理解し、この基準に則ってあらゆる派生物を評価する場合には、このハードルが「産み出された」という語が意味をもつ。

（21）社会民主党（ＳＰＤ）のビョルン・エングホルム（Björn Engholm）は一九九二年、いわゆるバルシェル疑獄事件にもかかわらず、シュレスヴィッヒ＝ホルシュタイン州の州政府首相に再選された。

(22) この『法学提要』（Institutiones）とは、法的な題材について初歩的なことを説いた教本である。

(23) この新著とは、Jürgen Habermas, *Faktizität und Geltung*, Frankfurt am Main：Suhrkamp 1992（河上倫逸・耳野健二訳『事実性と妥当性——法と民主的法治国家の討議理論にかんする研究（上・下）』未來社、二〇〇二／〇三年）。

(24) Elizabeth L. Eisenstein, *The Printing Press as an Agent of Change：Communication and Cultural Transformations in Early-Modern Europe*, 2 Bde., Cambridge：Cambridge University Press 1979.

(25) この「箱」が想定しているのは、タルコット・パーソンズ（Talcott Parsons）が提唱した、行為の一般理論のＡＧＩＬ図式における箱である（なお、ＡＧＩＬとは、適応（Ａ：Adaptation）－目標充足（Ｇ：Goal Gratification）－統合（Ｉ：Integration）－潜在的なパターンの維持および緊張の処理（Ｌ：Latent pattern maintenance and tension management）の頭文字）。

(26) Anthony Giddens, *The Consequences of Modernity*, Stanford：Stanford University Press 1990, dt. 1995：*Konsequenzen der Moderne*, Frankfurt am Main：Suhrkamp（松尾精文・小幡正敏訳『近代とはいかなる時代か——モダニティの帰結』而立書房、一九九三年）を見よ。

(27) Walter J. Ong, *Rhetoric, Romance, and Technology：Studies in the Interaction of Expression and Culture*, Ithaca, NY：Cornell University Press 1971; ders., *Interfaces of the Word：Studies in the Evolution of Consciousness and Culture*, Ithaca, NY：Cornell University Press 1977を見よ。

(28) 「進化アルゴリズム」に関する文献を見よ。

(29) 特にTalcott Parsons, *Zur Theorie der sozialen Interaktionsmedien*, Opladen：Westdeutscher Verlag 1980を見よ。

(30) Rainer C. Baum, *On Societal Media Dynamics*, in：J. J. Loubser et al.（Hrsg.）, *Explorations in General Theory in Social Science：Essays in Honor of Talcott Parsons*, Bd. 2, New York：Free Press 1976, dt. 1981：*Allgemeine Handlungstheorie*, Frankfurt am Main：Suhrkampを見よ。

(31) とりわけ Jürgen Habermas, *Theorie des kommunikativen Handelns*, 2 Bde., Frankfurt am Main : Suhrkamp 1981 の Band 1（河上倫逸ほか訳『コミュニケイション的行為の理論（上・中・下）』未來社、一九八五／八六／八七年）を見よ。

(32) 念頭においているのは Karl Jaspers, *Die geistige Situation der Zeit* [1931], Berlin : de Gruyter 1999 である。

(33) ブロックハウス百科事典によると「初期ドイツ法における譲渡不能で分割不能の家族財産。つねに家族の一人が保持しつづけた。それから生じる収益のみ自由に処分できた」。

(34) この点に関する基礎的文献は Fritz Heider, *Psychologie der interpersonalen Beziehungen* [1958], dt. Stuttgart : Klett-Cotta 1977.（大橋正夫訳『対人関係の心理学』誠信書房、一九七八年）

(35) Niklas Luhmann, *Liebe als Passion : Zur Codierung von Intimität*, Frankfurt am Main : Suhrkamp 1982.（佐藤勉・村中知子訳『情熱としての愛』木鐸社、二〇〇五年）

(36) Gotthard Günther, *Beiträge zu einer operationsfähigen Dialektik*, Bd. 1, Hamburg : Meiner 1976 参照。

(37) たとえば Michael Lipsky, *Street-Level Bureaucracy : Dilemmas of the Individual in Public Services*, New York : Russell Sage Foundation 1980 を見よ。

III 進化

さて「進化」というキーワードに関連させて、わたしは歴史ないし時間の次元が理論全体の構成のなかで中心的意義をもつということへ向けて話を進めたいと思います。この章の重点は、時間ないし歴史の視点から社会を考察することであり、作動のタイプの視点からそうすることではありません。もっとも最初のこの時間では、そのための準備としていくつかの注意を述べることしかできません。いろいろな社会を描写する場合の、時間の次元の取り扱いという点で、進化理論が社会理論のなかで代表的な存在であるとすれば、最初にしなくてはならないのは、わたしたちが進化という言葉のもとで、何を理解しているかをはっきりさせることです。おそらく今日の講義で、そこまではお話しできるでしょう。文献のなかから、進化というキーワードを拾い出してみることは、今日ではコンピュータを用いてすばらしく行うことができますが、その結果としてはまったくの混乱しか得られないでしょう。進化は、発展を意味することもありますし、歴史の描写でもありますし、何らかの過程を指すこともあります。言葉だけを眺めていても、ここで問題とされている理論の類型について明瞭で限定された観念を得ることはできません。五〇年代と六〇年代において、人びとは「社会変動」ということをいっていましたし、社会学はこれと取り組むべきだとほのめかされていました。そうした折、一九五九年にチャールズ・ダーウィンの生誕一五〇周年が祝われたとき、進化が再登場したのでした。そのとき突然に、ともかく進化についての多くの論文やハンドブック、記念論文集が発刊されました。進化という表現が再び使われ、「社会変動」に取って代わりました。しかし、どこに違いがあるのかは明らかになりませんでした。わたしは思うのですが、こういう場合はつぎのようにするのが賢明な戦略です。つまり、進化理論が何に対抗しているかを問うてみるのです。あるいは同じことですが、ある領域で進化理論の肩をもつと、その反面として何らかの理論がその領域ではそれと両立することが望まれなくなりますが、その別のタイプの理論を問うてみるのです。

わたしの考えでは、ここで二つのものをあげることができます。一つは、創造説です。きっとみなさんは、今日でもアメリカの学校では問題となる、ある神学的論争をご存じでしょう。つまり、そもそもダーウインその他の進化理論を授業で取り上げるべきなのか、あるいは、それは生徒の宗教的感受性に傷を与えることになるのではないか、というのです。神学的議論はヨーロッパでも長きにわたって、多かれ少なかれ強い権利を主張しうるものとしてなされましたが、こうした議論は最近になって、自然科学者たちと教会の人びととの緊密な協働関係を通じて弱まってきました。ウィーンのカーディナル・ケーニヒは、自然科学と神学を対話させる試みの代表的人物の一人でした。(1) そしてほかにも多くの可能性があります。それにもかかわらず、わたしたちはそもそも違いが何であるのかという問題を考えてみることができます。何ゆえに創造説は、かくも強い説得力をもったのでしょうか。何ゆえにそれは、進化理論によってあっさりと追い落とされなかったのでしょうか。たとえば、創造に関する聖書の記事は、進化理論によって否認されたので存在しなかったのだといわれてしまう、という具合に。たしかに創造説は宗教史のなかに広範に存在しています。それはキリスト教以前に、ユダヤ教以前に、バビロンにもありますし、シュメールやアッカドの記事にもありましたし、今日でもアフリカにあります。たしかに各種の創造神話は、もろもろの高文化の効果の一つでしょう。物語られるのは、世界がいかにして成立したか、人間に対してそれはどのように現れたか、それから人間が神にとってあまりに煩わしい存在になったというので、神がどのようにして引っ込んでしまったか、というようなことであり、あるいは、さらにそうして歴史がどのように進行したか、というようなことです。そもそもそこに何が含まれているか、と問うことができます。この問題を創造という意味論《ゼマンティク》によって整理すると、どういう意味論《ゼマンティク》上の利得があるでしょうか。どのような洞察を得ることができるでしょうか。わたしには、人びとがいかなるコスモロジーのなかでも直面する問題が、そのことによってエレガントに解決されうるということだと思われます。その問題とは、多様性の統一という問題です。そう、人間はいつも、多くのものに、多くの人間に、多くの空間に、多くの行為に、多くの出来事に関わります。多様性が優勢です。しかし人びとは何かの拍子に、何らかの統一があるのだ、世界の統一性に向けて問いを立てることができるのだ、という感覚をもちます。たとえば、外的境界という意味で。つまり、それがどこかで終わるとすると、それは境界づけられた空間であるのか。あるいは、何らかのときに生み出され、何らかのときに再び解消する、境界づけられた時間なのか。あるいは、全体を保持したり、担ったり、再生産したりなどするような、ある種の原理や統一性があるのか。創造説はこういう問題に関わっているようであり、もっとくわしくいうならば、時間という差異に関わっているようです。はじめに統一があった。つまり、神が存在した。ユダヤの伝統では、テキストも存在した。シナイ山での告知は一つのテキストの告知であり、そのテキストに従えば、創造はなされました。つまり、そのテキストは以前からすでにそこにありました。そして人びとには、テキストを読み、実現しうる審級として、神があります。いつものように、歴史における一つの統一と一つの切断の二相性があります。その結果、単純に多様性が生成するのではなく、多様性が統一性によって請け負わされます。これは、創造が最初の統一性として表象され、しかるのちに多様性が表象されるという体のものではありません。これは古い思考様式では、根源にして端緒（arché, origo）なのであり、現在においても有意味な概念です。今日のわたしたちがもっているような時間の観念はまだありません。今日の観念によるならば、過ぎ去ったもののすべては記録に属し、わたしたちがそれに現在的に関心をもつ場合は別として、もはや有意味ではありません。しかし、古い時間構造においては、定礎の現在的な有意味性は存続します。そうしたことは、根源や原理という概念に触れればいつでもわかります。こうしたことはわたしたちにはどちらかといえばなじみがなく、実際そういう感じをもつことは困難です。ビーレフェルト大学の定礎が、今なぜ意味をもつのでしょうか。二〇年、二五年、あるいは一〇〇年遡って、創立記念祭を祝うことはできます。しかしそれはまた、そうしたものとして、そうしたものでもあるにすぎません。他方、古い創造説においては、神による世界の定礎はその再生産の、その再創造の、その継続的再創造の保証であり、また、その美しさの、その完成の、その連関の保証であるのです。そして、この全体が、物語ることのできる事態の形式において生成します。つまり、つぎつぎと最初にこれが、つぎにあれがと言い表されます。それは口頭で物語られ、文書テキストで後から読まれることができます。これには、コミュニケーションに柔軟に適応するという利点があります。コミュニケーションは、やはりいくつもの作動を継起させるということともうまく折り合いをつけなくてはならないので、たとえば知覚のように、すべてのことを多かれ少なかれ同時に提示できるということはありません。ここには萌芽的な意味論的《ゼマンティク》発明があります。つまり、多様性の統一というパラドクスを、一連の継起へ解消するということですが、これは、分離を意味するのではありません。それが意味するのは、統一性が創造後の時間へ移し入れられ、神が前提されうるということです。ここではくわしくお話しできない他の選択肢もいくつかあります。そういう選択肢を含むものとして、特に、グノーシスの宇宙論をあげることができますし、何らかの力や産出ではなく、ある種の流出を前提にするような、流出原理にもとづく、あれこれの理論をあげることができます。一者があり、つぎに流出が、つまり一者から多者の流出があります。これは、キリスト教的、ヘブライ的、イスラム的な創造観念と並んで、多かれ少なかれ隠されたかたちで古代から伝承されてきた観念です。ルネサンスにはある種のヘルメス的神話があって、この神話はこのことを原理や世界精神という概念で定式化します。誰か著作家をあげるとすると、ジェロラモ・カルダーノですね。彼が言うには、多様なものの統一はプラトン的に考えれば、世界精神によって、つまり原理によって保証されます。そのことは単純に要請されるのであり、たとえば『一者について』（一五六二）という小さな論考では、そのことが一者は善く多数者は悪いということを意味します。問題のきわめて単純な解決です。こうしたことは、やはり長続きしません。こうした考え方はすでにルネサンスにおいて、より新しい科学的な考察によって掘り崩されました。以上のことからも、ここに多くの整理されるべき現象があり、今ここでわたしがなしたよりも、あるいはわたしがなしうるよりも、それらの現象はもっと慎重に研究できることが十分わかるでしょう。おそらくもっとも重要なのは、つぎのようなことを理解することです。つまり、統一性ないし多様性のパラドクスや複雑性のパラドクスが、こうした仕方で時間化することによって語りうるものにされるということです。また、語りの統一性が再度反省されるまでもなく、コミュニケーションと人間の意識体験は、このことを捉えることができるということです。

進化理論が対抗する第二の型のものは、純粋な段階論です。つまり、歴史を断片に分解することです。これは一八世紀に流行しましたが、たしかに世俗化傾向の影響なしにはそうはならなかったでしょう。段階論は近代的なものではありません。あるいは、今日の意味では近代的なものではありません。一八世紀はこのタイプの段階論を生み出し、またそれと同時に、人びとがつぎのようにいいうるという意味で、歴史に対する新たな関係を生み出しました。つまり今や、わたしたちは最初の段階から脱出したのであり、わたしたちはもはや草を一つひとつ集めることはせず、種をまき収穫するし、今日ではそれを機械で行う、といえるのです。わたしたちはもはや、狩猟採集民、農民でもなく、農業は産業化されている、と。わたしたちは、第三の、第四の、第五の段階にいる、と。このことはまた、古い段階は歴史家の関心しか引かないのであり、わたしたちにはもはや何も言うことがない、ということを意味します。みなさんが「進化」をキーワードにして文献を探索すると、社会学のなかではまだ段階論ないし歴史的発展の「過程」などが語られているのに気づくでしょう。これは、段階づけをしていくことで、多かれ少なかれ洗練させることができます。ある種の政治的支配があってはじめて都市形成が可能になり、都市形成があってはじめて文字が可能になる、などなど。そのようにして一連の進化の獲得物が歴史にもち込まれます。あるものは別の何かがその前に与えられてはじめて可能になる、というようにです。そもそもこの次元で本来、段階区分は掘り崩されています。原始諸社会、古代諸社会、諸高文化、近代という大きな時代区分があって、これをなお維持することはできますが、しかし転換点を確定することは多かれ少なかれ困難です。わたしがざっとみたところが間違っていなければ、歴史学も、わたしたちがいう古代、中世、近代の間の明確な転換点をもつ普遍的過程という観念を放棄しました。少なくとも転換点は、論争含みのものとして扱われています。近代はアメリカの発見によって始まったのでしょうか。それとも書籍の印刷によって。フランス革命によって。ロマン主義の文学によって、などなど。歴史を段階に区分するという純粋な構想から、どのように転換点の問題を解決すべきかについて指図が示されてくるわけではありません。経験的にもこの方向は、少しもうまくいきませんでした。さらにもっと特殊な基準を使わなくてはならないでしょう。たとえば、文字や出版や電子メディアなどです。そしてこれらが、どのように他のものに影響しているかに気づくことになります。さらに、まったく別の転換点を要請するような他の基準もいくつもあります。ところで、社会分化が問題になることがありますが、そのようなときはわたしは、これらとはまったく異なった観点から、コミュニケーション・メディア、特に伝達メディアについて考察するでしょう。たとえば、分化の類型は分節的なものから階層的なものを経て機能的なものへいたるでしょう。それらの転換点は、たしかに文字や出版や電子メディアとの間に明白な連関はありますが、同調はしません。これが論拠となって、段階モデルの解体にいたるのですが、これらがそれ自身のなかに代わりになるものを含んでいるわけではありません。ですから、それの代わりに理論として考慮されるものを知りたいと思うということになるのです。

当座の方便があります。たとえば、一般的進化と、社会の歴史ないし人間の歴史、それに特殊な進化が区別されます。これが、一九六〇年代に社会人類学のなかで提案された区別です。そして特殊な進化が経験的に裏書されます。文字の前と後で何があるのでしょうか。「国家形成」の前と後に何があるのでしょうか。これについて、どのようにいえるでしょうか。拘束力のある判決を下しうる裁判権の確立の前と後に何があるでしょうか。上位神の観念を含む神学の前と後に、聖典を有する宗教の前と後に何があるでしょうか。そうした宗教は宗教的世界を事前ないし事後的に一つの形式に導き、社会の発展とよりよく同調することが可能ですが、しかし、宗教の発展がどのように政治的発展と、文字と、技術と、農業と、産業と、その他もろもろのものと調整可能であったのかは、わからないでしょう。

これが、一九六〇年代に「進化」という言葉のもとで行われた社会学的理論において達成されたことでした。さらなる、むしろ歴史的議論のなかで登場した脱出口は、非同時的なものの同時性があるということを認めることにあります。わたしたちはヨーロッパですでに都市をもっていますが、その一方で、アメリカ先住民たちは野生的で、水牛を追いかけて狩りをします。わたしたちは動物を牧場と家畜小屋で飼い、栄養供給の安定性という点ではるかに大きな成果を上げています。ヨーロッパが拡大し、極度に多様な文明状態がますます目に見えるようになるなかで、「文明」という概念は一八世紀に生まれました。そのとき、わたしたちは進化の非同時的な段階に、同時に属しているのだという考え方が拡がります。ちなみに、わたしが文化という概念を理解できるのは、この点においてだけです。文化の概念は、歴史との比較における地域的な固有性への反省です。あるいは、地球上のどこかにあるより古い段階になお存する、非同時的な諸社会との比較における、地域的な固有性への反省です。これが一八〇〇年頃の状態で、そのとき文化概念は、こうした反省的な意味で導入されました。このことは、比較しようという意図をもっていますし、また、段階モデルの崩壊をある程度引き止める傾向をもちます。本来、すべての物事はヨーロッパと同様にきちんと順序よく進むのだ、ということです。その他の地域はたんにまだそこまで進んでいないだけであり、ひょっとすると素早くそれほどの困難なく、ヨーロッパ的な順序での近代化パターンにもち込まれるに違いなかろう、というのです。しかしこれは、より厳密な意味では進化理論と何の関係もない理論です。わたしがつぎの時間に示したいのは、本来の型の進化理論を特徴づけるものであり、その結果として、わたしたちはそれを創造説や段階理論から区別できます。わたしは、変異と選択の区別の発見から出発すべきであろうと考えます。あるいは、変異、選択、そしてメルクマールの保持ないし新たな構造的水準でのシステムの再固定化の区別から出発すべきだろうと思います。しかし、それについてはまたつぎの時間に。

〈第8講義〉

みなさん、ある理論の眼目は、それによって何が排除されることになるかを考えてみることで、知ることができます。つまり、特定の理論を採用したならば、どのような種類の理論が排除されるかを考えてみることです。この観点のもとで、わたしは前の講義のときに、少なくとも二つの、おそらくはもっと多くの、概念を排除する意図で、進化理論について語りました。進化理論によって説明されるものは、創造主や一個の世界原因に遡る必要はありません。これらを人格的なものとして思い浮かべるか、それとも、流出において精神の流出の原理から観念するか、にかかわらず、です。わたしたちが従うことのできないもう一つの立場は、歴史を段階区分する立場で、この立場にはつぎのような考えがともなっています。つまり、転換点というものがある、その転換点以前には特定タイプのものが記述され、以後にはまた別のタイプのものが記述される、という考え方です。たしかにわたしは後で同様の考え方に立ち戻りますが、しかしわたしはそれを十分な歴史理論とは見ませんし、せいぜい社会の類型の一つの特徴づけとみるだけです。そしてそうした特徴づけは、何か別のものを、特にシステム理論の道具を加えて処理される必要があります。それはそれで一つのことであり、進化理論はまた別のことのはずです。二番目の点は、進化理論が使えるようになるときには何が思い浮かべられているのかを、いくらかもっと精確に言うことができるかどうかです。

わたしは思います。古典的な諸概念がすでに部分的には一八世紀から、特に一九世紀から伝承されてきましたが、わたしたちはそういう概念に留保をつけるべきで、いわばそのネジを緩めるべきです。わたしは、進化理論のいくつかの要求を慎み深くしたり、場合によっては断念したりすることを要求したいのですが、以下ではそうする際の一連の観点をあげていきましょう。そうした慎み深さや断念が、歴史的素材へのさらによいアプローチのための、よりよき出発点になりえます。最初にわたしはつぎのように提案することになります。つまり、システム理論と同じ次元にあるような、一般的進化理論から出発します。つまり、どのような具体的過程について、その過程が社会や生命、その他のシステム構造を変化させると言いうるのかをまだ特定していないという意味で、一般的な進化理論から出発するということです。この議論は生物学との関係で意味があります。というのは、進化理論に言及するとき、そのようなことは生物学の概念の正当化されぬ転用だという非難が向けられることがとても多いからです。みなさんご承知のことですが、社会学者は、生物学の方が先に存在していたために、生物学に対する過剰な期待や、生物学の概念をコピーしているという不快な陰口にとても敏感です。わたしたちはすでに、この問題に一度、オートポイエーシス概念の領域でもぶつかりました。ここでもまた、それがもちあがります。進化理論は、生物学のなかでだけうまくいき、社会学や社会文化的な進化においては、経験的にうまくいかない借り物なのである、という非難の言い分をわたしたちは聞くことができます。わたしは、この異議をつぎのような想定によって退けたいと思います。すなわち、非常に一般的な形式の進化理論があり、それは生命が問題であるか、もろもろの社会システムが問題であるか、つまりたとえば社会が問題であるか、また、心理学的学習理論との関係では学習が問題であるか、に応じて違った実現の仕方をする、という想定です。学習理論をもろもろの進化理論と同じように考えることができるでしょうか。この問題は、とてもあちこちに散らばっていて、そう簡単にはまとめて読むことのできない一群の文献のなかで議論されています。しかしそれは、一つの領域ではあります。わたしは今それに立ち入ろうとは思いませんが。それは一つの形式のまわりを回っています。この形式はダーウィンに遡ることで納得できるものになる、そうわたしは思います。さて、ダーウィンはそのような構造に最初に厳密に切り込んだ人でした。(2)それ以前にも似たような考えはありますが、しかしそれらは進化理論として提示されたのではありません。たとえば、カントの『判断力批判』のなかにつぎのような考えを見出すことができます。つまり、天才が何かを始め、始められたもののなかで残るものを趣味が規制するというような考え方です。一方に変異原理、産出要因があり、他方にコントロール要因ないし選択要因があります。しかしもちろんカントはこれを進化理論として提案したのではなく、すでに見出されたいくつかの概念を芸術の理論のなかで一つにまとめようと試みたにすぎません。原理的区別はダーウィンに負っているとしなければなりません。つまり第一に、変異、何らかのものが別様になるということ。第二に選択、変異した事態に対する肯定的ないし否定的な介入。第三に固定化で、これが今日では付け加えられます。つまり、選択されたものが成果を上げるか否かが、事後的に示されます。これらの原理的区別はダーウィンに帰せられます。文献をご覧になると、後の二者がひとまとめにされることにしばしば気づかれるでしょう。たとえば、メルクマールの選択的保持ということがいわれます。(3)しかしながらこれらの機能がどのように果たされているか、遂行されているかをよくみるならば、異なる概念を使わなくてはならないでしょう。わたしたちは三幅対の概念、つまり変異、選択、再固定化、を必要とします。その際、再固定化は、何らかのメルクマールが提案され、変異を加えられ受け入れられるときだけ必要なわけではありません。それが拒否された場合も必要です。この点にはわたしは後でまた立ち戻りますが、この点は特に社会理論において重要となります。したがって、何かの更新を組み入れることだけが重要なのではありません。拒否されたものを強化することも重要です。わたしたちがどんな改革をも望まず、ある改革を拒否するとき、わたしたちはそれについて何も聞かなかったときとは別の状況に立つのです。

変異、選択、再固定化というこれらの概念の差異を際立てるのは、典型的には偶然という概念です。そのことによって進化理論はかなり非合理的な色合いを帯びます。偶然が何らかの役割を果たします。そのことは一方で、進化は予言できないということを意味します。しかしながら、偶然ということで正確には何が考えられているかを知ることは難しいことです。進化の結果を予言できないことだけが問題なのではありません。これらの相異なる進化のメカニズムの間の連結、結合の問題でもあります。通常の理解では、偶然は無原因性のことです。しかしながらある程度現代的な因果理論では、原因は帰属・帰責に帰着されるのであり、それに従うならば無原因性ということは有意味には主張できません。誰かが無原因性ということを主張したとすれば、それはたんに、自分は何らかの原因を見出したり帰属させたりできないということを主張しているにすぎません。それは、彼自身の非知をめぐる言明です。しかしながら因果図式からみれば、いかなる原因もない事実があるとはとても言いにくいのです。それゆえわたしたちは、偶然の概念に別の使用法を探さなくてはなりません。わたしは、あるシステムによって調整されていないものすべてを偶然と特徴づけるように提案したいと思います。わたしたちが変異、選択、固定化という図式を受け入れたなら、それはつぎのことを意味します。すなわち、これらすべてのことはあるシステムに即して生じる。しかしながらシステムはそのことに配慮していない、あるいは、予見しなかった。変異も選択的に成果を上げうる。全体は固定的でありうる。こういうことです。そのかわり、こうした一歩一歩は、それぞれに、もう一つのメカニズムを、もう一つのリアリティの次元を使わなくてはならなくなるでしょう。そうなると、偶然はシステム的な調整の欠如のみを意味することになるはずです。さて、システム理論はシステムと環境の区別を尊重するのですが、システム理論にとっては、今述べたことは同時に、システムはそれ自身に固有のものだけから進化するということはない、ということを示すものでもあります。発展の、可能性の展開の、内在的法則はありません。進化は、いつもシステムに即して、システムのなかで生じますが、それだけではなく、環境のなかでも生じます。システムが環境を飲みつくすことはなく、完全に支配することもなく、組み込むことすらないのですから、偶然の効果があるのです。この場合は、変異、選択、再固定化のメカニズムの統合に欠けたところがあるのです。

以上の考察はまだしも、一九世紀に特にダーウィン的な進化理論が議論されるなかで形成されてきたような、古典的進化理論の本体に近いものです。

これから取り上げるいくつかのポイントは、そうしたものから離れていくもので、むしろ進化理論の説明要求との関係での留保を明確化しようと試みます。最初のポイントは、そもそも何が説明されるべきことなのか、という問題に関わります。進化理論が特定の歴史的状態を説明するなどとは、誰もいえないでしょう。たとえば、どのようにしてユーゴスラビアで内戦が起きたのか、あるいは父の方のジョージ・ブッシュがアメリカ合衆国大統領に再選されなかったのはなぜか、ということを、進化理論によって説明することはできません。歴史家の仕事を理論の形式にもち込むことが目的ではありませんし、歴史家が説明しようと試みることのすべてを進化理論によって高い要求水準で反復することが目的でもありません。わたしのみるところ、説明の目的は、非計画的な構造変動です。つまり、欲求されたのではない非計画的な構造変動が、どのようにして可能なのかを説明することです。これは注目に値することではありません。わたしたちは、何かをそのように見ることに慣れていますが、しかしまた、わたしたちはそのために一つの区別を用います。その区別でわたしたちは、人びとが意図的に引き起こすものを取り除くことができます。たとえば法律を改正すること、企業へ新しい技術を投入すること、今までとは別の教育カリキュラムを導入すること、労働時間を延長すること、などを取り除けます。そうすることでわたしたちは、計画的な変更を排除します。ところで、それは創造説の拒否を世俗化されたかたちで把握することです。というのは、そのような変更をわたしたちは計画によって説明できますし、そのためには進化理論によって説明する必要はないからです。しかし事態は留保の下にあります。あるいは、そこには難点があります。というのはそのつぎの考察によってわたしたちは計画理論を進化理論に再び導入するからです。計画は、進化のなかの一要因です。それは、予見されない未調整の効果、つまり偶然効果をもちますし、それゆえ進化へ作用します。こうした思考は、行為の非意図的な望まれたわけではない副次的結果という観点で、行為理論に見出されます。[4] しかし、それはやはり行為理論的な概念なのであって、それは、なぜそもそも望まれていない非意図的な結果が生じたのかということに対して、十分な説明を与えてくれません。進化理論においては、つぎのようにいうことができるでしょう。人びとは計画をしたがるが、その人びとが何かを達成するか否かは別の問題であり、彼らが計画を貫徹するときでさえ、なお進化が起こる、と。すなわち、計画というものは進化的選択と同義的ではありません。システムは受け入れますが、しかしまた、一定の仕方で固有のやり方で計画されることに抵抗します。物事を脱線させます。人びとをしてつぎの瞬間には計画を転換させます。満たされた期待から予期はずれを生み出します。こういうことはいくらもあります。つまり進化理論は、より幅の広い理論なのです。進化に言及するとき、計画国家を受け入れることもできますし、これと関連するものを徹底的に受容できます。つまりこうです。たとえば、わたしたちの今日の世界では、組織を通じてかつてそうだったよりもはるかに多くのことが計画されていて、わたしたちが以前よりはるかに多くのことを計画的になすべきものと見なしていることがわかります。しかしそのことは、本来、社会の進化理論に対する異議ではなく、計画が進化を促進する要因の一つであるということを示唆するものなのです。わたしたちは後にこの点をもっとくわしくみることにしましょう。今ここでは、説明の目的をはっきりさせ、計画がなされたときでも非計画的な構造変動がありうることを強調することだけが重要です。

　進化理論の特徴のリストのなかのつぎのポイントは、進化の方向というものがあるかという問題です。進化がどこに向かうのかと問うたならば、何をいえるでしょうか。この問いを拒否することはできますし、後でわたしは過程という特徴に立ち戻りますが、しかしまず進化の方向を示すことが、より新しい考察に依拠することで可能になるのかを問題にしましょう。進化の方向というのは、カタストロフィーの方向であったり、より幸福な生活であったり、人間の目標の実現であったり、歴史の意味であったりするのですが。進化理論は、社会の進歩モデルに対する懐疑から生まれました。このことはダーウィンについてはまだそれほどはっきりいえません。しかし一九世紀後半に直接にダーウィンに続いて、ダーウィンに対抗してというよりはハーバート・スペンサーに対抗して、議論が起こりました。この議論は、進歩の方向やあるいはこの意味で進化の肯定的な意味に対する懐疑へとますます向かいました。(5) 進化の帰結は価値中立的です。そして、当時「生存競争」「適者生存」と呼ばれていたメカニズムは、無条件にわたしたちが肯定的に評価するだろうようなものではありません。「社会ダーウィニズム」を政治における社会的側面の強化と対置する議論、初期の社会学で行われた議論は、進化を駆り立てる諸メカニズムの価値的性質に懐疑的でした。こうして一九世紀の末には進歩への信頼との関係ではますます懐疑が深まり、初期の社会学はむしろ構造のレールへ向かいました。そのとき人びとはあまりに性急に進化を拒否し、近代社会の構造という問題を前面に押し出しました。たとえば、エミール・デュルケムは分業です。(6)

とはいえ、進歩とはいえないまでも、方向性について別の言い方はあります。私見では、少なくとも二通りの言い方があると思います。一つは、進化は通常化の増大に向かう、あるいは、非蓋然的なものの蓋然化に向かう、という言い方です。このことを統計学的な意味で受け取ってはいけません。というのは、統計家にとっては、あらゆる出来事が非蓋然的であることが通常だからです。わたしが発することのできたいくつもの文のなかから、今まさにこの一文を口にしたということは、統計的には最高度に非蓋然的です。しかしそれにもかかわらず、まったく通常のことです。みなさんはいつもわたしが何らかの文を言葉にするのを聞きます。そしてそれはまさにこの文なのです。たとえば言語においてはみなさんは、大きな選択領域を制度化しています。そして、予見することが難しく、特別な予期構造にもとづいてのみ見積もることができ、何らかの非蓋然的なものを完全に通常のものとして強化しうる、そのような選択を下すことができます。それは一つの可能性だったでしょう。蓋然的／

非蓋然的という区別を初期段階に関係づけると、わたしたちが時を五〇〇〇年遡ったら、何が蓋然的だっただろうか、と問うことができます。五〇〇〇年前には文字が発明されたのであり、また、最初の諸都市や聖典を有する宗教の最初期のタイプのものが生まれたのでした。そこからみた場合に、何が蓋然的でしょうか。自動車の発明でしょうか。わたしたちの近代世界は、そこからみた場合には蓋然的ではありません。それにもかかわらず、わたしたちはいつも新しい進化の獲得物を組み込み、それらを相対的に通常のものとして扱ってきました。この進化の獲得物という概念には後で立ち戻ります。わたしたちは、貨幣とどのように関わり、車とどのように関わり、どのように無線で送信するか、どのように電話をするか、などなどを知っています。

さて、複雑性という概念を付け加え、より高度な複雑性の構築を進化の方向と見なすならば、以上の考察を別のかたちで表現できます。これはとても問題の多い概念で、すぐにまた修正する必要があります。というのは、つねにすべてのものが複雑になるというのではないからです。すでに生物の進化に即して、今なおいたるところに単純な虫や、ものすごいスピードでスタートをきるが、そのほかにはたいしたことをしない昆虫がいるということを見てとれます。相対的に単純な仕組みをもち、わずかな変数でことをなす生物の方が、核戦争においては、わたしたちよりも、おそらくより生存チャンスをもつでしょう。より高度の複雑性を可能にするということをいうとき、それはすべてがますます複雑になるということを意味するわけではありません。たとえばその場に居合わせる人の間での相互行為が、いつもさらに複雑になるだろうなどと考えることはできません。そのかわりに、わたしたちは別のシステム、たとえば組織を作ります。ここには同時性があるのです。一方では、さほどの前提を必要とせず形成されうる単純な社会的形式があります。相互行為のなかで出会うためには、それほど多くの基礎を必要としません。他方で、多くの前提が満たされることを必要とする社会形式があります。たとえば、貨幣システム、銀行システム、調査、多くの前提をクリアすべき自然科学的研究、医学、その他です。これらは、攪乱されやすく、きわめて多くの前提を必要とするので、まず繰り返しその安定性が確保されなくてはなりません。

オートポイエーシスという概念を付け加えるならば、オートポイエーシスを破壊することなく、複雑性がどれだけ高くなりうるかを進化は試験する、ということができます。高度に複雑なシステムは、その固有の手段で、環境の攪乱に対するより高度の感受性ないし敏感性にもかかわらず、いかにして再生産されうるか。ここには一つの概念がありますが、この概念は、より複雑なシステムが生き延びるのにより都合がよいということを意味してはいません。そこが以前の理論の考え方とは違うところで、以前の理論は、より高度な複雑性によってより多くの環境の状態を模写でき、より多くの攪乱を吸収でき、それゆえによりよく生き延びられると想定したのでした[7]。こういうことは、今日の社会に関し、いずれにせよこの次元で直接にいうことはできないでしょう。わたしたちは、わたしたちの社会が生き延びることに、わたしたちの社会が再生産されることに、以前の社会がそうであったよりも、確信がもてるでしょうか。この点には、相当の疑いを向けることができます。それゆえに、「オートポイエーシスが崩壊することなく、つまり破壊効果なく、より高度の複雑性を可能にすること」という定式は、進化理論のなかに価値中立的な方向概念を探す試みとみることができます。というのは、そうなることで進歩が進むのか否かはいわれていないからです。根本的に考えてみると、ダーウィン的な理論も進歩の理論ではありませんでした。多くの哺乳類、多くの鳥類、多くの昆虫などといった、ますます多くの動物種のいることが進歩でしょうか。なぜそれが進歩なのでしょうか。あるいは、それを進歩と記述するのは誰なのでしょうか。もはや、ダーウィン的理論がすでに進歩の理論ではないわけです。それにもかかわらず私見では、わたしたちは進化理論の枠内で今後も傾向命題を作ることができます。

わたしがすでに言及した以上のことと密接に関係しているつぎのポイントは、適応の問題です。古典的な進化理論は、あるシステムの適応度を、多かれ少なかれ獲得されうる変数とみました。そしてそこから、より複雑なシステムないし生き延びているシステムは、環境によりよく適応しているという命題が導かれました。そこからさらに、環境は適応したシステムを選択する、環境はよりよく適応したシステムへの選好をもっている、そして進化はシステムの提案をよりよい適応度との関係で分類する、という考えが導かれました。こういう考え方が、生物学に関してはマトゥラーナによって疑問視されるようになりました。(8) 私見では、社会学、社会理論においてはなおさら疑う理由があります。つまり、わたしの知っている言い方でいうと、部族的な諸関係から始まって高文化を経て、近代に達する社会の発展が環境に対するよりよい適応の道をとると言いうるかは、大いに疑問です。遅くともわたしたちがエコロジー問題に気づき記述して以来、わたしたちも自分たちが環境によりよく適応したかどうか疑っています。その際、ある循環的関係がある役割を果たしています。わたしたちは、自分で環境を変えてしまったがゆえに、おそらく悪いかたちで環境に適応してしまったのです。あるいはつぎのようにもいえるでしょう。近代社会は、そもそも個人の自己実現という理念を植えつけ、各人は個人なのであり、自分の要求に固執しなければならないということを個々の個人に納得させたがゆえに、この理念にあるかたちで適応してしまった、と。この循環関係によって、非対称性があるという想定のもとで適応の理念に向かうことが困難になっています。マトゥラーナが取り除いたのは、この非対称的な適応という考え方です。そこで社会理論についても、オートポイエティック・システムはいつも適応していると考えることで、同様のことができるとわたしは考えます。というのも、オートポイエティック・システムは適応していなければオートポイエーシスを貫徹できないからです。オートポイエティック・システムは、環境からもはや許容されなくなったら、自己再生産を貫徹できません。環境は何の方向も与えません。環境は明らかにきわめて多くの異種のものを許容します。環境によって、進化はまさになお何が進行するのかをテストします。しかし物事はつねに、環境がデータのかたちで差し出すもの、つまり、環境がリアリティのかたちで実現したものに対する関係において適切であること、という条件のもとでのみ進行するのです。

このことはまた、つぎの似たような問題と関係があります。つまり、進化するシステムがあり、他のものはみな環境であり、それとして恒常的なものであるといいうる反面、環境のなかに別のいくつもの進化するシステムがあるといいうる、という問題です。おそらくこのことは、社会学の進化より生物学の進化において、よりはっきりしているでしょう。しかしわたしたちは、十分に昔まで遡るならば、自分たちの社会の歴史を、古く、単純で、部族的で、分節的な社会にとっての問題として記述することができます。こうした問題は、国家が形成されたことや、軍事的により使用に耐える技術が発明されたことから発生しましたし、また、人びとが馬に乗りはじめ他の人びとより速く動けるようになったことや、先端に鉄を付けたより長い槍を持つようになり、古い武器がそれからは役に立たなくなったことから、発生しました。システム／環境‐関係は一カ所で進化を駆り立てるばかりではありません。環境のなかにも、同様に進化するシステムがいくつもあります。そして、そこからある種の相互作用が生じますが、この相互作用は、ここでは誰が誰に適応しているのかという問題を提起します。自己再生産がまだうまくいっているということだけが、重要なのではないでしょうか。自己再生産というのは、社会というわたしたちの事例では、やはりコミュニケーションのことでしょう。すると、わたしたちが問いに答えを与えることができていて、コミュニケーションを先に進めるためにコミュニケーションの結果を利用することができている、ということだけが重要なのではないでしょうか。他のすべてのことは、複雑性のどの水準までわたしたちはそのようなことがまだできるのか、という問題です。

もう一度、方向の問題に戻りましょう。しかし今度は、過程というカテゴリーのもとでです。わたしの考えでは、進化が過程として、歴史的過程として考えられるのは自然なことです。少なくとも一九世紀の歴史理論では、二つのものが一緒に現れました。根っこは別々なのですが。一方に、特にヘーゲルによって洗練された過程のカテゴリーがあります。「歴史」的カテゴリーがあります。そして概念史をみるかぎり、化学的ないし法律的な手続きがあり、これらの手続きが一定の仕方で、過程の普遍史的モデルに複写されます。そしてもしかすると化学的手続きは理念としてはさらに法律的な手続きの複写かもしれません。いずれにせよ問題になるのは、選択的な出来事の互いに調整された一系列です。他方には、ダーウィンの分化主義的理論があります。この理論においては、何らかの過程を記述するという理念にさしあたりは向かわないでしょう。あるいはせいぜい、種の分岐はある過程の帰結であるという意味においてそういう理念に向かうだけです。しかしながらこのことをもっとくわしくみようとすると、魚類の、鳥類の、哺乳類その他の発展がなぜ一つの過程であるのかを問題にせざるをえません。ここでは統一性は、種の多様性ですが、しかし、人間が後続のものたちの模範となるために分列進行《パレード》の先頭を歩み、他のすべてが人間の扶養や楽しみのために使われるということではありません。わたしの考えでは、おそらくこの理論は典型的にはダーウィン的ではありません。ここから人はとりあえず進化は一つの過程と見られるのかと問い、他方で、歴史を一つの過程の歴史としてみることを試みたのでしょう。

思うに、一つの過程が重要なのか否かを問うに際して、観察者に関わっていくことが有意義でしょう。こういう企てを、わたしはよくやります。何が具体的に問題であるのかがわからないとき、わたしは、観察者を観察すべきだといいます。ここで、二つの異なった観察をみれば、区別を組み入れることができます。一つの差異図式で考究を進める科学的な進化理論があります。わたしが構造変動を変異と選択の差異によって説明しようとすれば、わたしは一つの進化理論を用いるのです。それは一つの理論であり、つまり、観察のための道具です。わたしはこの区別の助けを借りて歴史を観察します。そして、それは多かれ少なかれうまくいくでしょう。それをわたしたちは継続的に改善します。そしてわたしがここで行っていることは、「観察者として特定の区別で作業を行う科学的理論の試み」の項目に含まれます。しかしここでもう一つの型があって、そこでは、社会は進化理論自体によっていわばイデオロギー的に記述される、といわれます。社会には、時間的志向への要求があります。わたしは講義の終わりでこのことに立ち返ります。この時間性は、特に進化理論によって定式化されます。そのとき歴史は、闘争の歴史として、階級闘争の歴史として、何らかの方法で適切さが実証されたものの淘汰の歴史として見られます。そしてそうすることで人びとは、社会の自己記述の次元で部分的な一側面を見るのです。そのことには、「ナショナリズム」や「企業家精神」などに関連する相応なイデオロギー的な帰結をともないます。

そうした帰結に直面した人びとは、進化理論が社会の適切な記述と見なされるのか、それとも、神の意志やその他の概念にこだわるのかに応じて、異なった選択をします。たしかに過程というカテゴリーは、社会のこのイデオロギー的記述のなかに居座ったとしても、やはりなお科学的基礎を引き合いに出し、利用します。しかしまた同時にそれは、それらを強調しすぎたり誇張したりします。その例として、特に生存競争の理念があげられます。この間一九世紀末から盛んに議論されたイデオロギー的方向、社会ダーウィニズムの中心的メカニズムとしての競争の理念です。この二つの側面を区別することが重要です。しかしながらいずれにせよ、過去と未来を一つの過程という観点からまとめることは一つの構成であり、その構成を前につぎのように問うことができます。誰が、それをするのでしょうか。それは科学なのでしょうか。科学は今日なおどの程度までこの観察図式に固執しているでしょうか。時間に拘束されていて時代遅れになっているイデオロギーが問題になっているのでしょうか。このような具合です。

この関連で、進化理論の表現能力を限定しようという試みのリストから、最後の視点を取り上げましょう。神話——そう、神話といってよいでしょう——、があります。それは進化理論を、今日ではもはや受け入れられていない諸前提を、それが通用させていたかのように描いています。わたしは神話といいましたが、それはなぜかというと——人びとはこれをハーバート・スペンサーを意識して定式化していますが、しかしテキストをもっと正確に読むならば——、テキストを前にしてもっと留保をつけて読まなければならないからです。マックス・ヴェーバーがそうだったように、スペンサーも事実を述べる習慣をもっていましたが、しかし修正を加える習慣ももっていました。結局、それはもはや正確にはわかりません。そして科学史のルポルタージュは不正確になります。テキストのなかに本当は何が書かれているかを、慎重に読まなければなりません。このことは二つの発言についていえます。まず一つは、進化は連続的であり、何であれ進歩、複雑性、使用可能なものおよび耐久性のあるものその他の選出などの方向への漸次的な変化である、というテーゼです。わたしたちは確実に今日ではこのテーゼをもはや受け入れないでしょう。みなさんはスペンサーを読まれるでしょうが、しかし彼のなかには、そういう解釈に反する解釈をしようとすれば、それの根拠とできる部分もあります。むしろわたしたちは、文字、都市形成、貨幣制度、近代技術、電子技術など何でもいいですが、それら特定の歴史的発明の結果としての飛躍的な変化を強調することができます。進化理論を、相対的停滞の段階や後退の段階もあるようなものとして考えることができます。少なくともそういうことは想定されています。しかし、それが歴史的に維持されるかどうかは、たとえば、ミケーネ文化の崩壊の後の、つまりドーリア人の侵入の後の古代ギリシャ段階に関して議論されています。ローマ帝国の後の、そしてまた部分的にはフン帝国の後の、中世、メロビング朝時代、フランク王国時代に関しては、そういうことが想定されています。ここでは人口の移動があります。社会の変化は移動にあり、より大きな人口を組織と分業によって扶養する可能性にあるのではありません。それで、さまざまな領域における後退や停滞と同様に、爆発的変化もまだ進化理論的に説明しようと試みることができるのです。このことは、システム理論における変化とも対応しており、そうしたシステム理論は、非連続性、非連続的変化、プリゴジンや予期不可能なものの数学の意味での散逸構造のような観念を使って研究を進めます(9)。それに従えば、いつどこで生じるか厳密には確定できないような飛躍があります。しかし周知の単純な例は、水の氷点や沸点です。それは連続的な過程ではなく、特定のところで突然に別の状態になるのです。それでわたしたちは、こうした飛躍性や突然性を組み込んだときにのみ、進化理論を維持し発展させることができると確信できます。このことは部分的には進化の獲得物という概念でできますが、くわしいことはまた後にまわしましょう。

もう一つの別の問題は、進化は必然であるという意味での歴史法則から出発できるかということです。たしかに、いつそれが進行するか正確にはわかりません。しかし、本来それが進行するということを保証する必然性がわずかながらあります。目が距離のコントロールをするがゆえに有利だとするならば、それは発明されもします。それが何らかの呼吸器官の端や頭で生じるのか、後ろで生じるのか前で生じるのか、鶏に関連してよくいうように、いずれにせよわたしたちが現にみているように、横か前に向かうのか、こういうことはそのつぎの問題です。目に関して実験されていますが、明らかにいろいろな発生のきっかけがあるので、それは有利であるならば遅かれ少なかれ生み出されます。このようにしてある種の必然性が進化に入ってくるということが、普及した信念になりました。そしてそういうことが逐一、そのような考察によって、たとえば「等結果性」というキーワードのもとで、証明可能になっています。「等結果性」とは、異なった出発点から同一の結果に達することをいいます。(10)しかしながら、変異、選択、再固定化という構造を真摯に受け取るならば、より深いレベルで、この必然性に対する懐疑をもつようになります。というのは、どのようにしてこれらの分化が生じたのかという問題に突き当たることになるからです。なぜこれらのメカニズムが分かれたのでしょうか。なぜ、選択と関係のない変異が、選択をあらかじめ形成するのではなく、たんに生じたり生じなかったりする変異が、生じたのでしょうか。こういうことから、進化的区別の進化というテーゼが導かれます。進化そのものが進化の帰結です。そしてこのことから、すべては偶発的だというテーゼが導かれます。おそらく特定の歴史的状態からの選択の幅はそれほど大きくありません。そしてまたおそらく、展望のある特定の発明がいつかなされるということは、多かれ少なかれ蓋然的でしょう。しかし、それは確実ではないのです。特に、進化のメカニズム自体が相対的であり、したがって偶発的なのです。わたしはこの疑いをあまりに強く押し立てるつもりはありません。しかしわたしには、進化理論パラダイムの理論構造のなかに、偶発性の必然性ないし必然性の偶発性といったようなものが見えます。ちなみにこれは、神学的概念です。世界に対する神の関係は、必然的であると同時に偶発的です。偶発性は、必然性と不可能性の排除として定義されますが、こういう様相論的構造は、進化理論への十分に抽象的な介入を保証するためには、足りないところがあります。こうしてわたしたちは、つぎのような考え方から少し方向転換させられます。つまり、いったん初期条件が与えられれば、現に経過するように必然的に経過する物事として、自然法則と類比的に歴史法則を定式化できるというような考え方から、です。その分だけ、わたしたちは別の考えに導かれます。つまり、わたしたちが進化理論というとき何について語っているのかを知ろうとするならば、また、片や他の理論との関係で、片や歴史的素材との関係で、わたしたちが排除しているのは何かを知ろうとするならば、ダーウィン的、新《ネオ》ダーウィン的、ポスト・ダーウィン的な理論の枠内で、もっとも抽象的な次元で収斂してくるものについて考えるという方向に導かれるのです。

さて、わたしはつぎの節に入りたいと思います。その節は、社会文化的な進化の理論の特殊性がどこにあるかという問題を扱うものです。変異、選択、再固定化といった抽象的な表現には、どのような意味が与えられるでしょうか。そういうものはどのようにして成立するでしょうか。そのために生物の進化の理論ではいくつかの提案がなされました。少なくとも、四〇年代と五〇年代に進化の総合理論として一般的になった理論傾向ではそうでした。その理論傾向では、相異なるメカニズムをシステム・レベルの区別によって、それらの協働において確認することになります。変異には突然変異が当たります。それは遺伝子構造おける化学的変化であり、有性生殖、つまりおのおのの世代で遺伝的配置が新たに混合されることによって強化されて、そのことによって速いテンポが生み出されます。選択は、性的成熟ないし生殖可能年齢まで生き延びることです。有機体は、突然変異した自分の遺伝子とうまく折り合いをつけ、何とか次代に伝えるまで生きなくてはなりません。この段階で環境が作用し、多くのものは生き延びません。最後に、そういうことが人口ないし遺伝子プールの次元で分離されるときに、再固定化があります。つまり再固定化とは、個々の有機体がひょっとすると大量に、そうひょっとすると九九パーセントも死んでしまうときでも、突然変異が周囲環境のなかで保存されるということです。さて、生物学的カテゴリーを転用することに対する決定的異議の一つは、こういうことが社会文化的進化ではうまくいかないというものです。一つには、ここでは目的論的構造が支配的であるということがいわれます。つまりこうです。行為し何かをなす人間は、そのとき何かが生じるべきであるということ、目的が追求されるべきことを、度外視することはおよそ不可能です。他方、突然変異は、自分が選択されやすいかどうかについて思いをめぐらせたりしません。ところが人間は何か変化を提案するときには、受け入れられるかどうか、そのとき何が起こるか、それは有用なのか否か、人びとはどういう基準を基礎においているか、について何度も考えます。たとえばアメリカにトゥールミンという哲学者がいて、彼は認識論的進化理論において業績を残したのですが、彼の古典的な異議はつぎのようなものです。すなわち、人間の行動には有意図的構造があって、その構造は変異、選択、再固定化の分離には従わず、むしろ成功／不成功はあるにせよ原理的にそれらに介入する、というのです。[11] この異議は真剣に捉えられなくてはなりません。しかし、進化の仕組みは、人間の行為の目的論的ないし有意図的な構造と切り離すことができます。というのは、いつも予期せぬ結果が生じるということをいえば、この次元では異議をしりぞけることができるように思われるからです。それによって進化はようやく進化になります。人間はその小さな部族のなかでは考え、何かを望み、目的を追求することはできるでしょう。しかし、そういうことは大きな構造のなかではもはやどんな役割も果たしません。むしろ、何が現れるかは進化によって決定されるのです。行為理論的、主体理論的、心理主義的アプローチは、わたしたちを手こずらせるだろうような次元で問題を立ててはいません。もしかするとそう期待されているのかもしれませんが。

むしろわたしは、前に簡単に言及した「意味」というメディアが、つまり指示参照の構造が、問題を突きつけてくるだろうと思います。そういう構造は、境界づけられたシステムとしての細胞や、有機体、人口の空間的秩序と同じようにみることができません。意味的な志向は、それ自身のなかに空間／時間－境界をもたないのです。おそらくそのことによって、進化のあれこれのメカニズムを異なるシステム次元に分配することが困難になるでしょう。もしそういう分配ができれば、変異はこのシステムで生じ、選択は別のシステムが担当し、再固定化については別のシステムがまた決定する、という言い方ができたはずです。そこからまったく別の帰結が生じたでしょうが。社会文化的な進化においては、わたしたちには「システムとしての諸社会」という大きな複合体が与えられています。これはさしあたりは複数形ですが、諸高文化の時代にいたると少数の事例のかたちで与えられているだけであり、今日では、講義の前の方で申しましたように、単数の事例のかたちで与えられているだけです。進化を可能にするいくつかのメカニズムが、それぞれ別のシステムによって担当されるというようになっているとしたら、こういうことはどのようにして可能でしょうか。それゆえにわたしたちは、つぎのような根本問題に対する別の解決策を探してみなくてはなりません。変異、選択、再固定化というメカニズムは、どのようにして具体化されるのでしょうか。あるいは、どのようなメカニズムによって担われるのでしょうか。これについてはわたしには一つの提案があり、それを試してみたいと思います。また、その提案をこの根本問題をうまく扱うために思考をめぐらせる一つの可能性として提示します。

システムであるところのある全体社会の内部で、変異は要素、作動、出来事の次元で生じるように思えます。何ものかが瞬間に別様に生じ、その後、またそれは過ぎ去ります。この作動的なシステム・アプローチでは、システムは接合した作動からのみなります。変異への介入点をこの理論で確認したければ、それは要素、出来事、コミュニケーションということになるでしょう。選択は、構造の問題だということになるでしょう。つまり、出来事の接合に向かう構造形成が一つの切れ目となり、その切れ目において、ある構造が反復的に使用されるのか否かについての、射程の大きい選択決定が下されます。そして固定化については、システム形成そのもの、あるいはシステム／環境‐差異が考えられます。選択された構造が固定的になるのは、システム／環境‐差異がそれからもオートポイエーシスを可能にする程度に、システムが他の諸構造の数多くの修正によって変化や変化の圧力に適応するときです。したがって試みられるべきことは、異なるシステム水準で研究をしていくことにあるのではなく、変異、選択、再固定化における差異における区別をつぎのような区別に、すなわち、要素ないし出来事的・時間的作動、そして、これらの出来事の結合に必要な構造、さらにシステム、という区別に置き換えることです。今やつぎの一歩は、これをもう少しはっきりさせることになります。

まず変異を作動の次元で、つまり現れてはそのとたんに非アクチュアルになるコミュニケーションの次元で観察するならば、変異を言語のコードの否定値側の利用と考えるというアイディアが生まれます。つまり、ある予期があり先手であれ、後手であれそれが否定されるとき、誰かが提案をしてわたしがそれに否を言うとき、わたしが自分の身に降りかかると予想した予期をあらかじめ妨害するとき等々、それは所与の予期構造との関係で変異なのです。ただし、瞬間において、個別の作動において、ということではあるのですが。構造は別問題です。つまり、誰かが「ノー」を言ったときそのことで何が起こるかは、まったく別の問題となります。どのようにその「ノー」が後続のコミュニケーションの基礎になるか、それはどのように予見可能になるか、どのようにそれがシステムのなかで処理されるかは、つぎの問題です。まず、日常的に大量に生じている「ノー」があります。それは生物学の領域でも変異に典型的なことです。つまり大量に生じる突然変異ですね。「ノー」はつねに生じています。誰かが「映画に行きませんか」と問い、「いいえ」という答えがきます。成果がなかったわけです。それはいつもというわけではありません。しかし、誰かがその気がないならば、たいていの場合はそのようにできるものです。変異の大量性があり、変異は一般的には大きな選択問題を提起しませんし、特に構造変動問題を提起することはしません。そこで、促進メカニズムがあり、有性生殖に対応するものを視野に入れることが思い浮かびます。相互行為の次元にのみあり、つまり文字もなく、また個人の物以外には確定した所有関係もなく生じるような相互行為圧力は、諸古代文化ではとても大きいので、一般に人は「ノー」をあえて言うことはできませんし、言えたとしても、相当程度に大きな帰結をもつような「ノー」を言うことはできません。しかし、「ノー」の蓋然性を高めるメカニズムがあります。すでに文字について考察したときにお話ししたことですが、文字によってテキストに対して批判的態度をとることが容易になり、また監視されない状態で拒否することが容易になります。何かを読み、それを信じないということです。それを書いた人はそれを経験しないでしょうし、特殊な事情があれば別ですが、そういう人に対して悪感情をもったりしないでしょう。文字により否定の潜在的可能性が分離することと、紛争処理の諸制度により否定の潜在的可能性が分離することは、別のことです。法的保護を与えられた所有権があるかぎりで、何かを引き渡してほしいという希望に「ノー」で応えることができます。それにもかかわらず他の人がそれを望むのなら、その人は訴えたり、契約書をみせたり、その他の法的に信用に値する手段を提示したりしなくてはなりません。とはいえ所有者としてわたしはまず、「あなたが餓えていることは、わたしの関心事ではないし、あなたの問題です」と言うことができます。あるいは、権力者としてわたしは、「わたしはそれが欲しい。もしあなたがそれを欲しがるなら、わたしはあなたに無理にでもストップをかける」と言うことができます。否定をコミュニケーションに組み込む可能性は、進化の結果として増大しますし、またつぎのような意味で進化を促進します。つまり、今や大量の「ノー」、大量の否定が現れえますし、それを克服する諸構造を選択圧力のもとにおくことになるからです。

こうした構想に従えば、選択に関して問題は構造の次元にあります。すなわち、そもそも構造なるものが唯一、変化するといいうるものなのです。社会変動と社会の変化についての社会学的議論は、この点であまりまとまっていません。出来事は変化しえないということから出発しなくてはなりません。システムを構成する「素材」は変化しえないのです。出来事は来ては行き、現れては再び消えて、そこでは何も変化しません。変化の可能性を組み入れたいのであれば、時間に関して恒常的なものを生み出さなければならず、それがすなわち構造です。構造の次元でのみ、変化圧力はありえて、そのときのみ、変化に関して肯定か否定をいうという選択肢が、それを拒否するか受け入れるかという選択肢が、現れるのです。そのどちらもが進化の面で大きな影響をもちます。というのは、変化を拒否された構造はそれ以前とは別のものになるからです。システムは一定の記憶をもちます。何度も拒否されたものはまとめて先送りされて、いつの日か人びとは、たぶんあれはそんなに悪いものではなかったのではないかという結論に達します。挫折した一九〇五年の革命を一度は試みたことがなかったとしたら、一九一七年のロシア革命がいわば抵抗なく可能だったと考えることなどできないでしょう。それが試みられえたという可能性は、記憶のなかに留まりました。「わたしたちは革命を起こすことができる。そのときはツァーが強すぎたが、しかし今や状況はわたしたちにより有利だ」というようにです。イヴ・バレルというフランスの著述家が、「潜在化」ということをいっています。[12] それは、ある可能性が生み出されるが、そこには何か妨げがありうるということです。法律家の文化にもそれはあります。連邦憲法裁判所には「反対意見」というものがあり、それは記録されます。[13] 多数決で特定の解決策が選択された、しかし反対意見があった、多くの教授が反対意見の方が正しいと考える、そしてそれが文献になる、いつしか状況が変わり、その条件のもとで利益考量がなされる、そして拒否されたものが再び浮上する……こういうしだいです。これが、再固定化の進行を必要とする理由です。しかしまず、構造的選択の話をしばらく続けましょう。わたしの考えでは、変異に応答する最初の大きな高文化的可能性は、逸脱と同調とを区別できる、ある規範的構造、すなわち宗教にありました。構造変動の最初の認知は宗教によって処理されました。人びとは安定性を宗教に求めました。しかし、一定の改革可能性も生み出しました。特にメソポタミアにおける部族的宗教から高文化への移行は、神々の世界の規律にありました。神々は家族にまとめられたり、あれこれの支配構造のもとに位置づけられたりしました。一つの神が主神になりました。たしかに神々を数えることはできませんが、しかしたとえば神々はメソポタミアにおいては運命計画をもっており、一年に一度集まって、文字の形式で決めごとをしました。その決めごとの対象は、宇宙の「家政」と、人間たちから何が生まれるべきで何が生まれるべきでないか、占いと予見技術によって人間は何を読み取ろうとしなければならないか、ということでした。細部でそういうことがどのように組み立てられているにせよ、もろもろの神聖権力は非恣意化され、恣意はそれらから取り上げられ、道徳のもとにおかれたり、そうでなくとも、いろいろの意図の分だけ豊かにされます。このことから宗教を、人びとが変異圧力を受け止めることができるための構造とみることができます。つまり、人びとは部分的には宗教に適応し、部分的にはその圧力を拒否して、そのようにしてより大きな変異群を処理しうる決定構造をもつことによって、それを受け止めるのです。つぎのステップは、シンボルによって一般化されたメディアの発達ですが、これについては前の時間にそれについてお話ししましたから、今はそれを思い出しておくようにお願いするに留めましょう。そのメディアというのは、今の文脈では変異を貫徹する可能性です。変異が貫徹される理由は、人が貨幣をもっているということでも構いません し、権力をもっているということでも、研究を推し進め新しい認識を方法的に正しいものと証明する手段をもっ ているということでも同様です。これらのメディアを通じて、宗教とは違って、必ずしも規範によって覆われて いるとは限らない変化の可能性が生み出されます。一方におけるメディアの発達と、他方における宗教ないし道徳の発展の間の裂け目は、すべての高文化から近代までずっと続いています。その結果つぎのように提案できる ことになります。つまり、構造的選択性は形成されるや否や、宗教かメディアによって普及し、相対的に一元的に擁護されなくてはならないか、それとも、おそらく権力、貨幣、愛、真理、芸術、価値関係のようないろいろ なメディアによって働き、それゆえ変異提案への応対の内部で調整がなされないことを受け入れざるをえないか、 のいずれかになります(ところで、なおさまざまな神々や祭式をともなっているという点では多神教的ではあっても、一神教的構造をもっていれば、一元的ということになります)。もちろん、部分的には貨幣によって、部分的には権 力によって、部分的には証拠、方法、真理によって普及しうるのならば、それははるかに受け入れられやすくな ります。

固定化ないし再固定化の問題を取り込むために、もう一歩、考察を進めましょう。ここではシステム境界の再生産、ないしシステムのオートポイエーシス自体がそのメカニズムであると、わたしは考えます。変異した構造と関わることができるとすると、問題は、いくつものシステム/環境 - 関係を含む社会の内部で、なおそれがどの程度まで遂行されうるかということです。あるいは、変異が提供され選択がこれに続くのはいいとして、その後に社会の内部であまりに大きな困難がもち上がるのではないか、ということです。これは今日はじめてもっともらしさを獲得する問題設定です。そうわたしは思います。分業、貨幣経済、国家的に組織化された権力、私的な親密圏が特に問題のないものであり、発展の過程にあると信じることができるかぎりで、わたしたちがこれらの制度を発見したのであり、そのことによって私的なものと公的なもの、政治的なものと経済的なものを分離しておけることが進化の獲得物である、ということができました。今日の状況では、これらのすべての点についてむしろ疑問を述べることができます。つまり、現在の社会が公的なものと私的なもの、政治的なもの経済的なものを分離させているということがいえる限度において、社会が変異を選択的構造変動によって確認し、その際さまざまなシステム／環境－関係に一顧だに与えないとするならば、近代社会は固定的でありうるか、ということが問題となります。問題は、システム／環境－概念によって固定化という要因を選択の過程からはっきり分離することにならないかということであり、また、これこそまさに特殊近代的な状況ではないかということです。ただしかし、ありがちなことですが、こういう状況は、選択を固定化そのものと関係づけてしまうと視野から抜け落ちてしまいます。ここでもまた、強化状況があります。つまり、システム分化は社会のなかでも、経済や国家的に組織された政治、親密に結びついた小家族、理論的／方法的に行われる科学の営みの内部の固定性を揺らがせるのに役立つのかという問題です。わたしたちはここでも、一つの原初的メカニズムの二重状況のもとにあります。すなわち、もし仮に社会が境界をもたなければ、内的分化もないでしょう。しかし、内的分化によって、わたしたちは、社会的規模での調整を放棄して固定性の潜在的可能性をもう一度高めます。ですが、それをそのままなすに任せておいて、わたしたちが今日もっているような典型的な貨幣経済の問題を（それについては社会主義政党に問い合わせることができるでしょう）や、自己実現への高度な要求のもとで親密圏、親密関係、親子関係が不穏になる潜在的可能性があるという問題を、わたしたちは政治的に克服できるでしょうか。政治システムが自分で自分を固定化させ、システム自身の環境につまずくという自己の問題を自分で整理しなくてはならないとしても、そのようにすることでは社会の秩序は保証されないでしょう。以上の概略的な考察で、近代のさらなる進化のチャンスに関係する一定の問題にたどり着きます。これらの問題については、つぎの時間に議論することにしましょう。そこでは、これらのメカニズムの内部での社会の発展は、ますます問題含みのものになる分離過程を利用しているということを指摘しようと試みます。部族的社会から高文化への移行は、変異と選択の分離を要求し、高文化から近代社会への移行は選択と固定化の分離を要求します。選択だけでは固定性は保証されないのです。そのほかにもわたしたちは今日、固定性と変異が突然同一のものになるという問題に直面しています。つまり、わたしたちは恒常的変化によって固定化しています。もちろん、ではどのようになるべきなのかは問題です。これについては、つぎの時間にもう少しお話しすることにしましょう。

〈第9講義〉

みなさん、わたしはみなさんに、変異、選択と、選択後のそのつどの固定化という、進化理論の主要区別を説明するために前の時間を使いました。わたしはもう一度その話題に戻らなければなりません。原理的には一種類の区別を言い表すことが問題なのですが、その区別がシステムと環境というシステム理論上の区別と、なお説明を要する関係に立つからです。わたしが示そうと試みたのは、つぎのことでした。すなわち、変異、選択、固定化——固定化というのは保持や再建ともいえますが——これらは社会の進化のなかで異なったメカニズムによって担われるということ、つまり、変異は「ノー」のコミュニケーションによって、選択は本質的にはシンボルによって一般化されたメディアによって、古代にはもっぱら宗教によって、再固定化はシステム／環境 - 差異によって果たされるということでした。今わたしが試みたいのは、これらの区別自体が進化の帰結だということを示すことです。それらは、絶対的に妥当する論理的ないし歴史的な法則ではありません。これらの次元の分化が、進化のなかではじめて生み出されるということは、進化が進化の産物だという結論をもたらしますが、わたしたちは、どのようにしてそれらが生み出されたのかを問題にすることができます。その場合、これらすべてのことがどのようにして始まったのか、という問題は残ります。けれども、始まってからずいぶん時間がたってしまったので、この問題には実りの多いものとして関心を向けることはあまりできないはずです。ですからわたしは、進化を通じて進化メカニズムの差異がどのようにして生じるかについての考察で始めるべきだと考えます。わたしはそれを、ある三分法でやってみようと思います。当座の目的のために、それを部族的文化ないし部族社会、高文化、近代社会と名づけましょう。これはこの講義の後の部分の先取りになるでしょう。そこではシステム分化の理論の助けを借りて、この区分を洗練させることを試みるつもりです。そこではまた、この分類を、ここでよりもっと細分化するつもりです。ここでは、ここでの目的にかなう程度にしか区分をしません。すでに高文化の影響を受けているアフリカの社会のことは、わたしはあまり部族社会、分節的社会という言葉では理解していません。もっとも、たいていの資料はこれらの社会からとられてはいるのですが。むしろわたしがこの言葉で理解しているのは、その資料はそれに相応して貧しいのですが、高文化の成立以前の社会としてわたしたちが想定せざるをえないようなものです。あるいはまた、わたしがこの言葉で理解しているのは、わたしたちが植民地化していないような地域や、植民地化が現実にはその土地にまで侵入していないような地域を見ると、今日でもまだ部分的には発見できるようなものです。ニューギニアがいつもそのような典型例です。

さて第一のテーゼは、こうです。部族社会と、文字的な社会（ないし、あえていえば〝文字社会〟）以前の高文化との分化が、変異と選択の分離に関係しています。明らかに、部族的社会については、そしてまた古代、初期古代社会については、変異と選択のメカニズムがはっきりと分離できません。これには文字がないので、何か新しいものがあるのかないのか、それは驚くべきことなのかそうではないのか、それは変更されるべきことなのかそうではないのかを、文字テキストに即してコントロールすることができないということに関係があります。変異の受け入れと拒否は、口頭の文化による的で相対的に単純に組織化された社会では、区別としてはっきりと認識できません。資料がある程度示しているところによると、宗教が偶然の出来事に対応している、つまり宗教が不意の出来事を克服し、受け入れ、通常化することに役立っているということです。宗教によって変異と選択の結合が理解され、そのシステムに導入されうるので、宗教的テキストや信仰形式を前にして、新しいことを受け入れるつもりがあるかどうかを考える必要はありません。宗教自体が、偶然を、不意の出来事を処理するメカニズムなのです。それに対応して宗教は、恣意的に行動する神々の世界、つまり恣意的な神聖な諸力という観念をもちます。これらの力は、人間の願い、人間の供犠、人間の活動によって接近できるものですが、しかしまたそれは不確かなあり方でそうなのであって、偶然、恣意、不意の出来事がコントロール不能な日常に含まれます。

以上の考察の別の面は、このタイプの社会に関しては、それらの社会が行為と規則を区別できるということを、通常は想定できないということです。それらの社会は、行為によって確証されたり侵害されたりする規則がある、という意識をもっていません。彼らの意識では、人間の行動のなかで経験されることのすべて、そしてまた行動として解釈される環境の現れのなかで経験されることのすべてが、性質と類型によって登録されるのです。殺人は、それをすべきではないという条項の侵犯ではなく、端的な行為です。規則と行為の区別が通常のものではなかったり、制度化されていなかったり、通常は機能していなかったりするときは、変異と選択をうまく区別できません。こういうわけでわたしが思うに、この区別は、進んだ社会になってはじめて可能になり普通のことになります。ここで進んだ社会といっているのは、文字ないしは少なくとも経験を蓄積することを可能にする記号システムのある社会です。蓄積される経験は、部分的にはすでに法的領域におけるものですが、しかし特に、たとえば神々に対する正しい呼びかけのような、神聖な力に対する正しい行動のシンボル体系の問題におけるものでもあり、易断の領域におけるものでもあり、占いの領域におけるものでもあり、予言の領域におけるものであり、何が有利であり何がそうでないか、何が神々の意に沿うものであり何がそうでないかという観点からする、生活上の助言の領域におけるものでもあります。こういう構造が与えられると、進化の問題は選択と固定化の関係に移るように思われます。わたしの推測では、そのような社会では、選択は典型的に固定化との関係で生じるでしょう。つぎのようなやり方以外で、新しい物事に対する賛成や反対への選好を表現したり組織化することができなくなるか、困難になります。つまり、固定的な宇宙観的構造、言い換えれば、事物の本質、神々の本質、自然の本質、そしておそらくまた社会の本質、人間の共同生活の本質に拠るほかなくなります。宗教によっても、旧ヨーロッパ的状況を念頭に本質の宇宙と名づけてもいいようなものによっても、抽象的な基準は獲得され、その基準に従って新しい物事は判定され、たいていはおそらく最初は拒否されることになります。わたしが旧ヨーロッパの時間を表現する用語に関連して有している乏しい知識に照らしてみますと、新しい物事は、「以前」と「以後」の間の差異とみられているのではなく、端的な逸脱とみられています。ラテン語の *novus* は、「普通でない」あるいは「それた」を意味し、必ずしも「時間的に何々よりも後に」を意味しません。それゆえに、新しい物事に関する選好はほとんどなく、むしろ、逸脱的な物事の訂正への選好が存在します。このことは明らかに、一方における選択と他方における固定性、ないし固定化や恒常的形式の間に転換点を設けることが難しいということに関係があります。つまり、「人が何かを選択する」ということが難しいのですが、しかしそれは、恒常的に存立や宇宙論的本質との関係でそうだというのではまったくありません。むしろ、わたしたちには、何に向けて選択するべきなのか、つまり新しいものに対する賛成や反対の選好の視点が何でありうるかを知ることが、すでに難しいのです。

私見では、これについては、つまり三分図式のなかの二番目の差異については、近代においてはじめて明確な姿が現れました。その姿が示しているのは、初期近代において人びとが非固定的な選択基準をもちはじめたということです。つまり、人びとが選択したものが確定的に正しいものになることを、なおそれ自身のなかでは保証しないような選択基準をです。このことがもっともよく観察できるのは、シンボルによって一般化されたコミュニケーション・メディアの領域だと思います。おそらくもっとも印象的な例の一つが、経済の領域において利潤の観点で選択がなされるということでしょう。最大の利潤というのが、たとえば投資が計算されるときの観点なのです。今日では少し違っているかもしれませんが、古典的な理論のいうところでは、利潤の最大化ないし収益の最大化が観点です。つまり、経済的諸関係の変化、市場のチャンス、競争条件が同時に考慮に入れられると、固定性を約束するような基準ではなくなるのです。人は特定の瞬間に計算して、時間を計算に含めようと試みます。たとえば投資の大きさに応じて、投資を収益力のあるようにするためには、どのくらいの長さ利潤の見込みをもたなければならないでしょうか。どのくらいの長さか、が問題です。問題はもはや、特定の問題に対する特定の固定的な終局的な解決が存在論的に保証されるかどうかではありません。こうしたことがもっとドラマティックにみてとれるのは、愛の意味論《ゼマンティク》の領域です。愛の意味論《ゼマンティク》が情熱に的をおいているかぎり、同時にいつも、十分には長く続かないかもしれないということが考えられています。情熱的で過剰な愛は、それが満たされる間だけ予定されるのみであり、その後は冷えてしまうに違いありません。一七世紀の愛の意味論《ゼマンティク》には、洗練された時間構造がありました。愛は結婚にいたり、そこで愛は愛として維持されるという考え方は、一七世紀の貴族たちの誰にとっても、どこかしら違和感のあるものになりました。というのは、彼らはすでに結婚したのであるから、まさにそれゆえに別のところに愛を探す、というのです。そしてこの関連でもまた、固定性の見込みなしに発明され、時間の流れのなかに制度的形式を見出す基準があります。その際、小説や映画から出発するならば、愛によって到達した結婚がどのようにして固定的でありうるかは、しばしばはっきりしません。たいていのお話は結婚式で終わりますが、しかしいくつかの事例では、違ったふうに進行します。たとえばジャン・パウルの『ジーベンケース』では、話は結婚に始まります。結婚生活はちぐはぐになり、彼の方は死ぬのですが、しかしそれは見せかけのことです。彼女の方も死にますが、こっちは現実でして、それで彼は再婚できました。しかし二回目の結婚に際しても、それが固定的になるのかどうか、はっきりしません。この問題は、どのみち文学のなかに見出されます。そしてそれはまた、つぎのようなことを示唆します。わたしたちは時間を考慮に入れ、長かったり短かったりする期間を考慮に入れ、非固定性を考慮に入れ、それでもなお、あれこれの制度を背景においている、もろもろの選択基準をもっています。背景におかれる制度というのはたとえば市場や結婚のことですが、それらはその環境のなかにあるかどうかに応じて、制度として、あえていえばシステムとして固定性を約束します。国家理性は、この種の話題のつぎのテーマです。国家理性も特定の瞬間に考えられる制度で、そのつど下されたり回避されたりすべき決定で、その決定を超えた射程はもたない決定がみせる合理性です。初期近代の用語法におけるプルーデンティア（賢さ、周到さ）とは、現在において有意味的に関連するかぎりでの、過去と未来に関する知のことです。しかしこの知は、まさに国家理性の領域においては、たびたび、新たな現象、不意の出来事、政治的変化に対応しなければなりません。マキャベリの『君主論』は、新しい君主の教説です。有徳の君主の教説ではありません。自分の領土を拡張し安定化する意欲をもち、新しい君主でありつづけるためにはいかなる機略をも用いなければならないような、新しい君主の教説です。有徳の君主の本質が問題なのではありません。ここでもまた時間がある役割を果たしています。

さてわたしは、こういうことが徹底的になされたら、今日の社会で何が起こるかということを考えます。つまり、変異と選択と同じように選択と固定化が区別されるようになり、三つのメカニズムのすべてと二つの切断面が両方とも異なる平面で動くとき、何が起こるかということです。この節の最後でわたしは、固定化と変異がもはや区別されないというところに存する問題があるのか、という問題を扱おうとします。わたしが問うのは、固定性が変異の出発点にならざるをえないという循環的網目においては、それらを区別することは困難になるのか、ということです。わたしたちは、諸メカニズムを、諸システムを、構造的に変化可能なものとして設定しているのですから。もはや貨幣価値は恒常的なものであり続けるので、貯蓄は割りに合うということからは出発できません。政治的諸関係がつぎの選挙のときにも今と同じであるということから出発することはできないのです。選挙された政府が国民の意見を現実に反映していることから出発することはまったくできません。「政治的階級」

をめぐる現在の議論をみてください。[14] 同様のことは法においてもあります。わたしたちは実定法をもっています。そして、税法に穴があって、そのおかげで課税されていない資本が海外に流出しうるということに立法者が気づいたら、新しい法律が制定され、その穴を埋めようと試みます。そしてこの法律にまた穴が発見されます。法律は機転のきく人びとに向けて書かれるものです。その後、新しい法律ができ、また穴がふさがれますが、ずっと気をつけていなければなりません。「法は油断のない人にむけて書かれる」というのは、たしかにローマの原理なのですが、しかし今日まさにアクチュアルになっています。油断しないようにしなければならない、なぜなら法はつねに変わっているのだから、ということです。

以上の考察が、今やもっと重要な観察に結びつきます。つぎのようなことがありうるでしょうか。どこに切れ目があるかに応じて進化ははるかに速く進行する。だから部族社会の進化は相対的にゆっくり進み、通常は特定の状態を大きく越えることはない。高文化への移行がうまくいくことはめったにない。そして、わたしたちは学校で歴史を学びますが、その歴史を振り返ってわたしたちが思い浮かべるよりもずっと、時間の実際の持続が長い。こんなことがありうるでしょうか。高文化はおそらく五〇〇〇年前に生じました。そして、それは近代への移行のなかで、すでに時代おくれのものとなりました。それは五〇〇〇年のことにしかすぎません。しかしながらわたしたちは、近代社会が今あるようなかたちで五〇〇〇年、五〇〇〇年、五〇年続きうるか、まったく自信がもてません。進化に関係する区別の構築に、テンポの獲得が結びついているかもしれません。また、わたしたちが当面、このことを理論的に反省することなく、未来は極度に不確実であると感じ、さらに、どのような形式、制度、習慣、法律が維持されるのかわからないと感じるかもしれません。わたしたちは、計画によって生み出されたのではなく、進化によって生じたものすごい速さの変化を通して、未来を眺めています。テンポの崩壊ということがありうるかと問うことができるでしょう。わたしたちは、変異に繰り返し適応するために、固定化のために必要な仕組みを、なお変異のために用いています。こういうことからわたしたちは、社会の進化の歴史のなか、お手本のない状況に立たされているのです。わたしは、それについてとても短く、概略を述べるに留めざるをえません。というのは、本来ならどの点についてももっとたくさん述べるべきことがあるからです。しかしそうするためにはわたしは、後で述べられるシステム分化の部分を先取りしなくてはならなくなります。そこでわたしはこの概観においてはそれを素通りし、二、三の追加的概念を補足するだけにしておきたいと思います。それらの概念によって、この理論の極度の抽象性に含まれるものが少しは修正されるでしょう。そう、わたしはとても少ない概念で話を進めてきて、ある種の歴史理論を概説してきたことになりますが、そうした理論はもちろん、こうしたやり方では事実の大地に足をつけることができません。

　進化理論やその周辺にはさらにいろいろな概念があって、それらは社会の部分領域や特定の類型の変化を解明しますし、また先に述べた基本的カテゴリーとも接続可能です。しかし、それらについては、まだ説明が必要です。その一つは、進化の獲得物という観念です。わたしはそう名づけています。文献のなかではいろいろな表現がされています。たとえばパーソンズは「進化的普遍態」といっていますが、それは、この普遍態がいったん効力をもち、発明され、使用されるようになると、大きな射程をもち、それが適合するところでは使われ、別の形式を駆逐してしまうということを表現するためです[15]。民族誌の文献では、“dominant types”つまり支配的な類型ということがいわれます[16]。ある社会がたとえば貨幣や文字やその種の別のものを手にしたら、それは優越性を示す仕組みなので、その仕組みのおかげでそれに対抗してやっていくことが難しくなります。つまり、貨幣や文字、その他の競合的なものなしで、別のやり方で、同様のものや類似のもの競合するものを維持することが困難になります。念頭におかれているのはつねに同じようなことなのですが、管見に触れるかぎり、文献はこれらの考えを理論的概念で表現することはせず、例をあげることで話を進めています。貨幣と文字の例はすでにあげました。政治的官職の例をあげることもできるでしょう。官職はそのつど誰かによって占められねばならず、人から人へ受け継がれる権能を有しています。そのとき重要なのは、王、君主、族長の資質ではありません。あるいはそれだけが重要なのではありません。むしろ質は、官職を担う能力によって測られます。そして官職は後継者にとっても同一です。いったんこのような獲得物が生まれると、後継者問題は先鋭さを失います。人びとはいつも、後継者がいることも知っています。というのは、官職というものがあり、それは誰かによって占められなくてはならないからです。それに加えて、組織の技術全部をあげることができます。つまり、成員によって特別の任務を与えられている法人を分離することです。そのほかにも、最広義の技術、つまり人工的な仕組み、機械をあげることができますが、しかしまた、たとえば複式簿記その他の計算手順をあげることもできます。こういうものはいったん導入されると効力をもち優位性を生み出します。しかしわたしの知るかぎりでは、そういうものがあることや、そこに含まれているものについて、理論的な基礎づけはありません。わたしは、言葉にまとめてしまうと逆説的に響くのですが、これを複雑性の拡大にいたる複雑性の縮減と記述することができる、と述べることを試みたいと思います。何ものかは、以前より多くの領域で有用になるために制限されます。たとえば貨幣というものが登場すると、人びとは貨幣と何かを交換をすることができるようになります。しかし、物を持ってきて交換のためにそれを使おうということは、つまり物々交換に戻ろうということは、普通のことではなくなります。また、交通システムが現れ、道路ができると、道路の外を行くことは快適ではなくなります。もっともそのときはそれでまた、工場にとってはそういうことができる自動車を作ることが魅力的になりますが。しかし通常は、道路を走ることになります。森のなかに車を乗り入れたりはあまりしないものです。利用の制限が、スピードが出せる前提であり、容易に目的地に着く前提であり、交通の容易化の前提であり、また交通量の最大化の前提です。これなど典型的な例だと思います。文字の場合でも、人びとは特定の記号で意思疎通をします。もし人びとが他のすべての騒音を排除せず、許容された文字記号のみを文字と見なさなかったとしたら、多かれ少なかれ容易に学ばれ、多くの目的のために使用できる文字の効果はなくなってしまうでしょう。

したがって問題は、すべての進化の獲得物を複雑性の構築の条件としての複雑性の縮減という形式で記述できるか、ということです。ここで複雑性ということで理解されているのは、これらの獲得物がなくても可能であったろうものと比べて、もっと多数でもっと多様な作動にアクセスできることです。それは、人びとがそのような仕掛けから再び離れることが困難になるという効果をもっており、パーソンズが気づいていたのもこれでしたし、"dominant types"という概念が気づいていたのもこれでした。いったん社会を進化の獲得物の上に据えたならば、それを再び抜き取ることは困難であるか、あるいは、そもそもカタストロフィー的な発展の形式においてのみ可能であるかのいずれかです。こういうことは骨身に染みるほど経験できます。わたしたちが政治的指導者として適切で心地よくタフな人物を得たいと願うのみであって、彼らがそのために選出されて、誰か別の人がその地位を動かすまで活動する官職なるものはもはやもたないとしましょう。つまり、わたしたちがそれを完全に人格化したとしましょう。もしそうなったならば、つまり、そろいもそろって自分が適切であると思っている人たちが首都ボン（今日ではベルリン）にそんなに大勢いるならば、わたしたちは誰のところに行ったらよいのでしょうか。わたしにはわかりません。政治的指導部の初歩的な形式においても、人びとはその権能を基礎に互いに意思疎通するのですが、もし、国家の形式の政治的組織や、そういう初歩的な形式のものを廃止してしまったら、政治的秩序はもはやほとんど不可能でしょう。もちろん同じことがほかの場合にもいえます。わたしたちがもはや裁判権をもたず、誰が権利をもっており誰がもっていないのかを制度化された議論のなかで明らかにするために集まり、わたしたちが決定を得るまでの間は誰かが食べ物や飲み物を世話してくれる、という具合だったらどうでしょう。こうしたものが今日の社会の法の機能を引き受けられるとは考えにくいです。そしてこのことは、わたしたちがこれらの仕組みとともにもつすべての災厄にもかかわらずいえます。したがって進化の獲得物は、無条件に進歩の兆候とされるわけではありません。また、わたしたちが作り出したものへのある種の賞賛を表現するものとされるわけでもありません。むしろ、それが表現するとされるのは、つぎのような考え方です。つまり、ある社会がその仕組みに依存するようにさせられるということです。また、それはたしかにゆっくりと組み上げられうるし、制度のなかに一般的に組み込む前にテストされうるけれども、広がってしまったら退却は相対的に難しくなるということです。思うに、つぎの章の話題の全体、つまり社会分化の類型をそのような進化の獲得物によって構成できます。変異、選択、固定化という図式を例示するときにも、そのような獲得物は入ってきます。たとえば、道徳的に馴致された神聖なあれこれの権力をともなう宗教や、神々からなる宇宙観をともなう宗教、唯一の神をもつ宗教のことを考えるときなどにです。それが、ここにいう獲得物なのです。人びとがこんなに多くの欲求をもち、より多くのものを欲しがるところで、なぜ唯一の神なのでしょうか。これも一つの縮減でありまして、すべての物事に対してその神の管轄権の拡張することであり、一つの類型の信仰箇条その他へ集中することです。それが放棄されたらどういう結果になるか、よくわかりません。わたしたちが今、特定の新しいカルトを保護したとしたら、あるいは、受肉祭式、ドイツの大学都市でわたしたちが保護している秘教を保護したとしたら、まあ、ここでいう大学都市にビーレフェルトを入れるべきかどうか知りませんけれども、その他、抑圧されたインディアン的 - アフリカ的な南アメリカの人びとのトランスカルトを保護したとしたら、これらのすべてを一つの定式にまとめたとしたら、こういう仕方でどのようにして近代世界の宗教が生じるか、思い浮かべるのは骨が折れるでしょう。近代からの逃避として生じるのなら話は別ですが。それで、出発はいつも他の選択肢も参照しつつ一歩ずつ行われるが、その放棄は現実的にはもはや不可能だということが問題です。こういうことをわたしたちは、ついにはコンピュータにいたった技術への依存で大規模に経験しています。コンピュータを市町村の役所やスーパーマーケット、大学などに導入すべきかどうかを考えることは比較的簡単なことでした。人びとはそれでもまだコンピュータと並べてタイプライターをおいておきましたし、コンピュータを回避するあらゆる可能性を手元においておきました。人びとはその領域をゆっくり拡大しました。けれども、わたしがアメリカで経験したことですが、タイプライターを一つ欲しいと思っても骨董屋でしかを入手できず、もはや大学は一つももっていないというほどコンピュータが増えると、もちろん、それから離れることを困難にする一つの形式が所与として与えられます。これには、ひょっとするとそれに付随するかもしれないあらゆる安全性リスクをともないます。それで、そのような仕組みの派生問題の分だけ新しい仕組みを作らなければなりません。わたしの情報が正しければ、コンピュータ・システムの安全性コストは、今日すでに、購入コストよりはるかに大きくなっています。

こうしたことのすべてが進化の獲得物に関係しています。進化の論理からして、多かれ少なかれ複雑性の方向へ物事が動いていきうると考えることができるでしょう。複雑性の構築のために、それが必要とするまさに同一のメカニズムによる社会の退化というものを考えることができるでしょう。一つの変異に直面して人びとは、「ああ、これはあまりに複雑だ、もっと単純にしよう、古い形式に戻ろう」と考えることもできるでしょう。それもまた同一のメカニズムでしょう。しかし、これらの進化の獲得物は、進化が現実的には不可逆になる転回点であるように思えます。それが意味しているのは、カタストロフィーがありえないということではありません。しかしあったとすれば、それはまさに本質的には破壊的な出来事です。

わたしのつぎのポイントは、基本的な進化の図式に対するこの追加的なコメントに関係しています。この点は専門用語で理解することは困難で、わたしは「事前適応的前進」という概念を使っています。[17] この概念はあまり普及していませんが、わたしがいつだったか民族史ないし文化史の文献で見つけたものです。進化の事前発展ないし事前遂行ということをいうことができます。ここで念頭におかれているのは、射程の広い更新が発見されうるということはどのようにして可能なのかということです。どのようにして飛躍に達することが可能になるのかということです。あるいは、図式がいつも変異と選択のテストであり、それを固定化しようとする試みのテストであるとき、どの程度ハードな非連続性であれば可能なのか。ここでも既存の文献は本質的にいろいろなケースと事例を取り上げることに関心を集中していて、概念的鋭さはあまりありません。わたしたちはすでに文字の進化についてお話ししました。文字は、記録システムとして働きはじめ、読み書きの能力がわりと一般的になった後に、いつしかコミュニケーションのために用いられるようになりました。それから、より広い文化領域の文字化がいっそう力強く進展しました。そして文字の機能が変わりました。もはや記録のための記録など考えることができません。たしかに記録も同時に行われるのですが、今日では人びとが文字のことを考えるとき、伝達を担う何かのことを考えます。初期段階から終局的機能までのこの移行の基本的図式は、機能変化と関係しています。仕組みは、まだ終局的な機能を前提にしていない条件のもとで働きはじめます。システムは、終局的機能との関係ではまだこの仕組みにかかわらず、まずは一種の臨時の措置のかたちでいったんはそれをテストします。一定の成果があってはじめて、人びとはそのときの終局的な機能を、いや「終局的」というのはどうでしょうか、より適切には、わたしたちが進化の獲得物としてもつ機能を、信用するようになるのです。こういうことを多くの例に即して示すことができます。文字は一つの例ですが、貨幣もそのような例の一つです。貨幣は最初は家政の目的のために、大きな貿易会社における決済のために発明されました。貨幣は、単位を使って計算するということを意味しているのではなく、譲渡可能な鋳造された対象があり、それによって重量保証や価値保証が与えられるということを意味しています。広範囲に使われたのは銀でした。鋳造された金属板は、所有権保証でした。それらは、特定の貿易会社に属し、そこで対応する反対給付に対して渡されたり、負債の記録として蓄積されたりしました。それはたんに、貿易会社や王宮内部の札、計算記号にすぎませんでした。しかし、こういう札がどんどん生まれるようになり、交換のためにも用いられることができるようになると、人びとは硬貨を請け出すために再び出向くとき、その同じ硬貨の受け取り手になる必要はなくなりました。交換機能が組み入れられ、それが結局それの本来の意味をなしています。その後、近代にいたるまで続く周知の問題が現れました。すなわち、貴金属の安定性を確保すること、貨幣から銀や金を削り取る輩から硬貨を守ること、硬貨を宗教的ないし政治的に保護すること、です。しかしそれは二次的問題で、貨幣が手から手へ渡るからこそ問題になるにすぎません。今日では偽造問題その他があります。以上は、進化の獲得物が誤った機能のもとで、誤った利点観念のもとで導入されるかという考察の一例です。進化の獲得物は最初は唯一の考えうる使用法ですが、しかし、そのおかげで、その使用が最終的に別の機能によって担われるまで、その使用をどんどん拡張することが可能になります。進化の獲得物の発展の様式としての機能転換、このように定式化することができるでしょう。

このリストのなかのわたしの最後のポイントは、今日ではあまり一般的ではありませんが、等結果性として特徴づけられる概念に関わります。[18] 念頭におかれているのは、特定の問題領域には一つの問題に対して、もちろん任意というわけではありませんが、多くの解決が可能であるということです。たとえば生物の進化で考えると、ある生物がそれ自身の空間的境界で直接に接せずして、どのようにして距離をおいて知覚できるかという問題です。ここにはいくつもの可能性があります。目が、わたしたちにとって一番なじみのあるものです。電子音響、嗅覚による匂いの理解、そのほかです。しかし、可能性の範囲はそれほど大きなものではなく、問題はどのような条件のもとで、そのような仕組みが発展するかということです。理論のいうところでは、さまざまな出発点がありえますが、しかし、目的地はいつも同一です。というか、記述されるときにはそれは一つの目的地であるようにみえます。たとえば法の領域で、特定の法構造、たとえば立法は多様な出発点から発達してきたことが、よくわかります。それで法形式としての契約は、最初はきわめて多様であった可能性から生じています。たとえば売買契約は高度に問題含みなものです。ギリシャ人たちは、ローマ人たちが発達させたような形式では、それをもっていませんでした。何かが円滑にいかなくなって、はじめて誰かの頭に思い浮かぶ一つの構成としての契約というものは、もう全世界的な観念です。わたしが出くわした例ですが、こんなことがありました。その人びとは賃貸住宅に住んでいていつも支払いをしているのですが、自分たちは契約を結んでいないと考えていたのです。そして、署名した覚えはないというので、引っ越しするときは特に何もせずそのまま出ていくことができました。一般に、何かうまくいかないことがあってはじめて、人びとは突然に契約書がどこにあるかを気にし、法律を覗いてみるべきか、あるいは書面の契約、書式、その他の取り決めがあったかを考えます。義務の発生の根拠の事後的構成はある意味でアクロバティックな行いです。これは、直ちに履行がなされる直接取引とは関係がありません。わたしが契約の法制史について知る範囲では、不可逆的な問題が生じると、後から依拠できる取り決めとして契約を理解することに、困難はありました。たとえばギリシャ法では、契約の総額について信用を供与したいとき、それがすでに支払われたものと偽装し、その上で貸付契約を結ばなければなりませんでした。物が引き渡されておらず支払いもなされていないのに、すでに契約が効力を有するということを考えることができなかったのです。通常の社会形式としての互酬性から出発するとき、このことはどのように理解されるでしょうか。それにもかかわらず、同等の制度があったように思われます。引渡しと貸付のこの結合がありましたし、ローマ法においては最初は特定の類型のものでしたが、最終的にはわたしたちが知っているような契約がありました。また、近代には未来の問題を予定に入れている契約がありました。わたしたちはしかじかのときにはしかじかのことをするであろう、そしてそれは今すでに拘束力をもつのだ、というような考え方は、一九世紀には困難でした、イングランドの「コモンロー」では今でも困難です。「コモンロー」では「約因」が、つまり約束の現実性を保証する何かが、引き合いに出されなくてはなりません。

わたしがみなさんにこういう例をあげてみせましたのは、一つの発展に含まれる複雑さを示すためでした。その複雑さには、この一般的な概念装置では手が届きません。むしろそのためには、機能転換のような観念を使うことが必要になります。多くの出発点から同様の仕組みが発展しうるというような考え方を用いることが必要になります。というのは、ゴールデンワイザーが二〇世紀のはじめから「制約された可能性の原理」と特徴づけていたものがありますが、その法則に従えば、選択肢はわずかしかなく、全体は等結果的に、つまり同様の目的方法に動いていくか、何にしてもそのように記述されうる、ということになるからです。(19)

ここでわたしは話題を転換したいと思います。わたしはここまで、社会の一つの進化があるかのように講義してきました。つまり、進化というのは一つの社会に付帯する仕組みであるかのようにです。そして、わたしたちは一つの事例で確証される理論と関わったので、異なる地域社会があれば異なる進化がありうるかのように、語ってきました。ここでの問題は、一つのシステムとしての社会のなかに異なる複数の進化があると考えることができるかということです。社会と進化ないし社会分化的進化との間には、一対一の関係があるのでしょうか。それとも複数の進化があるといいうるのでしょうか。たしかに、より小さな社会システムの方へ進化の議論を及ぼしていくといっても、限度があります。子どもたちの年齢がしだいに上がってゆき、親たちが意思疎通のパターンを成果のあるものにできたり、それを制約できなくなったりすることについて、家族の進化を語ることは、一般的にはしないでしょう。たとえば大企業シーメンスが、大工場によってはもうそれ以上の収益を上げることができず、国際市場でもっと柔軟に活動しなければならないということに気づくとき、進化が問題になるでしょうか。わたしたちはこの概念をそこまで引き伸ばしたいでしょうか。わたしはこの方向で、どのシステムも進化すると考えていますが、はっきりとは決めかねていまして、わたしがいくらか詰めて考えてみたといえるのは二つのものだけです。一つは、観念の進化です。観念の進化というようなものがあるでしょうか。もう一つは、システムであるところの社会の一次的な部分システムの次元における、部分システムの進化です。これらについて簡単にコメントしましょう。まず、観念の進化から始めます。

　意味論《ゼマンテイク》、概念史、観念史の次元で、たしかにダーウィン図式を使うけれども、社会の進化からは切り離されている進化理論を使って議論を進めることができるでしょうか。このようにいうことは、社会が観念の進化に意義を有さないという意味ではなく、メカニズムが別様に設えられており別様に働くということです。一方における主導的観念、コード、概念、それに保護すべき価値のある重要な知識、たとえば規範などを保存する意味論《ゼマンテイク》と、他方における社会の発展との間には裂け目が生じえます。それで、構造がそれを記述する概念やそれに適応する観念より、早くあるいは遅く変化するということを、わたしたちは考慮に入れておかねばなりません。このことを考察するとき、出発点を探せば、それは文字だということになるでしょう。文字の発明の前にすでに意味論《ゼマンテイク》だけの、観念だけの進化のための、ある程度固定的な素材がありうると考えることは困難です。そのためにはコミュニケーション様式と、コミュニケーションのなかで反復可能な形式があまりに強く状況と結びついており、また、集団ないし部族単位のかなり小さい分化にともなう相互行為形式と結びついています。しかしながら文字があれば、テキストについてその意味は何であるかということが独立の問題となり、それがいつ引用されるか、それが何のために用いられるかも独立の問題となりますので、進化的変化の基礎としてのテキスト構造が与えられます。こう考えることができます。テキストのこの独立性の例を探せば、たくさんのものを見つけることができます。いつものようにわたしにとってわかりやすい例は、ローマ法です。ローマ法は、共和政期と初期帝政期に発展しテキストのかたちで存在しました。そしてローマ法は中世になって発見され、分析・評価されて、別の、萌芽期の都市を含む強度に封建的な社会に適用されました。この社会は、共和制的構造をもっていませんでしたし、ローマ的な官僚的帝国の構造ももっていませんでした。まったく異なった社会的関係のなかで同一のテキストが手にされています。それにもかかわらず、これらのテキストは初期近代の法意識の形成にきわめて大きな意義を有しています。このことはとても詳細に示すことができます[20]。わたしはとりあえずここでそれに深入りするつもりはありません。法のような社会文化的な構造の面と、解釈され利用され選択的に取り扱われるテキスト自身との間の裂け目に、目を向けておきたいと思います。ここで法といっているものには、ローマでは中世とはまったく異なっていたような、裁判権の形式のことまで含みます。これらの事例で進化のメカニズムがどのように働くのかを問題にすると、文字によって否定と、批判的態度、意味の変異が容易化されるということを考えることができます。このことについてはわたしはすでに、口頭のコミュニケーションから文字によるコミュニケーションへの移行を話題にしたとき、お話ししました。ここでそれが改めて登場します。文字テキストを手にするとき、人びとはテキストの成立状況に拘束されませんし、著者がテキストを書いたときにもともと思い描いていたことに拘束されません。テキスト自身のなかにそれはいくらか含まれています。しかし、法律家的なもののなかに、立法者の意図を尊重すべしという解釈指針が存在するという事実によって、すでにそれが自明なものではないということが示されていますし、テキストを読むときになってはじめて、著者がそれを書いた意図は何であったのかを考えざるをえないということが示されています。しかもおそらくそれがつねに重要であるとはかぎりません。特に宗教的テキストでは、著者の意図を解釈の格率と考えることは困難です。すなわち、テキストを文字で書くことは、進化のための、社会領域で多様に可能であるよりももっと自律的な基礎です。また、より程度の高い変異、批判ないし否定チャンスを考慮に入れなくてはならない、進化の基礎です。そこで、ではどのようにしてそれが選択されるのかが問題になります。テキストとのどのような関わり方が選好されるのでしょうか。テキストの取り扱いにおける更新はいつ受け入れられるのでしょうか。

わたしの考えでは、人びとはここで説得力や意味の明証のようなものへ遡ることができます。まず人びとはすべての可能なものを読み込みます。たとえば、オド・マークヴァルトは、解釈学《ヘルメノイティク》を、テキストのなかにそれに含まれていないものを読み込む技術として描きました。(21) 人はテキストとあらゆる可能な仕方で関わることができます。問題はどこに限界があるか、何によって解釈提案の受け入れにいたることになるのか、です。説得力による選択というのが、わたしにはその答えであるように思えます。そのようにテキストを使用する状況の観点での説得力、したがって、書かれたところとは別のところで経験される経験との関係での説得力、あるいはまた、使用における接続可能性の観点での説得力です。テキストが本来は念頭においていなかった状況において、そのテキストで何を始めることができるでしょうか。明白さは、これを強化する言葉の一つにすぎないでしょう。そのとき明白なものが唯一の正しい解釈である、といわれるでしょう。何かが明白であるとき、他の選択肢は考慮の対象になりません。それが説得力をもつに留まる場合は、人びとはもろもろの選択肢に取り組むことができます。解釈の諸問題との関わり方は、似たようなモデルですでに議論されていました。たとえば古代では、一方におけるエピスメーテー、つまり堅固で確実で疑いもなく真実な知識と、他方におけるドクサ、つまり思いなされている意見としての知識の差異を使って議論されていました。厳密で確実な知識と、説得力をもちうるが、それに対抗して他の意見も現れ、支持されうる意見とのこの違いは、初期近代にいたるまで伝承されました。わたしがふと思うのは、科学構造との関係において、つまり一七、一八世紀における知識界の言語の科学化との関係で、「明白さ」という言葉が成功を収めるということです。一八世紀には、知識人たちはいたるところで明白なものを見出します。重農主義者という経済学の一学派がありますが、彼らはみずからの理論を明白さの基礎の上に作り上げました。ほかに何か注目に値するものが残っていようとも、それは「明白」なのです。何はともあれ、重農主義者にとっては、ということではありますが。重商主義者というのは一つのセクトで、ベルサイユ宮殿のあるフロアに陣取り、そこから経済政策を作ろうと試みました。カールスルーエにおいてもフィレンツェにおいても、そうです。[22] 以上のようなことについてお話をすることはできるのですが、それにはあまりに多くの時間が必要になるので、ほどほどにしておきましょう。要するに、何らかの専門用語があって、それが証明責任を引き受けますし、文字資産との関わりの可能的な形式のなかで、いわば説得力のあるものを推奨します。つまり専門用語が提案されうるもの、それに依拠しても恥にならないものを推奨するのです。変化した社会的状況との関係でも、一定の選抜が行われます。それは一つには、出版に対する、テキストとそれについての知識の普及に対する、また、批判の反転の速度の上昇に対する、諸観念の転換の速度の上昇に対する、反応です。しかしまた、それは一つには、経済的ないし政治的事態への関係での変化、つまり社会的諸構造への再接続の関係での変化に対する反応でもあります。

さて、わたしにとって難しいのは、固定化は追加的に何を要求するかを考えることです。特定のものを選好し、他のものを拒否することを可能にする視点としての明白さと説得力と並んで、その後から固定性を保証する何かがあるでしょうか。わたしが考えることのできるのは、一貫性だけです。知識はより大きなシステムに保存されるとき、一貫します。しかし、文字の獲得と同時に一貫性への関心がみられるのですから、これは疑わしい回答です。たとえば貴族の系譜が文字で固定されるなら、それはおおむね正しくなくてはいけません。ある祖先が三〇〇年生きたということを受け入れることはできませんし、異なる貴族が同じ祖先をもつということも受け入れることができないでしょう。系譜が整理されなくてはなりません。祖先の系列を完全なものにするためだといっても、別のところですでに使われた同じ女性をみつくろって系図に加えてはいけません。文字が存在するや、AはBの息子であり、BはCの息子であるというようなリストが生まれます。このリストは、時間的ないし部族的、種族的に正しくないといけません。それで、文字自身がすでに純粋に口頭的な文化との関係ではより高度な一貫性の圧力を生み出すということについて、たくさんの兆候があります。しかしさらに、一貫性が要求されるされ方も変化するということもわかります。わたしにとって理解しやすい例は、またもや、ローマ法からとることができます。ローマ法のなかで、ディゲスタのなかのテキストをご覧になると、典型的には、取り扱われ、特定の事例解決によって決着をつけられた事例が見出されます。わたしたちがすでに見たこの事例解決のためには、決まりきった言い回し、ないしはかっちりした決まり文句があり、その文句を使って何かを決定づけますが、それはあまりに一般的過ぎて、事例にはもはや関係していません。ローマの構造においては、こうしたさまざまな事例決定は両立可能でした。ある事例では貢献が、別の事例では婚姻が問題になり、さらに別の事例では所有物の引渡しが、奴隷身分が問題になります。あるいは、法状態の変化、奴隷身分への売り渡し、特定の出来事がある場合の父の後見における解放奴隷の逆戻りが問題になります。これらすべてのことが順次に起こりえます。しかしテキストがある決まり文句で締めくくられ、そのように伝承され、それが中世になって読まれると、人びとは今やその決まり文句を手に入れることになります。大学の教育は口頭で行われます。人びとが注目するのはもちろん事例ではなく、事例を決定するのに使われた決まり文句です。しかしながらそのとき人びとは新種の整合性問題に直面することになります。突然に自然法に対して、テキストのあれこれの場所が今までとはまったく異なるものとして現れてきます。たとえば、もともとは上述の“capitis deminutio”[23]、すなわち法的地位の変化に関わっていたテキストの場所です。ここでは、そのことによって自然権は買収されないということがいわれています。すなわちある人が奴隷であるとしても、性衝動に変化はなく、身体運動の自由に変化はなく、財への介入への利益には変化はない、ということです。人間に自然なものは保持されたままです。しかし、テキストのその場所は、その後、自然権が奴隷身分となることによって変化しえない高次の権利であるかのように読まれました。そのときには奴隷制批判がありましたが、しかし、そういうことはかつては考えられていませんでした。むしろまさに、人はどのようにして奴隷に、家男、家女になりうるのか、manicipium（家長の権力、patria potestas）の下に入ることになるのか、人はどのような権利減少を甘受しなくてはならないのか、が説明されるべきことでした。人びとは自然法という別の形式で問題をひっくり返しました。その形式のなかでは、それは動物にも人間にも当てはまるといわれています。そのときはまだ、国際法と市民法があり、それは自然法から逸脱しえます。そのとき互いに適合しない二つの言明があります。一方で法制度は自然法を破ることはできませんが、他方ではそれは自然法からの逸脱として発達します。それで、よく考えてみなくてはなりません。それから中世ではカノン法学者と市民法学者の諸理論が生まれ、この素材に一貫性をもち込もうと試みます。そのことはテキストの別の使用を通じてなされますが、それは中世初期では事実的な法発展から切り離されてなされました。つまり、封建法をたとえば所有権秩序へ向けて解体するために必要とされたものから切り離されて、なされます。この種の例はたくさんあげることができます。中世の神学も興味深いものでしょう。というのは、それは理論的に仕上げられる程度に応じて一貫性問題に直面することになるからです。最初、それは神の概念やいわゆる普遍論争の問題において現れます。普遍論争で争われたのは、つぎのような問題です。普遍概念は実在《リアリア》、つまり現実に存在する本質形式なのか、それともたんなる概念、記述にすぎず、したがって、すべての実在はつねに具体的に個別的なものだということになるのか、ということです。こうした係争問題のなかで一つの立場が形成され一貫して維持されるのですが、そのような係争問題はあらゆる可能的な神学的な問題に大きな影響を与えます。ここにも、宗派分裂にいたる教会政治の困難が増していく根拠の一つがあります。この現象が固定性への努力と見なせます。というのはそれはテキスト内在的に重要であり、テキストの説得力とはあまり関係がないからです。

まあ、今のところわたしはそう考えていますが、完全に自信があるというわけではなく、おそらくまだまだわたしは意見を変えることになるかもしれません。ともあれ、それはもう一つの選択要因です。今や、つぎのような問題を考えることができます。すなわち、この観念の進化のなかにある種の傾向があるか、わたしたちの知性的文化、説得力のある概念、規範、公式、キーワード、スローガン等々の資産は、類型において旧世界と異なるのか、という問題です。それが異なっているということについては、知識、規範、信仰問題に対する態度の歴史的条件への感覚をもっていれば、一般に認められるでしょう。しかし、何らかの傾向はあるでしょうか。わたしはこの問題を扱った文献をほんのわずかしか知りません。バーナード・バーバーという、コロンビアにおけるロバート・マートンの弟子かつ友人がいますが、彼はある論文のなかで、抽象性と体系性へ向かう方向性があると確認できると考えています。つまり、観念の進化が起こるならば、最終産物はより抽象的になり、より体系的になり、より明確にネットワーク化され、より大きな射程をもち、より普遍的になるというのです(24)。わたし自身は、この考え方を維持できるか確信がありません。おそらく、それもあるということができるでしょう。まさにローマ法の例に即せば、より強度の概念的な抽象へのそのような傾向がみてとれるのであり、事例決定のたんなる両立可能性への傾向があるだけではありません。神学においても同じように考えることができます。いや、しかしそのときもまた、きわめて具体的な信仰観念は残っています。たとえば仏教の領域に、一貫性問題の問題に関しまったく無頓着な宗教が残っています。そういう宗教はたとえば、一方でいかなる神をももたないのですが、他方で数多くの神をもちます。セイロンや、ビルマ、タイについてこれをみると、そこには一つの役割を競合的に果たすきわめて多くの神々がいますが、しかし厳格な意味での仏教ではそのようなことは予定されていませんでした。仏陀自身がある種の神に変ずるのです。そこには適応の拒否というバリアがありません。同じことが日本の宗教に非常にはっきりと当てはまります。それでわたしたちは、進化において残存するひとかたまりの観念を総じてよりよく体系化する一貫性圧力があるのか、そもそもわかりませんし、いうこともできません。それはヨーロッパ的な先入見かもしれません。そうですね、「体系《システム》」という概念が出版活動の導入と同時に発見されたのも偶然ではありません。人びとは最初は手元にあるものを、つぎにはその後に手に入ったものを、カオス的に印刷しました。そういうことが、少なくとも内容目録が整理されなくてはならないという感覚が生まれるまで続きました。そして書物は突然に「体系」になりました。わたしの知っている例では、市民法の体系、パンデクテンの体系などと呼ばれました。「体系」は書物のタイトルとしては、きちんと整理されて編成されたという意味です。それを編成しようとすると、何がどこに属し、何がどのように連関しているかを考えざるをえません。体系概念は、何らかの仕方で構築された秩序を表す概念になります。しかしそれは再三にわたって批判されてきた派生現象です。わたしはつぎのシャフツベリの命題を思い出します。「馬鹿になるもっとも巧妙な方法は、体系によるものである」(25)。それだから、そこから明らかに何度も主観的幻想がこうした体系構築のなかで浮かび上がったのですが、そこから再び離れなければならない何かとして、それは浮かび上がりました。要するに、ここではこれ以上提供できるものはなく、この種の進化において何らかの傾向をみることができるかについて、わたしには自信がありません。ここにいたってなおわたしの念頭に浮かぶ唯一のものは、どの程度まで概念による構成、観念による構成は、もろもろの関係の変異可能性と融和しうるかという問題です。基体が変化しつづけるときに、モノはどの程度まで固定的であるのかという問題です。あるいは、時間に関して抽象的なモデルを使って仕事をするときは一つの手続きと関わっているということを知りながら、人はどの程度までそうするのかという問題です。たとえばコンピュータのプログラミングを使って仕事をする場合は、一系列をなす操作と関わっています。もしかすると、一方における線条的で手続き的な進行・遷移と他方における時間に関して抽象的で何ものかを指示する秩序の間に、昔の思考のなかには対応物をもたない何かがあるのかもしれません。

最後に、そのつぎの話です。これはもっと難しいです。部分システムの進化というものはあるでしょうか。学問の、法の、宗教の、経済の進化というものがあるでしょうか。ここでは、特定の領域に関する文献があるという有利さがあります。一九〇〇年の前後に、認識論的進化理論について、学問の進化について幅広い文献がありますす。社会学者としてはゲオルグ・ジンメルのものがありますし、マーク・バルドウィンその他のものもあります。彼らは認識論を進化理論へ転換しています。その後、これは再び姿を消してしまいました。今日では生物学の側から、生物学的認識論を進化理論の基礎の上に定式化しようという試みがあります。しかし問題は、第一にダーウィン図式によって研究が行われていない、あるいは少なくとも徹底してそうされているわけではないということです。第二に、むしろ知識の合理性概念における困惑がきっかけです。自分の思考が外界に現実に存在しているものと対応していて、この一致を確認することが問題であると気楽にいえなくなると、つまり、ただ認識され定式化される必要しかない客観世界の確実性が崩壊すると、知識が真の知識であると確信するために、なお何が足がかりになるのかという問題が浮上します。今のところ、進化理論にチャンスがあるように、わたしには思えます。現在、新カント派と同一の状況にあります。新カント派は一九世紀の後半に登場し、合理性問題を解決せねばならず、進化理論によってこの解決を試みています。生物学的認識論者はつぎのようにいっています。すなわち、知識の正しさについてわたしたちに情報を与えてくれるのは、唯一、人びとがこの知識をもつならば生き延びるという事実だけです。実際、人びとは認識する必要がなく、進化が確証されるものを選び出し、そして、それがあたかも知識であるかのようにわたしたちに対して現れます。したがって、認識論的問題、合理性問題は進化理論によって解決されることがわかります。これはいろいろなものがあるなかでの一つの案です。構成主義とは違いますが、それと近い一つの案です。

さて、こういう現象は多くの場所でみることができ、経済の進化にもみることができます。それはそれほど仕上げられているわけではありません。しかし今や、固有の価格確定を通じて、情報を所与として与えるメカニズムとしての市場メカニズムには、もはや信頼がおかれていません。つまり、完全競争と一人企業がもはや出発点とはされていません。そこにおいては、企業家が市場を観察しなくてはならないのは、ただ、彼自身の決定において何が合理的であり、何がそうでないかを彼に教えてくれる経済理論の助けを借りて、必要な情報を得るためだけのはずでした。また現在、完全に競争的な市場への信頼が崩壊しています。もちろん、市場は決して完全に競争的ではありません。こうした現在、合理性欠如理論が登場しています。その場合、合理性には限られた可能性しかなく、情報の投入は大きすぎ、前提自体が再び決定の帰結となります。この分析装置は一九五〇年代に発達し、この関連でも経済の進化、特殊領域の進化についていろいろな考えがあります。ここで典型的な考え方は、わたしが文献を読んだかぎりでは、生存競争のなかで生き延びたり、倒産したりする多数の企業が、集団として存在するということです。この状況では、人びとは何が合理的な決定であるかを知りませんし、また、このことは他の人びとがこちらの計画を継続的に邪魔し、つねにこちらにとって望ましくないことをする場合には余計にそうなりますが、こういうことはお互い様ですから、ここに合理性を見出すことはできません。そこでまさに、進化理論しかないということになります。わたしが知る文献の範囲では、また、限定された範囲でしかいえないことですが、以上のことは厳密にダーウィン図式で議論が進められているのではなく、市場における企業ないし企業集団の生存という観念で議論が進められています。

以上で、大体の話は尽きています。法の進化についても散在的にですが、いくつかのアプローチがあります。ここでは進化という概念は、文献のなかで通常は単純に未定義的に使用されていて、そこではカルテル法その他の法領域の進化ということがいわれます。しかしそれは、たんにいわれているだけでして、最初はこうだったがつぎにはこうなったということをいおうとしているにすぎません。理論的な概念があれこれとあるわけではないのですが、変異‐選択図式で議論が行われている事例もあります。そこでは、法的事例、つまり発生した訴訟が偶然のきっかけにあたります。そしてつぎに、もろもろのテキスト、つまり以前の判決や法律があって、これらによって選択過程がコントロールされます。このようにして進化的な発展のようなものが出てきて、法が、立法者的な全体合理性によってコントロールされえなくても、もろもろも状況に適応することになります。ここでも理論の産出を先導しているのは合理性問題です。もはや自然法が存在しないなら、また、事物の自然、事物の本質によって何が正しい法かが少なくとも近似的にはあらかじめ与えられているということが、もはやないなら、そういうことを諦めなくてはならないなら、わたしたちはシステムのなかでどうやっていったらよいのか、という問題が生じます。システムはそれ自身の資源からどのようにして決定に到達するのでしょうか。それがよくわからないのに、決定というのはその資格があると実証されたりされなかったりしていますし、変更されたりされなかったりしているのです。

こういう状況において、文献のなかで進化理論が生まれています。しかしそれは社会学的には特に有用ではありません。個別領域でそれほど入念に仕上げられていないので、なおさらそうです。そもそもわたしは文献の存在する領域を三つしか知りません。つまり、学問、経済、法です。もろもろの理論はそれぞれ異なっていますが、そこにみられるのは客観性・合理性問題の回避だけです。その問題は他の方法では解決できません。これに加えてわたしが考えることができるのは、どのようにもろもろの部分システムの進化の間でトレードオフが生じたり、部分システムの進化が孤立したりするのかを考えてみることです。法の進化は、それ自体としては科学的に承認された知識の進化や経済の進化と調整されていないか、二次的な適応メカニズムによって調整されているにすぎないのですが、そうした法特有の進化を方向づける転轍機のちょうつがいは何でしょうか。ここでわたしは、そのちょうつがいは二分《バイナリー》コード化であると考えます。真か偽かが問題になるときは、いつでも学問が考慮に入れられると考えてみてください。真か偽かという問題を実質のあるものにするのは、すべてのことは真か偽である、それゆえに特定の言明、特定の事実、特定の観察によって、何が真や偽になるかを問うことができるということだと考えてみてください。こういうことがいったん前提されうるようになり受け入れられるならば、これは社会の一般的な進化から、いわば逸れるでしょう。特殊なプログラム、特殊な伝統、特殊な実証想定が生じます。そしてそれらはまた変化しえます。こうして学問の進化が生じます。視点を転じると、法についても同じようなことがあります。何が法であり不法であるかを明確に決定でき、また決定しなくてはならない審級がいったん存在するようになると、また、こうした問題があるがゆえに法律、契約、法的諸制度など、何が法で何が不法かという問題に際して助力を与える仕組みも作られると、固有の法進化も始まります。こういうことがいつも成立するか、どういう特殊な条件のもとで成立するかについては、さらなる解明が必要になります。ユダヤの法のことを考える人も、ローマの市民法のことを考える人も、コモンローのことを考える人もいるでしょう。わたしが当面視野においているのは、何かが分離して特殊な進化を歩むときの形式を指示することだけです。法が、たとえば経済において使われるものを使用可能にするか、あるいは法がたとえば憲法を考えることができるかどうかというようなことは、二義的な問題です。それは実際、注目に値する考え方です。憲法とは、すべてのことが通常の次元とは別様になる第二の次元です。通常、新法はすべての法を破ります。しかしながら憲法においては、すべての法が新法を破ります。実定法においてはすべてが変更可能であるのに、抵触規則があって、変更不可能性が確定されます。きわめて注目に値する事実です。それゆえにわたしたちは、この観念にそんなに速くたどり着きません。憲法にたどりつくまで二〇〇年かそれ以上の主権的君主や領域国家があります。ヨーロッパの個々の部分に目をやれば、もっとかかったところもあります。世界的にみて、多くの国で憲法典、つまりわたしたちの意味での憲法と違う何かがあるかと疑うことができます。通常のものを逆立ちさせることにより、そのような問題を扱う法律的技術は、ある意味で、法律には合致しているが違憲というものがありうるということを意味します。きわめてまれなことですが。法律家がそれを発明し、進化のなかで特定の問題の解決としてそれが実証されても、政治的にはこのことは、政治家が憲法に感謝しつつ膝を屈し憲法に従って生きようと試みるということを、無条件には意味しません。政治システムがそれを受け入れるか、それはどの程度かということは、別の問題です。憲法典と現実政治の関係がどの程度不明確であるかを知るためには、とりあえず新聞をめくって、モスクワやブラジリアその他のところから情報をとってくるだけで十分です。以上は法を例にした概観ですが、同じことをなおさら、経済の進化を例にして、政治に対する経済進化の関係を例にして、経済進化の法への関係を例にして、あるいは反対に、知識の進化が結果としてもつ経済への関係を例にして、示すことができます。一体的進行としての社会の進化がますます低調になり、個々の機能システムの特殊進化によって骨抜きにされていると考えることができます。今や多かれ少なかれ問題であるのは、経済における進化の先走りと構造発展や、科学にカバーされた機能する技術における発展が経済にとってどの程度まで有意義か、どの程度まで法的なものが後追い的に形成され発展できるかということです。わたしたちがすでに遺伝子技術的操作によって生物を生み出すことができるとき、それはまた特許を付与できるようなものでしょうか。三本の尻尾をもつマウスを特許として申請できるかどうかという問題は、以前はまったく緊急の問題になっていませんでした。すべての農業技術は特許問題として徹底的に考えるべきですが、しかしどの程度まで特許を付与できるものなのかは、今のところまだ流動的です。法の進化は外部からきっかけが与えられることを当てにしていますが、しかし、それが特許権の継続や国際的な取り決めに対して、どのような帰結をもちうるかも考慮せざるをえません。それは、技術革新のテンポも含めて、複雑な素材です。多くの企業は特許をもうまったく問い合わせません。それがあまりに高価で、あまりにたやすくコピーでき、企業は秘密保持の方に賭けるからです。それこそ特許法によって阻止されるべきことなのですが。多くの企業はできるだけ長く自分たちの発見を秘密にしておこうとしています。その方が特許の保護より確実です。細部についてあれこれのことをあげることはもっとできます。

しかしながら、わたしがこの章の最後で取り扱いたい問題は、こうしたことすべてを進化理論によって整理できるかということです。あるいはここでは説明に役立つ着想が大事になる、大きな理論に対する小さなコメントが大事になるということになりましょうか。そういうものは概念装置への相当の距離を克服しなければなりません。そういうわけで最後のコメントが残っています。そう、どのような説明活動が進化理論に結びついているかと問うことができます。それはそもそも何を説明するのでしょうか。わたしははじめは、構造変動だけが問題であると限定していました。歴史家が歴史研究を推し進め歴史と関わるやり方と比べてみると、かなりの断絶がありますし、進化理論の側には方法論的な不確実さがあります。歴史家においては、たんに、物語を作成すること、物語を因果想定で徹底すること、史料によって可能なかぎりそれをいえるかどうかをコントロールすることが重要であるように、わたしには思えます。したがって、語り、因果関係、多かれ少なかれ高度化された史料意識です。もちろんすべてを粉砕してしまう史料というのはいつもあるのですが、しかし大体においてそれが方法です。進化理論はまったくそれとは違った仕方で組み立てられており、おそらく因果性が問題になるときでも、別の出発点をとることになります。進化理論は、最初は因果言明をもたない、ある一般的な図式である、とわたしは考えます。したがってわたしは、変異が選択の原因であり、選択が固定化の原因である……などとはいわないでしょう。いつでも偶然の要素が、まさにそれを除外するために、挿入され接続されます。しかし、この進化理論の図式によって、因果仮説が足場をもちうる理論装置が準備されないかと考えることができるでしょう。仮説というのは、どのようにして都市の発達が生じたか、官職の発達が生じたか、進化の獲得物が生まれたか、そしてそれは何のおかげか、それにとってどのような要因が重要でどのような要因がそうでなかったか、というようなものです。そのとき、特定の問題に対する特殊仮説が提示されなくてはならないでしょう。そういう特殊仮説は進化理論から演繹されえず、はるかに状況に依存していて、かつまた一般化可能な程度はずっと低いでしょう。たとえば、どのようにして人びとが部族的社会から抜け出したかを記述する、文献のなかでは国家発生論と呼ばれるような種類の特殊仮説です。実際には、階層、文字、都市形成をともなう高文化の発生が重要です。これらの理論から近代への移行について何かを推測することはできないでしょう。たとえ、進化理論の一個同一の概念の網目スクリーンが基礎におかれていたとしても。ここでは、問題設定を精密にしていくための一般的な理論的枠組と、きわめて制限的でむしろ状況関連的ないし特殊問題関連的な因果連関の探求とを結合させています。こういう結合のさせ方において、わたしたちは歴史家の通常のやり方で研究を進める場合とまったく違ったスタイルを前にしています。これは当面はたんなる違いとされるかもしれませんが、おそらくまた、歴史家と意思疎通しようと試みるとき、社会学者として直面する問題ということができるかもしれません。歴史家たちは、いつも何らかの史料を知っていたり、何らかの知識の公式を披露できたりします。そういう公式は、社会学者には、一方では経験的にあまりに大胆であるようにみえます。他方でそういう公式は、あまりに詳細な事柄で占められていて、理論の観点からは、それらとうまく付き合うことができません。議論の状況は、今のところ、わたしにはこのように見えています。しかし、もちろんすべてのものにはまだ欠点があります。具体的にいうと、細部まで仕上げられた社会学的進化理論、社会の進化の試論はありません。文献には断片的なものがあるだけです。以上でわたしはこの章を終え、つぎの時間には「社会の分化」という複合体にとりかかることにしましょう。

注

（1）Franz Kardinal König. 一九五六年から一九八五年までウィーンの大司教。一九六五年から一九八〇年まで「非信徒事務局（Sekretariats für die Nichtglaubenden）」の長。二〇〇四年死去。

（2）Charles Darwin, *On the Origin of Species By Means of Natural Selection, or the Preservation of Favoured Races in the Struggle for Life* [1859], Reprint Cambridge, MA : Harvard University Press 1964, dt. 1860 : *Über die Entstehung der Arten durch im Thier- und Pflanzen-Reich durch natürliche Züchtung oder Erhaltung der vervollkommneten Rassen im Kampfe um's Daseyn*, Stuttgart : Schweizerbart（八杉龍一訳『種の起源　上・下』岩波文庫、一九九〇年）を見よ。

（3）Donald T. Campbell, Variation and Selective Retention in Socio-Cultural Evolution, in : *General Systems* 14 (1969), S. 69-85 を見よ。

（4） Locus classicus：Robert K. Merton, The Unanticipated Consequences of Purposive Social Action, in：*American Sociological Review* 1（1936）, S. 894-904.

（5） にもかかわらず、Herbert Spencer, What Is Social Evolution? in：*The Nineteenth Century* 44（1898）, S. 348-358; を参照。加えて同じ著者の *First Principles* [1867], Reprint London：Routledge 1996, dt. 1875：*Grundlagen der Philosophie*, Stuttgart：Schweizerbart（澤田謙訳『第一原理』而立社、一九二三年）を参照。

（6） Émile Durkheim, *Über soziale Arbeitsteilung: Studie über die Organisation höherer Gesellschaften* [1893],（ニクラス・ルーマンによる序文）2. Aufl. Frankfurt am Main：Suhrkamp 1988（田原音和訳『社会分業論　復刻版』青木書店、二〇〇五年）と比較せよ。

（7） たとえば、Robert Rosen, *Anticipatory Systems: Philosophical, Mathematical and Methodological Foundations*, Oxford：Pergamon 1985 における議論を見よ。

（8） Humberto R. Maturana, *Biologie der Realität*, Frankfurt am Main：Suhrkamp 2000 の、たとえば S. 109 ff を見よ。

（9） Grégoire Nicolis und Ilya Prigogine, *Die Erforschung des Komplexen: Auf dem Weg zu einem neuen Verständnis der Naturwissenschaften*, dt. München：Piper 1987（安孫子誠也・北原和夫訳『複雑性の探究』みすず書房、一九九三年）を見よ。

（10） Ludwig von Bertalanffy, *Problems of Life: An Evaluation of Modern Biological Thought*, London：Watts 1952（長野敬・飯島衛訳『生命—有機体論の考察　第2版』みすず書房、一九七四年）を見よ。

（11） Stephen Toulmin, *Kritik der kollektiven Vernunft*, dt. Frankfurt am Main：Suhrkamp 1999 を見よ。

（12） Yves Barel, *Le paradoxe et le système, essai sur le fantastique social* [1979], Neue, erw. Ausg. Grenoble：Presse Universitaire de Grenoble 1989 を見よ。

（13） Hans Lietzmann, *Das Bundesverfassungsgericht: Eine sozialwissenschaftliche Studie über Wertordung, Dissenting Votes und funktionale Genese*, Opladen：Leske & Budrich 1988 を見よ。

(14) Thomas Leif, Hans-Josef Legrand und Ansgar Klein (Hrsg.), *Die politische Klasse in Deutschland: Eliten auf dem Prüfstand*, Bonn : Bouvier 1991; Klaus von Beyme, *Die politische Klasse im Parteienstaat*, Frankfurt am Main : Suhrkamp 1993を見よ。

(15) Talcott Parsons, Evolutionary Universals in Society, in : *American Sociological Review* 29 (1964), S. 339-357を見よ。

(16) Julian S. Huxley, *Evolution: The Modern Synthesis*, 2. Aufl. London : Allen & Unwin 1963を見よ。

(17) L. Cuénot, *L'adaptation*, Paris : Doin 1925を見よ。

(18) Ludwig von Bertalanffy, *Problems of Life: An Evaluation of Modern Biological Thought*, London : Watts 1952を見よ。

(19) Alexander A. Goldenweiser, The Principle of Limited Possibilities in the Development of Culture, in : *Journal of American Folklore* 26 (1913), S. 259-290を見よ。

(20) Harold J. Berman, *Law and Revolution: The Formation of the Western Legal Tradition*, Cambridge, MA : Harvard University Press 1983, dt. 1991 : *Recht und Revolution*, Frankfurt am Main : Suhrkamp (宮島直機訳「『法と革命(その一)』「はじめに」と「序論」」『法学新報』113巻5・6号、同「『法と革命(その一)』「結論」」114巻1・2号、同「『法と革命(その一)』第5章、第6章」『比較法雑誌』41巻2号)を見よ。

(21) Odo Marquard, *Abschied vom Prinzipiellen*, Stuttgart : Reclam 1981, S. 117-146を見よ。

(22) イギリス公使、ロックフォード卿の、ヴェネチアやフィレンツェ、サヴォイ、サルデニアへ連帯を広げようという努力と、バーデン大公、カール・フリードリッヒをほのめかしている。

(23) 家父権免除による自由喪失、市民権喪失であるが、しかし「家の喪失」でもある。この術語の読解についてマリー・テレーズ・フェーゲンに感謝する(編者ディルク・ベッカー)。

(24) Bernard Barber, Toward a New Way of the Sociology of Knowledge, in Lewis A. Coser (Hrsg.), *The Idea of Social Structure: Papers in Honor of Robert K. Merton*, New York : Harcourt Brace Jovanovich 1975, S. 103-116.

(25) Anthony Ashley Cooper of Shaftesbury, *Characteristicks of Men, Manners, Opinions, Times* [1714], Neudruck Farnborough 1968, Bd. 1, S. 290, dt. 1768 : *Characteristicks, oder Schilderungen von Menschen, Sitten, Meynungen, und Zeiten*, Leipzig : Verlag der Heinsiußischen Buchhandlung.

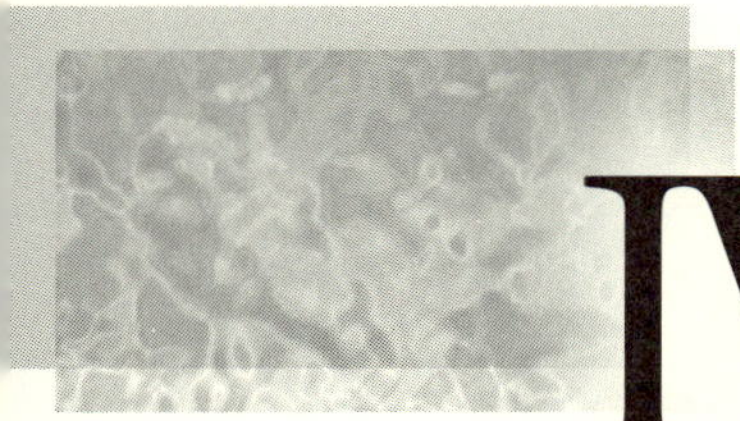

IV 分化

〈第10講義〉

みなさん、わたしたちは分化に関する章に来ました。例によって、わたしが自分のものとして提案したい考え方を、先行研究や他の理論化の可能性と区別する試みから、この章を始めたいと思います。なぜなら、今日のように歴史的にものを考える時代には、何がいわれていないのか、また何が場合によって時代遅れとして扱われるのか、はっきりさせることがつねに大切だと思うからです。ここでいう分化とは、全体と部分という古典的な旧いヨーロッパの思想のことではありません。もちろん全体と部分という思想も一つの区別です。この思想も、多からなる一のパラドクスの一つの解決方法です。この思想は長い間強い説得力をもっていました。たとえば、多くの家や世帯からなる都市、人間からなる社会、諸地域あるいは農村と都市からなる王国といったものを思い浮かべる場合がそうです。複雑な全体性があるのがわかっていても、部分にも注意を払うことができるということは、つねに明白でした。また、支配する部分と支配される部分に関する観念を加えることもできました。ここではそうした個々の事柄に立ち入るのではなく、思い出しておくに留めたいと思います。つぎの自己記述に関する章（V章）で、特定の歴史的社会が自己や全世界、宇宙の特定のモデルを好む社会構造上の理由に、もう一度立ち戻る時間が十分にあると思います。でもそのためには、社会構造の側面を明らかにしておかなければなりません。それが、この分化に関する章の課題です。

全体と部分、一と多は、伝統を支配し、今日なお繰り返し現れる常套句です。たとえばみなさんが、システム理論は「全体論的」であり、個々の諸部分のたんなる集合とは異なる全体に関係している、という論を読む場合がそうです。しかし、すでに一八世紀にはこの論の破綻がみえてきて、この論を素通りしたり並行して別の論を立てたりする試みが始まりました。カントが部分に関する説を取り上げるのは第三批判書〔『判断力批判』〕がはじめてで、見たところ認識や超越的で見識ある行為については〔『純粋理性批判』および『実践理性批判』〕まだこの説を考慮していない点からも、すでにこの徴候がみられます。明らかに、全体と部分の図式に無条件には適合しない要素が存在します。同時代にアダム・スミスの分業論がありますが、それ以前にもすでに経済においては分業が有利であるという観念がありました。より少ないコストでより多くの生産をすることができるのは、市場がより多くの生産物を売りさばくことができるくらい大きい場合だけです。この分業論は、ほとんど自動的に社会理論になります。なぜなら、一八世紀後半には社会概念が経済と関係づけられ、国家あるいは政治と区別されるようになるからです。社会理論が経済的事態をなぞるかたちで、分業論が社会理論になります。経済学の議論では、分業論はしだいに消えてゆき、おそくとも一九世紀後半には有力ではなくなります。しかし社会学では分業が用いつづけられ、一八九三年に出たエミール・デュルケムの『社会分業論』を読むと、社会的分業がテーマになっています。労働はもはや純粋に経済的には用いられません。デュルケムが「性別分業」について語るとき、念頭にあるのは家事労働ではなく、性別役割そのものです。全体は「役割」と関係づけられるのであって、経済的な生産性と関係づけられるのではありません。でも興味深いことに、社会理論は役割分化の観点からみられ、社会理論のなかで現れる問題は実質的に統一問題で、いかにして役割が分化しているにもかかわらずある種の統一にいたるのかと問われます。宗教、道徳、規範性、連帯といった形象は、役割分割がかなり進んでいるにもかかわらず、社会が依然として統一体であることを、何とかみようとするのに用いられる概念です。このことは、当時一九〇〇年頃、個人が優勢になってきたこととも関わりがあります。個人は、多くの役割を遂行する用意がなければならない有機体、心的システム、個人そのもの、主体として、役割に対置されます。各人は、家族どうしであっても、異なる役割配置のなかでは異なる役割をもちます。子どもは家族の外では、父親や母親に対するのとは異なる役割をもつのです。個性の理論あるいは個性の社会的構成の理論は、いかにして人は複数の役割を、相異なる役割設定を引き受ける用意をするのかという問いに関わっています。

これが社会学の古典的形態であり、そこでは分化の進展が同時に進歩であるという観念は消え去り、あるいは少なくとも弱まっています。経済的な分業論から見ると、分化が進展すると、あるいは社会がより分化する余裕があると、それだけ生産性が向上し、分配できる余剰が増え、豊かさが増すといったことは明らかでした。それがまだ進歩の構想だったのに対して、社会学理論における進歩の問題はより懐疑的に評価されており、それが一九世紀末の一般的な社会の雰囲気でもありました。個人の人格の統一性とシステムとしての社会の統一性の間に役割分化を配置することによって、分化を実質的に役割分化と見なす一種の後継構想が出てきます。別のモデルもあります。マックス・ヴェーバーなら、これほどはっきりとはこの方向に議論を進めず、むしろ相異なる合理性観念、相異なる生活秩序といったことについて語り、それによってこうした洗練された語彙を用いることなく、システム分化の理論にもっと近づいたかもしれません。目下のところ大事なことは、役割分化を——今日ではパーソンズが自分の理論を彫琢した時代の五〇年代ほど語られることはありませんが——当然ながらただ時代遅れのものとして扱うわけにはいかないことを確認することだけです。典型的には、古い形象は後から出てきた理論のなかで再び取り上げられなければならず、当然ながらわたしたちは相変わらず役割レベルで社会的現実の分析を行うことができます。ただそれでは、社会理論を定式化するには十分でないように思われます。社会は、個人行動に合わせて裁断された役割のレベルでだけ実現するのではありません。

このことは、全体／部分‐図式がシステム／環境‐図式に替わると、より明確になります。このことは、システム理論にとっても自明のことではありませんでした。システム理論も、はじめは全体性を用いて議論を組み立て、ある全体性を何か他の対象から区別することが、観察者ないし理論の仕事であるような分析的モデルを考えました。だから「分析的」モデルについて語られるのです。それより新しい理論展開はおそらく六〇年代以降のことでしょうが、そのなかでは、システムと環境の差異が重視されるようになりました。それは、全体論的な定式化が二度と出てこないということではなく、わたしの印象では、この間に第一にシステムと環境の差異にそってものが考えられるようになりました。そこでわたしもこの講義を始めるにあたって、自己の作動の連鎖によって環境から自己を区別するものは、つまりシステムと環境の差異を最初に生み出すものは、すべてシステムとしてとらえることができる、と述べました。このアプローチを出発点にすると、分化の問題について語る別の可能性が得られます。システムの分化は、システム内部でのシステムと環境の差異の反復として記述することができます。あるシステムが成立すると――それがそもそも分化なしに可能かどうかは、別に議論することのできる問題でしょう――、つまりあるシステムが外部に対して境界を確定すると、そのシステムと環境の差異はシステム内部で反復されえます。より包括的なシステムの内部にはより小さなシステムがあって、それがまたシステムと環境を区別するのです。形式的には、システムと環境の差異が当のシステムのなかに複製されるといえるでしょう。ジョージ・スペンサー＝ブラウンの言葉では、問題となるのは区別されたもののなかへの区別の再参入です。区別されたものとは、この場合にはシステムであり、システムの内部では再び新しいシステム／環境‐差異が成立します。だから「内部環境」について語られるのです。理論の全体像がみえないと、これは最初奇妙に聞こえます。「内部環境（milieu interne）」は、医療生物学からきた概念です。たしか、クロード・ベルナールが一九世紀にはじめて定式化しました。そこで考えられているのは、人間の身体の器官が、たとえば相対的に恒常的な血液温度や一定量の糖分といった一定の環境に依存している、ということです。胃はたしかに一定のやり方で自給的に働いていますが、もし血液の供給が足りなくなると、すぐにうまく働かなくなるのは、脳と同じです。これは、ある領域が外部に対して境界づけられ、システムの内部になると、そのなかで再びシステム／環境‐差異が生まれてくる、という考え方です。さらに話を続けると、内部分化はもはや外部分化と一致する必要がない、ということもできるでしょう。それは、たとえば胃に固有の胃環境はない、肺に肺環境はない、足に足環境はない、神経に神経環境はない等々ということです。世界そのものは、身体が区分されているのと同じように区分されているのではありません。それでも胃からみれば、たとえばすべてはよく咀嚼されて下りてきてほしいし、そもそも消化できるものであってほしいという、特別な環境利害はあります。神経にはもちろん固有の環境があり、神経はその環境に優先的に反応します。でも大事な点は、このシステムと環境の形式的な差異の内部複製というモデルを通して成立するものは、システムに固有の分化の型が環境との一対一対応や同型性に依存しないことによって一段と分化する、ということです。そこから、内部分化をどんどん自立化させるようなシステムの分化過程が存在する、ということが導かれます。

このことは社会分析にも適用できます。環節的な社会、単純な部族社会は、いつでも地域的に分化しているといえるでしょう。ある場所に住む人たちがいて、山の向こうに住む他の人たちがいる、これが地域的な区分です。漁民と山の民は当然違う血統であり、また違う環境に特化しています。外部世界とシステム自体の構造化の仕方には相関がありますが、より要求度の高いシステム分化の方向に発展をたどると、それはだんだんありそうでなくなります。経済、法、政治、学問に宇宙的な相関物はありませんし、たとえば経済は南ドイツ、学問は北ドイツにあるといったかたちで、地域的に区分されることもありません。このことが、必然的に世界社会について語らなければならなくなる理由の一つです。社会の区分はもはや地域化されません。また社会は、たとえば人種のような人間類型的、人類学的な特徴によって区分されて、ユダヤ人は商売、キリスト教徒はもっと堅実な仕事といった受け持ちがあることもありません。それは、社会の役割構造や内部分化を人類学的な相関物によって正当化することができる、少なくとも基礎づけることができる、と信じる際のモデルでした。分化の図式が、社会のレベルに固有のもの、したがって社会のなかでしか制度化されないものに移行すると、このモデルはしだいに説得力がなくなります。内部分化はもちろん、外部境界が機能すること、あるいは攪乱がきわめて限定的にしか境界を越えてこないことを前提にしています。たしかに分化構造の内部では環境に対する感度が異なりますが、その感度は内部の部分システム構造あるいは特定の部分システムの機能に適合したものになっており、内部では再び相互依存の遮断が起こっています。極右の選挙民のせいであれ何であれ、そこから起こる政治の攪乱は、無条件に同じように学問を混乱させるとはかぎりません。学問は、みずからのテーマに携わるように要請されているだけです。学問は、それをみずからの方法によって行うことができるか、あるいはできないかです。またこの問題は、政治に対して与えうるのと同じ衝撃を与えるわけではありません。相互依存の遮断による攪乱の切り離しは、この内部的なシステム／環境 - 分化のモデルの一部をなしています。これによって到達する結論はこうです。すなわち、内部システムにとっても内部環境は環境にすぎず、おおむねシステムの関心を引くことがなく、特殊な構造的カップリングを通してのみ一定の刺激を与える可能性をもっているということ、システムはそうした刺激だけを受け入れる用意があり、刺激を正常な過程のなかで変形し、情報を獲得し、それを用いて作動するというかたちで、その刺激に構造的に反応することができる、ということです。

つぎの論点は、いかにしてそのような分化が起こるのか、という問いです。ここでは、システム分化を評価する際に、進化理論とシステム理論の関係を調整しなければなりません。理論的叙述をみまわすと、それは、進化理論から出発して、つぎに分化を進化の成果として記述するか、逆に分化理論から出発して、つぎに分化のタイプを固定して、いかにしてあるタイプから他のタイプに移行するのかをみる、ということを意味します。一冊の本あるいは一本の講義で叙述することを考えると、両者をどんどん撚り合わせていくのはとてつもなく困難です。

そこでわたしは、いかにして分化が進展するのかという問いを、進化理論と関係づけずに、システム／環境‐複合にもとづいてスケッチしようと思います。一つのもっとも重要な帰結は、わたしたちはある全体が諸部分に分解していく、つまりある全体が天地創造や自然を通して何らかのかたちですでにそこにあって、それから諸部分に分かれていく、ということから出発することができない、ということです。これは社会学でも大きな役割を演じてきたモデルです。全体と部分を洗練された意味で考察してきた伝統には、二つのモデルがありました。一方は流出モデルで、それによると一が多のなかに流れ出します。もともと、神や精霊といった一があり、つぎにその一が自己自身から一と多の差異を生み出します。それから、美しく秩序だった世界が、被造物として、あるいは流出つまり精霊の流れ出る過程として存在します。もう一方には、諸要素から全体へという逆向きの運動、あるいは基本的に方向の異なる運動という観念がありました。諸部分には一つの傾向があって、アリストテレス的にいえば、全体ないし調和に向かおうとします。この問題のプラトン的ないしプラトン主義的な考え方とアリストテレス的な考え方の間には、終わることのない論争があります。たとえばプラトン主義者は、諸部分が全体になろうとするときには、逸脱がありうるといいます。全体になろうとする試みは失敗することがありうるし、諸要素はどこに向かうべきかを知りません――そして、諸要素がみずからの目的《テロス》、みずからの目的論を離れることがありえながらも、最終的にはふさわしいところに行き着くかどうかは、語られません。流出の場合の問いは、どこで流出が起こり、経験的にみて、いかにして流出が進むのか、つまりいかにして一から多が生じるのか、ということです。これは、一と多の差異ないし全体と部分の差異から生まれた、議論ないし論証の可能性です。わたしの考えでは、社会学は奇妙なかたちで、意味論《ゼマンテイク》の連続体ないし思想の複製がある役割を果たしたことを確認できないままに、ある統一体が存在していて、それがしだいに分化していくというところから、まずは出発しています。たとえばデュルケムの場合には『社会分業論』のなかで、小さな氏族のような人口学的な統一体があって、それが成長してしだいに多くの子どもを抱える過程を考える、と述べています。農業があれば、子どもを養うことができ、もう堕ろすことはありません。それから突然、分業を行うのに十分な人間が出てきます。これは人口学的発展であり、規模の拡大を通して分業が生まれてくるのです。

パーソンズの図式では、行為概念の自己展開が関係してきます。これがどのように考えられるのか、わたしは実際、ここで行う定式化以外のやり方で理解したことがありません。[1] 行為概念は多数の構成要素を含んでおり、行為が行われる場合、その構成要素を分化しきらせることがある時点で目的にかなっていることが示されます。そこで出てくるのが四領域図式で、適応機能は、一つの新しいシステム、特殊システムを発展させるきっかけを与える等々といった具合です。ここにも、分化は先行して存在する統一体にもとづいて展開する、という観念があります。この統一体は、分業が問題となる場合には、何らかの長所のパターンに従って、パーソンズのパラダイムが問題となる場合には、概念の内在的論理に従って、分化した多数体という形態になります。

わたしたちのシステム理論を基礎にする場合には、これと正反対ではありませんが、いささか異なるかたちで作られたモデルが考えられます。この場合、まずシステムの境界が確立されて、再生産されなければならない、とも考えられます。あるシステムのなかで何かが起こるという場合、そのなかがまず「外」から境界によって区切られるものでなければなりません。そうなると、いかにしてこのシステムのなかでより小さなシステムないしサブシステムが成立しうるのかを考えるのに、大きな自由度が生まれます。このレベルに、いかにして貴族社会や都市といったものが成立したのかという問いに答えるための、歴史的にはるかに実り多いと思われる初期状態、あるいは経験的によりよいと思われる初期状態があります。ある程度偶然に、少なくとも進化的に、特別なシステムが形成されさえすればよく、その際、環境はさしあたり手つかずのままであり、したがって、ただちに全体システムの構造変更に行き着くということではない、と想定されます。何らかのシステムがどこかの片隅で、いわば自由な領域で成立し、他者はそれに最初はまったく気づかないかもしれません。そのシステムが一定の安定性をもったり、一定の影響力をもったりするようになってはじめて、環境はそのシステムに適応せざるをえなくなります。丸山孫郎のたいへん有名な短い論文があります。丸山はアメリカ在住の――まだ存命かどうか知りませんが――研究者で、サイバネティック・プロセスのモデルを開発しました。そのモデルでは、偶然の発生が刺激される結果、逸脱強化、「逸脱増幅」を通して記述されるような結果が生まれます。(2) みなさん、自分が一九世紀はじめのアメリカ人だと想像してください。みなさんは遠くに移りたいと思っています。みなさんは幌馬車に荷物を積み込んで出発します。突然車輪が壊れて、そこで止まります。そこには誰もいません。職人もいません。みなさんは自分で車輪を直すこともできません。そこでテントを張り、水を見つけて、いったいなぜこれ以上先に進まなければならないんだろう、と問います。みなさんはそこに留まることができるのです。そこでテントを出て丸太小屋を造ります。そこへ他の人たちが通りかかり、その土地になじんで住みつきます。また大勢の人たちが通りかかりますが、その土地になじまないので、ある程度離れたところに新しい村をつくらなければなりません。突然、人の住みついていない土地、あるいは流浪の民やインディアンがときたま使っているだけの土地に、ある構造が生まれ、ある分化が、村々の分化が起こります。それからある村が都市になります。それは最初の定住地かもしれないし、そうでないかもしれません。一つの偶然が逸脱強化を通して分化構造に展開していくことになるのですが、その際、社会が最初から頭のなかで、計画のなかで、あるいは責任あるかたちで、「この土地で、わたしたちはもはや流浪の民ではなく定住者になるのだ」と考えを切り換えているわけではありません。こうした見方は、進化理論にとっても大きな利点があります。なぜなら、事態がなぜそうなりうるのかを説明するために、必要な先行要件を少なくしておくことができるからです。もちろん、どこかに水が流れていなければ、その土地に住みつくことはできなかったでしょう。また偶然が起こったとき、それに適合した他の原因が働かなければなりません。ですからこれは恣意的な理論ではありません。でも興味深いことに、この秩序の自生的発生ないし偶然的発生という観点からみると、秩序の前提条件は環境のなかにあるのですが、システムはみずから自己を構造化するのです。この発生論的理論は、オートポイエーシスないし自己組織化の理論によく適合します。

環境は、システムがいかにして自己組織化すべきか、また自己組織化できるかをいいません。もちろん、環境は可能なことに限界を設けますが、オートポイエーシスは、そのような環境のなかで現れる可能性の徹底利用について、いわば自己責任を負っています。このシステム→内部環境→部分システム→内部環境……という形態をとる分化の構想、この比較的要求度の低いはじまり、比較的要求度の低い逸脱の発生、分化の発生のアイディア、そしてシステムの自己組織化、自己言及的安定化の理論を用いれば、進化理論の内部、システム理論の内部でおのずから展開してきたことを超えるような理論的連関が得られます。

この理論からみれば、たとえば都市形成の問題のような、社会分化のさらなる進展も記述することができると思います。いったいどのようにして都市は形成されるのでしょうか。歴史をみわたしてみましょう。相当な数の研究がありますが、どちらかといえば地域的な観点に立ったり、マックス・ヴェーバーを引き合いに出せば、さまざまな都市類型を用いたりして、研究が行われています(3)。最初にいくつかの地点で定住が始まり、それからある地点が、市場の形成、宗教的な中心の形成、港町の形成、交易の流れの調整にとって、一定の理由から他の地点よりも魅力的になっていく、と考えるべきです。まだ都市を知らない社会のなかで、都市の特別な魅力が生まれるのです。では都市とは何を意味するのでしょうか。たとえば大きな古代の定住地の一つであるエリコ〔死海の西北部に位置し、古代オリエント最古の町とされる。現パレスチナ自治区ヨルダン川西岸地区にある――訳者注〕が都市であったかどうかは、はっきりしません。でもそこにはオアシスがあり、一定の利点がありました。家畜に水を飲ませたいといったことを考えた人びとは、みなそこに来たにちがいありません。貴族の成立も似たような問題です。貴族層はどのようにして成立するのでしょうか。最初に環節的な構造があるところへ、どのようにして貴族構造が分出し、突然族内婚を取り入れて、同じ階層の相手としか結婚しなくなるのでしょうか。貴族層の成立は、広範囲の地域的接触を必要とし、またそれを前提としています。貴族は普通の農民よりもはるかに広範囲の接触があり、それだけでも、小規模な集団内での配偶者の交換が完全に近親婚になることはありません。でも、普通の部族構造のなかでは族外婚を強制する構造的な力があったのに、接触の範囲が広がると、どのようにして族内婚ができるようになるのでしょうか。族内婚でも、自分の家のなかで自分の娘を嫁に出してはなりません。それ相応の婚姻規則があるのです。族内婚の観念、つまり誰と結婚することができ、誰と結婚しなければならないのか、規則によって配偶者選択を制限するという観念によって、貴族層における族外婚は廃止されますが、社会がすでにそこから生まれる二層構造をもっていたわけではありません。ここには、打破されるべき婚姻規則がすでにある部族社会を基礎にして、いかにして貴族社会が形成されうるのか、という問題があります。

　ここでわたしたちは、社会が分化しているという事実のほかに、いかにして社会が分化するのかという問いに関する考察をもち込むことなしに、これ以上進むことはできないはずです。ここまでわたしたちは個々の事例を扱ってきただけでした。社会はそのなかで特別なシステム形成が可能になる環境である、という考察から出てくる理論的な帰結は、一定の初期状態によって有利にはなっても、決定はされないかたちで自己を形成するすべてのシステムは、つねにオートポイエティック・システムとして自己を形成する、というものです。一般システム理論との相関物は、すべての社会システムをオートポイエティックで自己形成的なシステムとして記述するのかという問い、あるいはそのように記述するのだという決定のなかにあります。社会だけでなく、また組織のような特殊なシステムのタイプだけでもなく、すべての社会システムがオートポイエティック・システムであって、オートポイエティックなかたちで既存の環境のなかで自己を隔離して自立するのです。このように理論的に定式化して、それ以上深く考えなければ、さしあたり話はとてもわかりやすくなります。でもわたしは、みなさんが同調するかどうかをはっきりさせるために、あるいは決めないでおくために、一つの例を出そうと思います。わたしは郵便局にいて、行列に並んでいました。わたしの前にはひとりの女性がいて、すごく時間がかかっていました。この女性はドイツ語が下手で、ひどい東欧なまりがあり、ある用紙に記入しなければなりませんでした。郵便局員が彼女に説明しました。でもうまくいきません。郵便局員はもう一度説明しましたが、やはりうまくいきません。わたしはそれに前から気づいていました。ちょうど彼女の後ろに並んでいたのです。彼女はずっと何か言っていましたが、それを聞いていると、なぜ窓口の職員がちゃんと対応してくれないのか、彼女にはわかっていないと察しがつきました。なぜ職員は用紙を受け取ろうとしなかったのでしょうか。何か敵意でももっていたのでしょうか。そんなことはありませんが、職員は自分の職分に留まっていました。とうとうわたしは彼女に、一緒に記入台のところへ行って、わたしがさっと記入しましょう、と言いました。それから一緒に記入台のところへ行って、彼女から用紙をもらおうとしました。彼女は用紙を渡さずにしまいこみ、立ち去っていきました。この例では何が社会システムでしょうか。郵便局はもちろん、行列もそうかもしれません。でも、女性を手助けしようとした試みが失敗して、女性が記入台から立ち去るのも、社会システムでしょうか。議論の論理では、社会システムです。郵便局がなかったら、行列はなかったでしょう。行列がなかったら、おそらく一分もかからなかったでしょうが、わたしは女性と記入台のところへ行かなかったでしょう。手助けはうまくいったかもしれないし、いかなかったかもしれません。でも、うまくいくかどうかは、相互行為のなかで決まります。相互行為は、手助け、不信、受け入れられる／拒まれる、といった構造を与えられます。構造はまたそれで、あるかたちで外部から輸入されたものです。でも、事態がどのように推移するかを決めるのは相互行為です。おそらくわたしの行動が不器用だったか、せっかちだったのでしょう――わたしはもともといつもせっかちなのですが。そのせいでうまくいかなかったのです。わたしは、本当に手助けができると彼女も信じてくれるような準備が、最初からできていたわけではありません――いつものように相互行為における戦略の失敗ですね。理論においては、ここでの問いはこうです。二重の偶発性――わたしは彼女が何かをすると思うから自分が何かをし、彼女はわたしが何かをすると思うから自分が何かをする――の文脈のなかで一連の行為が行われ、うまくいくかどうか、続くかどうか、自然に終わるのか突然中断するのか、確かめられるやいなや、それはそのつど社会システムなのでしょうか。それがすべて社会システムだとしたら――わたしはそのように見なし、すべてをいわば分割払いにして郵便局だけを考えるのではなく、そこで起こりうるすべてのことをより大きなシステムに組み込む傾向があります。もちろんそうすることもできます。でもシステムの自生的発生、生成の理論からみると、システムはみずからが生成する時点で他のものを環境として扱うことができるようになるので、論理的にはむしろ、それを最後まで貫き通して、ある構造、ある過程の秩序が認識できるようになるやいなや、社会システムについて、それもみずからの境界を設定するオートポイエティック・システムについて語るべきです。ここまでくれば、さしあたり社会は、生成し消滅する無数の小システムや大システムから、まったくの混沌のなかで可能なすべてのことから成り立つ、という結果が得られます。そうなれば、わたしたちの手には分化そのものだけが残ります。そして問題は、どのようにしてわたしたちはそこに再び秩序を組み込むのか、ということになります。社会をあるタイプの社会分化ないしシステム分化によって特徴づける可能性によって、何が起こるのでしょうか。環節化対分業的分化、部族的構造対近代経済社会というのが、デュルケム的伝統でした。今や、問題は捉えられることもあれば捉えられないこともある偶然、あるいは状況に依存した可能性の実現にシステム形成を委ねたら、わたしたちは負けないのかということです。わたしたちは、理論的な観点から、社会をある分化のタイプによって記述する可能性を失うのでしょうか。

わたしはつぎのステップでこの構想を救ってみたいと、どのようにしてこの理論的前提のもとでなお、社会が分化形態によって区別されることについて語ることができるのか提案したいと、思います。この構想を貫き通したいならば、それは「分化形態」という概念が、統一体としての社会に関係していることを意味していなければなりません。どのようにして社会は、この理論の場合にはコミュニケーションを通して分化しきった一つのシステムとして、つまり統一体として分化することができるのでしょうか。わたしたちは第一次的分化のレベルにいます。問題は、どのような第一次的単位に社会が分かれるのか、あるいはこの理論的逸脱に従うと、複数のシステムが分化完了し、分化完了を通して互いに一定の関係に立つときに、どのような第一次的分化形態が形成されるのか、ということになります。論点は、今なお続いている他のすべての分化形態と異なる分化の特殊ケースを、社会は分化形態によって自己を構造化するという想定によって——分化は社会のなかで起こるというだけではなく——、区別することができるかどうかということです。

わたしはこのアイディアを磨いてみたい、それもすでに一度披露したことのある形式概念にもとづいてやってみたいと思います。形式とは、何かを区別することによって、その何かを指示することを可能にするものです。形式はつねに一種の区別です。一方で、システムとしての社会は、自己を環境から区別する形式です。あらゆるシステムは、それぞれの環境から自己を区別する形式です。でもそれ以外に、システムどうしの関係についても形式はあるのでしょうか。ここで再び理論的に注意を払って、システム／システム‐関係をシステム／環境‐関係から区別しなければなりません。どのようにしてあらゆるシステムは環境に対して本質的に無関心にふるまうのか、あるいは構造的カップリングを通してのみ環境に敏感になるのか、というのは一つの問題です。システムどうしの関係に一定のパターンがあるのかどうかは、もう一つの問題です。社会分化の形式の問題は、この第二の問題に関わっています。社会の第一次的な部分システムどうしがどのような関係にあるのかによって、社会を特徴づけることができるのかどうか、という問題がそれです。これもほとんど循環的な定義です。第一次的な部分システムというのは、そのように規定された関係にあるものですから。これらすべてはまだ、わたしが本当にいいたいことのための抽象的な準備です。わたしは、部分システムの同等と非同等を通して社会を特徴づけてみることを提案します。社会分化の類型をかたちづくる第一次的な部分システムは、同等であるか非同等であるかのどちらかです。同等な部分システムから出発すると、環節的分化に行き着きます。その場合、親族か地域を基礎とする単位が存在します。隣接する村落ないし集落がそうです——村落の場合には、すでに都市が存在すると考えられるので、集落の方がいいでしょう。集落がある程度大きくなると、人びとは移住して別の集落をつくらなければなりません。すでに農民がいることを前提にすれば、まわりの土地が十分なものでなくなると、といえるでしょう。さまざまな集落類型や親族類型があるわけで、人為的な親族もあれば、少なくとも両親が関係するような身近な環境では、さしあたり実体的で自然な親族もあります。はじめから自明なことではありませんが、子どもにはすでに父親がおり、父親、母親、子どもが同属関係の核をなし、その家族はまだ生きている古い世代を取り込むことができ、場合によっては使用人、下男、下女なども含むことが前提となります。でも、ある家族は他の家族から区別されます。環節的な社会の場合、地域と親族という二つの出発点があることは、進化のためにもたいへん重要です。ある村落に集住しているのは親族だけではないので、地域は親族をまったく考慮しないかあまり考慮しないですむ一定の可能性を提供します。また、どの親族にも他の村落に親族がいることによって、好戦的心情がかなり和らげられます。なぜなら、たとえ義兄弟や大おじと戦わなければならなくなって、ある者は戦い、ある者は戦わないとしても、地域的な分化形態と親族的な分化形態が同時に存在すれば、紛争が起こる確率は小さくなるからです。二つの分化形態は区別されます。わたしが文献を概観するかぎり、全体的な発展のなかにはつねに二つの類型があります。とはいえ、特に村落を超えた構造、身近な集落を超えた構造が問題になる場合には、第一次的にどちらか一方の分化形態に向かうケースもあります。より多くの村落あるいはより大規模な地域連合が一緒になる場合には、氏族、血統、系譜の構造にもとづくのか、互いに境界を接する村落がより大規模な地域連合になるような空間的秩序のレベルでのことなのかをみることが、さらに重要になります。ここでは個々のケースには立ち入りません。それはわたしの資料の知識、文献の知識を超えた話ですし、今のところ重要でもありません。重要なのは、ただ一つの類型が発明されるだけでなく、少なくとも二つの可能性があるのをみることでしょう。さらに、この環節的分化は、一方で人口学的条件、人口の再生産——人びとは子どもをもうけ、子どもを養育しなければならず、それによって単位を形成しなければなりません——、もう一方で先行条件としての地域——土地や食糧調達の方法によってさまざまな規模の市場範囲が存在しえます——という環境の先行条件から、ほとんど自然に発生するのを確認することも重要でしょう。この場合、環節的社会は一定のかたちでほとんど前提なしに形成されることになります。土地に人が住めること、人びとが再生産できることだけを前提にすればよいからです。

つぎの類型は扱いがはるかに難しくなります。不平等な家族が存在する――ある家族は息子たちを失って貧しくなり、他の家族は多くの息子がおり、娘たちによい結婚をさせることができ、ますます多くの財産をもつ――という事態を超えた構造的な不平等に、どのようにして行き着くのでしょうか。このような不平等の発展はつねに存在します。このような不平等の発展は、環節的構造の内部では扶助の定めによって、つまり祝祭によって、蕩尽によって、他者を参加させて収穫を再配分する義務によって、また政治的ないし宗教的な高位高官の費用のかかる責任によって、つまり評判によって――評判にはまたお金がかかりますが、「お金」ということはできなくて資源ですね――、まだ抑えることができます。ではどのようにして不平等に行き着くのでしょうか。ここでもまた、不平等の確立に二つの異なる類型が利用できることが重要だと思われます。一つの類型は中心／周辺の分化です。都市という特殊な集落が存在し、農村がそれを取り囲んでいます。ギリシャ思想は典型的にこのポリス／オイコスの区別を用いています。もちろん都市にも世帯はあるし、小規模なギリシャの都市にも農業従事世帯はあります。でも政治構造はこの分化にもとづいてつくられ、都市にしかありません。村落にはポリスがなく、政治がなく、またその種の役所組織もなく、裁判権もありません。文字が存在するかどうかは、大いに議論の余地があり、どの程度まで農民が文字を書くことができるかは、ギリシャに関しては複雑な研究対象です。この中心／周辺の分化には、中心の内部に改めて別の分化形態を組み込むことができるという利点があります。たとえば職業による分業がそうですし、政治的‐宗教的分化もそうです。村落にはそのような分化に相当するものがありません。これは、一方で中心／周辺の分化を超えていわば複数の分化形態を準備して組み込むことができるけれども、他方で社会は全面的に転換される必要がない、ということの一つの証拠です。都市が、戦争や地震、あるいはマヤの都市がそうだったように、何らかの説明できない原因かまだ説明されない原因によって崩壊しても、農村はこれまでどおり存続する、といえるでしょう。農村は、人が都市からやってきて、税金を取り立てたり、若者を兵隊にとったりしなければ、たいした負担はないでしょう。つまり、ある分化形態をもつ社会は、まだ全体としてリスクに直面しているのではなく、既存のものの上に成り立っていて、しかしもちろん農民生活は多少とも変化する、ということです。そのような研究をする文献は、農民社会というキーワードのもとで書かれています。(4) 農民社会とは、すでに都市はあるけれど、人口の九〇パーセント以上がまだ村落に暮らし、社会的再生産の実質が農業であって村落で行われるような社会です。

これが一つの可能性です。もう一つの可能性は貴族の形成です。つまり、族内婚を特徴と見なすことができるならば、族内婚をともなう際立った階層の形成です。族内婚がいったん保証され、上流階層において、より広範囲の地域的接触や紛争を含めて広範な資源利用権が得られると、貴族の生活形態はしだいに下流階層の生活形態と区別されるようになります。貴族階層が一つの団結した階層だと考える必要はありません。反対に、上流階層の内部では多くの反目、争乱、動乱があります。そのなごりは、互いに火の矢でも何でも打ち込みあった一門の塔のある、レーゲンスブルクやボローニャのような古い都市の建物にみられます。でも、上流階層が協力あるいは紛争を通して下流階層から区別されることには、何ら変わりありません。またこの区別は、特別な生活様式の形態をとって、意味論的に洗練することができます。ヨーロッパのことを考えると、騎士がもはや貴族を指す形態でなくなったときに、中世特有の世界の後で始まった文学がそれです。文学はロマンティックな性格をもつようになり、愛や結婚といったことについて特定の観念が発達します。現存するいくつかの文献は、貴族世帯の経済的な備えがきわめて乏しかったはずだということを示しています。非常に多くの場合、ほとんどの場合、金持ちの貴族はつねに存在したし、普通の貴族でもシーツを二度は替えていたでしょうが、世帯にはあまり多くの備えがありませんでした。社会構造は、逸脱を強化し、偏差を強化する方向に発展します。この秩序は、普通の環節的、部族的な関係が生き残る可能性、あるいはそのような関係に退行する可能性を依然として保っていました。

不平等を帳消しにし全体構造を平準化することは、依然として、みずから招いたものであってもカタストロフィーに対応する一つの可能性です。しかし全体としてみれば、特に広域的な統制やよりよい経済的な備えという点で、またより多くの土地を集約する可能性——実際に自分の生活のために使うこともなければ、そのほか蕩尽したり贈与したりしなければならないこともなしに——という点で、このような不平等の進化上のメリットは明らかに大きなものです。この構造は、都市文化からも貴族の側からも発展するように思われます。もちろん二つの領域は互いを発展させます。都市形成は貴族形成を促進するし、逆に貴族は都市に住む傾向があります。しかし、特にヨーロッパ中世において、貴族は田舎に住んでおり、都市の館は冬場に住んで都市生活と結びついた一定の楽しみを感じられるためのものだということを考慮に入れると、それは経験的に大いに疑問の余地のある事態です。普通わたしたちは、貴族を田舎の領地の所有者としてイメージします。それが普遍的な事実ではないとしても、社会の中心あるいは都市の中心との関係はいたるところで非常に明らかなので、中心／周辺、貴族／庶民という二つのタイプは互いを発展させることができるのです。さらにヨーロッパ固有の発展を取り上げて、それに注目すると、中心／周辺の対照が後退して、階層化された社会秩序の異常なほど強力な安定化がみられます。それは帝国形成の失敗——帝国についてはすぐにまた話します——と関係しているかもしれませんし、ヨーロッパの言語や自然の多様性といったこととも関係しているかもしれません。ヨーロッパは、広域的な統合を行い、そこから中心と周辺を定義するのにまったく向いていませんし、おそらく他にもたくさん理由はあるでしょう。いずれにしても、ヨーロッパの状況は中世からほぼ一八世紀まで、明確に階層化を通して定義されているので、どんな逸脱事例も、それほど階層化が顕著でない場合よりはっきり目立ちます。分化形態の明瞭な一面性は、いずれにしてもこうした文脈から出てくるテーゼですが、構造の転換を促進します。ヨーロッパでは、都市が存在するようになると、貴族と市民の分化もはっきりとみられますし、さらなる分化原理の分化として市民と農民の分化もみられます。貴族の内部分化も発展します。一二世紀以来、下流貴族と上流貴族の違いがあり、貴族のなかでは儀礼や婚姻に関わる位《くらい》の差が無数にあります。市民層のなかでは別の分化パターンがあります。それはおもに職業によるもの、さらに職業の位《くらい》の構造化によるものです。農民層のなかではまた別の分化があります。それは最初、人が、修道院であれ貴族所有であれ、大土地所有にどのように組み込まれているかという、複雑な封建法的構造を通してのものでしたが、初期近代においてはしだいに所有の規模によるものになります。農民はいわば耕地面積とチェストのなかの持ち物によって区別され、それにもとづいて村のなかでの婚姻、声望、影響力が調節されます。長い時を経てきた位《くらい》の思想は、身分構造のなかで再びさまざまな原理によって基礎づけられます。分化がもう一度分化する。これはいつもわたしの目を見張らせてきた事実です。それは特に、一八世紀の後期重商主義の時代に、この分化が社会統計のなかで、また国民のための国家的な福祉政策に関するあらゆる考察のなかで、つねに大きな役割を演じているからです。

このことは、機能的分化という新たな分化形態の接近が、階層的分化という形態のなかでは気づかれないにもかかわらず、そのなかに攪乱の波を送り込むという点で重要です。このことは、特に貨幣経済の発生について当てはまりますが、もちろん領域国家の発生についても当てはまります。領域国家はみずからの官吏、役人を、もはや国民の位《くらい》の差異だけにもとづいて採用することができず、大学や内部育成を通して、また上流貴族から組織されてきた保護者‐被保護者の関係を通して、支配的な分化パターンから分離します。この文脈でのテーゼとして、特定の分化類型の一面性と強制は、そこに取り込むことのできないもの、たとえば分化類型を粉砕する役割を演じることのできるものに対して人びとを敏感にする、といえるかもしれません。このことは、貨幣所有の世襲貴族に対する関係について早くから当てはまります。すでに農民の負債がかねがね問題になっていました。貨幣が存在するようになるやいなや、負債も存在するようになるのです。土地を信用の担保に用いることができるようになるやいなや――これは個人が土地を利用できることを前提にしているので自明なことではありませんが――、土地は負債をおわされて買い集められるようになります。金貸しが役割を演じるようになるのですが、中世では金貸しの多くは修道院でもありました。修道院は、寄進を通してだけでなく、金の貸し付けを通しても土地を手に入れます。貸し付けた金は、場合によって返済できないことがあり、そのときは土地を回収することができるのです。この構造が示しているのは、貨幣経済と信用制度が存在するようになるやいなや、これらをいわば独占することのできる銀行制度はまだ発達していないとしても――今日、わたしたちはお金が必要なときは銀行に行くのであって、修道院や主人のところへは行きません――、つまり経済がまだ完全に分化しきってはいなくても、他方でたとえば腹が減ったので穀物を食べてしまう場合のように、多くのものがいったん消費されると、信用を通してしか再調達できないようになるやいなや、一方の階層と他方のすでに自律的な貨幣経済の間に込み入った関係が存在するようになる、ということです。これがいつ始まったのか、わたしは正確に知りませんし、見ることもできません。ギリシャでは鋳造貨幣の発明は、一方で政治的支配形態としての僭主政治と、他方で負債の規制に使われる法律と関係しています。さまざまなケースが存在します。たとえばソロンは有名なケースの一つですが、経済的な支配層の一面性を、法形式で、特に政治的影響力の法的規制という形式で食い止めて、官職民主主義に向かわせようとしました。しかしヨーロッパでも、それと同じようなケースがみられます。イギリスにおける特殊な発展を考えると、封建的構造に生じた亀裂は、まずは貨幣経済によって、イギリスにおける一二〇〇年頃の最初の大インフレーションによって条件づけられています。その結果、貨幣を貨幣にではなく土地に投資することが得策とされ、また土地を信用の基礎として用いること、つまり個人財産を複雑な封建的条件から独立に生み出すことが得策とされました。財産（property）は、イギリスでは一六、一七世紀にはじめて概念的に定義できるようになります。でもその構造は、すでに一二〇〇年頃からみてとることができます。つまり、経済的な基礎にもとづく個人財産が存在するようになり、封建的構造はもはや、大陸でさらに長く続いたように、田舎暮らしの支配的な規定要因ではなくなったのです。

今やすべてが、わたしがお話ししようとする最後の分化類型、機能的分化に向かって進んでいきます。問題は、わたしたちはこの機能的分化という類型を同等と非同等という用語法のなかでどのように記述したいのか、ということです。わたしは、この分化形態の人工的なところを取り出そうとしており、非同等なシステムの同等性が問題となるはずだと考えています。つまり存在するのは、政治が経済よりも重要、経済が宗教よりも重要、宗教が家族よりも重要、家族が法よりも重要などといった意味での序列ではもはやなく、社会によって関係をあらかじめ規定されていない水平な横並びです。すべては非同等性にかかっています。政治は経済によって代替することができず、経済は政治によって代替することができず、法は教育によって代替することができません。わたしたちは、どんなよい大学があっても、それだからといって法に従うわけではありません――避けられない場合しか、法には従いません。つまり、機能システムの間の互換関係は非同等性によって妨げられていますが、他方で機能システムは、どれも他の機能システムに対する社会的優位を要求することができないという点で同等なシステムなのです。わたしたちが近代社会をこの種の特定の分化類型を通して、つまり機能的分化を通して記述すると、何が得られるのか、あるいは何が含意されるのか、という問題については、後でまた立ち戻ることにしましょう。

この問題をしばし脇においておくのは、歴史上の社会の叙述から少なくともあと二つの論点を取り上げたいからです。もちろん、描写の細部に触れることはまったく諦めざるをえないでしょうし、文献はきわめて膨大にあるのに社会学ではまったく未開拓である、としかいえません。歴史社会学者が、部族社会のエスノグラフィーの事例研究や特定の地域研究を扱おうとするならば、そこには広大な研究領域があるでしょう。もちろん、両者の間には関係があり、一定の範囲では互いに文献も知られていますが、社会理論もなく、またごく普通の社会学の用語法による部族社会、環節的分化の記述も実際にありません。役割理論のレベルではよい研究があるのに、それが継承されていません。このレベルでは機能主義‐構造主義の議論がありますが、これまた限られた概念装置なので、民族学者や社会人類学者は自分たちの目的のために改変しています。しかし、社会学理論のかたちで素材が概観されたものはなく、したがって文献を読もうとすると、たしかにすでに知っていることが繰り返し出てきはするが、現象の豊かさに圧倒され、何か一般化できることを見つけるのに苦労する、という印象をまずもってしまうのです。また、現場に近く、経験的な研究をしている人たちは、自分たちの調査している種族がそれ独自の存在であり、ゆえに、そこから世界の他の地域にも適用できることは何も学べない、ということを意識的に主張します。貴族社会、高度文化、文字やさまざまな宗教をもった文化となると、なおさらです。この分野の方が、一方で文献はより豊富にあるのですが、ほとんどすべてのことについて異論の余地もあります。それは、すでに一定の原典が存在し、今日では経験的研究に頼るのではなく、テクストを手にしてそれを解釈することができ、大量の粘土板やそれ以外のものがまだ発掘されるからです。その意味では、それはむしろ文献学的、古代文献学的、考古学的、あるいはまさに社会史的な研究であって、個々の社会学者がときどきそれを覗き見ることはあっても、それについての十分な理論はありません。そのため、確かな判断ができるという感触をもつことはとても難しいのです——すべてをはるかによく知っている人たちがつねにいるのですから。

それでもわたしは、そうした多様な社会形態の詳細な性格づけに立ち入ることなく、二つの論点を取り出してみたいと思います。第一の論点は、たとえばレナーテ・マインツがかつてこの分化類型をみてわたしにいった重要な異論です。(5) それは、官僚制的に統合された大規模な歴史上の大帝国をどう扱うのか、というものです。エジプトが一例ですし、後のメソポタミアも、もちろん中国も、部分的にはインドもそうです。それほど知られておらず、よく研究されていない例は、ほかにもあります。これらの類型は中心/周辺なのでしょうか。階層なのでしょうか。まだ部族的なのでしょうか、すでに機能的分化なのでしょうか、それとも特殊な類型なのでしょうか。みなさんにもちょっと考えていただければそう思うでしょうが、わたしは、これは位置づけの難しい別の類型だと思います。これについて、二つのことをお話ししたいと思います。一つは、そのような帝国がどのようにして成立したか、という問題です。わたしは、この問題がコミュニケーションと何か関係がある、言い換えれば社会の境界をコミュニケーションの境界を通して規定する必要性と関係がある、と考えます。そのような規定をせず、たとえば領域的な境界や一族や個人の所属の境界による規定を好むなら——むしろそれが典型的ですが——、境界を越えるコミュニケーションを扱わなければならなくなります。特に軍事や交易の場合には、社会の内部で宗教、道徳、政治的支配の基準によって統制できる範囲よりも、たえず接触が広がっていきます。このことが正しければ、拡大圧力が生じると考えることができるでしょう。人びとは、いわば商人や兵士の後について旅をして、交易を通して手に入る資源を確保しようとします。人びとは、襲撃から身を守り、いわば自分たちの帝国のまわりに防壁をめぐらせ、年貢をとることができ、必要なら軍事的に統制できる地域をつくろうとします。おわかりのように、人びとは必要とする多くの条件を自分の社会では確保できないので、拡大を図るのです。これらのことから、周辺地域、周縁を大帝国との連合に導くのは、実質的には商業的、軍事的な観点であること、また、それでも依然としてコミュニケーション経路の中央統制の問題や、盗賊による襲撃、地方の独立、不服従といった阻止の問題があることが、うまく説明できるでしょう。このような帝国は、みなコミュニケーション統制の問題を抱えています。近代になるまで、遠く離れた地域を本当に支配するのに成功したことはありません。人びとが地図をもっていなかったことを、想像してみてください。わたしたちは地図をもっていて、この藤色のところがフランス、黄色のところがイタリア、緑のところがスペインなどと想像します。地域には名前があり、首都があり、河川についても勉強しますが、また忘れてしまいます。これらの言葉はコンパクトな単位をさしています。しかしかつては、人びとはそのような地図なしで旅に出なければならず、資源の統制や危険に関して、おそらくはるかにアドホックにつくられる関係をもっていたのです。

　これに関連して、海上や水路を通る交通、つまり交易の方が陸路を通るよりもはるかに簡単だった、という注釈も重要です。海上の方が、嵐が起き、さらに海賊がひんぱんに出没するにもかかわらず、危険は少なかったのです。陸上の方が、事態はずっと深刻でした。たとえばギリシャのエーゲ海は、船舶交通によって交易が行われていたため、小アジア沿岸やアッティカ半島の沿岸に近い地域がその一部だったことがわかってはじめて、文化的・地域的にネットワーク化された単位として実際にイメージすることができるでしょう。でも馬車や馬でその地域の山を越えられるか、どのような道があるのかは、二次的な問題です。全体的な帝国の構造は、したがってつねに海上交通の方が容易だという観点から見なければなりません。このことはまた、とりわけアジア地域に二重のメンバーシップをもった港湾都市が存在したことも、説明してくれます。そうした港湾都市は、一方で交易を通して政治的‐宗教的世界の中心と結びついていましたが、他方で奴隷やすべての可能な物産を輸入できる後背地をもっていました。したがって、その背後にどんな動きがあるのか、コミュニケーションの拡大傾向と必要なことをうまくできないことから現実にどんな派生的問題が起こるのか、そこで何が役割を果たしてきたのか、ということが問題になります。分化形態からみると、つねに二重の分化があったと考えられます。つまり一方では中心／周辺の分化があって、王宮、門前町、行政の中心からみると、地方の人びとは年貢を納めなければならないか、役人に面倒をみてもらう存在でした。古代ローマの規則は、プロイセンが依然として真似をしていましたが、それによれば、地方の総督や長官は現地の指導的地位にある家族から採用されるのではなく、首都から派遣され、また他の地域へ移動になることもありえました。これが、中心／周辺という観点のもとでの中央統制の類型です。

　貴族構造も依然として存在していたのですが、文献のなかではあまりよくわからなくなっています。豊かな人たちと貧しい人たちがいて、豊かな人たちは貧しい人たちを結婚相手として好みませんでした。つまり一種の資源集中があったのです。代々の名家で、政治的、宗教的な官職にふさわしいと見なされた家族があったことは確かですし、それだけでもう貴族構造はできてきます。ギリシャのポリスでさえ、貴族はそうした官職に就くことには興味がありませんでしたが、広い範囲の交際関係がありました。貴族には、追放される余裕、いわゆる「陶片追放」[6]をされる余裕がありました。つまり有罪判決を受け、追い出される余裕がありました。なぜなら、貴族にはいたるところに親族がいて、財産がおそらく分配されていたからです。貴族はオリンピック競技つまりスポーツにすぐれていましたが、それは他の地域でもありうることでした。貴族は外交や軍事の仕事にすぐれていましたが、都市の官職についてはそれほどでもなかったので、都市で行われていたのは選挙を通して官職に就く民主主義だったと想像することができます。それにもかかわらず、貴族は古代の間ずっといたるところにいました。大帝国の場合は、官僚制が卓越して目に見える存在になったことがこれと関係しており、官職構造を通して貴族／平民の区別と中心／周辺の区別を結びつけたり組み合わせたりすることができた、と想像することができるでしょう。官僚制は許容の範囲内で支配者を抑制し、逆に支配者は官僚制に影響力をふるいました。もちろんこれはつねに循環関係でした。また支配者の生涯や治世は、ただ平均寿命が短いだけでなく、寿命を縮められる可能性があったなど、さまざまな理由から比較的短いものでした。この官僚制的な支配機構の構造は、二つの実在するけれどもはっきり見えない分化形態、つまり階層と中心／周辺に関して明らかに中間的な位置にあり、あるいは組み合わせの機能をもっていました。帝国の官僚制は目に見える形態でした。誰がそこに所属し、どこで出世していくか、わかっていました。エジプトや中国ではそれほどでもありませんが、多くの場合に政治的支配なのか宗教的支配や寺院なのかを区別することができたにもかかわらず、宗教的な正統化のモデルが使われました。大規模な帝国の官僚制は、典型的には、宗教と政治の一体性を利用して、官職構造、支配構造を作り上げようとしました。その構造そのものが他のすべての構造からきわだっていたために、それが実際には貴族社会であることや、実際には中心と周辺の概念を用いて考えられることは、背後に退いてしまったのです。中国の官職養成システムについてはいくつかの議論がありますが、それによれば、勉強には経済的な援助が必要であり、誰もが官職になれるわけではありませんでした。誰もが試験を受けられるわけではなく、誰もが勉強の成果を証明できるわけではなかったからです。だから、昇進と引き立てを通して管理することのできる、見かけ上は公正中立なキャリア形態のなかで、なおもシステム内の階層構造が実現されたのです。

ほかにもお話ししたいことがあるので、あと二、三分ください。本来は、ほんの短時間で扱うにはあまりに大事なことです。社会が分化形態に関して安定し、その形態の論理、その形態の帰結が一定のモデルを形成して、そのもとで社会がみずからの秩序を構想し、規格化し、記述し、また実際に生きるものと仮定すると、ある類型からほかの類型への移行は非常に問題があったはずですし、たまにしか成功しなかったということになります。分化類型は、どちらかといえば他の類型に向かう逸脱傾向をみないようにするか、あるいは抑圧する傾向があります。環節的な社会は、うまくいっているかぎり、互酬性原則、感謝、扶助を通して、ほかの階層が分化し出現することを妨げます。でも環節的な社会は、いくつかのケースでは、軍事的発展であれ、領域的、平和的拡張であれ、さまざまな理由から何らかのかたちで変動し、ほかの分化類型の確立に向かいます。システム理論の用語を用い、本来ならカタストロフィーについて語るべきかもしれません。なぜなら「カタストロフィー」は、ある安定したシステムないし安定化の基礎が他のものに交替することを意味するからです。さらにギリシャ語がわかる人なら、むしろアナストロフィー〔ギリシャ語でanā は上向きに、strēphein は転換するの意——訳者注〕というかもしれません。なぜなら、この変動は一般に——わたしたちの観念では——上方に、向上的に、進歩的に進むからです。でもポイントは、比較的急速な変革が起こりうることを、そもそもどう説明することができるかです。高度文化の成立を扱う文献のなかで、突然さについて語られることが、繰り返し目を引きます。エジプトがどのように成立したのか、本来はまったくわかりません。突然そこにあるのです。でもなぜ突然なのでしょう。このことが意味するのは、進化理論のところですでにスケッチしたように、漸進的、漸増的な作用や資源、成果、革新の蓄積を扱うのではなく、急激な変革を可能にする飛躍、不連続性、不均衡といったものが存在すると仮定する理論が必要だ、ということです。これに続く研究プログラムの一つは、近代のカタストロフィーはどのように起こったのか、という問いです。つまり、この成立しそうにない、きわめて要求度の高い、きわめて性能のよい、きわめて危険な、たいへん悲観的にも楽観的にも判断される近代社会は、いかにして成立することができたのか、という問いです。階層モデルの明瞭さをみると、それを比較的急速に、わずか数世紀のうちに、歴史上存在したことのない、それ自体が目標としてめざされたことも目にされたこともない、まったく異なる類型に変えることのできた諸形式とは、どのようなものだったのでしょうか。この問いは、歴史的省察のための社会理論に目を向ければ、わたしたちがいかにありそうにないやり方で、いかにとてつもない状況のうえに日常生活のプログラムを構築しているかを明らかにしてくれる社会の理論を、わたしたちはすでにもっているだろうか、という考察に行き着きます。歴史的な比較は、それについてなにがしかのことを教えてくれるはずだと思います。しかし、機能的分化という構造原理をとおした近代社会の特徴づけの問題については、つぎの時間にもう少しお話しすることにしたいと思います。

〈第11講義〉

今日の講義のテーマは「機能的分化」です。わたしたちはまだ「分化形態」の文脈のなかにいます。今日の講義は、おもに近代社会の理論とこの「機能的分化」という分化形態の関係の解説に使いたいと思います。近代性に関する文献をみると、おもに意味論《ゼマンティク》あるいは記述のレベルで、つまりほぼ文学的あるいは哲学的な形態で展開されている議論があります。たとえば、わたしたちはまだ啓蒙の時代にいるのだろうか、あるいはわたしたちはフランス革命から出発した近代性の衝撃を継続し肯定すべきだろうか、といった問いがそうです。社会学の伝統では、異なる問いが立てられてきました。社会学の伝統では、分化あるいは機能的分化を通した近代性の構造的記述が提案されましたが、その後どこかで議論がつかえてしまいました。わたしの考えでは、わたしたちは構造的記述から出発し、機能的分化を通して近代性を理解し、その後はじめてつぎのステップで必要ならば、どのような記述によって近代社会が自己を特徴づけ、その記述を意識しているのか、ということを考察してみるべきでしょう。伝統社会から区別される特定の成果——たとえば領域国家、貨幣経済、親密性を期待して形成される小家族、科学的研究――が、一九世紀と変わらず、おそらくはそれ以上にきわだった特徴となっていることを無視できないという理由からも、そうすることは不可欠です。構造的分化のレベルでは、わたしたちは近代社会《モダン》と脱近代社会《ポストモダン》の間に何の断絶も経験していません。だからわたしたちにいえるのは、近代社会の実現から二〇〇年かそれ以上たった今日、この異なる分化形態に向かう趨勢に従うことによって、わたしたちは何に巻き込まれたのか、わたしたちに何が起こっているのか、いくらかよく見通せるようになった、ということだけです。

わたしは、このテーマの一連の論点を順に扱い、何を機能的分化と理解することができるのかをより明確に述べ、その際、システム理論的な方法をもち込みたいと思います。古典的な理論は、どちらかといえば役割のレベルで定式化され、何を分化として記述するのか、あまり気にかけてもいませんでした。

第一の論点は、機能とは何のことか、というものです。なぜ「機能的」分化について語られるのでしょうか。特にタルコット・パーソンズによって五〇年代に完成された古典的なバージョンでは、目標達成（機能はある程度、人が作り出さなければならない産物）、あるいは保証したい状態（またはシステム理論とつなげるとシステムの自己維持）が念頭におかれています。わたしは、この考え方を棚上げにするのではなく、重要なのは特定のシステムにおける問題解決であり、わたしたちは問題解決について比較の視点をもつ――それによって、どのような代替選択肢が利用できるのか、問題を従来のやり方で解決しようと思わないのなら、どのようにして他のやり方で解決することができるのか、と問うことができます――と考えることによって、ある点でこの考え方を拡張したいと思います。つまり、機能主義理論をどちらかといえば因果論的ないし目的合理的な理解から比較論的な理解に移します。そこでは因果性がある役割を演じることを排除せず、行為者や社会システムが目的を設定することも排除しないのですが、目的によって解決されるべき問題についての問いを考える場合に、目的設定の位置づけが異なるのです。どちらかといえばアリストテレス的な目的概念の理解に戻り、その目標ないし目的という意味での機能は目標を達成するかしないかという意味でのエピソードの目印だと述べることについて、考察してみましょう。目標を達成すると、活動、計画、目標をめざす努力は終わりになります——終わりというのはテロスの古い意味です。目標を達成できないと、さらに目標をめざして努力することには意味がありません。こうした目標概念は、システムを時間的にエピソードの連鎖と見なす理論に組み込むことができます。でも、わたしたちはそこでつねに、システムがみずから設定した目標を達成した後もシステムとして存続することを考慮に入れなければなりません。その意味で、システム概念は目標概念よりもタイムスパンの長い概念であり、機能的分化の考え方をシステムの目標や自己維持からオートポイエティック・システムの理論に転換することには、特に未来に関して開放性を保証するという意味があります。これはまた、わたしたちが機能的分化の理論のなかにシステム理論を組み込んで、個々の機能システムをそれぞれ「オートポイエティック・システム」の概念を用いてシステムとして記述する際に、何が含意されているのか、より厳密に考察しなければならない、ということでもあります。

これに関連する一つの問いは、作動——ここではコミュニケーション——がいかにしてシステムに帰属するのか、というものです。なぜ一定の作動はあるシステムに属し、他のシステムには属さないのでしょうか。目的という考え方に留まっているかぎり、目的達成の手段としての作動の適性が特徴的な目印である、といつでもいえるでしょう。このどちらかといえば目的論的な考え方は、適性のない活動も存在する、つまり目標を逸することがあったり、最初から適性のない手段が存在したりする、という問題をつねに抱えています。始め方を誤ったために何も成果が出てこないことが最後になって確認される科学的研究や、政治の分野では、考えていたようには実現されない政治的目標という考え方を思い浮かべてください。こうした目的論的な志向性があると、適性のない作動はシステムに属するのか、それとも環境なのか、という問題を抱えることになります。明らかに、この問いにはほとんど答えられません。システムを適性のある作動の集合として定義すれば、適性のない作動はシステムに属しませんが、もちろんシステムの環境にも属しません。ここで、システム理論のなかでシステムと環境の差異をもっと明確にしようという試みが出てきて、それとともに、いかにして特定の作動がシステムの構成素、要素と見なされ、他の作動がそう見なされないようになるのか、という問題が出てきます。

ここでわたしは、二分《バイナリー》コード化に照準を合わせるという提案をしたいと思います。帰属あるいはシステム所属の識別の目印は、わたしの提案に従えば二分《バイナリー》コードの適用ということになるでしょう。これについて、まず具体例を使って説明しましょう。たとえば、合法と不法の区別、所有と非所有の区別、真と非真の区別、政治の領域では職権行使と服務つまり服従義務の区別、また与党と野党の区別もそういえるでしょう。問題となるのはつねに二分構造であり、その意味でより狭義のコード概念です。このコード概念については、コミュニケーション・メディアについての議論をきっかけに、すでに示した通りです。この概念は、プラスとマイナスの二つの値しか知らず、第三の可能性を排除し、したがって非常に抽象的で人工的です。この二分《バイナリー》コード化の考え方は、いかなる終わりも予定されていないという点で、オートポイエティック・システムの理論と調和しています。すべての作動はつねに、一つの値かもう一つの値を選択することができます。すべての作動はつねに、プラスの側かマイナスの側を指向する必要に直面しています。誰が合法で誰が不法か、とつねに問うことができます。この問いはシステムのなかで答えられるのですが、目標の観念を前提にしているわけではありません。何のためにそう問うのか、と問うことはできません。同じことが、学問的研究や経済的作動についても当てはまります。それは、この二分《バイナリー》コード化という形式を通して、わたしたちが原理的に目的論的な志向にかわる代替案をもっている、ということです。

今や、個々のコードについて詳細な記述をすることができ、そうすれば歴史的な違いに気づくことができます――詳細な記述ができるというのは、そのようなコードのプラスの側とマイナスの側が密接に連関しており、一方の側からもう一方の側への転換が、コードそのものによって簡単になることがわかるという意味です。人はいかにして真なるものを非真と見なすのか、つまり、人はいかにして真であると主張される理論の誤りを論証するのかを、学問の内部で規制するのは比較的簡単です。それを許したり禁じたりする道徳的、法的、経済的な審級はなく、人は学問システムの内部で行為します。何度もいいますが、プラスの値とマイナスの値は技術的に結合されています。「技術的」というのは、一方の値からもう一方の値に移るのが比較的簡単だという意味です。歴史的には、ほんの一八世紀初期まで伝統を遡れば、この簡単化の過程をみることができます。そうすると、コード化どうしが当時はまだプラスの値のなかで結合されていたことがわかります。一八世紀初期には、たとえば道徳と美学が連関していました。美しいことは徳の印です。醜い人びとでも美しくありうるというのは絵画や文学における技巧で、後になって出てくる考え方です。美しいと醜いが接近し、道徳的コードの善いと悪いから分離するのは、一八世紀を通して徐々に流布していく成果です。そうなると、たとえば何かが美しいのか醜いのかという問いについて、美的な資質としては醜いが、逆に道徳的には中立だということになります。さらに歴史を遡ると、もっと密接な結合がみられ、その連結は上の方に向かってよい値どうしが結びつけられる階層を指し示しています。神はよい値のみを代表しています。王は豪華絢爛な姿をしており、その意味で美しい。王は有徳賢明で、マイナスの値は遠ざけられます。プラスの値どうしの結合とマイナスの値どうしの結合、美徳どうしの結合と悪徳どうしの結合があるのです。二分《バイナリー》コード化は、機能システムにおける値の割り当て装置と考えられる場合に、この連関を解消しなければならず、そのかわりにプラスの値からマイナスの値への切り替えの簡単さを、それぞれの機能システム内部で保証しなければなりません。たとえば、与党から野党、野党から与党への転換の簡単さ、あるいは扱われる対象のいかんに関わらない所有からたんなる支払いへの変換ないしたんなる逆変換の簡単さがそうです。土地所有でさえ、今日では売買することができますが、かつての社会では、土地所有の政治的含意のために売買は非常に困難でした。わたしたちの社会には、意味論《ゼマンテイク》からみて伝統から区別される構造がありますが、その違いはコード化されたシステムにおける手続きの一種の技術的分析と結びつけることができます。このことは、プラスとマイナスの違いがどこにあるのか、もう少しくわしくみるときに、重要になります。コミユニケーション・メディアのコード化との関連ですでに述べたことですが、プラスの値をとるのはつねに、作動を簡単にし、接続可能にするようなことをシステムのなかで始められるようにするものです。マイナスの値をとるのはつねに、そこから距離をとり、一種の再帰的、反省的な態度をとることができるようにするものであり、どのような状況のもとでコード化が必要か、どのような状況のもとでプラスの値がシステムのなかで何かを遂行し、何かをもたらすのか、どのような状況のもとでそれでやっていくことができて、やっていけない場合に何が起こるのか、ということを考察できるようにするものです。

この考察は第二の思考のステップに導いてくれます。それは、そのつどプラスの値をとったりマイナスの値をとったりするものを、いかにして区別することができるのか、という問いです。コードが形式的になり、プラスの値からマイナスの値、マイナスの値からプラスの値への移行が簡単になるほど、値はある意味で内容の乏しいものになります。かつての考え方では、美しさ、道徳的資質、権力、所有は内容の充実した値なので、対象についてその値をとるか否かを示すことができる、とつねに想定されていました。機能システムにおいて用いられるようなコード化の場合は、それとは反対にあらゆる使用例の相当な抽象化が見込まれており、プラスの値をとるかマイナスの値をとるか決められるようにする基準が用いられます。そしてわたしは、この基準を「プログラム」と呼び慣わしてきました。この言葉の出所は経済学の文献ですが、経済学の文献では、またそれをコンピュータ用語からとってきています。でもこの間、たとえば法の領域では、法を条件づけプログラムや目的プログラムと見なすといったように、プログラムについて語ることが広く行われるようになりました。言葉の表現――「基準」「プログラム」――はあまり重要ではありません。古代には「規準（Regula）」「準則（Kanon）」といった表現が普通でした。興味深い点は、つぎの問題にあります。それは、見たところ二つの値を区別するだけでなく、コード化のレベルをプログラム化のレベルから区別しなければならないということ、また不法、非真理、非所有といったマイナスの値をとる反省的な値が、いかなる条件のもとで法を獲得し、財を所有し、真理を証明することができ、美を目に見えるようにできるか、といったことを反省する出発点であるということです。二分《バイナリー》コード化は、反省値を通して、コード化とプログラム化を改めて区別する必要性の指示を含んでいるのです。

以上はきわめて形式的な考察ですが、その背後にはつぎの問いがあります。機能システムはそれぞれのコード化によって互いを区別するだけでなく、さらにさまざまなプログラムの種類をもっていて、それらはあるシステムから他のシステムに動かせないということを、わたしたちは考慮に入れなければならないのでしょうか。たとえば学問は、何が真で何が非真であるかを明らかにすることが問題になる場合、理論あるいは方法をプログラムとして用います——理論は、事実世界が正しくて誤っていないものとして、真であって非真でないものとして指示されるという意味でのことであり、方法は、何かを遂行することのできる手続き、論証、実験といったもの——それは学問的に承認されていたり承認されていなかったりします——を提示するという観点のもとでのことです。このプログラムのタイプを目の当たりにすると、他の機能システムには移せないことがすぐにわかります。たとえば政治家がときどきやることですが、学問的な用語を用いようとどんなに試みても、理論は政治のプログラム（綱領）ではありません。社会学者がときどき考えるように、より政治に密着した言語規則、接触関係をどんなにもとうとしても、政党のプログラムが一連の社会学的な理論を含んでいることは期待できません。政治のプログラムは、わたしたちの社会ではたいてい価値プログラムか、たんに事実に即したプログラムです。近頃では政治のプログラムは、たとえ基本プログラム（基本綱領）があったとしても、おもに政党のなかで作られます。政治のプログラムは日常的な政治から展開されますが、学問のプログラムに適用されたり、研究の成果となったりすることはあまりありません——そのようなプログラムの議論の最終段階で知識人が招き入れられたとしても、そうです。ここには普遍的現象がはっきりとみられ、この現象はたとえば学問と経済の関係でも出てきます。経済学は経済にとって意義をもっているにもかかわらず、経済の決定が理論を適用した決定であると想定するのは誤りでしょう。この一〇年、一五年の発展は、たとえば投資プログラムが問題となる場合には、むしろ一種のコンサルタント活動あるいは組織内のプログラムの議論をめざしています。そのようなプログラムは、もう一度いえば、おもに経営学的な理論からますます切り離されています。これらの理論は、たしかに一種の用語、一種の分析技法を用意してくれますが、決定そのものを与えてくれるわけではありません。このことは、特にリスク問題に関わってきます。

芸術と政治の関係を考えると、これまた同じことが、はるかに明白にいえます。当然のことながら、テレビ時代の政治家の身だしなみはおろそかにできない要素です。それでも、政治のプログラムを美しさや醜さの基準で規定することはできません。

システムはそれぞれの主導的差異によって互いに区別されるだけでなく、機能遂行のために必要なものによっても互いに区別される、という状況があります。したがってシステムは、一定の意味で自己依存的あるいは自己代替的なシステムと見なさなければなりません。プログラムは、システム内部では交換できますが、システム間では交換できません。このように考えると、それぞれのプログラムの形式的レベルだけで考えるより、多少は議論の中身があるでしょう。

ではつぎのステップに進みましょう。機能システムどうしをこのように区別して違いを際立たせると、社会はどうなるのでしょうか。社会はどこに残るのでしょうか。社会は孤立して働く機能システムの集合にすぎないのでしょうか、それとも何らかの意味でまだ統一体なのでしょうか。機能的分化に関する議論のなかで、みなさんは特にこの問題を発見されることと思います。つまり、各機能システムがオートポイエティックであり、固有の作動によって働き、固有のコードないし固有のプログラムに準拠するとしたら、社会には何が残るのか、という問題です。ここでまず思い出さなければならないのは、システムのオートポイエーシスないし自己再生産は因果的孤立を意味しているのではない、ということです。機能システムの作動上の閉鎖、固有のプログラム性、固有の主導的差異というテーゼによっていわれているのは、因果的結合が存在しない、ということではありません。

この議論の背後には、一連の派生的考察があるのですが、わたしはそれをたった一つか二つの観点のもとで要約したいと思います。

第一の観点は、わたしたちは機能システムの自律性ないし作動上の閉鎖を独立性と見なすことができず、むしろ近代世界では依存性と独立性が同時に増大してきたと主張する理論をとる、というものです。事態を支配しているのは、もはやいわゆる総量一定の原則――これはタルコット・パーソンズの理念です――ではなく、増大可能性です。この増大可能性は、システムの具体的な性能――政治は民主主義と合意可能性が増大可能、経済は豊かさが増大可能、学問は真の認識あるいはたんに文献が増大可能――に関してあてはまるだけでなく、互いに比例関係にある依存性と独立性に関しても同時に当てはまります。実態はそうだとして、それではいかにしてなお統一体が作り出されるか、つまり統合あるいは集権的な制御の審級にかかわる考え方はどこにあるのか、と問うならば、この事態をもっとはっきり理解することができます。一方では、さらに統合問題について議論するという可能性があります。統合とは何でしょうか。いかにして社会は統一体として作り出されるのでしょうか。そしてもう一つの論点ですが、いかにして社会はなお制御されうるのでしょうか。統合概念からみると、統合の本質は同調を生み出すことができる点にはない、と一貫していわなければならないでしょう。各機能システムが固有のダイナミクス、固有の作動、固有のプログラムのなかで動いていることをよく考えれば、同調について語ることにはあまり意味がなく、政治は学問や経済と同調している、あるいは法は芸術と同調しているといってもあまり意味がありません。そのような合意理論が成り立つためには、共通の基盤がまったく欠けているので、統合は別のかたちで理解しなければならないでしょう。つまり、統合は運動の余地の制限であり、システム相互の自由度の制限である、と理解しなければならないでしょう。その意味は、同じ時点で法的な限度が存在する、特定の作動を実行できるほど学的技術が発達していない、政治が配慮を求めているといった場合には、経済は恣意的にふるまうことができない、ということです――このことは各システムについて成り立ちます。法システムは、立法の最前線では政治に依存し、契約づくりでは経済的利害に依存しているので、法的に可能なこと、法として妥当することについて、多くの制限を受け入れていますが、その制限がたとえば政治的司法という法システムのなかの政治的作動のかたちで動く必要はありません。これが統合概念に当たります。つまり、統合とは相互の接触による相互の自由度の制限であり、相互の接触はそのつど内部作動によっては実行することができず、相互のシステム／環境‐知覚を通して形成されるのです。同じような問題は、制御の議論のなかにもあります。この問題は、みなさんがここビーレフェルトでよくご存じのように、ヴィルケ氏が取り組んでいるものです。[7] たとえば古いオルド・リベラリズム〔一九三〇〜五〇年頃にドイツの学術雑誌 ORDO —— Jahrbuch für die Ordnung von Wirtschaft und Gesellschaft を中心に活動した経済学者や法学者のグループの思想——訳者注〕のように、経済が固有の自由を展開できる枠組みを政治があらかじめ与えるという意味で、まだ集権的な制御の審級から出発することができるのでしょうか。それとも、政治は——その他の問題となるあらゆるシステムも——、他の多くのシステムとならぶ一つの機能システムにすぎず、そのため政治に固有の作動に依拠していて、その影響は他のシステムの状態を決定することができないのでしょうか。そこでヴィルケは、文脈制御という非常に込み入ったモデルを開発し、こうした条件を考慮するけれども、政治と法——ヴィルケの用語法では「国家」——に制御機能を認めようと試みています。わたしならもう少し慎重に定式化しますが、政治が制御の仕事をするときには固有の手段を用いてしかできない、という点ではおおむね合意があると思います。政治は、貨幣を用いる場合には、経済システムの内部でしか用いることができません。政治は、経済から資金を取り上げ、支出を政治的に条件づけ、資金循環を経済の内部にまかせなければなりません。したがって政治は、経済から資金を取り上げることなしに、あるいは経済のなかでインフレーションを起こすことなしに、単純に金儲けをしたり、紙幣を印刷したり、資金——政治的な資金——を支出することはできません。

この統合と制御という二つの論点のほかに、さらに第三の論点が残っています。それはつぎのように定式化することができます。優越的な機能システムは存在するのか。他のシステムより重要な機能システムは存在するのか。社会の発展における歴史上の時代、あるいは機能そのものの意義のなかで、一種の重要性の段階は存在するのか。わたしがこの方向でイメージすることのできる唯一の形態があるとしたら、それは、支配的なシステムあるいは一種の社会的に承認された支配という古い理念を逆さまにして、もっとも機能不全のシステムがつねに事実上支配するシステムだというものでしょう。どこかであるシステムが機能しない場合、それもほかのシステムが被害を受けるように機能しない場合にはつねに、このシステムに特別な注意が払われ、このシステムの改善がほかのどのシステムの改善よりも大きな効果があるといわれるでしょう。よく思い浮かぶ例ですが、経済がたとえば学問に資金を供給しないといったように、他の機能システムが期待するようには機能しない場合、あるいは逆に不景気が有権者に不満を引き起こし、それが政治に影響を及ぼす場合、経済が優越的な機能システムになります。法がもはや貫徹されない場合、突然誰も自分の権利をうまく請求できなくなる場合にも、同じことがいえます。あるいは、ある領土のなかで、政治的な平和の保障である暴力の管理が機能しない地域がしだいに広がると、誰もその地域には投資したいと思わなくなり、商店は略奪され、労働市場は存在しなくなるでしょう。学問には研究対象があるのに、経済が破綻するようなことになれば、それは法、暴力の管理、平和といった兆候に注意を向けさせる効果があるでしょう。公共的注目あるいはマスメディアのなかで、何が現代世界の問題とされ、何に重点がおかれているかをたどると、どこに支配の座があるか、あるいはどこに最終的な秩序の保証があるかという問いのかわりに、現実には機能システムにおける機能不全が第一に関心を引くように思われます。

みなさん、機能システムの中心的な重要性、制御、統合という、この三つの現象についても、概念的な再構成が一定の役割を演じていることがおわかりでしょう。問題は、わたしたちは統合、制御、優越という概念をどのように理解すれば、それを用いて機能的分化というレジームのもとにあって観察可能な現実を記述することができるのか、ということです。この文脈でわたしは、カリン・クノル・セティナが『社会学雑誌』の最新号に発表した、分化の概念——事実上つねに機能的分化を意味しています——に取り組んだ論文を、手短に取り上げたいと思います。(8) クノルさんのテーゼは、おおざっぱにいうと、社会学者の分化モデルは原則として異論の余地がない、つまりわたしたちは、政治と経済が一体である、経済と学問が一体である、または芸術と法が一体であるといったことから出発してはいないのだが、このテーゼの定式化はほとんど自明である、というものです。わたしはすでにこの点について、少し考えるところがあります。なぜなら、政治が経済を制御できないという考え方、つまり両者は異なるシステムであるという考え方は、社会主義の崩壊が明らかになったのがほんの数年前だということを考えると、無条件に自明のことではないからです。少し前までは、政治的に統制された経済対自由経済という選択肢がある、と信じられていました。たとえばこの分野では、マクロレベルでシステムの分離を主張することは、まったく自明ではありません。同じことがより印象的に当てはまるのが、政治と法の関係です。たとえばハーバーマスの新著では、両者は正統化という観点のもとで非常に密接に関係づけられています。(9) 政治と法は異なる機能システムであり、固有のコード、固有のプログラムをもち、互いを刺激することができ、互いの関係のなかで独立性と依存性を生み出すけれども、分離したシステムである——政治的な影響を受けやすく、政党機構を通して議席を割りふられた立法府があるにもかかわらず、そうである——、というテーゼはまったく自明でなく、大いに議論の余地があります。現代の多くの研究者たちは、政治と法はオートポイエティックに分化、分離したサブシステムであると主張されたら、おそらく疑問をもつでしょう。このマクロレベルですでに十分に問題があるのですが、さらにまったく経験的な問題もあります。両者が分離していて、ほとんど重なり合わないことを、どのようにして示そうというのでしょうか。リヒャルト・ミュンヒは「相互浸透」と名づけた理論をもっていて、機能システムは今日、実際上は広く重なり合っている、としています。(10)

でもクノルさんにとって、本来の議論は相互行為という別のレベルにあります。実験室の状況やその他の状況を観察する際に、彼女にとって決定的だった印象は、たとえば研究行為という具体的な現実のなかでは、真／非真という値はまったく出てこず、まったく引用されず、名声、自己主張、出版市場での受容、経歴といったことが、つまり個々の機能システムに無条件に割り当てられない事柄が優勢である、というものです。この問題をもう少しくわしく説明するために、一つ、二つ、例をあげたいと思います。その例を使うと、少なくともわたしにとっては、典型的な学問の状況を使うよりも、うまく問題を明確にすることができます。第一の例。イギリスではじめて鉄道が敷設されたとき――重要だったのは石炭輸送で、人が乗ることはまだ予測されていませんでした――、難しい問題が浮かび上がってきました。鉄の車輪のついた車両を鉄のレールの上にのせて、普通の馬車輪送で運べるよりも多くの車両を連結したり、さらにはもっとスピードをあげようとしたら、そもそも何が起こるのでしょうか。鉄のレールに鉄の車輪がのって、車輪はただ空回りしたりしないのでしょうか。わたしは、学問が今日この問題に答えを出せるかどうか、知りません。当時は答えが出せませんでした。でも、すべての資本投下はもちろんこの問いにかかっていました。馬車輸送の方が、結局のところより安く、また特により上首尾に運行することはないのでしょうか。鉄道輸送はそもそもちゃんと動くのでしょうか。つまり、資本投入のリスクとしての学問的な無知ということです。同じ問題は、今日テクノロジーの分野で何倍もあります。第二の例。わたしはかつて、リンツでの講演のおりに、フェスト・アルピネ製鉄株式会社にある現地の排煙浄化プラントを見学しました。ここはかつてのヘルマン・ゲーリング工場というコークス・製鉄工場です。この工場は、ちょうど排煙浄化のために改築を行って、硫黄分を取り出すようなことをしているところでした。焼結プラントは鉱石を鋳造のために準備するプラントですが、そこには排煙が通過するプレートのシステムがあって、排煙や硫黄分などはこのプレートで取り除かれると期待されていました。このプラントはそれに見合うように準備されていました。しかし、このプレートがどれくらい長持ちするかは、わかりませんでした。プレートをクリーニングするには機械的に揺する方がいいのか、化学的に洗浄する方がいいのか、わかりませんでした。あるいは検証してみなければなりませんでした。プレートをクリーニングする間、生産を止めなければならないのか、それとも、鋳造では大事なことですが、操業を続けることができるのかということも、あの時点では不明でした。学問はこの問いに答えることができませんでした。当時、工場ではピッツバーグと交渉があり、さまざまな排煙浄化の形態を検証して、どれが適当かみようとしていました。したがってここにもまた、一方に資本投下リスクが、他方に学問の無知があったのです——しかも学問が、研究でこれを専門にしたら、問題をどう立てるべきかまったくわからない、というような状況のなかでは、通常学問はそのような問いの解明にはいたりません。クノルさんにとって、このような事態は、経済と学問が分離できず、両者が重要であることの、明らかな論拠だろうと思います。そしてそれは正しいです。でも、両者が重要なのは、違いがあるからであり、また資本リスクは、研究結果を出せなかったり、結果が出るのに時間がかかったり、結果を自由に使えなかったりすることとは異なるものだからです。二つのシステムにおいて、ここで出合ったポイントは、違うかたちでネットワーク化されています。資本リスクは製鉄業における問題で、わたしがリンツに行った当時は、どのみちたいてい赤字で、つぎに黒字になり、今度また赤字という具合です。どの理論を活用するのか、この分野で何がすでにわかっているのか、ここで研究を始めると、どのくらい時間がかかるのか、またどんなコストがかかるのか、と考えるのはまったく別の状況です。学問における無知が問題なのか、資本需要、資本リスクの評価が問題なのかによって、過去の振り返り方や万一の結果の先取りの仕方がまったく違ってきます。

両者の間に関連があることは疑いありません。でも、わたしが話を戻したい問いは、そもそも区別とは何か、というものです。このような状況では、区別を用いて考えることが求められます。その場合、区別とは——みなさんはわたしがコード化について話したことを思い出すでしょうが——、そもそも区別されたものの一体性なのでしょうか、それとも区別されたものの差異性なのでしょうか。この問いを立てると——わたしはクノル先生と同じやり方で語ることはできませんが——、ここで統一をみるか差異を見るかによって、成果が得られるかどうか、またどの程度の概念的な精妙さをもって成果が得られるかが決まる、という感じがします。この議論は、他のどんな分野に行ってもすることができます。たとえば政治と法の関係を取り上げると、ここでも、亡命希望者の法的規制の政治的帰結が法的帰結とはまったく異なることは明らかです。一定の条件のもとで憲法改正をすることは比較的簡単で、その条件を政治的に保証することだけが困難だ、ということがありえます。法的な手続きは簡単だが、政治的に実現するのは困難であるか、逆に法的な不明確さはあるが、たとえばそれが憲法違反か否かはのちの裁判所の判決に委ね、裁判所が命じるなら別の解決法を探そうということによって、政治的に受け止めることができる、ということがありえます。分化理論が確認するのは、この分野では両方の側に対応しないとそもそも意味のある考察ができない、ということにすぎません。違いをみなければ、実態に即して参加する可能性がはじめからないのです。

したがって、この議論でのわたしの立場は、機能的分化の再生産が意味しているのは、特定の固有の文脈のなかで両方の機能システムが関連性をもつということではまったくなく、両者が二つの異なる機能システムであることがわからなければ、決定を行うことができないということである、というところでしょうか。一個の作動のなかでの区別の必要性が、同時に分化を再生産するのです。これによって両者が融合することはありえません。なぜなら、両者の関係は違いによって、区別によって媒介されているからです。

では、もう一つの論点にメスを入れたいと思います。この論点は、機能的分化で起こりうる限界に行き当たります。ここでもわたしは、包摂と排除の区別について、すでに述べたことに戻ります。まず、機能的分化は階層的分化と異なって、社会のすべての参加者が、つまりすべての人格が、機能システムにおいて人格として——繰り返しいいますが、心理的、有機的にではなく、生命として、思考としてではなく——役割を演じるすべての個人が、同一性をもった存在として機能システムが期待する役割を演じるように作られており、またそういうものだと思われています。機能的分化の領域では、すべての機能システムにおいてすべての人格の包摂が予定されています。誰もができるかぎり経済に参加し、誰もがお金を自由に使うことができるべきであり、お金がたくさんあるほど、よりたくさんものを買うことができ、より経済にとってよいことになります。誰もが権利能力をもち、誰もが契約を結ぶことができ、たとえば行為能力の欠如のように法そのもののなかで予定されていることを別にすれば、個人的な障害はありません。これをもって、奴隷制は禁止されていると定式化することもできます。包摂は本来すべての機能システムで予定されています。問題は、包摂は実際にうまく機能しているか、またわたしたちは人びとの多くが機能システムへの参加から排除されているような状況を知っているか、ということだけです。ここで当然すぐに思い浮かぶのが第三世界で、かなりの人びとが実際にいかなる機能システムにも参加しておらず——さしあたり宗教は除外し、後でまた触れることにします——、しかもある機能システムからの排除が、他の機能システムからの排除を強化するようになっています。機能システムがそれぞれ固有の用語でめざましい成功をアピールしている——民主主義が機能している、政治的決定の前の合意確認が機能している、かつてない生産量という意味で貨幣経済が機能している、歴史上実現されたことのない形態での法への参加という意味で法システムが機能している——のは、機能システムの自己正当化の論理であるとともに、経験的なデータで裏づけできるまったくの事実です。その一方で、わたしたちは、ある人びとの集団がまるごと機能システムへの参加から排除されているケースもあること、またそのケースがますます大きな意義をもってきていることを、見過ごすことができません。このことは、一部は農村の状況に当てはまりますが、都市への移民が増えるにつれて、しだいに都市の状況にも当てはまるようになってきています。西欧世界の大都市を注意してみると、おそらく、仕事、お金、教育、健康保障といったものが何もない人たちが、すぐに見つかることでしょう。お金がないと、たとえば健康のような他のものも簡単には手に入れられない、あるいは普通の量は手に入れられない、逆に健康でないと、仕事を見つけてまたお金を稼ぐのに苦労する、という点で、一種のマイナスの統合があるのです。開発途上国では、このことははるかに明白です。たとえばムンバイでは、路上生活をすると——そのような人は何百万人もいますが——住所がありません。住所がないと、子どもを学校に行かせることができません。子どもは学校に行かせてもらえないと、何らかの職業教育のスタートの前提条件もなければ、新聞を読んだり、政治生活に参加したりする可能性もないので、排除傾向の強化はあるシステムから他のシステムへと広がっていきます。身分証明書がないと、社会給付の申請ができません。このような集団の出身だと、警察や裁判所でうまくいく可能性がありません。このような状況は、普通の用語ではむしろ抑圧、抑制、あるいは搾取として記述されます。それはマルクス主義的アプローチの後遺症ですが、わたしの見方が正しければ、その一方で事態ははるかに深刻になっています。もはや搾取できるものが何もないからです。抑圧も問題になりえず、事態が端的にそうなっています——事態は上流階層の想定をまったく寄せつけないほど深刻で致命的です。事態がそうであることも、意味がありません。それは端的に機能システムの作用の帰結だし、おそらくは急速な人口増加の帰結でもあるでしょう。その背後では、エコロジカルにみて全世界の人びとに同じくらいよい供給をする余裕がないという考察も、しだいに広まっています。いずれにしても、わたしは今、原因について語ろうとは思いません。問題は、わたしたちは今日、包摂と排除の差異に関して、古くなった機能的分化の姿が最終的にどのような様相を呈するかがおおよそわかるための、一種のメタコード化あるいは一種の超主導的差異をもっているのか、ということです。人びとの多くは機能システムの内部で働くことができますし、ルースなカップリングによって包摂されています。ある人はこういう経歴をもち、別の人は別の経歴をもち、ある人は何かにすぐれ、別の人は劣り、ある人は政治的な関心をもち、別の人は芸術的な関心をもつ、といったようにです。でも、この種の参加ないし包摂が当てはまるのはつねに一部の人びとにすぎず、その一方で、そこから排除されていて、もとから身一つで存在している、別の一部の人びとが存在します。そういう人たちの抱える問題は、どのようにして明日を過ごすのか、どのようにして少し食べ物にありつくのか、どのようにして暴力から身を守るのか、といったことです。この部分の人びとは、マルクス主義の構想では、革命にとって重要な人びとではありません。この人たちは、騒乱や暴力を生み出すことはありえても、状況を変えることはできません。もし開発途上国でかなりの移民が発生したら、その結果として工業国に第三世界からの移民が氾濫したら、この包摂と排除という主要な差異に向かう一種のバランスがとれなくなるのではないか、そのような事態を避けたり緩和したりすることのできる仕組みはあるのか、あるいは個々の国、個々の地域が分離して、この問題に遭わないようにすることしかできないのか、よく考えてみなければなりません。

この文脈でわたしにとって興味深いのは、特に宗教に向けられるべき問いです。ある機能システムからの排除が他の機能システムからの排除を引き起こすこと——身分証明書がないと、職業教育は受けられず仕事はもらえず、合法的な結婚はできず、子どもは出生登録されないといったこと——をよく考えると、同じことが宗教には無条件に当てはまらなければいいのに、と思うことでしょう。宗教システムは、他のすべてのシステムで排除が起こっても、なお包摂を認めてくれるシステムかもしれない、ということです。たとえば南米では、実際にカルトのレベルで宗教的な自生的発展を観察することができます。これが示しているのは、普通の社会学的用語でいう社会的・経済的に抑圧されている人びとの層のなかで、一種の信仰心、宗教的形式の探求が起こっているということであり、また問題はむしろ教会組織がそのような事態を受け止めることができるか否かというレベルにあるということ、つまり教会が慣習的でない信仰心の形態に、あるいは教義的‐キリスト教的に受け入れられない信仰心の形態に、どこまで一種の位置づけを認めることができるか否かというレベルにあるということです。南米のカトリック教会は、宗教がやや通俗的な方向に傾くことに対し、多少は開かれています。たとえばわたしはチリのマリア祭で、インディオの集団が教会の前で明らかに呪術的な身振りをする集団として踊るのを許されているのをみたことがあります。彼らは悪霊のいる教会前の広場を浄めているようにみえましたが、踊りの集団として半年も準備をしていました。それから祭りが始まりましたが、教会はちょうど広場の前に美しく立っており、拡声器があって、踊るインディオたちの上に『アヴェ・マリア』を流し、彼らを集団ではなく個々の人間として教会のなかに入れていました。それは、なおも正当化することのできる範囲に境界を設けようとする、注目に値する試みでした。重要なのは、何といってもマリアでした。彼らが神を信じているかどうかははっきりしませんでしたが、マリアを信じていることは確かでした。この問題を、個々の現象からではなく、宗教は何らかのかたちで排除された人びとのなかでの信仰心の自生的発展という状況を何とか扱うことができるのかという問いからみれば、教会の壁がこの問題に対していささか揺らいでいるのがわかります。この問題を教会からみると、たとえば解放の神学や革命の神学が神学内在的に定式化しようとした問題とはまったく異なるものだと思います。

これで機能的分化についての説明は終わりにしますが、ここでもう一度注釈をしておきたいと思います。これは進歩のモデルとしての近代社会であり、この方向をさらに進んでいくことによって、最終的に後発社会も取り込めるはずだ、と今日想像するのは、この分野で賞賛できるメリットや成果がどれほどあろうと、わたしたちには困難なことです。わたしたちがソーシャルワークなどの開発援助をしなければならないことは、疑うべくもありません。問題は、その背後にどのような将来像をみるのか、ということです。過去数十年の間、社会批判的な態度と近代化を是認する肯定的な態度の間で行われてきた闘争がありますが、現在そうなっていてその先を見通すことのできない分化形態――わたしたちは未来について、他の分化形態を本当に現実的に想像することはできません――を、わたしたちは今日ますます分化形態の実現の結果として出てきた問題とともに見ているという現実を目の当たりにすると、この論争がそもそもまだ適切なのでしょうか。

この分野に属するテーマについてお話しする時間はほとんどないので、さしあたり、これまでの議論、これまでの機能的分化の話、これまでの分化形態の話の限界がはっきり出てくるようなかたちで、いくつかの示唆をすることでよしとしましょう。環節に分解される場合にも、さまざまな階層、さまざまな地位の序列に分解される場合にも、機能システムに分解される場合にも、問題となるのはつねにシステムであるところの全体としての社会に関わる形態です。機能システムもまた、自己の機能を通して、社会で解決されるべき問題とつねに関わっています。しかし、まったく異なるタイプのシステム形成、つまりシステムとしての社会への言及なしですませるような、社会の内部での諸社会システムの形成が存在します。一つはそこにいる人たちの相互行為で、これは、どれほどの規模の関係であれ、人びとが互いにコミュニケーションをとることができる場合には、いつでも形成される社会システムです。この講義は、そこにいる人たちの相互行為の一例です。そしてもう一つは組織です。ここでもまた分化の問題があります。なぜなら、社会の外部に相互行為が存在しないことは明らかだからです。また、社会の外部に組織が存在しないことも明らかです。しかし少なくとも相互行為については、相互行為が自生的に形成されうること、また相互行為が環境に対して、そこにいない人びとに対して相互行為として組織されるそのされ方では、社会の問題が解決されるはずがないことは、まったく明らかです。そこで、相互行為システムはどのようにして社会のなかで社会のことを知るのか、という問題が出てきます。同じ問題は組織の場合にも出てくるでしょう。組織も今日では多くの場合に機能システムの内部で形成されうるし、実際形成されるでしょう。銀行や企業、政党、学校や大学、病院、裁判所、弁護士事務所といったものが、特定の機能システムと明確な組織上の関係をもって存在しています。しかし、明確な機能システムを念頭におかない組織も存在し、ときどき自由意志のアソシエーションと呼ばれます。つまり組織もまた自生的に形成されうるのです。問題は、この現象をどのようにして社会理論の内部にもち込むのか、あるいは、社会が意図しておらず、別のシステム形成メカニズムにもとづいて社会のなかで生み出されるこの差異を、どのようにして社会理論のなかに位置づけるのか、ということです。

ここでわたしは、この問題に答えるためには、そもそも講義全体を膨らませる必要がある、という難点を抱えることになります。ここでは、相互行為の理論あるいは組織の理論を展開しなければならないでしょう。それを体系的にやりたいのなら別の講義の対象になるので、ここでわたしは、一方で相互行為システムからみて、もう一方で組織からみて、社会はどのように知覚されるか、という問題に話を限定しなければなりません。また、オートポイエティックなメカニズムがこれらのシステムの内部でどのように動いているのか、たとえば相互行為はどのようにして自己自身をオートポイエティックに組織するのか、といった問題に是が非でも取り組むというわけにはいきません。

遅かれ早かれ相互行為をするが、しかし今はそこにいない知人がつねに存在し、逆に今そこにいる人でもつぎの状況ではもはやそこにいない人として考慮されるのですから、すべての社会において――それ以外のものは想像することができません――つねに相互行為と社会の差異が存在します。その意味で、相互行為と組織を区別しなければならないと思います。だから、相互行為システム、つまりそこにいる人どうしのコミュニケーションでは、そこにいないことが何らかのかたちで考慮されると予期しなければなりません。つまり、そこにいないけれども、相互行為をしている間に、何か危ないことや何か役に立つことをしている、何かよくわからないことをしている、何か知らされるかもしれないけれど同時に進行しているので知らされることのありえないことをしている、そんな人がそこにいないことが何らかのかたちで考慮されると予期しなければなりません。探究すべき問いは、相互行為はそこにいない人がそこにいないことをどのように考慮に入れるのか、そのことが相互行為にとってどのような役割を演じるのか、ということになるでしょう――同時にそこでは行われていないことと、そこにいる人が後で、今は制御できない別の相互行為を始めるときに行うことが分けられるでしょう。こうした状況は古代社会や部族社会で典型的にみられるもので、今日とはまったく異なる制御形態を可能にし、必要とすると思います。今日わたしたちが考慮に入れるのは、他の人たちが別のところで行うことはまったく重要でないといえるような相互行為です。そうだとすれば、他の人たちが別のところで行うことは、たとえば組織を通して媒介されます。あるいはそうであるのは、わたしたちがたとえば家族である場合だけであり、それも別のところで行うことを伝え、警告し、あるいは外での経験をシステムのなかにもち込むことのできる家族のメンバーに関するかぎりでのことです。古代社会や部族社会では、事情はまったく異なっていたにちがいありません。一つ考えてみなければならないのは、相互行為そのもののなかで実現されうるより時間的に長く、空間的にも広い互酬性の観念がそもそもあったのだろうかということです。そこにいない人の助力、マイナスの互酬性、そこにいない人の敵意といったものを考慮に入れると、それにマイナスあるいはプラスの対応をする用意をしなければなりません。ある程度長く続くコンフリクト、ある程度長く続く助力と恩義といった互酬性の観念は、社会が相互行為の境域を越えて広がるための大きなメカニズムの一つだったのかもしれません。すでにお話ししたように、今日ではこの状況をまったく別のかたちでみるべきでしょうし、むしろ無関心／親密性という問題に焦点を合わせるべきでしょう。相互行為にとって関心があるのは、一方でそれ以上の関係のいらない人たち、それ以上は害にもなりえない人たち、ただそこにいるだけの人たちで、バスの車掌、ドアのところで劇場チケットのもぎりをする女性といった人たちがそうです。これらの人たちはそれ以上の害になりえず、やることをやるだけで、組織が関係を規制します。相互行為の状況で関心があるのは、もう一方でその同意、感情、態度に価値がおかれ、いわば人格として抽出される人たちであり、その運命、環境、職業環境、職業教育といったより広い環境が、そのつどの相互行為にとって関心のある人たちです。

組織のことを考える場合、この状況がそのまま移されることはありません。なぜなら、組織の場合は、システムと環境の関係が異なるからです。わたしは組織を、メンバーであるかメンバーでないかという問いに関して分化する社会システムであると定義しましょう。その意味は、誰もが決定によって組織に入り――自分の決定であれ、組織の決定であれ、採用のときには両者が典型的に連関しています――、メンバーになり、組織を再び去ることができる――これまた解雇によるのであれ、辞職によるのであれ――ということです。組織にとって重要な点は、組織がメンバーの行動について、非メンバーについてはできないような要求を課すことができるということです。人びとに要求されるすべての特別な仕事は組織のメンバーに関係していますが、その一方で他のすべての仕事は環境であり、それにふさわしく放置しておくことができるか、あるいは経済の領域で購入し支払いをしなければならないか、政治の領域で場合によっては命令権力を通して強制されなければなりません。この種のメンバーの行動を通した境界設定をよりくわしく分析すると、問題となるのはまったく異なる排除と包摂のタイプだということが、まず目を引きます。わたしたちの社会の機能システムは排除しようという動機をもたないのに対して、組織において決定的なのは、誰でも認められるのではなくて、実際に採用された人、組織のなかで持ち場のある人、組織の代弁をすることのできる人、組織の命令に従う人だけが認められるということです。包摂／排除のメカニズムは、特別な要求を課してそれ以外の点では無差別であるために用いられます。それ以外の行動は組織にふさわしくありません。それ以外の行動は、たとえば経済では経済的に重要なことがありえます。客がものを買わなくなったら、致命的なことになりえます。しかし、客は組織の要素の変化によってものを買うように義務づけられることはありえませんが、その一方で仕事の仕方や生産の方法は転換されることがありえます。組織の内部では、再び流動性の圏内に入るために、解雇やその他の措置によって合理化を試みることができるのに対して、環境の行動にそのようなやり方で影響を及ぼすことはできません。だから、包摂／排除の差異が大きな役割を演じるのです。

このことは、なぜ機能システムの内部に改めて組織が形成されるのか、なぜ単純に市場、世論、個々の法律行為の合法性だけでは十分でないのかと問題を立てると、重要になってきます。なぜこの相互依存の設定の内部に、まったく異なるかたちに形成され、単純に何でも許すのではなく許すことを選別し、専門的な仕事、特別な命令、特別な権限のある要求に従う仕事を組織するような組織が改めて存在するのでしょうか。わたしたちは、機能システムは排除のメカニズムをもたないからこそ、まさに排除を行うことのできる組織に依存している、というほかならぬこの差異を用いて、機能システムと組織の関係を記述することができるように思われます。だからわたしたちは、政治組織、教会組織、工場、経済組織、学校や大学の教育組織や研究組織が存在し、それによって機能システムの内部で行動を規制することができるという状況を、いたるところで目にします。機能システムは全体としてこの状況に関係しており、組織からは排除されているが機能システムそのもののなかに位置づけられる消費者、顧客、利害関係者の領域をつねにもっています。社会は、機能システムと組織という二つのタイプのシステムの分離によって、包摂と排除の差異をもつと同時にもたないという奇妙な状態を成立させます。社会は、組織においてはこの差異をもち、機能システムの領域ではこの差異をもちません──少なくとも公式の自己記述を受け入れて、わたしが先に話した現象、つまり一部の人びとは機能システムからも排除されるという現象に注意を払わない場合には、そうです。

これで今日は終わりにしたいと思いますが、このことは今きちんと議論しておくべきでしょう。一方で相互行為システム、もう一方で組織の固有の作動様式をよりくわしく分析し、つねにコミュニケーションを基底的過程とするならば、典型的な作動は何でしょうか。そこにいることを前提にすることができる場合、相互行為システムにある典型的な作動は何でしょうか。またメンバーシップを前提にすることができる場合、組織システムにある典型的な作動は何でしょうか。わたしは、相互行為システムの場合には知覚が大きな役割を演じると思います。コミュニケーションは、もともと知覚からほとんど区別することができません。人は今、コミュニケーションによって何かを伝える用意があるほど、他の人をよく見ます。また、自分が見られることもわかっています。このことは、コミュニケーション自体は知覚することができないのだと考える場合に、はじめて注目に値します。人間だけが知覚することができます。人は脳を用います。でもコミュニケーション自体は知覚することができません。コミュニケーションから成り立つシステムは、自己自身を外に向かって表現する能力がありません。人はコミュニケーションにおいて自分以外のものに言及しますが、システムの外部ではあるけれどもいわばそこにあり、何らかのかたちでシステムに影響を及ぼしながら存在しているような、今、見たり聞いたりすることのできる世界の複雑な存在をとらえているわけではありません。したがって、相互行為状況はコミュニケーションが知覚を受け止める状況です。それも、ラジオを聞いたり本を読んだりするときに当然用いられる限定的な知覚ではなく、そのつど他者が何を知覚するのかを制御することができないか制御することが困難な、無限定的な知覚を受け止める状況です――他者が自己をどのように知覚するのか制御することができないというだけでそうなります。相互行為システムは、単独で存在する場合には、おそらく人と社会システムを分離するきっかけを与えることなく、知覚のプラスの攪乱効果もマイナスの攪乱効果もつねにコミュニケーションに取り込むようなシステムです。この考え方をきちんと議論すれば、重点は、何かを伝える人が誰でも自分が知覚されているという感情をもつならば、コミュニケーションはどれほどの自由度をもつのかと問われること、また伝達そのもののなかで伝えようとする以上のことが伝達から推論されることにおかれるでしょう。

わたしは、これは今日、たとえば家族療法で話題になっている領域だと思います。たとえばダブルバインド現象では、誰もがつねに二つのレベルでコミュニケーションを行います。それは人が明示的に何かをいうレベルと、その人を知覚することから何かを推論することのできるレベルです。これは、そこにいる人の相互行為という類型に当てはまる状況であり、相互行為のなかでは解消することのできない状況です。わたしは、相互行為の特殊性を、この独特の知覚への言及が優勢な点にみようと思います。そこでは言語コミュニケーションは、きわめて選択的にしか遂行されず、すべての参加者が同時に知覚するものによってつねに制御されていますが、参加者は自分の知覚をまたすぐに完全にコミュニケーションに転用することができるのではありません。

組織についてては、わたしはとても込み入った意思決定理論をイメージしてしまうのですが、その話は時間を考えるとおよそ適切にできません。そこで、わたしは組織における独自の作動もコミュニケーションとしてみるが、さらに一種の選択意識が、つまりほかのようにも選択することができたという意識が伝えられるような意思決定のコミュニケーションとしてみる、ということを指摘するだけでよしとしなければなりません。これは、知覚と知覚されることがコミュニケーションを一定のかたちで形成する場合とは、まったく異なる状況です。つまり問題となるのは、意思決定の契機を抽出するものとしての組織の特殊性であり、組織の作動のタイプを意思決定のコミュニケーションとする定義です。しかし、このことは幅広い説明を必要とするでしょう。この時間で分化の叙述を終わりにして、つぎの二時間で社会の自己記述を扱いたいと思います。

注

（1）Niklas Luhmann, *Einführung in die Systemtheorie*, 2. Aufl., Heidelberg : Carl-Auer 2004, S. 18 ff.（土方透監訳『システム理論入門（ニクラス・ルーマン講義録1）』新泉社、二〇〇七年）における叙述（二〇〜四四頁）も見よ。

（2）Magoroh Maruyama, *The Second Cybernetics : Deviation-Amplifying Mutual Causal Processes*, in : *American Scientist* 51（1963）, S. 164-179, 250A-256A（北川敏男・伊藤重行編『システム思考の源流と発展』九州大学出版会、一九八七年所収）を見よ。

（3）Max Weber, *Wirtschaft und Gesellschaft : Grundriss der verstehenden Soziologie*, Studienausgabe, Tübingen : Mohr 1990, S. 727-814 の「非正統的支配（都市の類型学）」の章（世良晃志郎訳『都市の類型学』創文社、一九六四年）を見よ。

（4）たとえば Marshall Sahlins, *Tribesmen*, Englewood Cliffs, NJ : Prentice-Hall 1968（青木保訳『部族民』鹿島研究所出版、一九七二年）を見よ。

（5）マインツ女史の回答に感謝するが、彼女によれば、ここで問題となっているのは、ルーマンとマインツの間で交わされた数々の討論の一つであったにちがいない。書かれたものとしては、この異論は手渡されていない（編者ディルク・ベッカー）。

（6）陶片追放とは、古代アテネの人民裁判で、市民の追放を決めることができた。

（7）Helmut Willke, *Die Entzauberung des Staates : Überlegungen zu einer sozietalen Steuerungstheorie*, Königstein i. Ts.: Athenäum 1983; ders., *Systemtheorie entwickelter Gesellschaften : Dynamik und Riskanz moderner gesellschaftlicher Selbstorganisation*, Weinheim : Juventa 1989; ders., *Systemtheorie III : Steuerungstheorie*, Stuttgart : G. Fischer 1995 を見よ。

（8） Karin Knorr Cetina, *Zur Unterkomplexität der Differenzierungstheorie : Empirische Anfragen an die Systemtheorie*, in : *Zeitschrift für Soziologie* 21 (1992), S. 406-419 を見よ。

（9） 念頭にあるのは、ふたたび Jürgen Habermas, *Faktizität und Geltung*, Frankfurt am Main : Suhrkamp 1992（河上倫逸・耳野健二訳『事実性と妥当性——法と民主的法治国家の討議理論にかんする研究』（上・下）、未來社、二〇〇二／〇三年）である。

（10） Richard Münch, *Theorie des Handelns : Zur Rekonstruktion der Beiträge von Talcott Parsons, Êmile Durkheim und Max Weber*, Frankfurt am Main : Suhrkamp 1982 を見よ。

V 自己記述

〈第12講義〉

みなさん、今日は最終章に入りますが、その主題は「自己記述」です。まず最初に、「自己記述」ということの概念が意味する事柄について、いくつかのことをお話ししておかなければなりません。その一つは、当たり前のことですが、自己記述は他者記述とは異なるということです。自己記述とは、あるシステムが自分自身の作動によって自分自身についての記述を行うということです。「記述」ということでわたしが考えているのは、今起こっていることについてのたんなる「観察」とは異なり、たとえば広い意味でテクストとなるもの、あるいは別の関連性のなかでも繰り返し適用しうるような同一性を生み出すことです。したがって、自己記述とは、システムが自分を何ものかとして説明し、観察し、記述することであり、しかもそれが別のものとの関連においても意味をもちうること、それゆえ、自分自身を環境から継続的に区別するということです。

こうしたことはすべて、とりあえずは非常に単純なことです。それが単純でなくなるのは、その記述がシステム自身の内部でなされることを考慮する場合です。システムが記述という働きを行う場合、そのシステムはすでに別のものになっています。というのも、その場合、ある記述を行ったこのシステムはその記述を含むことになりますが、そのシステムは、その記述を含むシステムとして自分自身を記述していることになるからです。しかも、この循環はさらに続き、終結しません。なぜなら、つねに最後の記述作用が記述されなければならないからです。このことは、文学や哲学においてはよく知られたことであり、社会学においてはじめて明らかになったことではありません。みなさんは、一八世紀のローレンス・スターンのトリストラム・シャンディという長大な小説を読んだことがあるでしょうか。この小説から読みとれる問題とは、一種の自叙伝が作成されなければならないということです。つまり、(自分を)記述する人が記述を始めるときにはいつも、その記述を自叙伝に加えなければならないのです。なぜなら、まさに記述する人がそれを行っているからです。記述はつねに不完全であるために、記述する人はつねに繰り返し記述し続けなければなりません。いかにしてそうした記述者が生まれるのでしょう。それ以前には何があったのでしょう。世界が統一体であることから生じるというのも一つの考え方です。語る人はまさに、その語られる通りの世界のなかにあります。それゆえ、(世界についての)完全な叙述もまた、そこで叙述される通りの叙述にすぎません。そこにパラドクスがありますが、小説はみな、このパラドクスを示しています。なぜなら、小説は、つねに中断を繰り返しながらそれ自身のうちでなされる際限のない叙述だからです。

この問題を別の仕方で捉えるものに、意識哲学があります。たとえば、フィヒテは、措定するという作用と、そのことによって生み出される事柄についての観察とを区別します。この場合、措定するというのは、わたしが「自分を措定する」ということですが、椅子の上に自分をおくというのではなく、自分で自分を生み出すことだといえるでしょう。ディーター・ヘンリッヒは、このことをさまざまな仕方で語っています。自己を措定する作用と反省という作用、自己を維持することと自己観察ないし自己意識を、一方に還元できない二つの作用として語っているのです。(1) このことはまた、意識が保持され再生産されるために、その作用が行われる瞬間に自分自身を把握せず、みずからをともに考察することのできないような作用がある役割を果たしていることを意味しています。そのかぎりで、自己記述の問題、自己記述が必然的に論理的な不完全性をもつということはよく知られた現象です。この問題の解決は、哲学やジェーン・オースティンの小説などにみることができます。それは、ある歴史の最後に、作用と観察とが同時に行われるということです。恋人たちがなぜ困難に陥ってしまったのかを知るのは最後になってからです。あるいは、精神がその展開の最後になってはじめて現実となるのです。[2] このことが含意しているのは、終末が実際に終末になるということであり、その後に新しい要素を取り込むことはできないということです。そこには、「歴史後《ポストヒストリー》」すなわち「歴史の後の」何かしかありません。こうした解決策はしばしば議論されてきましたので、この問題はよく知られています。

これに対して、このことを社会システム、特に社会について考えるときに出会う特別の問題とは、そもそも社会についての外的な観察者が存在しうるかということです。わたしたちがある物語のコンテクストのうちにいるかぎり、たとえばある読者は、語り手が自分自身について語ったことを読み、知ることによって、語り手を観察することができます。また、わたしたちが主観的意識というコンテクストにあるかぎり、他の意識、他の主観も、誰かが自分自身を観察し、記述するやり方を観察することができます。ある別の意識は、誰かが自分自身として示したものを、「ゴフマン流に」、自己呈示として観察することができます。[3] 人の意識を見抜くこともできますし、人が何を語るかを考えることもできます。社会学の伝統では、特にジンメルやミードにおいて、自己同一性の問題が問われ、人は果たしておのずから自己同一性をもつのか、それとも、人に観察され、そこに一定の一貫性が捉えられてはじめて自己同一性が生み出されるのかが問題とされてきました。[4] 人は今日も明日も同一であるはずですが、一人でいるとすれば、まったくそうである必要はないでしょう。それでも人は、予期を構成し、相互行為のうちでその予期を補完しようとします。それゆえ、断片的なそのときどきの自己から自己同一性を生み出さなければならないのです。しかしこのことは、自己を記述する者、自己を観察する者と並んで、別の観察者が存在することを前提としています。「自己」という概念は、他の観察者を必要とします。そうでなければ、「自己」について語ることにいかなる意味もないでしょう。

社会の場合、そもそも外部の観察者、あるいはそのような資格をもった者は存在しないという問題があります。多数の意識のうちの一つである各意識が社会について多様なイメージをもっていることを考えると、わたしたちはある程度外部観察する資格をもっていることがわかります。すでに多くの外部観察的な社会の規定には事欠きません。実際、わたしたちは、「資本主義社会」「情報社会」あるいは「リスク社会」といったことを聞かされています。また、未来が今日の時点では不確かであることも知っています。また、読書をし、テレビを見たりして社会のイメージを作り出していますが、そのイメージは、あらかじめコミュニケーションのなかでなされることに依存しています。しかも、そこでは外部観察者という問題が立てられることはありません。外部観察者に該当する古いかたちが、神の概念でした。神は社会を観察し、社会を創造したのです。創造とは、一種の観察行為であり、ある区別を生み出し、区別に意味を与える作用です。神は社会を記述します。すなわち、神は日々繰り返し社会を認識し、未来がどうなるか、過去がどうであったかを知っています。つまり、わたしたちの神は、超人的な能力をもつ外部観察者なのです。それに対して、意識というのは限定的な能力しかもたない観察者です。しかし、社会学にとっての問題は、外的な制御装置がなく、訂正を頼める神や尺度となる主体がいないために、社会の自己記述が任意に、ときによって異なる仕方でなされ、統一的な自己記述ができないという点にあります。人は一つのテキストを作り、それを読者に送り、読者はまたそれを修正します。誤りは脇におかれ、人はそこで、専門家はその誤りを究明することができるのかと問うことができます。今日の社会学的記述にとっての問題は、その記述を外的に制御する者や、そうした制御を外的に観察する者がいないにもかかわらず、社会についての記述は恣意的なものでなく、各人が勝手に何かを主張できるわけではなく、たとえば、マスメディアという市場に受け入れられるかどうかが問題になると確信できるかということです。

わたしはこの問題にこだわり、この問題に関して一種の知識社会学理論を提起したいと思います。しかし、この立場が恣意性を排除するための唯一の可能性であるということではありません。これ以外にも、純粋に歴史的あるいは解釈学的に、すでに長い間考えられてきたことを単純に最初から始めることはできない、と論じることもできるでしょう。わたしが言いたいのは、社会構造から独立した社会の自己記述はありえないということです。その社会構造とは、たとえそれが批判され、あるいは拒否され、その解釈について異なる意見があるとしても、社会の自己記述のなかで考慮されるものです。つまり、わたしがここでこだわりたいのは、社会の分化のあり方が意味論的《ゼマンティク》なもっともらしさを制約しているということです。わたしが試みたいのは、社会の自己記述の歴史をさまざまな分化形式、しかも非常に単純化された分化形式に関係づけることです。詳しく述べる時間はありませんが、たとえば、階層的に分化した社会、あるいは中心と周辺という区別が都市と田舎の区別となっていた社会、帝国とそれ以外の民族といった観念(に基づく社会)、貴族の理論、都市の理論、ポリスの理論、政治理論といった社会の自己記述が顕在的あるいは暗黙裏に出発点とする貴族と庶民という大きな区別にもとづく身分構造をもった社会などです。

わたしはここで、一つの注釈を付け加えなければなりません。それは、これらの自己記述はいずれも純粋に経験的なものだということです。これらの自己記述の素材をみてみると、そこでは、社会全体や人類、民族やギリシャ、あるいはつねに個別的対象となるものを記述しているのではなく、わたしたちが誰で、何をするか、何ができるかと問いつつ、つねにあるコンテクストのなかで「わたしたち」をみてきました。ある対象を限定するかぎり、そうした限定の外部には何があるのかが問われます。それゆえ、なぜ人間が存在するのか、なぜ都市があるのか、なぜ特定の生活様式があるのか、失敗や罪、苦しみがなぜあるのか、などを説明する際の世界の記述、宇宙論的なコンテクストにおける自己記述をわたしたちはもっているのです。伝統的にそういう自己記述にとって有効であったのは宗教でしたが、それだけではありません。宗教もまた、形式コードを考慮しなければなりません。何かを表象するだけでは十分でなく、人が社会として知っているものとの関係において、そのもっともらしさが何らかの仕方で概念的に保証されていなければなりません。重要なのは、社会がそのなかで社会の意味を獲得するコンテクストの記述と（社会の）自己記述との関係をみることであって、これを自己記述を他者記述の問題と混同してはなりません。なぜなら、それはまったく別の問題だからです。

まずはじめに、わたしは古いヨーロッパの意味論《ゼマンテイク》に関する話をしたいと思います。すでに手短に述べたこの構想によれば、ここで重要な自己記述とは、貴族と庶民との違いが社会記述の中心的な要素であるような貴族社会に適合したものか、それとも中心と周辺、たとえば都市と田舎の区別に焦点が当てられている社会に適合的なもののかのいずれかです。分化形式に関する考察ですでに述べたように、中心／周辺と貴族構造は通常、複雑な混合物です。貴族が特別に明記されていなくとも、貴族のいない伝統社会はありません。たとえば、古代エジプトや中国、ギリシャの都市国家の場合、貴族は世界の見方について、ヨーロッパ中世や近代初期に貴族が果たしたような役割を果たしてはいませんが、もちろんこれらの社会においても貴族構造はありました。わたしが古いヨーロッパの意味論《ゼマンテイク》と呼ぶ理念は、こうした種類の社会を適切に特徴づけています。しかし、まず「古いヨーロッパ」という概念について一言述べるならば、すでにこの概念を使った人がそれ以前にいたかどうかをわたしは知りませんし、すでに前もってあったのかどうかを知る人はいないと思いますが、この表現が有名になったのはオットー・ブルンナーと彼によって創出され、大きな広がりをもつようになった歴史学派によってです。そこでは、中世的な構造は近代の概念によっては捉えられないとされます。[5] 中世にあったのは、家、オイコス、ドムス、すなわちエコノミーです。それとならんで商行為もありましたが、エコノミーとは家政でした。そこには近代的な意味での国家は存在しません。支配は、無条件に国家的官僚支配に限定されるものではありません。過去を振り返り、そこに立ち止まるならば、近代的な用語は中世的な用語とは異なり、「古いヨーロッパ」という言葉は中世的な意味論《ゼマンテイク》を強調する意味をもっています。この言葉は、近代的な理論によって近代以前の社会を捉えようとすることに対する批判を含んでいます。これに似た包括的な議論として、近代的な語彙をまったく知らない社会を記述するために用いることのできる近代法理論、近代経済理論、近代言語理論といったものが、そもそもあるのかという議論があります。これらの社会において一般的であった用語だけを使う民俗学という学問があるのか、それとも、わたしたちが近代的な用語を使うことによって、その頃のことをよりよく理解することができると考えるべきなのか、ということです。これは、比較的よくなされる議論の仕方です。

「古いヨーロッパ」という表現をわたしが使うのは、これとは逆の方向です。わたしが推測するに、多くの典型的な古いヨーロッパの観念は今でも用いられており、今日、わたしたちは今なお生き残っている古い複合体のもとにあり、本来もはや適切ではない問いや問い方を続けています。議論の方向をこうして逆転するには、批判的な注が必要です。すなわち、誰かを「古いヨーロッパ的」と呼ぶ場合、それが意味するのは、すでに時代遅れの事柄と、社会を記述しようとするときに今日有意味に問うことのできるものとを明確に区別できないということです。一つ具体例をあげれば、オートポイエーシスをめぐる議論のなかで繰り返し確認されているように、オートポイエーシスや自己生産の理論は、いかにしてそれが始まり、どのように進行しているかを述べることができません。これは、古いヨーロッパタイプの問いの立て方です。人は何かをその始源にもとづいて説明しようとして、それがどのように始まったかを説明できないとき、現実を説明したことにはなりません。アルケー、オリゴ、起源、源泉が同定できない場合、それは不完全な説明と見なされます。これが典型的な古いヨーロッパ的思考であると思います。こうした思考は、ガリレオやニュートンに対しては当てはまりません。ダーウィンの進化論も、種の起源という表題にもかかわらず、起源を明らかにする理論ではありません。進化に関する章ですでに述べましたが、この理論が説明しているのは区別の働きであり、それを説明の枠組みとして利用しています。もっとさまざまな例をあげることはできますが、これはつぎのような問題を考えるための一例にすぎません。つまり、人はそれが適切かどうかを反省することなく、古いヨーロッパ的思考を無意識的に用いているのか、それとも長い伝統に即応しているという理由で今日でもなお用いているのかという問題です。それが適切かどうかを反省するためには、いわば純化された理論を提供できなければなりません。その理論とは、原理的に別の、つまり「古いヨーロッパ的」なものではなく、人文的なものでもなく、起源にもとづいて考えるものでもありません。しかし、こうした理論を提起することは、古いヨーロッパの意味論《ゼマンティク》が重要であるかどうか、印象深いかどうか、あるいは成功しているかどうかといった問題とは関係がありません。古いヨーロッパの思想を批判することが問題ではないのです。社会学者として、思考様式と社会構造の関係を回復させようとする場合、それまでうまく働いていた思考に対する感嘆を過去のものとすること、また、古いヨーロッパの思考の特徴を、歴史的に理解するだけではなく、今日の社会の分化形式の変化によってすでに時代遅れのものになった特定の構造的なあり方にとって、それが適切であったかどうかという点からも、より詳細に理解すべきだということが問題なのです。

これが本日の授業の要点です。わたしはここで、古いヨーロッパ的思考に特徴的な二、三の点をスケッチ風に、選択的に、かつ抽象的に述べたいと思います。しかし、それはつぎのことを前提としています。すなわち、社会自身が社会のうちで代理表象され、代理表象する語り手があり、社会とは何であるかを定式化できる立場が社会のどこかにあることが、社会構造を規定するために重要であったということです。社会を代理表象するものとして、たとえば都市がありました。後期イタリア（ルネサンス）的な意味での文明（civilità）理論がありましたが、それは、都市において文学的教養を養うということでした。田舎者はそれを知ることもできず、それに影響を与えることもありませんでした。そこでは、社会は都市からみられていましたから、田舎者には考える必要のない別の世界でした。人間存在の完成や模範的な生き方など、上層階級に対する要求をさらに拡大して都市市民にもそうした生き方を要求できるとすると、僧侶集団や貴族自身についても同様の定式化をすることができます。実際、古代ギリシャの場合、これは貴族に限られたことではありませんでした。しかし、イタリアの初期ルネサンス期の議論においては、市民（civis）、文明（civilità）、「市民《ビュルガー》」は、貴族の概念、つまり社会の指導層という含意をもっていますので、たんに都市に住んでいる人たちだけを意味していたのではありません。

したがって、古いヨーロッパの意味論《ゼマンテイク》のうちに、洞察の中心としてある特殊な資格が前提されていたことをどのようにして知ることができるかということが問題となります。わたしはこの点を、古いヨーロッパの意味論《ゼマンテイク》は「存在論的」であったというテーゼによって示したいと思います。そうすることで、非常に多くのことを理解することができます。わたしの知るかぎり、この言葉は一七世紀になってはじめて生まれたものです。古い哲学の自己記述には「存在論」という表現がありません。存在論は、「哲学」といってもよいし、コンテクストによっては「形而上学」や「物理学」でもあります。また別のコンテクストでは「形而上学」ないし「倫理学」などを指す場合もあります。わたしが調べたかぎりでは、「存在論」というのは一七世紀の概念だと思われます。わたしたちが今でも使おうとしているこの概念が、存在論的伝統が終わろうとするときに生まれたと考えると、とても興味深いことです。というのも、すでに失われたものを示すための用語をもつことが重要であったかのようにみえるからです。しかし、正確にいって、存在論とは一体何でしょうか。わたしが十分な理解をしているとはいえませんが、哲学の文献には、わたしがこのことばから連想するものとは異なるさまざまな捉え方がみられます。一方では、存在論とは事物の現実的《レアリテート》あり方に関わっているといった、いくぶん軽率な使い方がされています。この場合、存在論的に考えないということは、そこには何もないことになり、すべては想像にすぎず、主観がねつ造したものにすぎないことになってしまいます。こうした捉え方はもちろんばかげたことです。もしそうなら、存在論は不可避のものであるはずだからです。ゴットハルド・ギュンターもそうですが、存在論という概念を使いつづける人びとの考えでは、存在論を否定することができないのは、もしこれを否定してしまうと語りうるものが何もないということを暗黙裏に主張することになるからです。これよりもいくぶんしっかりした存在論としては、もの（*res*,「ザッヘ」という意味のラテン語）、あるいは個々の対象、またはハイデガーの「存在者」、つまりそれがあるがままにみずからで存在するものを記述するという見方があります。こうした実体的なものは、それぞれある役割をもっています。さしあたりこのことは認められるでしょう。しかしながら、つねに差異を考慮しようとする用語法や概念から出発すると、なぜそうであって別のものではないのかという問題が起こります。何か存在的でないもの、あるいは、存在論が何かを存在者と規定するときにみようとしないもの、もとうとしないもの、排除しようとするものは存在しないのでしょうか。こう考えると、「存在論」は、単純に存在と非存在の区別にもとづいた観察として捉えられるかどうかが問題になります。存在と非存在の区別を用いたり、最終的に存在と非存在の区別をめざす意味論《ゼマンティク》をとると、観察の仕方が存在論的なものになります。こうした捉え方をしてみましょう。そしてこれを、たとえばアリストテレスの物理学講義における時間分析やヘーゲルにみられる時間の説明に当てはめてみると、[6] 存在論的パラダイムでは、時間は存在するのか存在しないのかという問題が出てきます。時間が存在するという場合、その時間はいつでも同じ時間なのか、あるいはそれがあるのは今なのか明日なのか、永遠に存在するのかといった問題が生じます。存在論的な問いを立てると、時間を理解することが難しくなります。この点はアリストテレスでもヘーゲルでも同様です。こうした点から、存在と非存在から出発する場合の前提条件や構造がみえてきます。特に、存在とは何であるかを問う巨大な反省の企てとして存在論を捉える場合、何が存在するのかを問うために否定を用いると、無もまた存在するのかという問いにぶつかります。具体的には、境界とは何か、という問題です。これは、ダ・ヴィンチのノートに残されていた問題です。[7] 境界はその対象に属するのか、その環境に属するのか。それとも、そのどちらでもないのか。むしろ無なのか。無は存在するのか。無についても繰り返し存在の用語で語られてきたこの種の問いこそ、典型的な存在論の構造です。

存在論の限界に対する問い、よりくわしくいえば、こうした二分法的な記述の仕方の限界に関する問いが緊急なものになるのは、一つは歴史的相対主義によってであり、もう一つは、存在とは何かについての答えが一致せず、さまざまな仕方で記述されるこの問いを発する際の主体、観察者、記述者の数が多いためです。ある者は存在があるといい、ある者は存在はないといいます。古典的な存在論の立場では、この問いはまた別の二分法、すなわち真と偽、あるいは正しい認識と誤った認識とは何かという仕方でも問われます。あるものが存在するものとして規定されることが疑われると、その疑いは説明されなければならず、説明できなければなりません。どちらかが誤っているのです。なぜなら、世界はそれがあるがままに存在すると同時に、異なる見方の通りにあるということはありえないからです。異なる見方がある場合、問いを分析的に解かなければならず、たとえばそのパースペクティヴを考慮に入れなければなりません。ここからみる場合とそこからみる場合とでは異なるからです。しかし、こうした解決策はすべて、何が存在するかをつねに決定できなければならないという立場に止まっています。この問いがギュンターを動かし、つぎのような考察に向かわせています。彼は存在論という概念を広い意味で使っていますが、彼によれば、この種の存在論は、存在／非存在という単純な区別による二値的観察の仕方を前提としつつも、真／偽と存在／非存在の組み合わせをいわば十字架のように見なし、「存在するものが真であり」「存在しないものは偽である」という立場をとっています。[8] 存在するのは真なる言明か、偽なる言明かという問いは、結局はそこで何が問題なのかという主観的な議論のコンテクストへと引き戻されなければなりません。ギュンターはこうして、主観が多数ある場合、二値論理は維持できないと結論づけています。存在論の構造が生まれるのは、正しいか間違っているかの決定が可能であることを前提とする二値論理が使われる場合です。社会や世界を「複数《ポリ》コンテクスト的に」（ギュンター）記述するため、つまりは、人が何を選択するかによって異なる肯定／否定の区別がなされるコンテクストを記述するためには、多値論理を用いなければならないというのです。こう考えると、かなり見通しにくい領域に導かれます。というのも、そうした論理がそもそも存立するのかと問うこと、あるいはそのことについて相互排他的なイエスかノーかを決定する形式、すなわち、たとえばそれで何か問題があるのかないのかと問うことは、この論理にとって法外な問いだからです。みなさんはこの区別を引き受けますか、それとも拒否しますか。イエスそれともノーですか。特定の対象との関係、あるいは特定の価値や妥当性についてのみこの区別をしますか。それともしませんか。もしそうした区別をするとすれば、これによってある種のメタ区別に関わることになり、この区別に対して、そもそもどのような区別を受け入れるかを決断しなければなりません。

こうした決断がどの程度できるかわかりませんので、わたしはこのことにこれ以上関わるつもりはありません。社会学的に興味深い問題は、存在するという判断と存在しないという判断のいずれかを決定可能とする構造的、社会構造的な前提です。わたしが思うには、存在論において暗黙のうちに前提されているのは、社会には、社会にとって決定的に重要な「問題は何であり」「何が問題でないのか」を決定する一つの地位があるということです。都市や貴族、そしておそらく近代においては学問がそういう地位にあります。だが、そこでわたしたちが直面する困難な問題は、これまでそうした地位を占めていた上層階級や宗教、文学的な都市文化、都市生活の文明を、近代社会において引き継ぐのが科学だということができるかということです。機能的に分化した体制のもとでは、学問は真／偽という特殊なコードをもち、政治や教育、法もそれぞれ別のコードをもっています。したがって、わたしたちは、どういう立場にいるか、どのような機能システムを要請するかによって、複数《ポリ》コンテクスト的に社会を記述することができます。これらのコードによる区別のすべてを統合すること、存在するか存在しないかという意味での肯定／否定の区別をすることには、いかなる意味もありません。なぜなら、社会にとって、その存在が決定的であるものを規定することのできる審級は存在しないからです。

それゆえ、これは、古いヨーロッパの意味論《ゼマンティク》がどんな社会構造を前提としているかを問うはじめての試みであり、かなりラディカルに哲学理論に踏み込んだ問いを立てることになります。もう一つの考察は、システムであるところの社会自体に関わるもので、社会を超えて世界の記述、一つの階層構造、実在全体《エッセンツコスモス》にまで拡張されます。注目されるのは、古いヨーロッパの伝統には異なる三つの区別があり、それらは問題のコンテクストによって、そのいずれかが優位になりうるような柔軟性をもっています。その伝統は、近代初期にも入り込んでいて、概念の捉え方や変化のリズムの経験の仕方、また諸概念の新しい定義の仕方に関する寛容さをもっているため、現在でもなお無視できないものです。三つの区別のうちの一つは、全体と部分の区別です。この区別は伝統的に自明なものと見なされていて、そこではつねに単一的な対象が存在するということが前提となります。単一的というのは、複雑ではなく、複合的でもなく、部分に分解できないために、分解したり破壊したりすることができないという意味です。そうした究極の単一体のプロトタイプは神の概念ですが、後には人間の魂も部分をもたないとされました。しかし、アリストテレスにおいては魂の部分が考えられています。その一つが反省する魂の部分です。これが正確にどのようなことであるかを説明することは容易ではありません。神学の伝統では、魂は単一で、それ以上に分解されない要素として扱われています。この部分／全体‐図式は、関連する諸対象に即して説明されます。その一つのパラダイムは、たとえば船です。人びとは繰り返し、ピロイスの港につながれ、徐々に朽ち果てていったテセウスの船について語っています。繰り返し新しい板で補修されなければなりませんので、結局はもとの船と同じであり続けることはできないのですが、部分はみな変化しても全体はそうした変化を超えて永続するようにみえます。ソキエタス・シヴィリス（societas civilis 市民社会）、都市もまたそうです。人間は死にますから、都市を構成する諸部分は失われますが、都市は都市のままで残ります。全体というのは、個々の部分よりも大きな安定性をもった一つの形式概念です。ここでは通常の仮定がすでに働かないことがわかります。部分は全体のためにその任務を果たさなければならず、それが死んだり失われたりしても補完されますが、全体は部分の存在に依存しません。部分がその任務を果たさない場合、全体は損害を被ります。こうした有機体のメタファーから、部分のもつ義務のカタログが取り出されます。こうした有機体の理念は、政治的なレトリックにおいていつも使われます。庶民も平民も、貴族も官僚も、こうした義務をもっています。彼らはみな、全体の部分としての任務をもっています。全体自身は部分の上位にある現実存在《レアリテート》なのです。

諸部分から全体が統合され、syn physein という一つの集合体が生じることをどのように考えたらよいか、これが難しい問題です。そこに何らかのプロセスがあると考えることができるでしょうか。今日要求される正確さに従うとすれば、どのように考えたらよいのでしょうか。今日的な観点からすると、全体と部分を一つにしようとすると、パラドクスとなるような二つの異なる記述水準が問題になります。システムの何かについて、部分から記述することも全体から記述することもできますが、全体は部分からなる、あるいはそれ自体が全体である別の何かからなるということはできません。全体とは部分のリストを集めたものではありません。みなさんもご存じのように、全体は部分の総和よりも大きいのです。ある都市が攻撃されたとき、その市民たちが連携して防衛することができると考えるのは自然なことです。各人がそれぞれバラバラに武器をとったのでは、都市を守ることはできません。ファシズムのシンボルは、ローマ的な連帯によって人びとを一つの全体に束ねることでした。

　これが第一の区別で、政治的レトリックにおいても、伝統的な社会の観念においても、大きな意味をもっていました。第二の区別は、上／下図式です。アリストテレスは『国家論』で、何かが連携するときにはいつも支配者と被支配者が区別されるといっています。この文章が支配する部分と支配される部分について語っていることに気づくためには、三度読み直す必要があります。支配者もまた、たとえば頭や心臓のような、全体の一部分なのです。とはいっても胃ではありませんが。何が全体なのかという問いは、開かれたままになっています。上／下のパラダイムは、一つの秩序の法則性です。支配を前提とする場合や主と奴の区別ができることを前提とする場合、あるいは支配する部分と支配される部分が区別可能であることを前提とする場合、それら部分だけで、それらを一つの全体に結びつけることはできません。したがって、こうした考え方には落とし穴があり、全体が部分であり、部分が全体であるといった仕方でパラドクスを展開することによって、全体という神秘を埋め合わせることになります。これは、コンテクストを別の区別に置き換えることでもっともらしいものになります。主人と従者、主と奴、支配する部分と支配される部分とが区別可能な場合にはじめて、ある全体が樹立されることになります。さもないと、決して部分としては規定できないような個々のもの、孤立した部分、ある種の多数性が存在するだけです。したがって、上と下、部分と全体という二つの区別は結びついています。

さて、三つ目の区別である目的と手段については、見かけ上、非常に紛らわしい翻訳があります。厳密な神学的思考伝統では、あらゆる部分、そもそも存在するすべてのものには、それらが安らげる特定の規定や位置、世界における地位や状態が考えられています。動きの概念もそこで構築され、それは物理理論以上にもっともらしいものです。すなわち、すべての動きはどこかで止まり、落下運動は地上で終わり、人の成熟や花の成長は到達可能な完成されたかたちで終わるということです。そしてそうした最終形態こそ、事物や動きがそのために創造された、あるいは自然にそこに向かう形態なのです。近代的な感覚では、そうした目的を合理的な選択を行う際の観点としたり選好したりすることはありません。そうした目的は、人がもったりもてなかったりするもので、その状態をつくり出すために人が用いるエネルギーや因果性を考慮する際に役立つにすぎません。全体は完全に自然なものと考えられ、人工的な対象もまた目的パラダイムの一つの部分にすぎません。自然の事物のほかに、人が作るもの、家や寺院、水道施設などの工作物もありますが、そこにも疑似自然的な正しいかたちや働きがあり、それらをわたしたちは「手段」としています。しかも、それらは達成すべきかたちによって前もって与えられています。確かなことはわかりませんが、こうした考え方は、中世にはじめて偉大なスコラ的総合によって上／下 - 図式と結びつけられました。そこでは、あらゆる部分はそれ自身のなかに目的をもっているとされます。その目的とは、生きなければならない、また自分の現存在に配慮しなければならない、あるいは自分自身を保持しなければならないといったことです。あるいは、何か別のもの、しかもより高次のもののうちに、その目的をもっているとされます。したがって、部分はすべて、それ自身の機能や役割をもっているということもできます。それ自身の本性であり、創造者に従って秩序づけられている目標、テロスであると同時に終末であるという二重化、この二重の意味が目的／手段 - 構造を階層構造と結びつけ、それがまた全体のなかの諸部分の多様性を記述する形式でもあるのです。

ここでみなさんは、壮大な試みであるスコラ哲学が多くの形式的な区別にもとづいてある総合を果たし、そうした全体として一つの世界を構築しようとしたのだということを理解することでしょう。世界を構築するということは、目的／手段‐図式あるいは目的論的思考、終末や結果、完全な形式に関する思考の領域で、大きな宗教的宇宙に向けて社会自身を乗り越えていくということです。そこでは、たとえば身分構造が提示され、農民は特定の義務を果たすことになります。もちろん、彼らは何よりも生きなければなりませんし、自分を維持しなければならず、当時の言葉でいえば、彼らが属する身分に応じて生きるために必要なものへの権利をもっています。しかし、彼らは、それ以外のものは放棄しなければなりません。彼らは剰余価値を生産しなければならず、そのときどきの所有者である地主や貴族、修道院に従わなければなりません。そうした所有者たちもまた目的をもっていて、彼らの身分に応じて何かに従属していますが、彼らの場合はそうした任務を超えて闘うこと、すなわち外敵から社会を守ること、祈ること、神との関係を回復するといった任務をもっています。こうした三身分構造はすでに八世紀には始まっていましたが、当初は都市市民は含まれておらず、より高い目的と自己保持という二重構造がある役割を果たしていたのは、農民と貴族、そして聖職者という三つの身分構造においてでした。このことは神において頂点に達し、神においてこの二つが統合されます。神は自分自身を享受し、人間の行うこと、社会に起こることすべてが、神による自己享受を可能とするものでした。「享受」というのは、もちろん近代的な言葉ではありません。「享受」において問題となるのは、創造をよきものとし、それを永続させることです。

こうした区別がレトリカルに用いられることによって、議論のコンテクストに従って区別されたものの一方から他方に移行する可能性が生まれます。それと同時に、議論や提示手段が十分に蓄積され、社会の自己記述が生み出される可能性が生まれます。しかし、これはつねに前提されていることですが、社会のなかに社会を代表する部分があること、社会を代表する資格のある部分の存在が前提される場合、社会の自己記述は、そのつどの代表部分だけのものになります。

したがって、そこには二つの補完概念が必要です。それが、代表と参加という概念です。この二つが意味をもつコンテクストはすでにかなり失われているとしても、今日でもなお使われ、重要な役割を果たしています。中世的な代表理論には、さまざまな観念が含まれています。その一つは、現在わたしたちが法的な代表権限として理解している観念ですが、これは外部との関係で一つの団体を構成する複合的な統一性を意味しています。もう一つは、現在でないものを現在化するという観念です。人は、そのとき見ていないものをイメージすることができます。たとえば、目の前にない何かを目に浮かべることができ、そこにないものを考えることができます。代表とは、現在にないものを再‐現在‐化することを意味しています。この二つは、ウニベルシタス理論のなかで結びつきます。ウニベルシタスとは、団体を意味する概念で、法的な意味で多様性の統一を意味しています。つまり、すべての者が連帯できないほど多くの成員がいるために、代表なしには団体の統一が成り立たないという観念、それゆえ、代表する行為がなければならず、選択する行為がなければならないという観念です。たとえば、選帝侯たちは、皇帝の選挙において、上級貴族の身分を代表しています。教区においては、そこに派遣された司教たちが教区住民という意味でのエクレシアを代表しています。その選定には maior pars に関するものと sanoir pars に関するものとで二つ基準がありました。maior とは、より大きなもの、階級においてより高いもの、sanior とは理性的なもの、健全なものという意味ですが、団体という意味ではなく、よき議論という意味です。こうした二重構造があるのは、柔軟性を構築するため、特に教会共同体と強固な貴族構造を取り込んでいる世俗的帝国や都市との区別を考慮できるようにするためです。したがって、現在化するという意味での代表と、多様性を一つにまとめるという意味での代表は、部分と全体の対立に関わります。しかも、諸部分の秩序には問題があることが前提とされています。それが近代の用語法でも踏襲されている理由であり、無条件的な階層構造が要求されない理由です。代表においては、少なくとも公式には、代表者が代表されるものよりもすぐれているとは仮定されていません。その本質を規定するメルクマールはいろいろありますが、中世においては当時の階級構造がそれに当たりますので、近代になってそのコンテクストは簡単に捨て去ることができたのです。代表者とは一時的に選ばれた者にすぎず、彼らがわたしたちよりすぐれているわけではないということは、今日のわたしたちにはほとんど常識でしょう。

参加（Partizipation）というもう一つの概念は、いわばこうした構造の下層面に関わるものですが、あらゆる部分に関わりがあります。pars とは部分であり、参加するとは部分をとること、すなわち、たんに自分自身-のための-存在ではなく、全体-のうちに-部分を占め-うるということです。これは、今日のわたしたちが考えるほど影響力のある戦略ではありませんでした。参加とは、運営規則を学ぶことで得られるようなものではありません。ある人の存在、その人がどういう人であるかは、その人がいる場所、たとえば生まれや職業といったものによって制約され、そういう場でこそ自分の事柄をうまく処理できることは明らかです。そのため、人は全体の一部であり、全体として調和のとれた構築物に参加していることになります。しかし、中世では一体誰がそのことを知っていたか、ということを問題にすることができます。自分たちが釣りを始めたとき、フリースランドの人びとは、自分たちが何かに「参加している」ことを知っていたのでしょうか。こうした問いはいつでも立てることができます。儒教倫理もまた、南シナ海で漁業をする人びとだけに特定のものではありません。彼らはおそらく、儒教からは何も聞かされてはいません。参加ということが問題になるのは、社会の記述を行いうる人、秩序の問題を考える必要にかられた人が自己確認しようとするときです。近代になると、こうした構造はもちろんイデオロギーとして扱われるようになりますが、同時に見ておくべきことは、当時の世界にはそれに代わるものが何もなかったということです。当時の人びとは、上下の区別を排除するべきだと考えることはできず、上位の人びとがその義務を果たさないから、反抗運動や農民反乱が起こるのだと考えることができただけです。政治的紛争のコンテクストでも、これと同じ構造がみられます。その一つは、個々の階層にとっての道徳的な義務を思い起こさせる道徳的な議論です。もう一つあげれば、現実の苦しみを引き合いに出して理想化された古い秩序を思い起こさせる議論です。しかしながら、世界全体が別の仕方で秩序づけられうるということまでは考えられず、考えられたのは、完全な秩序としてかつて妥当していたはずのものに向かって後退する（revolvere）という意味での「革命」だけでした。

このことは、これまでに述べてきた三つの区別全体に関わる問題です。この点については道徳や倫理に関わるさらなる考察をしなければなりませんが、複雑な問題なのでここでは簡単に触れることしかできません。ギリシャ的な意味での「政治」、政治倫理、ポリスの倫理が中世の伝統のなかで「社会的」と表現された理由を考えてみることが、おそらくもっとも望ましいやり方だと思います。その理由とは、古代の都市文化がもはや典型的な生き方ではなく、「社会的なもの」と「道徳的なもの」とが区別されえなくなったからです。ともかく、わたしはこうした問題に対して、決して何か説得的な答えを発見したというのではありません。つねに仮定にすぎませんが、道徳とは社会的なものの自然の形式であることを多くの原典や専門家が確認してきたといえるでしょう。この場合の自然概念とは、うまくいかないこともあり、欠陥をもったかたちの自然があり、醜悪な人間も存在したということを予想させるものです。つまり、盲目や奇形、不作や戦争、不安など、あらゆる悪しき状態が存在しうるということです。しかし、だからといって、ある完全なかたちの社会秩序を記述することができることに変わりはありません。ある意味で自然的な秩序、あるいは目的論的な目的にかなった完全な秩序、そうした秩序にそった都市のあり方や気品ある構造は記述できるのです。しかし、さまざまな身体的あるいは精神的なプロセスからなる行為に対して、正しい行為をするための基準を与えるのが道徳だと考えられたのではありません。倫理や道徳に関する思考構造のなかにあるのは、質量と形式という区別ではありません。エートスというのは、記述することの可能な基準や規則の問題ではなく、正しく捉えられたあり方（verfasstheit）の問題です。ギリシャではヘクシス、ラテン語ではハビトゥスといわれましたが、これらの言葉が示していたのは、貴族として、僧侶として、技術者として、農民として、女性としてなど、それぞれの社会的な立場にふさわしいあり方です。しかし、それは、人びとがつねにこうしたふさわしいあり方とは異なる方向に向かう可能性があり、堕落した形態もあるという問題含みの前提のもとでいわれたことです。そのため、神はなぜそうした堕落した形態を許容したのかという問いが、神学や宗教に向けられました。これに対するわたしの答えは、すでに述べたように、わたしたちが善と悪、美徳と悪徳を区別しなければ、わたしたちはいかなる美徳ももちえないというものです。なぜなら、こうした区別がなければ、楽園のような自動装置しかなくなるからです。つまり、人はただあるがままにあり、なぜそのようなあり方をしているかを知らず、禁止された果実を食べていない状態にあることになります。

これは複雑で神秘的な説明かもしれませんが、わたしが思うに、一八世紀にも貫徹していた古いヨーロッパ的思考と近代的思考との違いを知ろうとすれば、まず「道徳的なもの」と「社会的なもの」とが一致していたことから出発しなければなりません。そうすることで、両者の統一のなかに堕落したかたちがともに考慮されていたとしても、それは二次的な区別であることがわかります。わたしたちが社会的なものを善きものとして捉えるかぎり、この区別をなお保持しています。多くの社会学者が「社会的なもの」は何か善きものだと考えているとしても、社会学者にとって、このことはつねにとても驚くべきことです。あたかもそれ以外のあり方がありうるかのように、人は社会的でなければならないとされているのです。社会的なものという概念には、こうした両義性《アンビバレンツ》があります。特に社会進化の理論、現存在をめぐる闘い、資本主義やナショナリズムに対する論争において、社会的なものが積極的な価値のあるものとして扱われています。デュルケムの場合、特にそれが明確です。いつも思うのですが、社会は道徳的な機関であり、道徳的な出来事でなければならず、最終的には宗教的、道徳的観念が社会を社会にするという彼の理念は、多くの点で、道徳性と社会性が不可分であることと結びついています。今日的、近代的な観察者にとっては、何がよいかを一体誰が規定するのかということが問題となります。これは、古い世界では答えうる問題でしたが、今では答えられない問題です。それでも誰かが「社会的であれ」と言ったとすると、いつだってわたしたちは社会的ですよ、いつも他の人と話していますし、あちこち出かけ、多くの人と関わる可能性がありますから、と答えることができますが、「今どうあるべきか」と問い返すこともできます。わたしが特定の者であることを望んでいるのは誰でしょうか。わたしに口出ししようとするのは誰でしょうか。わたしに指図しようとするのは誰でしょうか。こうした問いに対する答えはさまざまありうるでしょう。ですから、今のわたしたちにとって、古いヨーロッパ的なメンタリティや意味論《ゼマンティク》を理解するのは困難なのです。当時はなお、社会と道徳は一致していたのですから。少なくとも一八世紀まではそうでした。それ以上には遡らないと思いますが、一七世紀にはすでに道徳は麗しい見かけや善き扱いに関する人為的な装置と見なされていたとしても、道徳はなおマナーの問題であり、善き道徳は善きマナーのことでした。少なくとも、つねに善き人であるかのように行為せよと強制されていれば、最後には善い人になれると考えられていたのです。なぜなら、それが、何が正しい道徳であるかについての判断の違いを処理するためのもっとも簡単な方法だったからです。教育が最初になすべきことは、正しい振る舞いと態度を自分からとれるようにすることでした。一七、一八世紀に大きな役割を果たしたのは、こういう考え方です。それまで統一的に捉えられていた道徳とマナー、自分の-分を-知る、よく-思われる-ことができる、美的な-質を-磨くこと、これらがはじめて分かれてくるのが一八世紀です。その後に登場する反省理論は、倫理をもはやエートスや生活様式としてではなく、道徳判断を基礎づける理論と見なしています。

この違いは、わたしがここで擁護しようとしている理論によれば、機能的分化への変化と関係しているように思われます。自明と見なしうる、一義的な道徳判断を与えてくれる審級がもはやないとすれば、また、人がそこで生まれ、生涯の任務を果たすべき立場といったものが問題とされず、出世することができたり、それが妨げられたりする場合、しかも誰が各人にそれぞれのあるべき場所を告げるのか、権威がどこから来るのか、誰がわたしに指示を与えるのかということがつねに問われるとしたら、抽象的な水準での道徳理論が必要になります。その場合、そうした道徳判断を提供するものは、その判断を基礎づけることができなければなりません。そのために、古い世界にはなかった理論が要求されることになります。一七世紀の「道徳科学（sciences de mœurs)」は、公汎にわたる習俗の記述であり、摩擦のない社会的状態を洗練するという意味での改良運動でした。この動きは、一八世紀のはじめ、感情の理論に加工し直されます。それがいわゆる「道徳感情」ですが、sensibilitéとは決して感情ではありませんので、ドイツ語の適訳を見つけるのは難しいのです。おそらく感受性、道徳的感受性、感化力といったドイツ語がそれに当たると思いますが、これらは、ある人が何かを言ったり行ったりするときに他の人が考えることと関係しています。これは、主体ないし個人が道徳にいわば爆薬を投げ込んだようなものです。この爆薬が広がることによって、自然なかたちとしての社会的なるものとしての道徳から出発するだけでは十分でないことに気づかれるようになります。

ここでは手短に要点のみ話さなければなりませんが、これらすべてを貴族に関する記述に置き換えることができるでしょう。すでに社会の分化に関する講義で、貴族の理論についてはお話ししましたし、出自と貴族の適性ないし道徳形式との間に、先に述べたような両義性《アンビバレンツ》があったこともお話ししました。また、そのとき、つねにそうした議論があったこと、特にイタリアではすでに一五世紀にあったこと、特に一六世紀には、貴族が貴族であるのはその適性という意味での内的貴族性のためなのか、それとも貴族の家系に生まれたというたんなる事実なのか、という議論があったこともお話ししました。わたしたちの道徳概念からすると、こうした議論はかなり無意味であるようにみえます。何が人を貴族的にするのかをはっきりさせなければならないからです。同様に、道徳的行為を法的に規定できるかどうかは、今なお一つの問題です。しかし、もし社会形式としての古い道徳形式に立ち戻って考えるならば、これはまったく無意味なことではありません。人が家族や出自を一切もたず、ときにいわれるようにたんにそこにいるだけだという場合とはまったく異なり、古い社会では、人は出自や教育、家族や重要な先祖との繋がりによって道徳的な要求を受けたのです。祖先や家族に関する記憶が教育やその他の生活場面で道徳的な動機づけを与えるという観念は、それが自然的なもの、すなわち生まれなど、その人にあらかじめ与えられた条件《コンディション》であり、その基準に従って行動すべきことが当然であるとすれば、それほど意味のないことではありません。

こうした構造がどこで壊れてしまったのかということについて語るのにそれほど多くの時間はいりません。それが本当に壊れているかどうかは、今でもその記憶を思い起こさせるものが残っているために、断言できません。経済的脅威に際して人は再びアリストテレスを読み、そこにあるエートスを見出そうとしたりします。民衆に失望し、民主主義者から民主主義批判者になった左翼は、今、「市民」や市民社会について語っています。もちろんこれらは、それと異なるあらゆる可能性に対して市民道徳を擁護しようとする点で同じものです。歴史的な差異にもとづいて考えることに慣れた人にとっては驚くほど素朴な逆行がつねにあるのです。

こうした問題が生じるのは、社会の自己記述が社会の構造、特にその分化形式と結びついていると考え、その可能性を利用していると考える場合、つまり、論証による基礎づけによってではなく、わたしが現実に経験できるものを捉える概念によってあるがままにみるときに社会はよりうまく概念化できるという可能性を利用していると考える場合です。したがって、近代において分化の形式が変化したということから出発するならば、今述べたような古い考え方のもっともらしさが失われたのはそのためだといえるでしょう。そしてまた、いくつかの点でそうした古いものに遡ることで現代の問題に近づけると信じる場合、それは時代遅れなものになるか、または今日的な条件のもとでは古いヨーロッパ的なものとなります。

わたしはなお、二つの点をあげたいと思いますが、その詳細の説明は、意味論《ゼマンティク》の変化を取り上げるつぎの時間まで待っていただかなくてはなりません。大きくいえば、このことはつぎの二つのことについていえると思います。

その一つは近代の個人主義です。つまり、人間は、自立しているかどうか、家をもっているかどうか、女性であるか子どもであるか、下男や下女であるかどうか、どんな階級であるかにかかわらず、個人であるという考え方です。突然、個人がすべてになるのです。これは、古い世界にもあった考え方です。すなわち、すでに中世、特に神学的な面で始まっていたとみることもできますが、それはすべての人が一つの魂をもっていて、最後の審判に出頭しなければならないという考え方です。その法廷では、現世でのさまざまな違いは考慮されず、それとは別の評価がなされます。告白することから出発する伝統的な自己反省の問題においても、社会的コントロールは刑罰などの外的強制がなされるだけではなく、内面的なものにも向けられ、罪ある者が自分自身の罪を知り、告白しなければならないとされていました。おそらく、当時の人びとは、実際に考えていないものでも、語りうるすべてのことを素朴に信じていたのでしょう。しかし、本当の懺悔と認められるためには複雑な制約がありました。罪の許しを乞い、罪を免れても、なおタバコを吸いつづけるなど罪ある役割を演じつづけた場合、それは決して本物の懺悔とは認められませんでした。すでにそうした反省は存在していました。アベラール（一〇七九―一一四二）の倫理にもとづくきわめて初期の定式化では、自分自身との間で合意を形成するということが一つの役割を演じており、それが近代の個人主義を準備するものでした。しかし、それがはじめて伝統となったのは、個人主義、しかも経済的個人主義、自分自身を構築する経済的存在という意味での自立によって、古い構造を壊すことができたときでした。

もう一つは、わたしたちは明らかに、それまでとはまったく異なる時間との関係をもっているということです。つまり、現在を中心に過去と未来が秩序づけられているという意味での時間です。古い時間概念（tempus）が表していたのは、これと異なり、世界はそれ自体一貫したものであって、星たちはいつも同じように動き、世界の秩序は川の岸辺のようなものであって、そこを何かが流れていき、世界の一部はその流れのなかにある、そうした時間でした。そこには時間的差異（varietas temporum）があり、事物の可変性には程度の差がありますが、それを記述するための区別は、よく知られていたように、過去と未来ではなく、限界のある時間（tempus）と永遠（aeternitas）、すなわちどんな時間についても知っている神の全知であり、永久的持続でした。神にとってはあらゆる時間が同時であり、本質はいつでも同時的なものであり、形式は一貫しています。その一貫性とはもちろん本質の一貫性であって、根本にある自然的、道徳的な規範の一貫性です。それとは別に変動するものがあります。このような構造は、一方では貴族の世界との関連で、変わらないものと変わるものを規定する力、たとえば「ストア派のように」より高い可変性のもとでいかに行動すべきかを規定する宗教的、公的な力との関連で見るべきであり、他方では、そうした仕方で記述される世界のあり方との関連でみるべきだと思います。これに対して、過去と未来の区別から出発するならば、もはやそうした構造に頼る必要はなく、今どのように決断するか、過去にどのように決断したかということだけが問題となります。なぜなら、過去が未来にどのようにもち込まれうるかは、そうした決断によるからです。

この二つは、その後強化されるべきとされた研究の方向性を示しています。わたしたちが過去を振り返ってみて、革新的と見なせる立場を見つけたいと思うならば、直線的な時間のうちに探してみればよいのです。たとえば、新しいものが重要になったのはいつか、いかなるコンテクストにおいてか、リスクという概念が現れたのはいつか、現在の未来感覚が中心的なテーマとなったのはいつか、と。いずれにしても、これは、個人主義がたとえば人権というかたちで構想されるようになったのはどのようにしてかという問題です。つぎの時間には、もう一度簡単にこの点について振り返り、そこから、一八世紀以後の近代世界、近代の意味論《ゼマンティク》が、以前に考えていたことのすべてがもはや当てはまらないという驚きに対して、どのような反応をしたのかを示してみたいと思います。しかしながら、それは、啓蒙、主体、意識哲学、存在と妥当性の区別といった近代の意味論《ゼマンティク》が、今日の社会を適切に記述しているのではないことを示すことになります。

〈第13講義〉

本日、最後の講義でわたしが行いたいのは、すでにお話ししたように、歴史的な観点に立って社会の自己記述を素描することです。前回の講義で問題となったのは、社会の自己記述における古いヨーロッパの構造および世界の記述と階層的な分化秩序との関係でした。今日わたしにできることは、近代社会についての決定的な自己記述を示すことではありません。わたしが示そうと思っているのは、近代的なものといえるのは移行期の意味論《ゼマンティク》、転換期の意味論《ゼマンティク》であって、人びとがもはや古い世界のうちにはなく、古い秩序概念を使うことができないにもかかわらず、いかなる社会に生きているのか、まだわからない状態に対応する意味論《ゼマンティク》です。わたしたちが生きている社会を今まるではじめから作らねばならないかのように、未来に向けて、また進歩等々に向けて語られるものが数多くあります。二〇世紀、紀元二〇〇〇年目の終わりにいるわたしたちは、貴族と庶民、都市と田舎といった区別から、それ固有のダイナミズムが制御不能にみえるほど機能システムが優勢になっていることを、はっきりとみてとることが大切です。しかし、わたしたちはなお、このような変化についての確かな概念、特に一般的に承認された概念をもち合わせていません。

この移行期の意味論《ゼマンティク》、すなわち、通常典型的に「近代的」とされるものを統合しようとしても、統一的な像が結べません。わたしのみるところ、古いヨーロッパにおいては概念的に一貫した先行的判断が可能であったのですが、近代に典型的といえるような意味論《ゼマンティク》は、その領域がさまざまな部分に分かれてしまっているために、複数形で示さなければなりません。これは偶然ではなく、そこには理由があります。それは、わたしたちが近代社会について統一的な理解を獲得していないからです。このことは、あたかも近代がすでに過去のものとなり、脱近代《ポストモダン》が生きた意味論《ゼマンティク》となっているかのように論じられる際の近代《モダン》と脱近代《ポストモダン》との区別をめぐる議論に対する注釈でもあります。一方では、近代的なものを転換期の近代的意味論《ゼマンティク》に統合しなければならず、他方では、伝統からの決別としてだけでなく社会理論として今日の意味論《ゼマンティク》において用いている脱近代《ポストモダン》的なものを近代《モダン》的な意味論《ゼマンティク》に統合しなければなりません。

機能システムに関する考察から始めて、分化した機能システムは意味問題を処理しなければならないというテーゼを出発点として立てたいと思います。機能システムは、社会におけるシステム自身の役割、システム自身が自律する根拠、システムが作動する可能性について、そしてまた、法律家や政治家、神学者や教師として活動している人びとが社会に対してどのように専門的に関わっているのかを説明できなければなりません。したがって、新しい自己記述が必要ですが、それはもはや古い秩序に関わるものではなく、貴族の道徳や徳のカタログ、出自の概念や伝統の概念によって構成されうるような古い秩序とは無関係です。最初にわたしが示したいのは、おそらく一六〇〇年頃から一七世紀の間に生まれ、一八世紀に明瞭になった各機能システムの自己記述ないし反省理論はそれぞれ、最初はまったく異質な像を呈していて相互補完的関係を認めることができないのは、それらがそれぞれの機能システムの特殊な型に対応していたからだということです。これら各機能システムの自己記述については非常にくわしい説明が必要ですが、ここでは素描的な説明に止めざるをえません。

まず第一に、認識論における変化に注目してみましょう。一七世紀以後、たとえばデカルト、そしてロック、その後のヒュームやカントの思想、およびそれぞれのその後の展開のうちには、そもそもどのようにして認識は可能なのかということを明らかにしようとする流れがあります。フランス語のエピステモロジー（épistémologie）同様、認識論という言葉は、一九世紀の半ばにはじめて打ち出されたもので、それ以前にはありませんでした。しかし、同時代における科学の発展を観察してみると、認識論の問題は、明らかによりドラマティックに立てられています。たとえばロックは、ロンドンの英国アカデミー、そしてニュートンともよい関係にありましたし、彼らの研究や物理理論において何が問題となっているかを知っていましたが、それをよりよいものにすることやそれを記述しつづけることが彼自身の役割だとは見なしていません。そうではなくて、科学的な研究に見合った認識論の問題が急を要するものになりました。彼にとっての問題は、認識ならびに認識する主体と、対象として記述される現実との差異にあるということができるでしょう。そこでは主体と客体という用語が変化しました。ラテン語のメンス（*mens*）、英語の心（mind）に当たる認識する精神が、古い懐疑論の伝統でいえば、あらゆる事物と自分自身の前提条件からして誤りうるものだとすれば、つまり知覚が、特に直接現実と接触する際に誤りうるとすれば、現実世界を捉えることができるのはいかにしてかということが問題になります。これは、ヒュームなどにみられる認識論的懐疑論にまで引き継がれる問題です。わたしたちは、すべての言明を立証することはできません。自分のもつ何らかの印象から出発して、例外のない一般的な理論を構築できるなどと確信することは決してできません。世界はいつでも次の瞬間には最初の印象に反する例を提示しうるのですから、帰納法的に、通常のもの、ハビトゥス、習慣をよりどころにして結論が導き出されることになります。これは、カントが内的に閉じた確実性、反省的に閉じた確実性という超越論によって示そうとした観点です。その後もこの流れは続いていきます。

こうした理論では、生まれながらの人間の位置や、社会における人間の位置づけに立ち戻った捉え方ができません。そうではなくて、これは、抽象的な人間一般、精神一般、心一般によって考える理論です。

これとパラレルなのが、いくぶんこれよりも先行する新しい政治理論、すなわち主人と奴隷との差異を説明しようとする政治理論です。そもそも、そうした区別がなされるのはどのようにしてでしょうか。また、この区別を統合するようなものとは何でしょうか。この理論は、近代の領域国家から生まれたものです。近代国家は、さまざまな階層から君主を際立たせ、もはや一人の貴族としては扱わない傾向を強めていきます。一六世紀はじめの文献をみると、王が市民（*civis*）、すなわち実際上貴族として扱われているのがわかります。つまり、古い時代の理論、たとえば古代ローマの貴族の理論によって、法王や君主を再び他の者のうちの一人として社会（*civitas*）のなかに組み込もうとしていました。ところが、当時すでにこうした理論は時代遅れで、現実には、君主を上位に置き、貴族を君主にとっての手段、国家装置とする傾向がみられます。つまり、貴族たちは税を免れる代わりに特別の義務が与えられ、国家と君主によって評価される高潔さが求められています。また、この時代には、特につぎのような問題に関する定式化の違いがみられます。その問題とは、君主に従属する者がキヴィス（「市民」）と見なされるか、たんなる服従者（*subtitos*）として扱われるか、つまり古代に起源をもつ伝統ないし、今日「共和主義的」と呼ばれるような伝統に従って規定されるか、ただたんに君主に対立する役回りにすぎず、たんに征服された者としてのみ扱われるか、という問題です。これは、一七世紀を通して論じられた問題です。国家が主権国家として定式化され、政治的主権が領域中に貫徹し、教会や荘園の裁判権など、いかなる例外も認められなくなり、大学の設置、修道院の設置でさえ国家の許可が必要になるのに応じて、一八世紀の半ば以降、もはや経済的な責任を果たさず、もっぱら政治的な秩序の維持を任務とする政治的な領域が生まれてきます。そこではいつでも最初は市民の幸福を向上させることが要求されるのですが、いわゆる絶対主義といわれる体制が成立すると、そうした要求は失われていきます。そして、最終的には近代国家の理論が生まれ、国家は一つの統治組織として規定され、社会と対立するものになります。そして、こうした国家のあり方に対応するために、この組織の正統化、人権、権力分立など、民主主義化の方向がめざされることになります。したがって、そこでは、支配される者自身が支配する者でもあるという仕方で支配そのものが解消され、支配者などもはや存在しないというパラドクスが生まれてきます。こうした政治理論は固有の展開をみせていますが、そのなかに認識論との重なりや平行関係を見出すことはできません。

同じことは経済理論についてもいえます。少なくとも一七世紀以後に一つの理論が登場してきますが、その理論は、身分的義務や質に関する評価、よき制作者や商人としての徳、すなわち、同業組合の仲間としての意識、自分に期待されているもの、運送や売買においてよい商品を扱い、よい営業をするといった徳とは無縁のものになっています。もはやいかなる役割も果たさないと見なされるようになったからだと思いますが、身分的な要素がまず最初に理論から切り離されていきます。イギリス人はよい毛織物を生産することができ、イタリア人は商売がうまい。オランダ人は、原料はなくとも非常に高い報酬を得ながら経済を繁栄させている。こうしたことを、どのようにしたら説明できるのでしょう。そこで登場するのが貿易均衡論や等価交換理論で、これらが一八世紀の経済理論を徐々に支配するようになっていきます。その際、重農主義者たちの間で問題となったのは、生産性を上げるために農業は必ずしも重要なものではなく、他のすべてが依存しあっているのではないか、したがって実際の政策はみな一つの農業政策でありうるし、そうあるべきではないか、そのためにはたとえば農産物価格の自由化が必要ではないかという問題です。やがてそれが分業理論となり、重要な生産要素は土地ではなく労働であるとする理論が生まれてきます。このようにして、当初は商業理論であった議論が、価格差の理論、輸出と輸入の意味に関する理論へ、そして原初的な生産理論へと変わっていきます。このことは、イギリスの政治経済学、それに対するマルクスの批判にみることができますが、その後広く知られるようになった分析、限界効用理論にもみられます。

ではつぎに、愛を例に述べたいと思います。親密関係の問題も変わりました。隣人を愛し、隣人に神の働きをみるという宗教的な愛の義務と、一六世紀に明らかにされた愛の行為におけるより感覚的で性的な側面という古い二分法が、一七世紀には情熱的な愛の理論に代わりました。この理論は、徐々に性的な側面を積極的に評価するようになりますが、愛に固有のダイナミクス、たとえばその時間構造に注目します。愛は持続せず、したがって結婚とは関係のないものとなり、マックス・ヴェーバーとともに特殊エロティックな現実を際立たせるものとなりました。愛に囚われた際にどのように行動すべきかについては、小説や愛の手紙に関する文献で学ぶことができますが、家庭のなかで学ばれるものではありません。それは政治的なものではなく、後に文学のなかでそう呼ばれるようになったように、ある種独自なものです。したがって、初期の小説、あるいは一八世紀後半のイギリスでは、愛と結婚を再び結びつけようとする試みがみられます。それ以前には、愛と結婚とは無関係であり、結婚とは愛の墓場でした。愛に対する期待とその結果とは一致しませんので、愛の小説は、よくても結婚によって結末を迎えるのが普通でした。しかし、一八〇〇年頃には、愛は結婚であり、結婚こそ愛の証しだとする試みがなされるようになります。これはつまり、結婚概念を宗教的な秘蹟という文脈から引き離し、結婚や親密な関係を愛によって基礎づけ、愛を性的に基礎づけようとするものです。このことは、小説や手紙文学、詩においては特に普通のことでしたが、それ以上に理論化されることはありませんでした。したがって、そこで何が重要かという点について述べる方法にはさまざまな形式があります。愛において何が重要かを知らなければ、愛にもとづいて誰かと結婚しようとは思わないでしょう。また、今日新聞広告でみるように、自分の美しさや名声、魅力などをみずから宣伝するという仕方で男女が自分たちを「見せ合う」こともないでしょう。そこで問題となるのが、拡張された意味での愛です。

芸術理論にも似たことをみてとることができます。わたしはここでも、これら一連の流れが互いに別々のものでありながら、同時に生起していることに注目したいと思います。ですから、そこに共通する社会的背景を考えることができます。わたしのみるかぎり、そうした社会的背景を反映した芸術理論は、一六世紀後半、存在と美や道徳的性質、知と真理の同一性が放棄された後に始まっています。レオナルド・ダ・ヴィンチ、レオン・バティスタ・アルベルティ〔一五世紀、イタリア・ルネサンス期「万能の人」。特にその芸術理論が後世に影響を与えたといわれるが、数学者でもある彼は多アルファベット換字式暗号を発明している――訳者〕、ジェロラモ・カルダーノ〔一六世紀、イタリアの数学者で、カルダン・グリルと呼ばれる暗号法を考案した――訳者〕といった人びとは、芸術によっていわば世界の数学、見えない数学が現実化されるという観念をもっていました。すなわち、芸術においても真理が問題であり、学問と芸術の間に確たる境界はないと考えていたのです。これが変わったのは、わたしのみるところ、詩学に関する議論においてであって、建築理論においてではありません。アンドレア・パラディーオは自分の邸宅を、見ることのできない、秘密の、しかも数学的な法則にもとづいて建築しました。しかし、詩学に関する議論で問題になったのは、人の望むまま、空想やフィクション、あるいは虚構によって詩作してよいのか、それとも、詩は真実や現実の世界に関わっていなければならないのか、ということでした。こうした議論の背景には一七〇〇年にわたる長い伝統がありますが、それは、学問は経験と数学、すなわちまったく詩的ではない事実にもとづかなければならないということです。世界、特に社会はそうした真実だけで秩序づけることはできず、美的な仮像という観点の下で道徳と美、道徳と芸術が関連する新しい領域があるという感覚をわたしたちはもっています。社会生活のうちでは、美的な仮像が重要です。バルタザール・グラシアンは、政治や社会、優雅な行動やレトリックに関する著者として有名ですが、芸術も推奨していて、彼の影響はおもにこの分野にみられます。美的仮像、芸術、美学、道徳は今でも関係し合っていますが、それは意識的に作られるフィクション性においてです。人間が実際に何であり、何を考えているか、どんな動機にかられているかについては公にされるべきではないと考えられるでしょう。というのも、もしもほかの人が実際に何を考えているかを知ることができるとしたら、みな困惑してしまうからです。しかし、もしも他人が実際に考えていることを知りえないとしたら、自分自身が考えていることも知ることができません。外見をつくろったり自分をアピールする行為に関する教育理論、道徳理論、美学理論が主導的な位置を占めていますが、こうした理論は多くの点でまったく近代的なもの、ほとんどゴフマン的なものにみえます。そこでは、内面的なものはすでに模倣されたものだと考えられています。あたかも善き人であるかのように行為し、自分が外的に示す親切を内面においても実際に感じているかのように行為していれば、そうした態度はほかの人にも伝わるものだということです。何か間違っていると主張しつづけることはとても煩わしいことですから、人が通常示している態度を身につけることの方が簡単です。そうしたことは一八世紀の終わりまで続き、たとえばジャン・パウルやベンジャミン・コンスタンツなどは、教育においてもまず第一によい態度が強制されなければならず、そうすることでそれに見合った内面性もおのずから形成されると考えていました。当時、教育学と美的および道徳的動機の同盟関係は、なお引き継がれていたのです。しかし、こうした考え方は、一八世紀のうちに、美学は芸術理論であり、感覚的知覚と関係があり、いわば感覚的認知であるという新しい観念によって破られました。こうした変化は、一八世紀半ば、アレクサンダー・ゴットリーブ・バウムガルテンによって始められ、カントやその後の哲学的考察にもみることができます。バウムガルテンの作品は、断片的に残っています。そこで重要な点は、実際の認識やコミュニケーションは存在しても、素材のなかには理念を体現するもの、あるいはその弱められたかたちがあるはずであり、それが芸術であるということです。つまり、もっとも高次なものさえ感覚によって近づくことができ、その後に何らかの方法でそれを物質化し、その物質性を支配しなければならないとされます。しかし、純粋な観念がそのまま物質化されたり、色やテキストとして生み出されたりするのではなく、ただ近似的にのみそうされるのだということです。こうした理論からすると、芸術は自然の模倣であるという古代的な観念に対する批判が生まれます。自然の模倣というのは今でも自然科学の自然概念から出てきますが、こうした模倣理論は、天才的芸術家の創造こそ完璧なかたちを作り出すのだという理論に取って代わられていきます。

この変化には大きな意義があり、法にも関係してきます。法に関しては、自然法概念から理性法的な考え方への変化があります。その際、理性が人間の自然と考えられています。しかし、一七世紀にはすでに、法的決定をしようとするとき、自然的理性に立ち戻ることができるのかどうかについて疑問が提起されています。イングランドにはジェームズ一世とエドワード・コーク卿（一五五二―一六三四）との間の論争があります。コークは当時もっとも有名な法律家です。その当時、収益を高めたり、法の改変を提議しようとする場合、まったく伝統に従って王は自分自身の自然的理性に依拠していました。コークはこれに対して、法においては「自然的理性」ではなく、「人為的理性」が重要であると主張しています。つまり、法律家はすでに長年にわたって判決の出し方を改良し、それ以前の判決とは異なる判決を出すべき多くの事例を扱ってきたのであって、その過程で王でさえ簡単に無視してはならない専門的な知識を蓄積してきたというのです。「コモン・ロー」のうちに法独自の歴史的な生命があるということです。イギリスの伝統では、一八世紀後半、法律の明瞭化が求められた際、複雑な「コモン・ロー」について大きな論議が起こりました。ジェレミー・ベンサムは、合理的な立法、大陸法に依拠した概念的立法、あるいは比較法的な観点に立った立法という点から「コモン・ロー」を批判しています。[9] 今ではほとんどみられませんが、一八〇〇年頃のドイツではつねに自然法に関する議論が繰り返されていました。なぜなら、当時はまだ国家的な立法がなされておらず、自然法や古代ローマの民法、慣習的な概念を超えたフランス民法典のようなもの、あるいはプロイセンやオーストリアそれぞれについて考えうる大規模な立法が望まれていたからです。

教育学は、教育に関する諸科学の反省理論ということができるでしょう。この分野でも、一八世紀には古い教育概念は失われ、教育はもはや家政の問題ではなくなっています。つまり、貴族の教育と市民や農民の教育は、異なるタイプとして区別されています。農民はほとんど何も必要とせず、時間もなく、子どもの頃から羊の見張りをし、土を掘り、畑を耕し、穫り入れしたりしなければなりません。一家を代表し、家庭教師を雇い、厄介者の息子たちをラテン語学校に入れるなどの責任を担った父親による教育の場としての家政の構造は失われ、家庭での教育は学校教育に取って代わられます。今日では、すべての若者が専門家としての教師のいる学校を卒業しなければならず、育てること（educatio）と教えること（institutio）の区別はなく、学校は調教的な授業をしています。教師の仕事であった教えることと父親の仕事であった育てることは、今では教育学的に作られた学校の授業に統合されています。そのため、たとえば教師の質を高め、よりよい教師を育てるために必要な教育学的な反省が生まれてきます。現在の教師は、特に仕事がなく、村の子どもたちに読み、書き、算術を教えていた教会の寺男ではなく、学校で教えるために養成された教師でなければなりません。文化的なしばりがあったとしても、教育システムは自律していなければならないとする政治的な議論も起こってきます。

こうしていくつかの分野を並べたのは、かなり短期間の間に反省理論の方向に移行してきたこと、そして歴史的な伝統からはずれてきたことが決して偶然ではなく、それが機能システムの分化完了に意味論的《ゼマンティク》に相関しているという推測ないし仮説を定式化するためです。専門領域や職業構造が非常に多様であるために、分化の仕方もつねに多様なものになります。科学においては、法学や神学の場合のような専門職はありませんから、教師と生徒、牧師と信徒、生産者と消費者のような関係ではなく、むしろ仲間意識があって研究者として対等です。ただ、その構造はやはり多様であり、反省理論、問題、機能もともに多様です。それでもなお、非常に多くの知識人たちが科学に特有の機能についての反省を行ってきたといえるでしょう。きわめてドイツ的な特徴として、すべてを再び「科学」として取りまとめようとする傾向があります。わたしたちのもとにあるのは、たんに「法」や「ロー・スクール」といったものではなく、「法の科学」です。教育学も科学としての要求をもっています。神学も、哲学によってつねに刺激を受けています。そこには、認識論を論ずるグループがあります。二〇世紀になると、マルクス主義的な介入から身を守るため、神学の科学化が起こります。ドイツでは、反省理論を科学の下位部門に位置づける傾向が強いのです。科学の発展は他のシステムの反省理論において有意味に語りうる事柄との関係で何らかの限界を画することができると推測することができますが、これについては、難しく長い議論があり、単純に科学的に無意味なものを定式化することはできません。神学もまた、その聖書解釈のなかで、つぎのような事実を信頼し、それに向き合わなければなりませんでした。なかでも科学が存在するという事実、人が太陽を止めることができないということではなく、そうした事物を存在し続ける何か別のものの象徴として言いかえなければならないという事実です。

また、科学にもさまざまなものがあります。今日、神学の社会学、法学の社会学、教育学の社会学を行おうとするときの問題の一つに、科学的態度をとりながら、制度的な条件やこれらの反省理論の要求に対して、わたしたちはどのような立場をとることができるかという問題があります。教師は、教育専門学校や教育学部で、よい授業をする機会がないことに自然に気づかされます。というのも、生徒の数が多すぎ、その誰もが自分の頭をもっているからです。法律家に対して、階級の代理人になっている、あるいはまた株式会社の代理人のような仕事をしているなどと非難することはできません。こうした批判は、それぞれのシステム内であっても専門職のなかに取り込むことはできません。それゆえ、それぞれの反省理論は、それ自身の機能、いわばそれ自身の職業論理を意識するという意味での反省を行うとともに、具体的な課題を認め、教育や法、政治の重要性を認めなければなりません。

このことはかなり長い間うまくいっていて、一つの分野が多くの近代的知識人たちを取り込んできましたし、現在も取り込んでいます。しかし、これとは別の一連の理論展開がありました。それは、一つの機能システムに従属しないまま、包括的な全体社会システムの理論にもならなかったものです。その理由の一端は、社会の概念が古いヨーロッパの伝統では、すべての人間関係、すべての人間的プロセス、すべてのコミュニケーション、あるいは当時語りえたもののすべてを含むのではなく、政治社会が問題の場合にはいつも、自立した家長と家長の関係だけが問題であり、ときにはただ貴族の問題にすぎなかったことにあります。この点は時代によってかなり異なりますが、いずれにせよ、たとえば家庭の仕事は政治理論の対象ではありませんでしたから、当時経済とは何であったかがわかります。その後、一八世紀になると、社会の概念が今日でもいわれる「市民社会」ないし政治社会から経済的な概念、アダム・スミスのいう「商業社会」の方向に変化します。その際、社会は、いつも国家や主権の行使を問題にする政治理論よりも個人を中心としていました。経済理論では、個人、合理性、営利、需給関係の問題がそもそもの出発点であり、個々人の計算においても、それは同様です。これは、欲望とその満足だけを計算に入れる社会理論が生まれたことを意味しています。ヘーゲルにおいても社会は個々人の「欲望の体系」でしたが、ヘーゲルの場合の個人は完全な人間ではなく、具体的な人倫を実現する国家、そこにおいて人間が人間となるという意味での国家が必要でした。ということは、社会はまだ包括的なものではなく、部分的なものであり、そのために、国家と社会、社会と共同体が区別されました。したがって、社会の概念は一つの側面だけで捉えられ、別の側面との橋渡しをする概念が欠けていたのです。

包括的な意味での社会理論が欠けていた結果どうなったか、さまざまな面で見ることができます。その一つが、個人から主体への展開です。前回の最後に述べたように、自分自身の利益を配慮し、自分自身の「欲望」をもった個人、何を好み、何を好まないかについて独自の考えをもち、自分自身の動機に関する観念をもつ個人に焦点を当てるというものです。そして、自分自身を反省する個人、こういってよければ、自分自身を観察することのできる個人が理論の出発点となります。これは、社会的なものを、あらかじめ与えられた社会秩序や階層から独立して捉えることのできる理論です。一八世紀のリベラルな理論において、個人は、法理論においても階層的秩序を攻撃する拠点となります。個人は個人として、「自然的」権利をもつということです。自然的で生まれながらの権利という概念は、その後、貴族であるか農民であるか、ユダヤ人であるかカトリックであるかといったこととは別に、人間が人間としてもつ権利としての人権となります。この理論は、古い自然法とはほとんど関係がありません。すべての人が人間としてもつ権利というのは、古い用法では今日「国際法」と呼ばれる「万民法(ius gentium)」によって規定されるものであって、自然を反映する自然法のコンテクストとはまったく違います。

社会に固有の要素は個人であるという考え方、個々人を基盤としつつもなお地位や階級によって秩序づけられているはずのあらゆる社会的関係の結束点が個人であるという考え方は、一八世紀に支配的な理論となりはじめました。これは、多くの面でみることができます。その一つが新しい主体概念ですが、それは一つの側面にすぎません。個人は自分自身を反省する意識であり、その意識はみずからのうちに社会関係の本質、認知、認識の基盤を見出し、それによって他のすべての個人がもつ意識と同じ観察をし、同じ知覚をし、同じ結論を導くことができると確信できるようになります。すなわち、人は他の人も世界を同じようにみていると考えられる根拠をみずからのうちにもつということです。人はみな一致した判断をするはずであり、それに反する判断は誤っていると確信できる判断能力を自分自身のなかにもっているとされます。

しかし、このような理性理論、主体理論にはいつも暗い側面があります。それは、非理性的な人によって引き起こされる事柄が問われるときに、そこにみるべきものが隠されてしまうということです。そうした人びとは収容所や監獄に送られるか、病気だとされます。極端に非理性的なことをするのはごく限られた少数の人びとですから、事実上、何らかの方法で排除することができます。しかし、日常生活のうちには多くの非理性的なものがあり、それを扱う一つの方法は個別性を認めた法構造を構築することです。そうした法構造は、法に違反する行為は許しませんが、合法的にふるまっているかぎり非理性的、非道徳的に行為することを容認します。性的な領域で非道徳的な行為をしたとすると、その人を罰すべきか、それとも離婚させるべきか、見逃されるべきかといった問題が必ず起きてきます。こうしたことに最終的な決着をつけることができるのは法だけであり、法だけがそのように試みることができるのですが、それは、主観的権利または個々人の主観的権利侵害を基盤とするのであって、集合的な善という意味で行われるのではありません。

これは、人格性や権利、権利侵害を個々人に帰属させ、それを法に取り込む一方で、経済や道徳、親密関係や教育等、他の機能領域では非理性的な行為に一定の自由を認め、保証するという試みの一つです。ですが、これは、理性を強調してもそこにはつねに問題があるという事実に直面した際の一つの問題回避手段にすぎません。その問題とは、ある人が理性的と見なすことを誰かが絶対にそう認めないときに、どうするかという問題です。そしてこれは、ハーバーマスも抱える問題です。つまり、理性的合意に達した後、その合意を認めないような人がいる場合の問題です。

これは発展の一つの道筋ですが、もう一つ、これとは別にとても興味深い第二の道があります。それは、生物学、それも人口概念、人口統計学的分析、あるいはその後の進化理論によって古い種の観念が解消されたことから生まれてきたものです。個体群は一定の共通の特徴をもった個体からなるものですが、その個体群はそれ自身をみずから生み出すことによってそうした共通の特徴をもつのですから、性的に遺伝子を交換しなければならないという制約があります。しかも、交接しなければならないのは個体です。人口統計学もまた進化的発展の一つですが、その進化は個体によってよくもわるくも作用します。このように人口理論や人口統計学、進化理論には、驚くべき個人主義があります。ダーウィンはもとより、トーマス・マルサスがこの点で有名です。一九世紀に個体性を賛美したのは主観理論や法理論だとしても、進化理論や人口論における個体性の強調も見逃してはなりません。これとは別に、さらに問題含みの理論につながるものがあります。ここビーレフェルトでもワインガルト氏の研究がありますが、それは、人間改良の試み、個体の遺伝的質の向上をめざして人間性あるいは特定の民族の実体を改良しようとする優生学です。[10] そこでは複雑な処理が行われましたが、新しい個体化を狙ったものであり、人間を動物から区別するような典型的で自然的なかたちをめざしたものではありません。人口理論では、しばしば生物学的アナロジーが用いられます。

また、合理性の領域においても興味深い複合物があります。ここでは特に社会的合理性について考えたいと思いますが、それは、他者によって自分を理解する理性的な方法を見出そうとするものです。社会的合理性として認められるのは、フランス革命やカントまで、つねに相互行為のモデルに依存しています。人は他者に対して、相互行為のなかで語るチャンスを与えられなければなりませんし、他者の言うことを聞かなければなりません。人は、他者の理由や動機を考慮しなければならず、相互行為のなかでそれを尊重できなければなりません。その際、共感や感情移入が働きます。今日の言葉でいえば、「他者の役割を担う」[11]ことができなければならず、その役割を演じることができなければなりません。人は他者の状況にみずからを置き入れることができるはずであり、逆に、他者に対しても自分の立場に立つことを期待できるのです。しかし、経済合理性や二重帳簿、貸借対照表、信用取引のメカニズムなどが発展し、貨幣量の調節が問題になると同時に国家の存在理由や法形態の理性性が問題になると、これらの問題は相互行為では計れません。こうしたことから、合理性には多様な形態があることがわかります。機能システムにはそれぞれの合理性があり、相互行為の合理性もその一つにすぎません。一八世紀になると、ますますその多様性が明らかになってきます。なぜなら、相互行為の合理性はサロンに限られたものであり、その階層的制約がしだいに見えるようになったからです。一八世紀のはじめに啓蒙の働きを修正できたのは、相互行為のメカニズムによる啓蒙を放棄し、人が居合わせることによる社会的制御を何らかの仕方で、しかも、理性的関心を基盤とすることによっておきかえねばならないと人びとが考えたことによると思います。「よりきちんとした」人間というのは、その階層的な像がどれほどの時間をかけて下の層に広がったかは一つの問題ですが、自分自身の理性に関心をもつはずであり、手紙の読み手ないし受取人としてもそうでありうるはずです。そうだとすると、そこでは直接誰かが居合わせることによって制御する必要はないことになります。個々人に示唆されているのは、個々人は自分の本質の核心において自分自身の理性に関心をもち、その意味で自分自身を相手に知らせ、人の言うことを聞くということであり、必要に応じて自分を変えようとするということです。しかし、これでは、個々人の個別性や可変性、狂気性が完全に無視されることになります。高い評価を受けることもある情熱や間違いも、脇に追いやられてしまいます。相互行為にまかせるという傾向はたしかにありますが、それは、個々の人間に何が起こるか、どうあるべきか、何になろうとしているのか、何でありうるのか、ということを当該個々人に委ねるということです。これを同時に道徳と結びつけ、道徳的な週刊誌や一八世紀のパトリオティズムなどを考えてみると、これは過剰なものだといえるでしょう。こうしたものがあまりに個人性と結びついているために、個々人は、自分が道徳的な愛国者ではなく、議論を理性的に聞く個人でないとすれば、自分が何でありうるかについて、まったく知ることができないのです。この点では、おそらくカント的な理論がその頂点に立つものでしょうが、つぎのような意味で最終地点でもあります。カント的な理論はまた、極端に言えば、自己言及が一般化可能であること、すなわち、自分自身が良いと考えることについての反省によって、しかもそれを自分自身で行うがゆえに、その判断をすべての人間が行うと主張しています。しかし、実際によく考えてみると、これはパラドクスです。わたし自身は一般化できないからです。わたしはわたしでしかないのです。わたしの意識はわたしの意識であり、頭のなかに閉じ込められています。わたしが言うことはあらゆる観点から再規定されますが、わたしはわたしが考えていることを考え、わたしが正しく考えているか間違った考えをしているかを制御することで、わたしが確かだと思う何かを今行っているのであって、他のすべての人もそうしていると考えることは、とても奇妙な考え方です。カントは、経験的と先験的という区別をすることで、こうした問題を回避する理論技法をもっていました。しかも、彼はそうせざるをえなかったのです。そうでなければ、こうした考えは馬鹿げたものになります。しかし、つぎのように問うてみる必要はあります。この区別によってどのようなことが起こるのか、先験的なものはいかにして経験的個人に立ち戻ってくるのか、わたしたちはそれを簡単に否定することはできないのか、人間論や人類学はすべて先験的なものに切り詰められるのか、そして、それらは結局哲学理論であったということができるのか、と。一九世紀には再び哲学的人間学に向かいましたが、そこには合理性を入れる余地はなく、ただ合理性は機能システムのメカニズムに委ねられ、科学的合理性または経済合理性として定式化されます。

今唯一重要なものは、個人と社会的合理性です。これに何かを付け加えるとすれば、まったく漠然としか定式化できませんが、上／下の観念から内／外の観念に優位性が変化したという印象があります。そのことは、「人間と他の人間」という見方にみることができます。「環境 Umwelt」という言葉は一八〇〇年頃生まれたものですが、フランス語の environment や英語の environment は一九世紀のものです。イタリア語には、現在でも ambiente という言葉しかありません。いわば中心からその周囲（Milieu）、周りにあるものへと、いわば位置的な連想によって考えられてきました。現在の原理的な観念は、一つの周囲－世界（Um-welt）、内側ではなく外側にある別の一つの世界に関する観念です。したがって、内的世界と外的世界、システムと環境、内部と外部という区別が決定的であり、上下の区別よりもはるかに重要なのです。これは、人が秩序を一般に階層的に考えず、「システム的に」考えはじめたことを示す意味論《ゼマンティク》の発展であるように思います。ただし、その時点ではまだシステムという言葉は使われてはいませんが。

手短にしか触れられませんが、もう一つ重要なこととして、時間図式が変化したことをあげなければなりません。時間の問題は非常に多様な側面をもち、また、実際多様に論じられてきました。時間は今という時を直線的に規定し、循環することはなく未規定な未来に開いているというのも、そのうちの一つの時間概念です。わたしにとっては、直線的な時間の観念と開かれた未来という観念、つまり段階的に発展するという観念を統一的に捉えることは困難です。直線というより樹のようなものではないでしょうか。特に問題にしたいのは、これが決定的なものとして妥当するのかどうかです。わたしが今考えているのは、ノヴァーリスによる別の定式です。(12) それによると、現在とは未来と過去の差異であって、未来と過去を分けるものです。こうした時間概念が含意しているのは、時間と永遠、流れるものと立ち止まるものとの区別は、過去と未来によって置き換えられるということであり、その区別の下では現在はもはや位置をもたないということです。普通、時間とは何かがそこを流れる間隔のように見なされています。その一部はすでに過去となり、今わたしたちは現在という小さな距離のなかにあって、何らかの仕方で時間が進むために、未来がやってくる、と。しかし、これでは現在が正しく評価されません。なぜなら、現在はすべて過去が未来になる一点に限定され、まったく目の前にないもの、瞬間になってしまいます。これは、古いパラドクスです。崩壊は「突然やってくる」とはロマン派の表現ですが、この点についてはボーラー氏の研究があります(13)。

今ではなぜ、未来と過去の区別が中心となっているのでしょうか。それは急激な変化の可能性と関係していると思われます。そうした変化の可能性は、機能システムの動きによって生み出され、過去において妥当していたものが未来にも妥当するかということがますます疑問となることから生まれます。わたしたちが将来まったく別の理論をもつことにならないのか、わたしたちの子どもはまったく異なる教育を受けるのか、別のものがすでに発見されているのか、別の様式が受け入れられるのか、まったく別の法秩序をもつことはないのか、過去とはまったく異なる政治体制が生まれるのか、といった疑問から生まれます。時間構造は現在を問題にする仕方によって記述されるか、それによって埋め合わされなければなりません。何が起こるか不明なままにしておこうとすると、また、何も確実な現象はなく、不可能なものは何もなく、必然的なものはもはやなく、現在においてすべてを何らかの仕方で別様になしうるとすると、あるいは、少し前の現在において正しくなされなかったことを、その時なされるべきであったように今訂正すべきだとすると、過去から未来への切り替えはどのようにしてなされるのでしょうか。これは、時間のなかで偶発性を破棄するということです。そしてそれは、個人を経歴で規定するというかたちで、個人性の理論に反映されているように思われます。個人は、生まれたときのままではありません。教育学者たちは、確実で自然な素質といったものがあるのかどうかについて議論しています。知性に関しても、生まれつきのものなのかどうか、そもそも知性なるものがあるのか、といった激しいイデオロギー論争があります。わたしたちの今ある姿はみな、わたしたち自身で作り上げようとしたものであり、社会はわたしたちが思い浮かべるもの、わたしたちが望む経歴を実現するための条件を用意しなければなりません。ここで「経歴」というのはまったく一般的な意味で用いています。つまりそれは、下に向かうか、外に向かうか、あるいは人が今もっているものに満足するか、これらのすべてを含んでいます。したがって、ここでいう「経歴」には、学歴や職歴だけではなく、サッカー選手や映画俳優、あるいは教授としての評判も含みますし、自分に責任のあること、自分自身で行ったこと、チャンス、知らないものの排除、マスメディアなどで自分の名を広めたり、逆にそれを避けようとする過程も含みます。近代の時間概念は、こうした経歴概念のために構築されたものです。重要なのは、何かが決定される時点です。もちろんそこには、不明確な副作用や原理上不確実な未来が付随しています。人は、積極的な意味である立場に立ちたいと思う場合、そこからまた別の立場を狙う一つの立場をつねにもつように自分の人生を考えなければなりません。こうしたことが嫌になると、人は、「わたしは何もしたくない、わたしは今のままでいい。わたしの面倒をみてくれ」と言ったりします。

さて、これとはまったく異なる一連の問題、特にイデオロギーの問題がありますが、ここでは触れないことにしたいと思います。というのは、個人性や時間、合理性概念の変化といった中核的な契機を構成し、それらすべてを一つの社会理論に統合し、あるいは世紀の変わり目にいる社会学者として、一つの社会理論がこれらすべてを秩序づける意味論《ゼマンテイク》的な場となりうるかどうかを問う地位を確保するためには、これまで述べてきたことで十分だからです。個人性や時間、そして意味論《ゼマンテイク》的加工のすべてを、機能システム、認識論、教育学、芸術概念、様式概念、あるいは一つの社会理論に取り込むことが本当にできるのでしょうか。これまでの研究成果および社会に関する一九世紀の議論がイデオロギーに囚われていたことを考えると、この想定はまったくばかげたものにみえるでしょう。しかし、階級問題や栄古盛衰、あるいは権力関係などについて多弁を弄することはできるでしょうが、そうしたことは分化した個々の研究領域に組み込まれています。

わたしが問題にしたいのは、二〇世紀の終わりに、社会理論が、近代という時代の構造的な問題、特にシステム／環境－問題や意味論《ゼマンテイク》的な可能性を総括する中核となりうるかどうか、あるいはそうなるべきかどうかということです。言い換えれば、少なくともそうした社会理論を追求するべきなのか、それを社会理論の課題とみるべきなのかどうか、ということです。この講義も、そのことを問題とするためのものです。そのため、歴史的に蓄積されてきた多くの思想が問題になりますし、通常社会学では注目されない領域が問題になるのです。したがって、わたしの問題というのは、社会学に過剰な要求を課しているのか、それによって社会学をいわば世俗的な神学にするのか、あるいは哲学に発展させるべきなのか、すべての企てが意欲的であると同時に限界をもっている科学のなかにその居場所があるのか、ということです。

「何が問題か、その背後に何が隠れているのか」というテーマで論じましたが、[14] まずは、社会学の内部で、一方で自己を記述するとともに世界を記述し、宇宙論、宗教論など、すべて可能なことを行いながら、他方で近代社会を構造的に展開することを同時に行うためには、意味論《ゼマンティク》ないし自己記述と構造的発展の区別が出発点の一つになると思われます。いかにして、これらが再び統合されるのでしょうか。

この講義で試みたことは、三つの大きな領域を記述することで、今、わたしが提示したいと思っている提案の準備をすることです。その一つは、諸々の社会のオートポイエーシスの中心にある作動契機としてのコミュニケーション概念にもとづいています。構造的な発展や構造的変化がどのようにして起こるかを考えるために、進化理論的な考察を用いました。そして、世界がどのように自分を秩序づけるかという問題を考えるために、分化という定理を用いました。それはつまり、システムと環境の区別を反復することです。こうした理論によって示されたのは、わたしたちが近代社会の自己記述を試みる場合、すなわち社会が社会のなかで自分自身をいかにして記述しうるかを社会自身に示そうとするならば、社会次元、時間次元、事象次元すべての意味次元において一つの回答をもたなければならないこと、しかも別々の理論に分かれるのではなく、一つの関連性を示しうるような回答でなければならないということです。コミュニケーション理論は、社会性に関する第一の理論ではありますが、「コミュニケーション」という一つの作動のうちにある多くの当事者たちをどのように結びつけるのでしょうか。コミュニケーション理論をシステム理論やシステム分化の理論から切り離すことはできません。それはまた、時間的発展と無関係ではありませんから、進化理論、社会的分化の理論がそこに導入されなければなりません。この講義でも進化理論についてはすでに明確にしてきましたが、そこでは、変化の担い手としての「コミュニケーション」の作動、選択の担い手、システムたることの担い手としての構造発展の問題、固定性を考える際の問題として社会の分化を経由したシステム上の秩序が問題となりました。この点で、この講義のあらゆる部分が再びこの講義に取り込まれているということを、みなさんは思い出していただけるでしょう。コミュニケーションという作動が特殊化されて継続し、接続するとき、法システムや政治システム、経済システムなどが自動的に生じるのです。このように、オートポイエーシスという概念を個々の機能システムに関係づけることに中心的な意味があることを思い起こしてもらえれば、同じことが社会的分化の理論についてもいえるはずです。そこには歴史的な背景があったのですが、それは決してはじめからそうであったわけではなく、あくまでも進化的変化の成果なのです。

これら三つの領域に関して二つのことを得ることができると思います。まず第一に、まったく異なる雑誌や教科書、大学の授業、専門化のプロセス、社会学会の下部組織で行われている非常に多様な諸理論を、こうした仕方で統合することができます。ただし、それは、多様な諸理論を統一的なひな形に縮減するということではありません。そうではなくて、コミュニケーション理論のなかで進化理論やシステム理論を用い、あるいはその逆に、進化理論やシステム理論のなかでコミュニケーション理論を用いる地点を獲得するということです。これは、こうした装置を使って、これまでの文献や研究領域のうちにすでに存在する成果を探すとともに、それらを関係づけることによって、付加価値を生み出すという考え方です。他方、これによって、複雑な意味連関のなかには社会的な要素、時間的な要素、事象的差異が作用していることを主張する理論を提起することができます。社会的要素とは、複雑な意味連関を誰が理解し、そのことによって誰が何を始めるのか、コミュニケーションによって何が結びつけられるのかといった問題であり、時間的要素とは、何が先で何が後か、わたしたちは何を変えるのか、どの程度前もって計画を立てることができるか、どの程度過去を思い出せるのかという問題です。そして、事象的差異とは、それによって他のシステムが環境となるシステムとは何か、わたしたちのシステム準拠が何なのか、わたしたち自身なのか別のシステムなのかということです。システム理論は意味理論の一つの契機ですが、意味概念においてすでに前提となるものです。なぜなら、わたしたちはコミュニケーション・システムなしにこうした進化的成果である「意味」をもつことができないからです。その点で進化理論が再び登場することになります。これは、このようにして大規模な知を縮減し、それを一つの社会理論に引き渡すということです。そして、意味論《ゼマンティク》の伝統を振り返ることによって、少なくとも、わたしたちが歴史的、文献的な記憶や現在議論されていることすべてに入り込むことができることが示されると思います。そこで与えられる答えが十分なものであるかどうかはまた別の問題ですが、一つの社会理論を構成することが今日ではもはや不可能だとはいえません。その社会理論が適切であるかどうか、それによって社会に関わるものや社会的に必要なもの、愚かさや一面性、道徳的な力点、無力感、感情的な要素や意志的な要素などのすべてが構成されるかどうか、こうしたことについては疑われるに違いありませんが、少なくとも、社会理論から出発してそうした現象を記述するための語り方は得られるはずです。

今日の状況においては、こうした企ての限界を読み取るために重要な点が少なくとも二つあります。その一つは、広い意味でのマスメディアとの関係です。そこには出版、テレビ、映画、印刷機など、一九世紀の半ば以降に生まれたすべてのものが含まれます。小説もそうでしょうが、現代の秩序観念のモデルとしての音楽など、マスメディアを超えて広がっているものがあります。社会学者として、こうしたマスメディアの現象を考察するときにまず見えてくるのは、わたしたちが社会について知ることはマスメディアを通じてであって、それ以外の何ものによるのでもないということです。たとえば、ドイツの再統合についてみなさんはどこから知りましたか。壁の所にいましたか。もしあなたたちが壁の所にいたとしても、あなたたちが見たのはおそらく、壁の破壊であり、壁によじ登る人びとであって、再統合ではありません。わたしたちは、マスメディアを通じて何かを知るのですが、そこにはわたしたちがあらかじめ獲得している用語が含まれています。たとえば「再統合」についていえば、国民（Nation）ということばが前提となります。どのような用語が与えられているのでしょうか。また、どのような用語が一貫して使われているのでしょうか。こうしたことは、社会学がコントロールすることはできませんし、完全にマスメディアのコントロール下にあるわけでもありません。というのも、今日のマスメディアは、マスメディアのために出来事を作り出すもの、たとえばマスメディアに向けて誇張したり、ニュースを編集し情報を統合し、その後に印刷し放送すること等を試みるものなどの循環的なネットワークに組み込まれています。マスメディア自身が複雑に組み合わされているために、マスメディアが明らかに有効である場合、マスメディアを配慮して計画されたものでない催しはほとんど見ることができません。つまりこれは、わたしたちがある科学的な理論を構築する場合、それをどのようにして売ることができるかを考慮しなければならないことを意味しています。そうした理論は社会学者にとっての問題なのでしょうか。一般的なわたしの感覚をいえば、これはまったく社会学者の問題ではないか、もしあったとしてもほんのわずかです。なぜなら、たいていのものは、すでに別の計画と結びついているからです。この種の理論を読もうとする社会学の読者は、すでに限られたものになっています。そして、そうした理論の愛好者は別の領域から生まれていますが、相対的に孤立した読者にとどまっています。そして、その理論がそう主張していたとしても、社会がその理論のなかでみずからを単数形で記述されていると主張することはまずできません。

これが一つの問題ですが、もう一つは、包括的な理論は政治や経済活動、教育についての指示を含んでいるというイメージです。理論自身が一つのサブシステムのサブシステムのサブシステムの構造にすぎないといっているときに、その理論自身を授業の素材として薦め、その本を教科書とするような気持ちをどうしたらもてるでしょうか。その理論によって首都ボン（現在はベルリン）にデビューすることができるとか、バルカン半島の紛争を調停することができる、少なくとも影響を与えることができるなどと期待することができるでしょうか。理論は、意欲と行きすぎた意欲とのバランスを互いにとることによって、その位置が決まってきます。よき社会学をつくることができるのは、こうした課題を認識して最善を尽くす場合だけですが、所詮は社会学にすぎず、この分野内部での一種の特殊な嗜好にとどまるものであり、すべての学生に興味をもたせるべきものではありません。だれであれ、社会学に関心をもつことはできますが、他のものに関心をもつこともできるのです。

　このことは、考察の最後にわたしが示しておきたいと思う社会理論の特徴ですが、それは同時に、理論自身のもつ意味でもあります。理論はつねに自分自身と関わり、そのつどそれ自身の部分を使って働き、その一部をもって他の部分を提示するものですが、いつも自分自身の殻のなかを循環しているものです。これはまた、学者がいつも行う説明の仕方に異を唱える一つのスタイルともいえます。こうした循環によってはさしあたり何も説明されませんが、何か別の説明がなされるときに何が起こるかをわたしたちは知りたいのではないでしょうか。たとえば、わたしたちは何が何に依存しているかを問題にします。このような循環的な企てとして理論を性格づけることで、理論は少なくとも科学の領域になじむものになります。わたしたちは、現在、多くの事柄について、循環的な議論を構築しています。このことは、パラドクスの理論的再評価とあいまって、二〇世紀の特徴となっています。いずれにせよ、自分自身からつねに引用し、外部からは刺激を受けるだけで論駁されることのない循環的な理論モデルによってどのような学問的成果が得られるかは、まだわかっていません。

　まもなく出版される本(15)のなかで、締めくくりに引用がなされる予定です。みなさんはきっと、引用されたその本のなかでさらに引用がなされているのを知ることでしょう。口頭による講義で、そうした引用に当たるものを行うのは容易ではありません。というのは、講義というものは、聴衆がその場にいるものですし、ここにいる人、あるいはたまに来る人もみな、これが口頭による講義であることを知っているからです。しかし、それと似たことをわたしたちは行いました。すなわち、マイクを通じてわたしの声が録音装置に送られ、そのことにより講義のなかでこの講義が再び登場すること、そしてまたそこで録音され、さらに他の講義のなかでまたも用いられるということが可能となるのです。こうして講義は、永久のものではないにしても、つねにさらなる影響を与え続けることができます。みなさんのご清聴に感謝します。

注

（1） Dieter Henrich, *Bewusstes Leben: Untersuchungen zum Verhältnis von Subjektivität und Metaphysik*, Stuttgart : Reclam 1999.

（2） これは、ヘーゲルの『精神現象学』を皮肉ったもの。

（3） Erving Goffman, *The Presentation of Self in Everyday Life*, New York : Anchor Books 1959, dt. *Wir alle spielen Theater*, München : Piper 1969.（石黒毅訳『行為と演技』誠信書房、一九七四年）

（4） Georg Simmel, *Schriften zur Soziologie: Eine Auswahl*, Frankfurt am Main : Suhrkamp 1983, George Herbert Mead, *Mind, Self, and Society from the Standpoint of a Social Behaviorist* [1932], Reprint Chicago : Chicago University Press 1962, dt. *Geist, Identität und Gesellschaft aus der Sicht des Sozialbehaviorismus*, Frankfurt : Suhrkamp 1968.（稲葉三千男・滝沢正樹・中野収訳『精神・自我・社会』青木書店、一九七三年）

（5） Otto Brunner, *Neue Wege der Verfassungs-und Sozialgeschichte*, Göttingen : Vandenhoeck & Ruprecht 1956 参照。なお、ブルンナーによって共編纂された辞書、*Geschichtliche Grundbegriffe: Historisches Lexikon zur politisch-sozialen Sprache in Deutschland* も参照。

（6） ルーマンは、*Die Gesellschaft der Gesellschaft*, S. 900 において、アリストテレスの物理学講義　第四巻の一〇、ヘーゲルのエンチクロペディ、二五八節に言及している。

（7） Leonardo da Vinci, *Notebooks*, New York : Braziller o. J., S. 73f.

（8） Gotthard Günther, *Beiträge zur Grundlegung einer operationsfähigen Dialektik*, 3Bde., Hamburg : Meiner 1976

-1980.

（9） Gerald J. Postema, *Bentham and the Common Law Tradition*, Oxford : Clarendon Press 1986 参照。

（10） Peter Weingart, *Jürgen Kroll und Kurt Bayertz, Rasse, Blut und Gene : Geschichte der Eugenik und Rassenhygiene in Deutschland*, Frankfurt am Main : Suhrkamp 1988.

（11） これは、G・H・ミードが社会理論にとって有効なものにした表現である。

（12） Novalis, *Das allgemeine Brouillon* [1798/99], Fr. 1132, in : *Werke, Tagebücher und Briefe Friedrich von Hardenbergs*, hrsg. von Hans-Joachim Mähl und Richard Samuel, Bd.2, *Das philosophisch-theoretische Werk*, München : Hanser 1978, S. 717 参照。

（13） Karl Heinz Bohrer, *Plötzlichkeit : Zum Augenblick des ästhetischen Scheins*, Frankfurt am Main : Suhrkamp 1981. K. H. Bohrer は、ビーレフェルト大学の言語・文学部の名誉教授。

（14） ルーマンが述べているのは、一九九三年二月九日に、ビーレフェルト大学での最終講義のことで、この講義はすでに出版されている。Niklas Luhmann, *"Was ist der Fall?" und "Was steckt dahinter?" : Die zwei Soziologien und die Gesellschaftstheorie*, in : *Zeitschrift für Soziologie* 22 (1993), S. 245-260. （土方透・松戸行雄編訳『ルーマン、学問と自身を語る』新泉社、一九九六年、所収）

（15） Niklas Luhmann, *Die Gesellschaft der Gesellschaft*, 2 Bde., Frankfurt am Main : Suhrkamp, 1997 のこと。

監訳者あとがき

本書は、Dirk Baecker（Hrsg.）Niklas Luhmann, *Einführung in die Theorie der Gesellschaft*, Carl-Auer-Systeme Verlag, Heidelberg 2005 の全訳であり、一九九二年から九三年にかけての冬学期に、ルーマンが一九六七年以来、生涯を通して教壇に立ち続けたビーレフェルト大学で行った、最後の講義を収録したものである。その一つ前の学期の講義も、『システム理論入門――ニクラス・ルーマン講義録〈1〉』（新泉社、二〇〇七年）として公刊されている。どちらも、まずカセットテープにて公にされ、のちに弟子のD・ベッカーの手によって編集され、公刊されるに至った。なお、ルーマンはビーレフェルト大学を退官するにあたり、「なにが扱われているのか？ その背後にはなにが隠されているのか？」[1]と題する退官記念講演を行ったが、そのあとも学期が終わるまで、本講義は続けられた。その意味では、本書に収められた最後の講義（第13講義）こそ、文字通りルーマンの最終講義である。本書の成り立ちとその意味づけについては、前作と同様、ベッカーによる「編者まえがき」を参照していただきたい。監訳者として特に付け加えることはないが、あえて以下の点を強調しておきたい。

ルーマンの理論の難解さは、これまで、ドイツ、日本にとどまることなく、世界の至るところで指摘されてきた。その指摘にはいくつか理由が考えられる。

一つには、ルーマンの理論が旧来の学問的伝統において前提とされていたさまざまな理論枠組と決別し、それを革新したということに由来する。すなわち読者は、ルーマン理論が過去とは別物の孤高の理論であることにとまどい、その非連続に悩まされるということである。しかし、彼の理論が、およそ一研究者のレパートリーを超えた数多くの文献を渉猟するかたちで展開され、大量の過去の学問との対決によって作り出されたという点は、看過されてはならない。つまり、ルーマンによって切り捨てられた議論は、その限りで彼の理論を支えているといえる。本書では、まさにこうした過去の学問との対比が明示的なかたちで展開されている。彼の多くの著書でこの対比をみようとする場合、読者は、(膨大な!)注を丹念に参照し、ルーマンの指摘に該当する箇所を原典から探し出さなくてはならなかった。本書では、ルーマンが本文のなかでそれを「名指し」で行っていることから、読者には、その作業が軽減される。

またルーマンを理解するもう一つの困難は、彼の執筆量もさることながら、その研究領域の広さにある。ルーマンは、ざっと見渡しても、法、経済、政治、芸術、学問、宗教、教育、組織、愛、リスク、エコロジー等々、およそ社会に生起するものをすべて研究の対象としている。読者には、その全貌がみえにくい。ここであえて、これらを内容から大きく三つに分けてみるならば、一つは、オートポイエーシスに代表されるように、彼が用いる「(社会)システム理論」そのものに関する研究である。二つ目は、法システム、経済システム、政治システム等々、各社会システムについての理論。そして第三のものとして、社会の意味論《ゼマンティク》に関するものである。意味論《ゼマンティク》とは、主体、愛、国家、時間など、社会のなかで使用されてきた意味の集積であり、それは社会構造との関わりから論ぜられる。社会は、古代、中世、近世、そして近(現)代において、さまざまな意味論《ゼマンティク》を有し、その意味論《ゼマンティク》とともに展開を遂げてきた。本書では、その題名が示すように、「社会」が中心に論ぜられる。ここでいう「社会」とは、とりもなおさず、諸社会システムを包摂する全体概念としての社会であり、社会それ自体が、一つのシステムである。また同時に、それは近代《モダン》の社会を意味している。近代の社会を成り立たせている、その意味論《ゼマンティク》を明らかにしつつ、システムとしての近代社会を正面から論じているのである。その意味で読者は、本書で展開されているルーマンの講義が、多岐にわたるルーマンの研究領域のほぼすべてに網羅的に言及しつつ行われたものであることを、容易に理解できるであろう。

「五〇冊の著書と五〇〇本の論文、一〇万頁を書いた」と評されるルーマンの著作にあって、ルーマン理論の集大成と呼べるのは、彼の全著作中もっとも大部であり、存命中最後の公刊物となった『社会の社会』(2)である。それは、文字どおり社会における社会を論じたものであり、『社会の経済』、『社会の科学』、『社会の法』、『社会の芸術』さらには『社会の政治』『社会の宗教』など、社会の部分システムを論じた一連の著作に対し、社会における「全体としての社会」を論じている。没後、未発表原稿、未完成原稿に手を入れられたものがいくつも公刊され、また今後もそれに類するものをわれわれは得ることができるであろうが、その主題および内容からして、同書がルーマン理論の頂点に位置することは間違いない。本講義は、これまで社会学が「社会」をそのテーマにしてこなかったとの指摘に始まり、『社会の社会』の公刊を示唆して終わっている。その意味でも本書が、時期においても内容のうえでも、ルーマンの主著『社会の社会』と並行した関係にあることは間違いない。

以上から本書は、ルーマン理論に接近する、格好の書物と考えられよう。本書では、決してルーマン理論の全貌が与えられるわけではない。しかし、ルーマンの問題意識、それへの取り組み、さらにその取り組みを積み重ねていく過程が、これでもかと言わんばかりに聴衆に伝えられていく。かつてルーマンは、インタビューで多作の秘訣について尋ねられたとき、自分で考えるというよりも、「アイデアが襲ってくる」と述べたことがあった。(3)本講義では、まさにルーマンのアイデアが、聴衆を、そしてわれわれ読者を襲ってくる。止めどもなく喋りつづけるルーマンが、何を問題視しているか、それをどう考えているか、聴衆になんとか理解させようと、あの手この手で攻め立ててくるのである。聴衆は、そのルーマンの投げかけに戸惑いながらも、眩惑され、そして魅了されていく。

本書の読者は、そうした臨場感を得ながら、その場にいたビーレフェルトの聴衆とともに、ルーマンの理論に引き込まれていくのではないだろうか。それは、度重なる推敲を経た文字原稿を媒介にするのとはおよそ異なった、「講義」によるルーマン理論の体得・理解の仕方である。

翻訳にあたっては、左記のリストのように分担し、監訳者において訳語の統一などをはかった。今回も出版を引き受けてくださった、新泉社の石垣雅設氏および竹内将彦氏に感謝したい。

二〇〇九年八月

訳者を代表して

土方　透

注

（1） Niklas Luhmann, "Was ist der Fall?" und "Was steckt dahinter?" : Die zwei Soziologien und die Gesellschaftstheorie, in : *Zeitschrift für Soziologie* 22 (1993), S. 245-260., 土方透・松戸行雄共編訳『ルーマン、学問と自身を語る』新泉社、一九九六年所収。

（2） Niklas Luhmann, *Die Gesellschaft der Gesellschaft*, 2 Bde., Frankfurt am Main, Suhrkamp, 1997.

（3） 前掲『ルーマン、学問と自身を語る』、一五三頁。

訳者分担

編者まえがき　土方　透（ひじかた・とおる）　聖学院大学教授
I章　第1・3講義・監訳
第　2　講義　圓岡偉男（つぶらおか・ひでお）　東京情報大学准教授
II章　第4・5講義　吉岡剛彦（よしおか・たけひこ）　佐賀大学准教授
第6・7講義　庄司　信（しょうじ・まこと）　ノースアジア大学准教授
III章　第8・9講義　毛利康俊（もうり・やすとし）　西南学院大学教授
IV章　第10・11講義　徳安　彰（とくやす・あきら）　法政大学教授
V章　第12・13講義　青山治城（あおやま・はるき）　神田外語大学教授

索　引
（原著による）

ア　行

愛（Liebe）202, 208, 215, 221, 227, 230, 274
アイゼンシュタイン，エリザベス L.（Eisenstein, Elizabeth L.） 166
アベラール，ペーター（Abaelard, Petrus） 383
アメリカ（Amerika） 312
アリストテレス（Aristoteles） 24, 196, 215, 369, 372, 382
アルベルティ，レオン・バティスタ（Alberti, Leon Battista） 391
イエスとノー（Ja und Nein） 118, 127, 191, 212, 264
意識（Bewusstsein） 129
意思決定（Entscheidung） 355
一貫性（Konsistenz） 288
逸脱増幅（Abweichungsverstärkung） 312
一般化（Generalisierung） 187
意味（Sinn） 47, 52, 262, 406
意味論（Semantik） 285
　近代的な――（Semantik, moderne） 386
　古いヨーロッパの――（Semantik, alteuropäische） 365
因果理論（Kausaltheorien） 249, 298
印刷術（Buchdruck） 166
インフレーションとデフレーション（Inflation und Deflation） 226
ヴィルケ，ヘルムート（Willke, Helmut） 340
ヴェーバー，マックス（Weber, Max） 21, 27, 29, 92, 186, 189, 258, 306, 313, 390
ウォルフ，アラン（Wolfe, Alan） 34
動き（Bewegung） 374
エコロジー（Ökologie） 134
エレクトロニクス（Elektronik） 176
エングホルム，ビョルン（Engholm, Björn） 159
オースティン，ジェーン（Austen, Jane） 362
オートポイエーシス（Autopoiesis）62, 404
音楽（Musik） 406
オング，ウォルターSJ（Ong, Walter SJ） 179
音声と意味（Laut und Sinn） 107

カ　行

外部（Außen）→内部と外部（Innen und Außen）
科学／学問（Wissenschaft） 44, 59, 78, 173, 225, 293, 371, 394
獲得物，進化的（Errungenschaften, evolutionäre） 243, 277
カタストロフィー（倒置法としての）（Katastrophe（alsanastrophe）） 329
語り（Erzählung） 361
カップリング，構造的（Kopplung, strukturelle） 130
カップリング，ルースとタイトな（Kopplung, lose und feste）→メディア（Medium）
過程（Prozess） 256

貨幣（Geld）
115, 197, 203, 210, 215, 223, 275, 282, 322
神（Gott） 363
ガリレイ，ガリレオ（Galilei, Galileo） 150, 207, 366
カルヴァン，ジャン（Calvin, Jean） 222
カルダーノ，ジェロラモ（Cardano, Girolamo） 241, 391
環境（Umwelt）→システム（System）
観察者（Beobachter） 53, 257, 362
官職（Ämter） 277, 323
観念（Ideen）→進化，観念の（Evolution der）
カント，イマヌエル（Kant, Immanuel）
85, 202, 228, 248, 305, 387, 392, 398, 400
官僚制（Bürokratie） 325, 328
ギーゼッケ，ミヒャエル（Giesecke, Michael） 144, 166
危機（Risiko） 384
記号（Zeichen） 109
技術（技法）（Technik） 79, 160
帰責・帰属（Attribution） 199
貴族（Adel） 313, 320, 327, 367, 381
ギデンズ，アンソニー（Giddens, Anthony） 61, 77, 179
機能（Funktion） 332
機能システム（Funktionssysteme） 88, 322, 331
客観（Objekt）→主観（Subjekt）
ギュンター，ゴットハルド（Günther, Gotthard） 214, 368, 370
教育学（Pädagogik） 393
共生（Symbiosis） 219
近代（Moderne）→意味論，近代的な（Semantik, moderne）
偶然（Zufall） 249
偶発性（Kontingenz） 260
クノル・セティナ，カリン（Knorr Cetina, Karin） 341
区別（Unterscheidung） 54, 57, 94, 344
——の形式（Form der Unterscheidung） 317
グラシアン，バルタザール（Gracián, Balthasar） 391
グンブレヒト，ハンス・ウルリッヒ（Gumbrecht, Hans Ulrich） 108
計画（Planung） 251
経験的研究（Empirie） 30
経済（Wirtschaft/Ökonomie） 79, 223, 225, 230, 293
形式（Form）→メディア（Medium）
芸術（Kunst） 204, 231
啓蒙（Aufklärung） 399
契約（Vertrag） 283
経歴（Karriere） 402
ケーニヒ，フランツ・カーディナル（König, Franz Kardinal） 239
ゲーム理論（Spieltheorie） 20
言語（Sprache） 52, 103, 134, 139
現在，過去と未来（Gegenwart, Vergangenheit und Zukunft） 401
現実性と潜在性（Aktualität und Potentialität） 50, 53, 56
憲法（Verfassung） 296
権力（Macht） 206, 209, 217, 224
行為（Handlung） 64, 137, 186, 251, 311
行為と体験（Handeln und Erleben） 200, 207
合意と不合意（Konsens und Dissens） 125
講義（Vorlesung） 22, 309, 349, 408
構造（Struktur） 265
構造変動，非計画的（Strukturanderung, ungeplante） 250, 298
口頭（Mündlichkeit） 15, 107, 159, 179
広範囲に流布させるメディア

(Verbreitungsmedien) 141
合理性（Rationalität） 18, 92, 96, 398
コーク，エドワード（Coke, Sir Edward） 393
コード化（Codierung） 118, 211, 295, 334
ゴールデンワイザー，アレキサンダー A.（Goldenweiser, Alexander A.） 284
互酬性（Reziprozität） 284, 352
個人，個別化，個人主義（Individuum, Individualisierung, Individualismus） 73, 95, 184, 306, 382, 396
コスモロジー（Kosmologie） 240
個体群（Population） 398
国家（Staat） 81
国家，官僚制が肥大化した（Reich, bürokratisches Großreich） 325
ゴフマン，アービング（Goffman, Erving） 362, 392
コミュニケーション（Kommunikation） 19, 63, 68, 129, 156, 180, 186, 354, 404
コミュニケーション・メディア，シンボリックに一般化された（Kommunikationsmedien, symbolisch generalisierte） 185, 197, 210
コンスタンツ，ベンジャミン（Constant, Benjamin） 392
コントロール，社会的（Kontrolle, soziale） 159
コンピュータ（Computer） 175, 182, 280

サ　行

再帰性（Reflexivität） 216
再固定化（Restabilisierung） 267
索引（Register） 16
搾取（Ausbeutung） 347
作動（Operation） 63, 68, 263, 333, 354, 404
参加（Partizipation） 375, 377
懺悔（Beichte） 383
産出（Produktion） 65
恣意性（Willkür） 206
ジェームズ1世（James I.） 393
ジェスチャー（Gesten） 139
時間（Zeit） 383, 401
自己記述（Selbstbeschreibung） 21, 360, 385
自己言及（Selbstreferenz） 400
自己充足禁止（Selbstbefriedigungsverbote） 224
自己同一性（Identität） 362
システム（体系）（System） 25, 171, 186, 267, 292, 314
　——と環境（System und Umwelt） 39, 93, 401
システム形成（Systembildung） 229
システム準拠（Systemreferenz） 59
システム理論（Systemtheorie） 18, 47, 57, 228, 307, 404
　作動的な——（Systemtheorie, operative） 70, 263
支配（Herrschaft）→優越（Dominanz）
（全体）社会（Gesellschaft） 61, 316, 338, 349, 362, 395
　階層化した——（Gesellschaft, stratifizierte） 321
　機能的分化した——（Gesellschaft, funktional differenzierte） 322, 331
　近世（近代）——（Gesellschaft, neuzeitliche（moderne）） 329
　高文化——（Gesellschaft, hochkulturelle） 272, 276
　初期近代——（Gesellschaft, frühmoderne） 273
　部族——（Gesellschaft, tribale） 271
社会学（Soziologie） 31, 46, 59, 324, 363, 406

社会的なもの（Soziale, das） 379
社会理論（Gesellschaftstheorie） 23, 330, 396, 403
シャフツベリ，アンソニー（Shaftesbury, Anthony Earl of） 292
ジャン，パウル（Jean Paul） 274, 392
宗教（Religion） 193, 266, 272, 280, 291, 348
修辞学（Rhetorik） 164
主観と客観（Subjekt und Objekt） 45
証券市場（Börse） 179
叙述（Darstellung） 16
所有（Eigentum） 203
進化（Evolution） 19, 133, 238, 246, 260, 298, 405
　観念の——（Evolution der Ideen） 285
　——の方向（Evolution, Richtung der） 251, 254, 256
　部分システムの——（Evolution der Teilsysteme） 293
神学（Theologie） 290
人口統計学（Demographie） 398
親族（Verwandtschaft） 317
身体（Körper） 219
新聞（Zeitungen） 173
シンボル（Symbol） 188
ジンメル，ゲオルグ（Simmel, Georg） 293, 362
真理（Wahrheit） 198, 201, 207, 220, 228
スターン，ローレンス（Sterne, Lawrence） 361
スペンサー，ハーバート（Spencer, Herbert） 252, 258
スペンサー＝ブラウン，ジョージ（Spencer-Brown, George） 54, 94, 123, 145, 307
スミス，アダム（Smith, Adam） 305, 396
性愛（Sexualität） 221, 224
制御（Steuerung） 340
政治（Politik） 81, 228, 230, 275, 279
世界（Welt） 48, 181
世界社会（Weltgesellschaft） 74, 76, 87
戦艦ゲーム（Schiffeversenken） 131
前進，事前適応的（advances, preadaptive） 281
全体（Ganzes）→部分（Teile）
選択（Selektion） 265
相互行為（Interaktion） 350, 354, 399
創造説（Schöpfungstheorien） 239
組織（Organisation） 174, 183, 350, 355
ソシュール，フェルディナン・ド（Saussure, Ferdinand de） 103, 109
存在論（Ontologie） 368

タ　行

ダーウィン，チャールズ（Darwin, Charles） 239, 248, 252, 293, 366, 398
体験（Erleben）→行為（Handeln）
代表（Repräsentation） 375
対話（Dialog） 166
多様性（Vielheit） 240, 310
段階論（Phasentheorien） 242
ダンテ，アリギエーリ（Dante Alighieri） 170
地域化（Regionalisierung） 40, 43, 74
知覚（認知）（Wahrnehmung） 132, 220, 354
抽象（Abstraktion） 14
中心と周辺（Zentrum und Peripherie） 76, 88, 319, 327
ツェルティス，コンラード（Celtis, Conrad） 172
適応（Anpassung） 254
出来事（Ereignisse） 263
テキスト（Text） 286
テクノロジー（Technologie） 144
鉄道（Eisenbahn） 343

デフレーション（Deflation）→インフレーション（Inflation）
デュルケム，エミール（Durkheim, Émile） 21, 27, 29, 252, 305, 310, 316, 379
デリダ，ジャック（Derrida, Jacques） 33, 123, 145, 159
テレビ（Fernsehen） 15, 180
テンブルック，フリードリッヒ H.（Tenbruck, Friedrich H.） 30
電話（Telefon） 178
統一性（Einheit） 138
トゥールミン，スティーブン（Toulmin, Stephen） 262
動画（Film） 180
等結果性（Äquifinalität） 260, 283
統合（Integration） 90, 339, 346
道徳（Moral） 193, 215, 378
都市（Stadt） 196, 313, 367
特許（Patentrecht） 297
突然やってくる（Plötzlichkeit） 402

ナ 行

内部と外部（Innen und Außen） 401
二分（Binarität）→コード化（Codierung）
ニュートン，アイザック（Newton, Sir Isaac） 366
人間（Mensch） 26, 37, 42, 68
認識論（Erkenntnistheorie）→理論，認識の（Theorie, Erkenntnis-）
認識論的障害（obstacles épistémologiques） 36, 42, 67, 73
脳（Gehirn） 16
ノヴァーリス（Novalis） 401
ノー（Nein）→イエス（Ja）

ハ 行

パーソンズ，タルコット（Parsons, Talcott） 38, 171, 186, 190, 201, 207, 210, 226, 277, 306, 311
バーバー，バーナード（Barber, Bernard） 291
ハーバーマス，ユルゲン（Habermas, Jürgen） 18, 29, 34, 64, 93, 124, 162, 190, 230, 342, 398
ハーン，アロイス（Hahn, Alois） 145
排煙浄化（Abgasentgiftung） 343
排除（Exklusion）→包摂（Inklusion）
ハイダー，フリッツ（Heider, Fritz） 51, 112
ハイデガー，マルチン（Heidegger, Martin） 146, 368
バウム，ライナー（Baum, Rainer） 189
バウムガルテン，ゴットリーブ（Baumgarten, Gottlieb） 392
ハヴロック，エリック（Havelock, Eric） 153
ハムラビ（Hammurapi） 152
パラディーオ，アンドレア（Palladio, Andrea） 391
パラドクス（Paradoxie） 56
バルドウィン，ジェームス・マーク（Baldwin, James Mark） 293
バレル，イヴ（Barel, Yves） 266
反省理論（Reflexionstheorie）→理論，反省の（Theorie, Reflexions）
必然性（Notwendigkeit） 259
否定（Negation） 264
非同時的なものの同時性（Gleichzeitigkeit des Ungleichzeitigen） 244
ヒューマニズム（Humanismus） 172
ヒューム，デイヴィット（Hume, David） 387

描写 (Beschreibung) 35
ファベラ (Favela) 90
フィヒテ，ヨハン・ゴットリーブ (Fichte, Johann Gottlieb) 361
フォン・フェルスター，ハインツ (von Foerster, Heinz) 54
複雑性 (Komplexität) 30, 242, 253, 278
不合意 (Dissens) →合意 (Konsens)
フッサール，エドムント (Husserl, Edmund) 49
部分と全体 (Teile und Ganzes) 305, 310, 372
プリゴジン，イリヤ (Prigogine, Ilya) 259
古いヨーロッパの (alteuropäisch) →意味論，古いヨーロッパの (Semantik, alteuropäische)
プルーデンティア (prudentia) 275
ブルンナー，オットー (Brunner, Otto) 365
プログラム (Programme) 336
分化 (Differenzierung) 21, 305, 316, 404
文化 (Kultur) 244
文書／文字 (Schrift) 15, 141, 156, 192, 281, 285
ヘーゲル，ゲオルク・ヴィルヘルム・フリードリッヒ (Hegel, Georg Wilhelm Friedrich) 396
ペトラルカ，フランチェスコ (Petrarca, Francesco) 170
ベルナール，クロード (Bernard, Claude) 307
ヘルバート，ヨハン・フリードリヒ (Herbart, Johann Friedrich) 228
変異 (Variation) 263
変異，選択，固定 (Variation, Selektion und Restabili-sierung) 245, 248, 260, 270, 275
法 (Recht) 83, 173, 225, 276, 279, 289, 294
包摂と排除 (Inklusion und Exklusion) 89, 345, 353
法則，歴史的 (Gesetze, historische) 259
暴力 (Gewalt) 116, 224
ボーラー，カール・ハインツ (Bohrer, Karl Heinz) 402
本 (Buch) 309

マ 行

マークヴァルト，オド (Marquard, Odo) 287
マートン，ロバート K. (Merton, Robert K.) 291
マインツ，レナーテ (Mayntz, Renate) 325
マキャベリ，ニコロ (Machiavelli, Niccolò) 275
マスメディア (Massenmedien) 78, 406
マトゥラーナ，ウンベルト (Maturana, Humberto R.) 67, 255
マラルメ，ステファヌ (Mallarmé, Stéphane) 59, 144
マリア祭 (Marien-Festival) 348
マルクス，カール (Marx, Karl) 27, 204, 389
マルサス，トーマス (Malthus, Thomas) 398
丸山孫郎 (Maruyama, Magoroh) 312
ミード，ジョージ・ハーバート (Mead, George Herbert) 362
ミュンヒ，リヒャルト (Münch, Richard) 342
未来 (Zukunft) 383
明白 (Evidenz) 287
メカニズム，共生の (Mechanismen, symbiotische) 219
メディアと形式 (Medium und Form) 51, 111, 146

ヤ 行

ラ 行

ワ 行

著者紹介

ニクラス・ルーマン（Niklas Luhmann，1927-1998年）

20世紀を代表する社会学者の一人。もっとも重要な功績は、新たなシステム理論を社会学理論に結びつけ、一つの社会理論を発展させたことにある。フライブルク大学で法律を学んだ後、ニーダーザクセン州の行政官として勤務。タルコット・パーソンズの社会学に徹底的に取り組むためハーバード大学へ留学。その後、ミュンスター大学で博士号、教授資格を1年で取得。1969年、新設されたビーレフェルト大学に教授として就任。1993年に定年退官。

編　者

ディルク・ベッカー（Dirk Baecker）

ツェッペリン大学教授

編「アルキメデスと私たち」(『ルーマン、学問と自身を語る』土方透／松戸行雄共編訳、新泉社)、編『システム理論入門――ニクラス・ルーマン講義録[1]（土方透監訳、新泉社）

社会理論入門――ニクラス・ルーマン講義録［2］

2009年10月20日　第1版第1刷発行

著　者＝ニクラス・ルーマン

編　者＝ディルク・ベッカー

監訳者＝土方　透

発　行＝株式会社 新 泉 社

東京都文京区本郷2-5-12

振替・00170-4-160936番　TEL 03(3815)1662／FAX 03(3815)1422

印刷／三秀舎　製本／榎本製本

ISBN978-4-7877-0900-4　C1036